全国各类院校财经管理专业基础课规划教材

经济法概论

主　审　高安吉

主　编　刘丽华　刘　健

副主编　李墨溪　聂延庆　宋凤柱

张立言　李　明

参　编　李凤震　高桂英　李　焱

李　丽　左　媛　姚　磊

张　旭　贾红国　苏　杉

中国商业出版社

图书在版编目(CIP)数据

经济法概论/ 刘丽华,刘健主编. —北京:中国商业出版社, 2016.4

ISBN 978-7-5044-8329-4

Ⅰ.①经… Ⅱ.①刘…②刘… Ⅲ.①经济法-中国-高等学校-教材 Ⅳ.①D922.29

中国版本图书馆 CIP 数据核字(2013)第 276162 号

责任编辑:蔡凯

中国商业出版社出版发行

010-63180647 www.c-cbook.com

(100053 北京广安门内报国寺 1 号)

新华书店总店北京发行所经销

北京市书林印刷有限公司印刷

* * * * *

开本:787×1092 毫米 1/16 18.5 印张 320 千字

2016 年 4 月第 1 版 2016 年 4 月第 1 次印刷

定价:36.80 元

* * * *

(如有印装质量问题可更换)

编写说明

本书立足于我国社会主义市场经济法律体系，围绕人才培养目标，以“能力为本，教学研一体化”的教学要求为准则，紧密结合最新法律、法规，注重理论联系实际，通过案例教学的方式帮助学生理解相关法律知识，构筑出了较新颖、充实的内容体系，从而激发学生的学习兴趣，更好地培养学生的专业法律技能，为将来的工作打下良好的基础。

全书的写作思路体现出基本理论、法律规范和实际案例的有机结合，以经济法等相关理论来阐释法律规范，以法律实务问题和具体案例来帮助理解法律规范，对法律规范的解读和说明则力求简明扼要，能够很好地引发读者思考，启发读者思维。在体例上特色较为鲜明，通过设置“学习目标”、“能力训练项目”、“能力训练步骤”、“案例分析”、“基本训练”等栏目，既方便教学，也便于学生把握学习目标、了解教学内容中的知识点和能力点。

全书突出实证分析的内容，注重培养学生分析、解决实际法律问题的能力。既适用于高职高专、成人教育院校，也可以作为国家经济管理机关、企事业单位相关工作人员的参考用书。主要内容包括经济法总论、个人独资企业法和合伙企业法、外商投资企业法、公司法、证券法、破产法、合同法、工业产权法、反不正当竞争法、票据法、会计法律制度及会计职业道德。为便于学习，每章开始均配有引导案例;每章后附有基本训练题目，包括知识题和技能题。

本书由刘丽华、刘健担任主编,李墨溪、聂延庆、宋凤柱(安徽省滁州职业技术学院)、张立言、李明担任副主编,参编由李凤震、高桂英、李焱、李丽、左媛、姚磊、张旭(许昌职业技术学院)、贾红国、苏杉等编写。

在编写过程中,参考和引用了国内外许多专家和学者的专著,在此谨向他们表示诚挚的感谢。由于编者水平所限,加之时间仓促,书中错误和疏漏之处,敬请专家、学者和读者不吝指正。

编者

2016 年 4 月

■ 目 录

■ 情境一 经济法总论

学习目标

	能力目标	知识目标
容易	能够准确判定不同经济关系所适用的经济法律	理解经济法的概念和调整对象
容易	能够准确判断哪些社会关系是经济法律关系	理解经济法律关系的含义
适中	能够对社会关系中的经济法律关系进行分析，准确判定经济法律关系中的主体、客体和内容	掌握经济法律关系的构成要素
适中	能够举出引起经济法律关系产生、变更和消灭的法律事实	掌握引起经济法律关系产生、变更和消灭的法律事实
较难	能够区分生活中不同的代理类型，判定在不同的代理行为中，由谁承担法律后果	理解代理的概念和特征，掌握代理的种类和代理权行使的内容
较难	能够准确判断哪些经济纠纷可以通过仲裁解决	掌握仲裁的特点和适用范围，了解仲裁的基本制度和程序
较难	能够正确选择管辖法院；知道如何起诉、应诉、上诉；能够正确计算诉讼时效期间	了解诉讼管辖和审判程序，掌握诉讼时效的内容

能力训练项目

“昆明大理五日游”中的经济法律问题

1999年国庆放长假，受聘于上海某公司的黎民准备与妻子趁假期外出旅游。黎民在晚报上查阅了不少旅行社登载的广告，决定选择新江旅行社提供的昆明大理五日游。于是黎民在9月25日亲自到新江旅行社办妥了手续，预约旅行时间为10月2日上午乘飞机去昆明，10月7日上午乘飞机返回上海；在云南期间有进口空调大巴接送至旅馆及各景点；住宿条件为三星级宾馆、双人房；旅行社承担第一门票及三餐，每日餐费为50元/人；旅行社为每一名游客提供人身意外伤害险，保额为2万元；每人费用为4500元/人。黎民当即付款9000元。9月30日，旅行社与黎民又进行了确认，并告之具体起程时间。

10月2日上午，参加旅行的游客来到指定地点，应到45个人（包括一名导游），实到44人，有一位叫万林的游客因昨夜搓麻将突发脑梗阻死亡。大家来到机场，不料由于机场有大雾，班机推迟了两个小时才起飞。到达昆明后，游客在机场又等了近两个小时，才开来了一辆国产大巴车，且未开空调。游客们表示不满，而司机则责怪是他们迟到违约在先。车开至旅馆后，游客们发现该旅馆实为二星级宾馆，而且因旅游情况火暴，在双人房里均加铺一张。游客们提出不满意见，但在旅游期间一直未能解决。在以后几天的旅游中，游客对景点游览时间太短、三餐价高质次等颇为不满。10月6日，在去往一景点游览途中，游客与司机、导游又发生争执。司机竟然殴打游客，将黎民等三人打伤并摔坏了黎民的一架照相机。后在当地警方的干涉下，司机被治安拘留。

结束这次不太愉快的旅行回到上海后，游客们纷纷向新江旅行社和消费者协会投诉，黎民等三人向保险公司要求赔偿。

（来源：百度文库，http://wenku.baidu.com/view/5a8ac162caaedd3383c4d308.html）

能力训练步骤

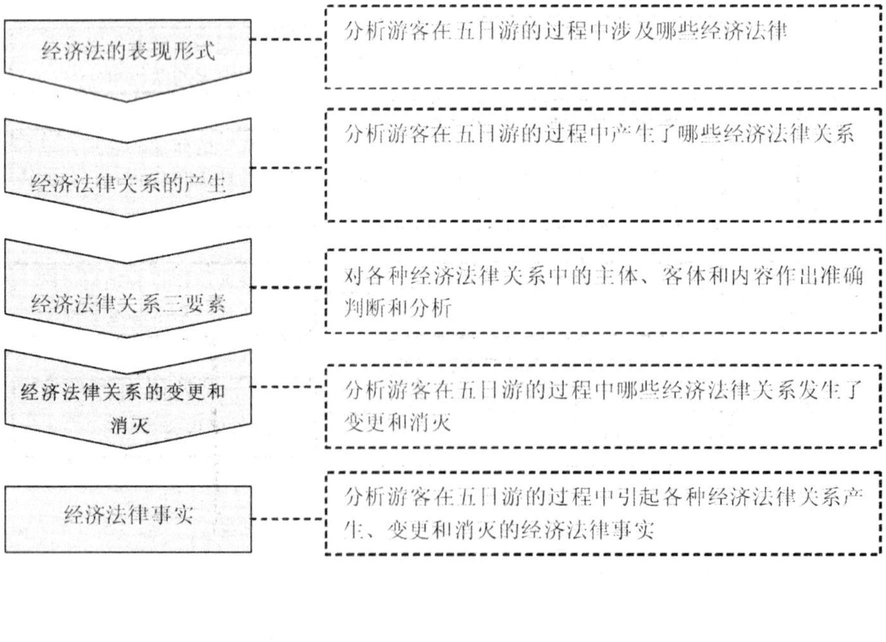

第一节　经济法的认知

一、经济法的概念和特征

“经济法”一词，最早来源于法国著名的空想社会主义者摩莱里出版的《自然法典》一书。摩莱里主要针对当时社会产品分配上的弊端，提出运用“经济法”（也称分配法）来调整社会分配关系。摩莱里所谓的“经济法”仅限于分配领域，但已经含有国家对社会生活进行干预的思想主张。经济法在世界范围内的出现表明，它是商品经济发展到一定历史阶段的必然产物。

（一）经济法的概念

经济法是调整国家在管理和协调经济运行过程中所发生的经济关系的法律规范的总称。

这一概念包含以下几方面的含义：

1. 经济法调整的对象是经济关系，而非其他社会关系。

2. 经济法调整的是一定范围的经济关系。经济法调整的是与国家管理和协调经济活动有关的经济关系，而非所有的经济关系。

3. 经济法调整的经济关系发生在市场经济条件下，与市场经济活动紧密相联。

4. 经济法是由众多经济法律法规构成的体系，是经济法律规范的总称。

（二）经济法的特征

经济法既具有整个法律的基本特征——国家意志性、特殊的规范性和应有的强制性，同时又具有自己独特的特征：

1. 政策性

国家或政府通常必须制定经济政策，经济的法律调整往往以政策先行而后赋予政策以法的效力。经济法是国家经济政策的法律化。它必须体现和实现一定经济体制和经济政策的要求。

2. 灵活性

经济法是经济政策的法律化，而政策是需要根据社会经济和市场的变化及时作出反应和调整的，这就决定经济法具体规则的内容具有较大的灵活性和变动性。

3. 社会性

经济法是适应生产社会化要求产生的，它以社会为本位，是社会本位法。

二、经济法的调整对象

经济法的调整对象是国家在管理和协调经济运行过程中所发生的经济关系，这些经济关系可以分为以下几种：

（一）企业组织管理关系

企业组织管理关系是指国家在规范经济组织过程中发生的经济关系。规范经济组织，是为了防止垄断组织的出现，从而保证市场经济顺利发展。这方面的法律有个人独资企业法、合伙企业法、外商投资企业法、公司法等。

（二）社会经济保障关系

社会经济保障关系是指国家在干预市场经济运行及社会保障过程中发生的经济关系。这方面的法律有证券法、破产法、票据法、金融法、环境法、自然资源法、房地产法、劳动法、工资法、保险法、福利法、社会救济法、社会优抚法等。

（三）市场管理关系

市场管理关系是指国家在管理、规范市场管理运行过程中发生的经济关系。这方面的法律有反垄断法、反不正当竞争法、消费者权益保护法、产品质量法等。

（四）宏观经济调控关系

宏观经济调控关系是指国家在宏观经济调控过程中发生的经济关系。这种经济关系的特点是国家通过对市场经济运行进行宏观调控，来实现经济各部门协调运行，整个国家经济平稳运行。这方面的法律有财政法、税法、价格法、计划法、产业政策法、会计法、审计法等。

三、经济法的渊源

经济法的渊源包括实质渊源和形式渊源。实质渊源是指经济法律规范来源于掌握国家政权的阶级的意志。形式渊源是指经济法律规范来源于何种法的形式，即经济法律规范借以存在和表现的形式。

我国经济法的形式渊源主要有：

（一）宪法

宪法由全国人民代表大会制定，是国家的根本大法，是经济立法的依据，具有最高的法律效力。我国宪法中有较多的条款规定了调整经济关系的法律规范。宪法是我国经济法的重要渊源。

（二）法律

法律是由全国人民代表大会及其常务委员会制定、通过的法律，是经济法的主要渊源，成为形成各个部门经济法的基本法和核心，其地位和效力仅次于宪法。比如《中华人民共和国经济合同法》、《中华人民共和国全民所有制工业企业法》、《中华人民共和国商标法》等。

（三）行政法规

行政法规是由国务院根据法律制定的有关调整经济关系方面的法律规范，也是经济法的渊源之一。行政法规多以“条例”、“实施细则”等命名。如《建筑安装工程承包合同条例》、《全民所有制工业企业转换经营机制条例》、《中华人民共和国商标法实施细则》等。

（四）地方性法规

地方性法规是由省、自治区、直辖市等地方人民代表大会及其常务委员会颁布的法律规范，也是经济法的渊源之一。比如《吉林省城市房屋建设综合开发管理条例》、《广东省土地管理实施办法》等。

（五）规章

规章是由国务院各部委及各级地方人民政府制定的有关具体实施法律和行政法规的一些办法、决定等。如《建筑市场管理规定》（原建设部和国家工商行政管理局联合颁发）、《北京市建设工程施工招标投标管理暂行办法》（北京市人民政府办公厅颁发）等。

（六）自治法规

自治法规是指民族自治地方的人民代表大会依照当地民族的政治、经济和文化特点，依法制定的自治条例和单行条例。自治条例是民族自治地方根据自治权制定的综合的规范性法律文件；单行条例是根据自治权制定的调整某一方面事项的规范性法律文件。

（七）特别行政区法

全国人民代表大会制定的特别行政区基本法和特别行政区依法制定并报全国人民代表大

会常务委员会备案的、在该特别行政区内有效的规范性法律文件，都属于特别行政区法。例如《香港特别行政区基本法》、《澳门特别行政区基本法》等。

（八）司法解释

司法解释是由最高人民法院等司法机关就法律、行政法规的适用所作的说明和法律解释。如最高人民法院颁布的《关于适用〈中华人民共和国合同法〉若干问题的解释》、《关于适用〈涉外经济合同法〉若干问题的解答》等。

（九）国际条约、协定

国际条约、协定是指我国作为国际法主体参加制定或认可的国际条约、双边或多边协定及其它具有条约、协定性质的文件。国际条约、协定也是经济法的渊源之一。如联合国《国际货物销售合同公约》。

第二节　经济法律关系

一、经济法律关系的概念

经济法律关系是法律关系的一种，是经过经济法调整的特定的经济关系。具体地说，经济法律关系是指当事人之间在经济活动中根据经济法律规范的规定所形成的经济权利和经济义务关系。

二、经济法律关系的构成要素

经济法律关系是由经济法律关系的主体、经济法律关系的内容和经济法律关系的客体这三个要素构成的。在这三者之间，经济法律关系的主体是指经济法律关系内容（经济权利和经济义务）的享有者和承担者，主体是构成经济法律关系的第一要素。经济法律关系的内容是指经济法律关系的主体享有的经济权利和承担的经济义务，它是联结各主体的纽带，也是联结主体和客体的纽带。经济法律关系的客体是指主体权利和义务所共同指向的对象，也是经济法律关系必不可少的构成要素之一。所以，这三者之间相互联系、相互依存、不可分割地共存于一定的经济法律关系中，缺少其中任何一个，经济法律关系都不能形成，变换其中的任何一个，便构成另外一种经济法律关系。

（一）经济法律关系的主体

经济法律关系的主体是指经济法律关系内容（经济权利和经济义务）的享有者和承担者，简单地说，就是经济法律关系的参加者或当事人，又称经济法主体。具体包括：

1. 国家机关

国家机关是行使国家职能的各种机关的通称。包括国家权力机关、国家行政机关、国家审判机关和国家检察机关等。

作为经济法主体的国家机关主要是指国家行政机关中的经济管理机关。国家经济管理机关在国家干预经济运行过程中，主要是在市场管理和宏观经济调控过程中发挥着重要作用。

另外，国家作为一个整体，在特定情况下也可以成为经济法律关系的主体。

2. 企业和其他社会组织

企业是经济法律关系最主要的参加者。企业作为一种营利性的商品经济组织，能够将人的要素和物的要素结合起来，自主地从事经济活动。

其他社会组织主要包括事业单位和社会团体。事业单位包括科研院所、学校、医院等；社会团体包括学术团体、工会、妇联、党团组织等。

3. 企业的内部组织和有关人员

企业的内部组织和有关人员根据经济法律、法规的有关规定参加企业内部的经济管理法律关系时，就具有经济法主体的资格。国家通过制定经济法律、法规，对企业的内部领导制度和企业的财务、会计等管理问题作出了规定，以保障经济运行。

4. 农户、个体经营户和公民

农户、城乡个体经营户和公民个人，除了可以参加民事等法律关系以外，当他们在国家干预经济运行过程中依法同国家机关、企业、事业单位、社会团体等发生经济权利和经济义务关系时，就成为经济法律关系的主体。

综上所述，经济法律关系的主体包括国家机关、企业、事业单位、社会团体和个人。

（二）经济法律关系的内容

经济法律关系的内容是指经济法律关系的主体享有的经济权利和承担的经济义务。

经济权利是指是指经济法主体在国家协调本国经济运行过程中，依法具有的自己为或不为一定行为和要求他人为或不为一定行为的资格。具体包括以下内容：

1. 经济职权。经济职权是指国家机关进行经济管理时依法享有的权利。包括决策权、资源配置权、指挥权、调节权、监督权等。

2. 财产所有权。财产所有权是指所有者对其财产依法享有的独立支配权。

3. 经营管理权。经营管理权是指企业进行生产经营活动时依法享有的权利。包括人、财、物、供、产、销等方面的权利。

经济义务是指经济法主体在国家协调本国经济运行过程中，依法必须为一定行为和不为一定行为的责任。具体包括以下内容：

1. 贯彻国家的方针和政策，遵守法律、法规；

2. 履行经济管理的职责；

3. 依法进行生产经营活动；

4. 依法纳税；

5. 不侵犯其他经济法主体的合法权益；

6. 其他经济义务。

（三）经济法律关系的客体

经济法律关系的客体是指经济法律关系的主体享有的经济权利和承担的经济义务所共同指向的对象。

经济法律关系的客体，既具有通常意义上的法律关系的客体的一般特性，又具有自身的特殊性，具体体现在：

1. 经济法律关系的客体必须是经济法主体能够控制、支配的事物。因此，在不同的社会历史条件下，经济法律关系客体的范围是不同的。

2. 经济法律关系的客体必须是国家经济法律允许进入到经济法律关系成为其客体的物或行为。

3. 经济法律关系的客体应当是能够直接体现一定的经济效益或是可以借以获得一定的经

济利益的物或行为。

根据我国经济法律法规的有关规定，经济法律关系的客体包括物、经济行为和智力成果三种基本形式。

1. 物

物是指可以为人们控制和支配，具有一定经济价值并以物质形态表现出来的物体。物作为经济法律关系的客体，有一定的限制。

作为经济法律关系的客体的物，是指经济法律关系的主体在事实上和法律上能够控制和支配的，国家经济法律法规允许进入经济法律关系的，具有一定经济价值的客观存在。主要包括自然资源和产品资源。

2. 经济行为

经济行为是指进行经济活动，能发生一定经济后果的行为。作为经济法律关系客体的经济行为，是引起经济权利、义务的发生、变更和终止的经济活动。作为经济法律关系客体的经济行为，是经济权利和经济义务所共同指向的作为或不作为。相互对应的经济权利和义务，通过这种行为的实施而同时得以实现。

由于国家经济职能的变化和民事关系的异化，社会化大生产条件下的经济活动，形成了民事关系以外的新型的经济法律关系客体——经济行为，它既包括经济组织等主体的经济行为，也包括国家和国家机关的经济行为。

（1）国家和政府的经济行为

政府机关是国家经济行为的具体承担者。政府的经济行为，是指政府这一国家权力执行机构所具有的经济职能性经济活动。政府作为经济行为的重要主体，一方面承担着对国民经济运行进行协调的经济职能，同时也充当一般的经济组织，直接参与经济活动。

①政府协调经济的行为

政府对社会经济的协调，主要有以下方面：

经济组织行为，是政府机构充当对市场进行培育、对市场要素进行组织和对市场主体进行管理的组织者而实施的经济行为。

经济调控行为，是政府运用各种经济杠杆，引导经济运行达到某一种预期状态而实施的经济行为。

经济监督规制行为，是政府通过一定的经济监督部门和行政执法机关，对经济运行进行监督和检查，保护合法经营，打击非法交易，维护市场公平竞争秩序，保证市场秩序的健康有序。

经济仲裁行为，是在经济活动中，商品生产者或经营者之间发生利益冲突或产生经济纠纷时，政府机构作为第三方居中裁判，协调当事人之间的经济利益关系，使市场交易关系和谐有序。

政府指导和信息服务行为，是指政府通过信息的公开、发布、反馈等对经济运行进行非强制性的指导和影响。

②政府经营性经济行为

政府作为生产资料所有者在行使其财产所有权过程中的具体运作，主要有：

国有资产经营行为。国有资产是指国家所有的，由经济组织使用的，并能给经济组织带来经济收益的一切资源。国有资产的形成，表明国家对经济的直接管理和不同程度的经营介入。国家对国有资产进行经营，是由社会主义基本经济制度决定的。政府机构的国有资产经营行为主要有资产投资行为和资产监管行为。国有资产投资行为主要是通过国有资产管理部门授权国有投资公司、国有银行和国有企业进行，投资的方向主要是关系国计民生的重要部门、私人资本无力投资或不愿投资的部门，以及其他在国民经济结构中占有重要地位的部门。

政府采购行为。政府机构作为经济主体，其交易和消费行为主要包括：政府是用财政性资金采购货物、工程和服务，政府机构购买为执行其职能所必需的物质设备而进行的采购行为，政府部门为实现对经济结构的调整或引导而进行的采购行为。

(2)市场主体的经济行为

市场主体的经济行为，就是直接从事市场经济活动的经济实体的具体生产经营行为。市场主体的经济行为可以分为一般性经济行为和组织性经济行为。

一般性经济行为，是指所有市场主体都进行的生产、销售等行为，包括市场主体进行的社会生产、分配、交换、消费等经济行为，这是经济主体最基本和最主要的经济活动。

组织性经济行为，是专指具体经济组织的设立、变更、终止等涉及自身组织机构的活动。经济组织的设立、变更、终止、解散等行为，必须严格按照国家设置的强制性规范进行，这也是国家对经济组织管理和监督的基本环节。

3. 智力成果

智力成果也称非物质财富，是人们创造的能够带来经济价值的脑力劳动成果。如专利、专有技术、技术改进方案、商标、生产经营标记、著作、信息等。根据载体的不同，智力成果可以分为一般信息资源和网络信息资源。专利、商标、著作等以“纸面”为载体的，为一般信息资源；远程教育、远程医疗、电子商务、电子邮件、虚拟现实等精神产品以网络（无纸化）为载体的，为网络信息资源。

经济法律关系的客体也可以按照其形式分为有形客体和无形客体。物属于有形客体，而经济行为和智力成果并称为无形客体。

三、经济法律关系的产生、变更和消灭

经济法律关系的产生、变更和终止包括三个条件：经济法律、法规，即经济法律关系产生、变更和终止的法律依据；经济法律关系的主体，即经济权利和经济义务的承担者；经济法律事实，即法律、法规所规定的具体行为或事件。

（一）经济法律关系的产生、变更和消灭

1. 经济法律关系的产生

经济法律关系的产生是指由于某种经济法律事实的出现，使特定的经济法律关系主体之间产生了经济权利和经济义务关系。

能够引起经济法律关系产生的普遍行为可以分为四类：

(1)订立合同。如签订买卖合同，就会在买卖双方当事人之间产生关于买卖的权利和义务关系。

(2)侵权行为。侵权行为是指由于一方有过错而给他方造成损失。

(3)无因管理。无因管理是指没有法定或约定的义务，自愿为他人管理事务或财物，使他人受益的行为。

(4)不当得利。不当得利是指取得没有法律依据的利益，而使财产所有人受损。

2. 经济法律关系的变更

经济法律关系的变更是指由于某种经济法律事实的出现，使已经生效的经济法律关系的构成要素发生了变化。经济法律关系的三个基本要素——主体、内容和客体，只要其中一个要素发生了改变，便可引起经济法律关系的变更。如签订买卖合同的主体合并、或者买卖的标的变更、或者买卖双方的权利义务发生变化，均会导致买卖关系的变更。需要注意的是，经济法律关系的变更需要依法进行，否则要承担相应的法律责任。

变更原则如下：

(1)经济法律关系的变更不得损害国家利益和社会公共利益，不得损害国家计划；

(2)双方协商一致而设立的经济法律关系，需经双方协商达成合意方可变更，任何一方均不得擅自变更；

(3)由国家机关批准而设立的经济法律关系，虽经双方协商达成一致，还需经原批准机关认可或批准方可变更；

(4)法律规定禁止变更的经济法律关系，不得变更。

3. 经济法律关系的消灭

经济法律关系的消灭是指由于某种经济法律事实的出现，使经济法律关系主体之间的权利和义务关系归于终止。如签订的买卖合同，当事人履行义务完毕、被宣告无效，或被撤销，均会使先前的买卖关系消灭。

经济法律关系的消灭分为两种情况：

(1)绝对消灭。绝对消灭是指经济法主体之间的权利、义务不存在了。如合同全部履行完毕。

(2)相对消灭。如履行了部分合同义务，或将义务转移他人。

(二)经济法律事实

经济法律事实是指法律、法规规定的，能够引起法律后果，即引起经济法律关系产生、变更和消灭的现象。

根据经济法律事实的发生是否与当事人的意志有关，可将其分为行为和事件两大类。

1. 行为

行为是指人们进行的能引起经济法律关系产生、变更和消灭的有意识的活动，或者说是以人们的意志为转移的客观事实。包括国家经济管理机关的管理行为；行政机关的执法行为；司法行为；社会组织和其他经济法主体的经济行为；其他可引起经济法律关系产生、变更和消灭的行为。

2. 事件

事件是指能够引起经济法律关系产生、变更或消灭的，经济法主体的主观意志不能控制的客观现象，或者说是不以当事人意志为转移的客观事实。包括自然现象和社会现象。

(1)自然原因引起的事件。如地震、火灾、雷电、冰雹、海啸、洪水等自然灾害。

(2)与当事人意志无关的人为事件，或称社会原因。如战争、政变等。

案例分析：

新华网北京9月11日电(记者周婷玉 张洪河 朱旭东 朱国亮)中国卫生部11日晚指出，近期甘肃等地报告多例婴幼儿泌尿系统结石病例，调查发现患儿多有食用三鹿牌婴幼儿配方奶粉的历史，经相关部门调查，高度怀疑石家庄三鹿集团股份有限公司生产的三鹿牌婴幼儿配方奶粉受到三聚氰胺污染。中国卫生部专家指出，三聚氰胺是一种化工原料，可导致人体泌尿系统产生结石。石家庄三鹿集团股份有限公司11日晚则发布产品召回声明称，经公司自检发现2008年8月6日前出厂的部分批次三鹿婴幼儿奶粉受到三聚氰胺的污染，市场上大约有700吨。三鹿集团公司决定立即全部召回2008年8月6日以前生产的三鹿婴幼儿奶粉。三鹿集团是中国最大的奶粉生产企业。此前，三鹿集团公司有关负责人表示，公司密切关注奶粉致病事件，已派人赴相关地区了解情况，并全力配合有关部门调查。请问引起该案例中经济法律关系产生、变更的经济法律事实分别是什么？

（来源：百度文库，http://wenku.baidu.com/view/5a8ac162caaedd3383c4d308.html）

第三节　法律行为与代理

一、法律行为

在我国，1986的《民法通则》并未直接采用法律行为这一概念，而是采用了民事法律行为和民事行为这两个概念。在制度设计规定上，规定民事法律行为是合法的行为。《民法通则》第五十四条规定：民事法律行为是公民或者法人设立、变更、终止民事权利和民事义务的合法行为。

（一）法律行为的概念和成立条件

法律行为是指能发生法律上效力的人们的意志行为，即根据当事人的个人意愿形成的一种有意识的活动，它是在社会生活中引起法律关系产生、变更和消灭的最经常的事实。法律行为包括直接意义上的作为，也包括不作为（即对于一定行为的抑制）。通常又把前者称为积极的法律行为，后者称为消极的法律行为。

法律行为的成立必须具备下列条件：

1. 必须是出于人们自觉的作为和不作为。无意识能力的幼年人、疯癫、白痴、精神病，以及一般人在暴力胁迫下的作为和不作为，都不能被视为法律行为。

2. 必须是基于当事人的意思而具有外部表现的举动。单纯心理上的活动不产生法律上的后果，如虽有犯罪意思而无犯罪行为的，不能视为犯罪，也不能视为法律行为。

3. 必须为法律规范所确认、而发生法律上效力的行为。不由法律调整、不发生法律效力的，如通常的社交、恋爱等不是法律行为。

（二）经济法律行为的概念

经济法律行为是指能够发生经济法上效果的人们自发意思所表现出来的一种法律事实。这一定义包括如下含义：

1. 经济法律行为是能够引起经济法律关系产生、变更和消灭的事实的一种。它是能够引起经济法律关系产生、变更和消灭的客观情况，是人的有意识的活动。

2. 经济法律行为是由经济法律规范规定和调整的行为。这是经济法律行为同其他法律行为的重要区别。其他法律行为如行政法律行为是由行政法律规范规定和调整的行为，民事法律行为是由民事法律规范规定和调整的行为，犯罪则是由刑法规定和调整的行为。

3. 经济法律行为是发生经济法上效果的法律事实。这里所谓经济法上的效果，是指经济法上权利和义务的变动，也就是发生、变更、消灭经济法权利和义务。

二、代理制度

（一）代理的概念和特征

代理是指代理人以被代理人的名义，在代理授权范围内，与第三人进行的，确立被代理人和第三人之间的法律关系的法律行为。

代理的法律特征是：

1. 代理是一种法律行为。

2. 代理是代理人以被代理人的名义进行的，即代替被代理人进行的法律行为。

3. 代理是代理人在授权范围内所进行的独立意思表示。

4. 代理人在代理授权范围内进行代理的法律后果直接归属于被代理人，代理人与第三人确立的权利义务关系（甚至于代理的不良后果和损失），均由被代理人承担，从而在被代理人和第三人之间确立了法律关系。

（二）代理的种类

代理的种类有委托代理、法定代理和指定代理。

1. 委托代理

委托代理是指根据被代理人的授权委托而产生的代理。委托代理，可以用书面形式，也可以用口头形式。法律规定用书面形式的，应当用书面形式。

书面委托代理的授权委托书应当载明代理人的姓名或者名称、代理事项、权限和期间，并由委托人签名或者盖章。委托书授权不明的，被代理人应当向第三人承担民事责任，代理人负连带责任。

2. 法定代理

法定代理是指法律根据一定社会关系的存在而设定的代理。法定代理主要是为保护无民事行为能力人和限制民事行为能力人的合法权益而设定的，一般适用于被代理人是无民事行为能力人和限制民事行为能力人的情况。

我国《婚姻法》规定父母为未成年子女的法定代理人；夫妻一方失去行为能力，另一方即为其法定代理人。我国《民法通则》第 16 条、14 条规定："未成年人的父母是未成人的监护人"，"无民事行为能力人、限制民事行为能力人的监护人是他的法定代理人"。另外，当无行为能力人、限制行为能力人处于一定社会组织的监护之下时，如精神病院、育幼机构等，这些组织负有监护责任，亦为法定代理人。

3. 指定代理

指定代理是指根据人民法院或有权机关的指定而产生的代理。在没有委托代理人和法定代理人，或法定代理人互相推诿代理责任的情况下，法院或有权机关可以依法为不能亲自处理自己事务的人指定代理人。凡依法被指定为代理人的人，无正当理由，不得拒绝。

案例分析：

某家具厂委托本厂业务员王某推销家具，2010 年元旦期间，家具厂开展促销活动，王某以家具厂的名义与客户肖某签订了一笔两万元的销售合同。请问，王某与该家具厂是什么关系？属于哪种代理关系？该销售合同的法律后果应该由谁承担？

（三）代理权的行使

代理人行使代理权必须是为了被代理人的利益，不得与他人恶意串通损害被代理人的利益，也不得利用代理权谋取私利。代理人原则上应当亲自完成代理事务，不得擅自转委托。

1. 禁止滥用代理权

滥用代理权的表现形式有以下三种：

(1)自己代理。指代理人以被代理人的名义与自己进行民事活动。

(2)双方代理。指同一代理人代理双方当事人进行同一项民事活动。

(3)恶意串通。指代理人与第三人恶意串通损害被代理人的利益。

滥用代理权的行为，属于无效法律行为。给被代理人及他人造成损失的，应当由代理人承担相应的赔偿责任。代理人与第三人恶意串通，损害被代理人利益的，由代理人和第三人承担连带责任。

2. 无权代理

无权代理是指没有代理权而以他人名义进行的代理行为。它有三种表现形式：

(1)没有代理权而实施的代理。

(2)超越代理权而实施的代理。

(3)代理权终止后实施的代理。

无权代理行为由代理人承担民事责任。但是，以下情况除外：

(1)无权代理行为经过被代理人追认的，由被代理人承担民事责任。

(2)被代理人知道他人以本人名义实施民事行为而不作否认表示的，视为同意，由被代理人承担民事责任。

(3)委托代理人为了维护被代理人的利益，在紧急情况下实施的超越代理权的民事法律行为，但其采取的行为不当给被代理人造成损失的，可以酌情由委托代理人承担适当的责任。

(4)表见代理。

案例分析：

某电器商场委托员工齐某采购50台海尔空调，齐某在代理时得知格力空调正在搞低价促销活动，便代电器商场签订合同购买了50台格力空调。该电器商场知道后并未提出异议。请问，齐某的代理行为产生的民事责任应该由谁承担？

3. 表见代理

表见代理是指无权代理人的行为，客观上存在使善意相对人相信其有代理权的情形。法律确立表见代理的意义在于维护人们对代理制度的信赖，保护善意无过失的当事人，进而保障交易安全。表见代理的情形有：

(1)被代理人对第三人表示已将代理权授予他人，而实际并未授权。

(2)被代理人将某种有代理权的证明文件交给他人，他人以该种文件使第三人相信其有代理权并与之进行法律行为。证明文件是指盖有公章的空白介绍信、空白合同文本、合同专用章等。

(3)代理授权不明。

(4)代理人违反被代理人的意思或者超越代理权，第三人无过失地相信其有代理权而与之进行的法律行为。

(5)代理关系终止后未采取必要措施而使第三人仍然相信行为人有代理权，并与之进行法律行为。

表见代理的法律效力是使无权代理发生如同有权代理一样的效果。即在相对人与被代理人之间产生法律关系。表见代理成立后，被代理人应受无权代理人与相对人实施的民事法律行为的约束。

(四)代理关系的终止

委托代理终止的原因有：

1. 代理期间届满或代理事务完成；

2. 被代理人取消委托或代理人辞去委托；

3. 代理人死亡；

4. 代理人丧失民事行为能力；

5. 作为被代理人或代理人的法人终止。

委托代理并不因被代理人死亡而终止。被代理人死亡之后有下列情况之一的，委托代理人实施的代理行为有效：

1. 代理人不知道被代理人死亡的；

2. 被代理人的继承人均予以承认的；

3. 被代理人与代理人约定到代理事项完成时代理权终止的；

4. 在被代理人死亡之前已经进行，而在被代理人死亡之后，为了被代理人继承人的利益，需要继续完成的。

法定代理、指定代理终止的原因有：

1. 被代理人取得或恢复民事行为能力；

2. 被代理人或代理人死亡；

3. 代理人丧失民事行为能力；

4. 指定代理的人民法院或有权机关取消指定；

5. 由其他原因引起的被代理人和代理人之间的监护关系消灭。

第四节　经济仲裁与诉讼

经济纠纷也称经济争议，是指当事人在经济管理与经济活动中产生的权益争议。它包括平等主体之间涉及经济内容的纠纷和公民、法人或者其他组织作为行政管理相对人与行政机关之间因行政管理发生的涉及经济内容的纠纷。解决经济纠纷的方式主要有：协商和解、调解、行政复议、仲裁和诉讼。对不同主体之间的纠纷，应适用不同的纠纷解决方式。本节主要介绍仲裁和诉讼。

一、仲裁

(一)仲裁的概念

仲裁是指双方当事人在争议发生之前或发生之后，签订书面协议，自愿将争议提交双方所同意的第三者审理，由第三者作出对争议各方均有约束力的裁决，从而解决争议的一种方式。仲裁在性质上是兼具契约性、自治性、民间性和准司法性的一种争议解决方式。

仲裁协议有两种形式：一种是在争议发生之前订立的，它通常作为合同中的一项仲裁条款出现；另一种是在争议发生之后订立的，它是把已经发生的争议提交给仲裁的协议。这两种形式的仲裁协议，其法律效力是相同的。

（二）仲裁的适用范围

仲裁的适用范围是指哪些纠纷可以通过仲裁解决，哪些纠纷不能通过仲裁来解决，也就是我们通常讲的“争议的可仲裁性”。

我国《仲裁法》第2条规定：“平等主体的公民，法人和其他组织之间发生的合同纠纷和其他财产权益纠纷，可以仲裁。”这里明确了三条原则：

1. 发生纠纷的双方当事人必须是民事主体，包括国内外法人、自然人和其他合法的具有独立主体资格的组织；

2. 仲裁的争议事项应当是当事人有权处分的；

3. 仲裁范围必须是合同纠纷和其他财产权益纠纷。

合同纠纷是在经济活动中，双方当事人因订立或履行各类经济合同而产生的纠纷，包括国内、国外平等主体的自然人、法人，以及其他组织之间的国内各类经济合同纠纷、知识产权纠纷、房地产合同纠纷、期货和证券交易纠纷、保险合同纠纷、借贷合同纠纷、票据纠纷、抵押合同纠纷、运输合同纠纷和海商纠纷等，还包括涉外的，涉及香港、澳门和台湾地区的经济纠纷，以及涉及国际贸易、国际代理、国际投资、国际技术合作等方面的纠纷。

其他财产权益纠纷，主要是指由侵权行为引发的纠纷，这在产品质量责任和知识产权领域的侵权行为见之较多。

根据仲裁法的规定，有两类纠纷不能仲裁：

1. 婚姻，收养，监护，扶养，继承纠纷不能仲裁，这类纠纷虽然属于民事纠纷，也不同程度涉及财产权益争议，但这类纠纷往往涉及当事人本人不能自由处分的身份关系，需要法院作出判决或由政府机关作出决定，不属于仲裁机构的管辖范围。

2. 行政争议不能裁决。行政争议，亦称行政纠纷，行政纠纷是指国家行政机关之间，或者国家行政机关与企事业单位，社会团体以及公民之间，由于行政管理而引起的争议。外国法律规定这类纠纷应当依法通过行政复议或行政诉讼解决。

另外，《仲裁法》还规定：劳动争议和农业集体经济组织的内部的农业承包合同纠纷的仲裁，由国家另行规定，也就是说解决这类纠纷不适用仲裁法。这是因为，劳动争议，农业集体经济组织内部的农业承包合同纠纷虽然可以仲裁，但它不同于一般的民事经济纠纷，因此只能另作规定予以调整。

（三）仲裁的特点

仲裁的特点包括：自愿性、专业性、灵活性、保密性、快捷性、经济性和独立性。

1. 自愿性

当事人的自愿性是仲裁最突出的特点。仲裁以双方当事人的自愿为前提，即当事人之间的纠纷是否提交仲裁，交与谁仲裁，仲裁庭如何组成，由谁组成，以及仲裁的审理方式、开庭形式等都是在当事人自愿的基础上，由双方当事人协商确定的。因此，仲裁是最能充分体现当事人意思自治原则的争议解决方式。

2. 专业性

民商事纠纷往往涉及特殊的知识领域，会遇到许多复杂的法律、经济贸易和有关的技术性问题，故专家裁判更能体现专业权威性。因此，由具有一定专业水平和能力的专家担任仲裁员对当事人之间的纠纷进行裁决是仲裁公正性的重要保障。根据我国仲裁法的规定，仲裁机构都备有专业的、由专家组成的仲裁员名册供当事人进行选择，专家仲裁由此成为民商事仲裁的重要特点之一。

3. 灵活性

由于仲裁充分体现当事人的意思自治，仲裁中的诸多具体程序都是由当事人协商确定与选择的，因此，与诉讼相比，仲裁程序更加灵活，更具有弹性。

4. 保密性

仲裁以不公开审理为原则。有关的仲裁法律和仲裁规则也同时规定了仲裁员及仲裁秘书人员的保密义务。因此当事人的商业秘密和贸易活动不会因仲裁活动而泄露。仲裁表现出极强的保密性。

5. 快捷性

仲裁实行一裁终局制，仲裁裁决一经仲裁庭作出即发生法律效力。这使得当事人之间的纠纷能够迅速得以解决。

6. 经济性

仲裁的经济性主要表现在：时间上的快捷性使得仲裁所需费用相对减少；仲裁无需多审级收费，使得仲裁费往往低于诉讼费；仲裁的自愿性、保密性使当事人之间通常没有激烈的对抗，且商业秘密不必公之于世，对当事人之间今后的商业机会影响较小。

7. 独立性

仲裁机构独立于行政机构，仲裁机构之间也无隶属关系。在仲裁过程中，仲裁庭独立进行仲裁，不受任何机关、社会团体和个人的干涉，亦不受仲裁机构的干涉，显示出最大的独立性。

（四）仲裁的类型

根据不同的分类标准，仲裁可以划分为不同的类型：

1. 国内仲裁和涉外仲裁

根据所处理的纠纷是否具有涉外因素，仲裁可分国内仲裁和涉外仲裁。

（1）国内仲裁是指本国当事人之间为解决没有涉外因素的国内民商事纠纷的仲裁。

（2）涉外仲裁是指处理涉及外国或外法域的民商事务争议的仲裁。

2. 临时仲裁和机构仲裁

根据是否存在常设的专门仲裁机构，仲裁可以分为临时仲裁和机构仲裁。

（1）临时仲裁是指当事人根据仲裁协议，将他们之间的争议交给临时组成的仲裁庭而非常设性仲裁机构进行审理并作出裁决的仲裁。

（2）机构仲裁是指当事人根据其仲裁协议，将他们之间的纠纷提交给某一常设性仲裁机构所进行的仲裁。

3. 依法仲裁和友好仲裁

根据仲裁裁决的依据不同，仲裁可分为依法仲裁和友好仲裁。

（1）依法仲裁是指仲裁庭依据一定的法律规定对纠纷进行裁决。

（2）友好仲裁则是指依当事人的授权，依据他所认为的公平的标准作出对当事人有约束力的裁决。

（五）仲裁的基本制度

确立什么样的仲裁制度，直接关系着仲裁的生存和发展，也直接关系着能否公正、及时、有效地解决当事人之间的争议。仲裁法在总结我国仲裁的经验，借鉴国外经验的基础上，提出了三项基本制度:协议仲裁制度、或裁或审制度和一裁终局制度。

1. 协议仲裁制度

协议仲裁制度是仲裁中当事人自愿原则的最根本体现，也是自愿原则在仲裁过程中得以实现的最基本的保证，仲裁法规定仲裁必须要有书面的仲裁协议，仲裁协议可以是合同中写明的仲裁条款，也可以是单独书写的仲裁协议书(包括可以确认的其他书面方式)。仲裁协议的内容应当包括请求仲裁的意思表示，约定的仲裁事项，以及选定的仲裁委员会。

2. 或裁或审制度

或裁或审制度是尊重当事人选择解决争议途径的制度。其含义是，当事人达成书面仲裁协议的，应当向仲裁机构申请仲裁，不能向法院起诉。人民法院也不受理有仲裁协议的起诉。如果一方当事人出于自身的利益或者其他原因，没有信守仲裁协议或者有意回避仲裁而将争议起诉到法院，那么被诉方当事人可以依据仲裁协议向法院提出管辖权异议，要求法院驳回起诉，法院按照仲裁法的规定，将对具有有效仲裁协议的起诉予以驳回并让当事人将争议交付仲裁。

3. 一裁终局制度

《仲裁法》第 9 条规定:“仲裁实行一裁终局的制度，裁决作出后，当事人就同一纠纷再申请仲裁或者向人民法院起诉的，仲裁委员会不予受理”。

一裁终局的基本含义在于，裁决作出后，即产生法律效力，即使当事人对裁决不服，也不能就同一案件向法院提出起诉。

所以一裁终局，不仅排除了我国沿用多年的一裁二审的可能性，同时也排除了一裁一复议和二裁终局的可能性。

(六)仲裁的基本程序

为了确保仲裁裁决的公正及时，仲裁必须依法定程序进行。仲裁的法定程序主要分为四个阶段:

1. 受理阶段

仲裁程序是以当事人向仲裁机构申请仲裁为起始。仲裁委员会收到当事人提交的仲裁申请书后，认为符合受理条件的，在收到仲裁申请书之日起五日内向申请人发出受理通知书，同时向被申请人发出仲裁通知书及附件。双方当事人在收到受理通知书或仲裁通知书后，应当做好以下几项工作:

(1)申请人须在规定的期限内预交仲裁费用，否则将视为申请人撤回仲裁申请;

(2)被申请人可在仲裁通知书规定的期限内向仲裁委员会提交书面答辩书;

(3)分别做好证据材料的核对及整理工作，必要时可提交补充证据;

(4)及时提交仲裁员选定书、法定代表人证明书、详细写明委托权限的授权委托书等有关材料;

(5)在被申请人下落不明的情况下，申请人应主动查找其下落，并向仲裁委员会提交被申请人的确切住所，否则将影响仲裁程序进行;

(6)被申请人若要提出仲裁反请求，则必须在仲裁规则规定的期限内提出。

此外，双方当事人均有权向仲裁委员会申请财产保全和证据保全，有权委托律师和其他代理人进行仲裁活动。

2. 组庭阶段

双方当事人应当在规定的期限内约定仲裁庭的组成方式和选定仲裁员。若当事人在规定的期限内未能约定仲裁庭的组成方式或者选定仲裁员的，由仲裁委员会主任指定。仲裁庭组成后，仲裁委员会向双方当事人发出组庭通知书。当事人在收到组庭通知书后，对仲裁员的公正性有怀疑时，可以在首次开庭前提出回避申请，同时应当说明理由。若回避事由在首次开庭后知道的，可以在最后一次开庭终结前提出。因回避而重新选定或指定仲裁员后，当事人可以请求已进行的仲裁程序重新进行，是否准许，由仲裁庭决定。

3. 开庭审理阶段

仲裁委员会应当在仲裁规则规定的期限内将开庭日期通知双方当事人。当事人在收到开庭通知书后，应当注意以下几个问题：

(1)当事人若确有困难，不能在所定的开庭日期到庭，则可以在仲裁规则规定的期限内向仲裁庭提出延期开庭请求，是否准许，由仲裁庭决定。申请人经书面通知，无正当理由不到庭或未经仲裁庭许可中途退庭的，视为撤回仲裁申请。被申请人经书面通知，无正当理由不到庭或者未经仲裁庭许可中途退庭的，仲裁庭可以缺席裁决。

(2)在庭审过程中，当事人享有进行辩论和表述最后意见的权利。

(3)双方当事人应当严格遵守开庭纪律。

当事人申请仲裁后，有自行和解的权利。达成和解协议的，可以请求仲裁庭根据和解协议作出裁决书，也可撤回仲裁申请。在庭审过程中，若双方当事人自愿调解的，可在仲裁庭主持下先行调解。调解成功的，仲裁庭依据已达成的调解协议书制作调解书，当事人可以要求仲裁庭根据调解协议制作裁决书。调解不成的，则由仲裁庭及时作出裁决。仲裁庭对专门性问题认为需要鉴定的，可以交由当事人共同约定的鉴定部门鉴定，也可以由仲裁庭指定的鉴定部门鉴定，鉴定费用由当事人预交。

4. 裁决阶段

仲裁庭在将争议事实调查清楚、宣布闭庭后，应进行仲裁庭评议，并按照评议中的多数仲裁员的意见作出裁决。若仲裁庭不能形成多数意见时，则按照首席仲裁员的意见作出裁决。在裁决阶段，双方当事人享有以下几项权利：

(1)有权根据实际情况，要求仲裁庭就事实已经清楚的部分先行裁决。

(2)在收到裁决书后的三十日内，当事人有权对裁决书中的文字、计算错误或者遗漏的事项申请仲裁庭补正。

双方当事人在收到裁决书后，应当自觉履行仲裁裁决。

(七)仲裁时效

仲裁时效是指权利人向仲裁机构请求保护其权利的法定期限，也即权利人在法定期限内没有行使权利，即丧失提请仲裁以保护其权益的权利。仲裁分为商事仲裁和劳动仲裁两大类。《中华人民共和国仲裁法》第 74 条规定：“法律对仲裁时效有规定的，适用该规定。法律对仲裁时效没有规定的，适用诉讼时效的规定。”

1. 商事仲裁时效

纵观中国现行法律的相关规定，并未见涉及商事仲裁时效的特别规定，由此，依照《仲裁法》第 74 条的规定，商事仲裁时效适用相关诉讼时效的规定，具体包括：

《中华人民共和国民法通则》第 135 条：向人民法院请求保护民事权利的诉讼时效期间为二年，法律另有规定的除外；第 136 条：下列的诉讼时效期间为一年：

(1)身体受到伤害要求赔偿的；

(2)出售质量不合格的商品未声明的；

(3)延付或者拒付租金的；

(4)寄存财务被丢失或者损毁的。

《中华人民共和国合同法》第129条：因国际货物买卖合同和技术进出口合同争议提起诉讼或者申请仲裁的期限为四年。

2. 劳动仲裁时效

《中华人民共和国劳动争议调解仲裁法》于2008年5月1日起执行，其中，第二十七条规定，劳动争议申请仲裁的时效期间为一年。

此外，对于劳动仲裁来说，如果劳动关系存续期间因拖欠劳动报酬发生争议的，劳动者申请仲裁不受仲裁时效期间的限制。但是，劳动关系终止的，应当自劳动关系终止之日起一年内提出。

3. 仲裁时效的计算

仲裁时效期间应从权利人知道或者应当知道权利被侵害时起计算。同样，《民法通则》有关诉讼时效中止及中断的规定也应适用于商事仲裁时效和劳动仲裁时效。在仲裁时效期间的最后6个月内，权利人因不可抗力或者其他障碍不能行使请求权的，仲裁时效中止，从中止的原因消除之日起，仲裁时效期间继续计算；权利人提出要求或者义务人同意履行的行为可构成仲裁时效中断，从中断的原因消除之日起，仲裁时效期间重新计算。

二、诉讼

“诉讼”一词，在外国有多种词语表达方式，如拉丁文的processus，英文的process、procedure、proceedings、suit、lawsuit，德文的prozess等，其最初的含义是发展和向前推进的意思，用在法律上，也就是指一个案件的发展过程，又特指法院主持下按照法定程序审理案件的过程。

(一)诉讼的概念

诉讼是指纠纷当事人向具有管辖权的法院起诉另一方当事人，人民法院根据纠纷当事人的请求，运用审判权确认争议各方的权利义务关系，从而解决经济纠纷的活动。

诉讼是一种法律行动，分为行政诉讼和民事诉讼。行政诉讼是指人民法院根据当事人的请求，依法审查并裁决行使行政管理职权的行政机关所作出的具体行政行为的合法性，以解决经济纠纷的活动。民事诉讼是指人民法院在当事人及其他诉讼参与人的参加下，依法审理并裁决经济纠纷案件所进行的活动。由于经济纠纷所涉及的诉讼多数属于民事诉讼，因此本书主要介绍民事诉讼。民事诉讼适用《民事诉讼法》的有关规定。

(二)诉讼管辖

诉讼管辖是指各级人民法院之间以及不同地区的同级法院之间，受理第一审民事案件、经济纠纷案件的职权范围和具体分工。根据民事诉讼法规定，管辖主要可以分为级别管辖、地域管辖、移送管辖和指定管辖。

1. 级别管辖

级别管辖是指根据案件的性质、影响范围来划分上下级人民法院受理第一审经济纠纷案件的分工和权限。

我国人民法院分为四级:基层人民法院、中级人民法院、高级人民法院和最高人民法院。基层人民法院原则上管辖第一审案件;中级人民法院管辖在本辖区有重大影响的案件、重大涉外案件及由最高人民法院确定由中级人民法院管辖的案件;高级人民法院管辖在辖区有重大影响和第一审案件;最高人民法院管辖在全国有重大影响的案件及认为应当由它审理的案件。

2. 地域管辖

地域管辖是指同级人民法院之间在各自管辖的地域内审理第一审经济案件的分工和权限。分为一般地域管辖、特殊地域管辖、专属地域管辖、协议地域管辖和共同管辖。

(1)一般地域管辖。一般地域管辖是根据当事人的户籍所在地来划分人民法院对案件的管辖范围。适用"原告就被告"的原则,即由被告所在地人民法院管辖。如果被告住所与经常居住地不一致,由经常居住地人民法院管辖。同一案件的几个被告住所地、经常居住地在两个以上人民法院辖区的,两个人民法院都有管辖权。

(2)特殊地域管辖。特殊地域管辖是以诉讼标的所在地,或引起法律关系发生、变更、消灭的法律事实所在地为依据确定管辖。适用特殊管辖的主要有以下几种情况:

①因合同纠纷提起的诉讼,由被告住所地或者合同履行地人民法院管辖。

②因保险合同纠纷提起的诉讼,由被告住所地或者保险标的物所在地人民法院管辖。

③因票据纠纷提起的诉讼,由票据支付地或者被告住所地人民法院管辖。

④因铁路、公路、水上、航空运输和联合运输合同纠纷提起的诉讼,由运输始发地、目的地或者被告住所地人民法院管辖。

⑤因侵权行为提起的诉讼,由侵权行为地或者被告住所地人民法院管辖。

⑥因铁路、公路、水上和航空事故请求损害赔偿提起的诉讼,由事故发生地或者车辆、船舶最先到达地、航空器最先降落地或者被告住所地人民法院管辖。

⑦因船舶碰撞或者其他海事损害事故请求损害赔偿提起的诉讼,由碰撞发生地、碰撞船舶最先到达地、加害船舶被扣留地或者被告住所地人民法院管辖。

⑧因海难救助费用提起的诉讼,由救助地或者被救助船舶最先到达地人民法院管辖。

⑨因共同海损提起的诉讼,由船舶最先到达地、共同海损理算地或者航程终止地的人民法院管辖。

(3)专属管辖。专属管辖是指某一类案件根据法律规定必须由一定的法院审理。下列案件实行专属管辖:

①因不动产纠纷提起的诉讼,由不动产所在地人民法院管辖。

②因港口作业中发生纠纷提起的诉讼,由港口所在地人民法院管辖。

③因继承遗产纠纷提起的诉讼,由被继承人死亡时住所地或者主要遗产所在地人民法院管辖。

(4)协议管辖。协议管辖是指合同双方当事人可以在书面合同中协议选择被告住所地、合同履行地、合同签订地、原告住所地、标的物所在地人民法院管辖,但不得违反民事诉讼法对级别管辖和专属管辖的规定。

(5)共同管辖。共同管辖是指某些案件依照法律规定有两个以上法院管辖。两个以上人民法院都有管辖权的诉讼,原告可以向其中一个人民法院起诉;原告向两个以上有管辖权的人民法院起诉的,由最先立案的人民法院管辖。

3. 移送管辖和指定管辖

移送管辖和指定管辖是指受诉法院发现受理的案件不属于本院管辖的应当移送有管辖权的人民法院，接受移送的人民法院应当受理。有管辖权的人民法院由于特殊原因，不能行使管辖权的，由上级人民法院指定管辖。人民法院之间因管辖权发生争议的，由争议双方协商解决；协商解决不了的，报请双方共同的上级人民法院指定管辖。

人民法院受理案例后，当事人对管辖权有异议的，应当在提交答辩状期间提出。人民法院对当事人的异议，应当审查。异议成立的，裁定将案件移送有管辖权的人民法院；异议不成立的，裁定驳回，对驳回的裁定，当事人可以上诉。

（三）诉讼参加人

诉讼参加人，是指按照诉讼法提起诉讼的公民、法人或者其他组织。有权提起诉讼的公民死亡，其近亲属可以提起诉讼，“近亲属”包括配偶、父母、子女、兄弟姐妹、祖父母、外祖父母、孙子女、外孙子女和其他具有抚养、赡养关系的亲属。

1. 当事人

当事人是指公民、法人和其他组织因经济权益发生争议或受到损害，以自己的名义进行诉讼，并受人民法院调解和裁判约束的利害关系人。通常，当事人指原告与被告，广义的当事人还包括共同诉讼人、诉讼中的第三人。

2. 共同诉讼人

共同诉讼人是指二人以上作为一方起诉或被诉的当事人。原告方为二人以上的，称为共同原告；被告方为二人以上的，称为共同被告。通过这个制度，人民法院可以一并彻底解决与本案有关的人所发生的纠纷，从而简化诉讼程序，节省时间和费用，避免人民法院在同一事件上作出相互矛盾的裁判。

3. 诉讼代表人

诉讼代表人是指众多当事人的一方推选出的代表，为维护本方利益而进行诉讼活动的人。诉讼代表人应是该案的利害关系人，与所代表的全体成员有相同的利益，乐于为所代表的全体成员服务，并得到多数人的信赖，在诉讼活动中应善意地维护被代表人的利益。

4. 第三人

第三人是指对诉讼标的，认为有独立请求权，或者虽然没有独立请求权，但案件的处理结果同他有法律上的利害关系的，经申请或者人民法院通知他参加到诉讼中来的人。

5. 诉讼代理人

诉讼代理人是指根据法律规定，由法院指定或受当事人的委托，代理当事人参加诉讼的人。诉讼代理人因代理权来源不同分为法定代理人、指定代理人和委托代理人三种。

（四）审判程序

我国人民法院审理经济纠纷案件实行两审终审制。经济纠纷一般要经过一审程序、二审程序、执行程序三个阶段。

1. 一审程序

一审程序是指各级人民法院审理第一审经济案件适用的程序，分为普通程序和简易程序。普通程序是经济案件审判中最基本的程序，适用这一程序审理案件，应在6个月内审结。普通程序主要包括：起诉与受理、审理前的准备、调解、开庭审理等阶段。当事人起诉且得到法院的受理即启动一审程序。起诉是指一方当事人向人民法院请求审理案件的活动，是诉讼过程的开始。根据法律法规，当事人提起诉讼必须符合下列条件：

①原告是与本案有直接利害关系的公民、法人和其他组织；

②有明确的被告；

③有具体的诉讼请求和事实、理由；

④属于人民法院受理民事诉讼的范围和受诉人民法院管辖。

起诉应向人民法院递交诉状，并按被告人数提交副本。人民法院对符合条件的起诉，必须受理。受理是指人民法院通过对起诉的审查，对认为起诉符合法定条件的案件予以立案并进行审理的诉讼行为。人民法院收到起诉状或口头起诉，经审查，认为符合起诉条件的，应当在7日内立案，并通知当事人；认为不符合起诉条件的，应当在7日内裁定不予受理。

2. 二审程序

二审程序又称上诉程序，是指当事人不服第一审未生效的判决或裁定，依法向上一级人民法院提起上诉，上一级人民法院进行审理的程序。人民法院审理案件实行两审终审制，不经过一审，不能进入二审程序，但并非每一个案件必须经过一审和二审程序。如果一审判决、裁定作出后，当事人不上诉以及一审经过调解结案，则不进入二审程序，一审判决、裁定即发生法律效力。当事人不服一审判决、裁定而上诉，则进入二审程序。当事人不服地方人民法院第一审判决的，有权在判决书送达之日起15日内向上一级人民法院提起上诉；当事人不服地方人民法院第一审裁定的，有权在裁定书送达之日起10日内向上一级人民法院提起上诉。上诉应当递交上诉状，上诉状应当通过原审人民法院提出，并按照对方当事人或代理人的人数提交副本。二审为终审，从二审判决、裁定作出之日起，即发生法律效力。

3. 执行程序

执行程序是指人民法院依法对已经发生法律效力的判决、裁定及其他法律文书的规定，强制义务人履行义务的程序。对发生法律效力的判决、裁定、调解书和其他应由人民法院执行的法律文书，当事人必须履行。当事人不履行生效判决、裁定的，另一方当事人可以向法院申请强制执行。

（五）诉讼时效

1. 诉讼时效的概念

诉讼时效是指民事权利受到侵害的权利人在法定的时效期间内不行使权利，当时效期间届满时，人民法院对权利人的权利不再进行保护的制度。在法律规定的诉讼时效期间内，权利人提出请求的，人民法院就强制义务人履行所承担的义务。而在法定的诉讼时效期间届满之后，权利人行使请求权的，人民法院就不再予以保护。值得注意的是，诉讼时效届满后，义务人虽可拒绝履行其义务，权利人请求权的行使仅发生障碍，权利本身及请求权并不消灭。当事人超过诉讼时效后起诉的，人民法院应当受理。受理后查明无中止，中断，延长事由的，判决驳回其诉讼请求。

2. 诉讼时效期间

依据时间的长短和适用范围，诉讼时效可分为一般诉讼时效和特殊诉讼时效。

（1）一般诉讼时效

一般诉讼时效是指在一般情况下普遍适用的时效，这类时效不是针对某一特殊情况规定的，而是普遍适用的，如我国《民法通则》第135条规定："向人民法院请求保护民事权利的诉讼时效期限为二年，法律另有规定的除外。"这表明，我国民事诉讼的一般诉讼时效为二年。

（2）特殊诉讼时效

特殊诉讼时效是指针对某些特定的民事法律关系而制定的诉讼时效。特殊时效优于普通时效，也就是说，凡有特殊时效规定的，适用特殊时效，我国《民法通则》141 条规定："法律对时效另有规定的，依照法律规定。"

特殊时效又可分为以下三种：

①短期时效。短期时效是指诉讼时效不满两年的时效。

我国《民法通则》第 136 条规定："下列时效为一年：身体受到伤害要求赔偿的；出售质量不合格的商品未声明的；延付或拒付租金的；寄存财物被丢失或被损坏的。"

②长期诉讼时效。长期诉讼时效是指诉讼时效在两年以上二十年以下的诉讼时效。

《环境保护法》第 42 条规定："因环境污染损害赔偿提起诉讼的时效期间为 3 年，从当事人知道或者应当知道受到污染损害起时计算。"

《海商法》第 265 条规定："有关船舶发生油污损害的请求权，时效期间为 3 年，自损害发生之日起计算；但是，在任何情况下时效期间不得超过从造成损害的事故发生之日起 6 年。"

《合同法》第 129 条规定："因国际货物买卖合同和技术进出口合同争议提起诉讼或者申请仲裁的诉讼时效为 4 年，自当事人知道或者应当知道其权利受到侵害之日起计算。因其他合同争议提起诉讼或者申请仲裁的期限，依照有关法律的规定。"

③最长诉讼时效。最长诉讼时效为二十年。

我国《民法通则》第 137 条规定："诉讼时效期间从当事人知道或应当知道权利被侵害时起计算。但是，从权利被侵害之日起超过 20 年的，人民法院不予保护。有特殊情况的，人民法院可以延长诉讼时效期间。"根据这一规定，最长诉讼时效的期间是从权利被侵害之日起计算，权利享有人不知道自己的权利被侵害，时效最长也是二十年，超过二十年，人民法院不予保护。

超过诉讼时效期间，当事人自愿履行的，不受诉讼时效的限制。

时效具有强制性，任何时效都由法律、法规强制规定，任何单位或个人对时效的延长、缩短、放弃等约定都是无效的。

3. 诉讼时效的中断和中止

(1)诉讼时效的中断

诉讼时效的中断是指在诉讼时效期间进行中，因发生一定的法定事由，致使已经经过的时效期间统归无效，待时效中断的事由消除后，诉讼时效期间重新起算。诉讼时效在重新计算期间内，再发生中断事由，则再次中断。根据《民法通则》的规定，引起诉讼时效中断的法定事由有：

①提起诉讼。包括民事诉讼法中的一切权利主张形式，如起诉、应诉，作为第三人参加诉讼，申请支付令，申请破产、破产债权，申请强制执行等，也包括依照其他法律规定的争议解决程序提出的权利主张，还包括权利人向人民调解委员会或有关单位提出保护民事权利的请求等。

②权利人主张权利。这是指权利人在诉讼程序外向义务人明确提出要求其履行义务的意思通知。这种意思通知，在方式上没有限制，只要将催告之意思传达于相对人，并于事后能证明即可。包括权利人向债务保证人、债务人的代理人或财产代管人提出催告。

③义务人同意履行义务。指权利人的相对人表示知悉该权利人的权利存在的行为。同意履行义务上的形式，无特别要求。

(2)诉讼时效的中止

诉讼时效中止，是指在诉讼时效进行中，因一定的法定事由产生而使权利人无法行使请求权，暂停计算诉讼时效期间。《民法通则》139 条规定:“在诉讼时效进行期间的最后 6 个月，因不可抗拒力或其他障碍不能行使请求权的，诉讼时效中止。”

诉讼时效中止的条件:

①诉讼时效的中止必须是因法定事由而发生。这些法定事由包括两大类:一是不可抗力，如自然灾害、军事行动等，都是当事人无法预见和克服的客观情况;二是其他阻碍权利人行使请求权的情况，如权利被侵害的无民事行为能力人、限制民事行为能力人没有法定代理人，或法定代理人死亡、丧失代理权，或法定代理人本人丧失行为能力。

②法定事由发生在诉讼时效期间的最后 6 个月内，才会产生中止诉讼时效的效力。

诉讼时效中止之前已经经过的期间与中止时效的事由消失之后继续进行的期间合并计算。而中止的时间过程则不计入时效期间，为此，民法把时效中止视为诉讼时效完成的暂时性阻碍。

我国的诉讼时效中止的效力，从中止时效的原因消除后，时效期间继续计算。中止前已经进行的时效仍然有效，中止时效的法定事由消除后，继续以前计算的诉讼时效至届满为止。

案例分析:

2010 年 1 月 1 日，李飞从某大型超市购买了一个电饭煲，当天回家使用，发现存在质量问题，他回忆当时购买电饭煲时超市工作人员并未声明电饭煲存在质量问题。9 月 1 日，李飞所在地发生地震，10 月 1 日地震停止，请问李飞最迟应该在什么时间提起诉讼?

基本训练

一、单项选择题

1. 下列关于我国经济法律关系主体的表述，不正确的是(　　)。

A. 经济法律关系主体是依法享有权利或权力、承担相应义务者

B. 无国籍人不能成为我国经济法律关系的主体

C. 国家可以成为经济法律关系的主体

D. 非法人团体可以成为经济法律关系的主体

2.《中华人民共和国反垄断法》在经济法的体系中属于(　　)。

A. 宏观调控法　　B. 市场管理法　　C. 企业组织管理法　　D. 社会经济保障法

3. 经济法的调整对象是(　　)。

A. 社会关系　　B. 经济关系　　C. 经济主体　　D. 特定的经济关系

4. 经济法律关系的参加者或当事人是(　　)。

A. 主体　　B. 客体　　C. 内容　　D. 权利和义务

5. 诉讼时效可以中断和中止，但最长不能超过(　　)。

A. 5 年　　B. 10 年　　C. 15 年　　D. 20 年

二、多项选择题

1. 经济法的调整对象包括(　　)。

A. 宏观经济调控关系　　B. 市场管理关系

C. 企业组织管理关系　　D. 社会经济保障关系

2. 经济法律关系的三要素是(　　)。

A. 主体　　B. 客体　　C. 内容　　D. 权利和义务

3. 经济权利包括(　　)。

A. 经济职权　　B. 财产所有权　　C. 经营管理权　　D. 请求权

4. 诉讼时效期间包括(　　)。

A. 普通诉讼时效　　B. 短期诉讼时效　　C. 长期诉讼时效　　D. 最长诉讼时效

5. 诉讼时效中断的法定事由包括(　　)。

A. 提起诉讼　　B. 权利人主张权利　　C. 义务人同意履行义务　　D. 债权人放弃债权

三、案例分析题

(一)兴达汽车公司从国外进口了一批汽车零件，准备在国内组装、生产。2004 年 5 月 1 日，该汽车公司与新兴物流公司签订了一份仓储保管合同。合同中约定，由新兴物流公司为兴达汽车公司保管汽车零件，保管期限为半年，从 2004 年 6 月 1 日至 11 月 30 日，兴达汽车公司支付新兴物流公司 3 万元保管费用。

分析：

1. 该案例中是否发生了经济法律关系？

2. 该案例中经济法律关系的三要素分别是什么？

(二)王勇(男)与张红(女)都是聋哑人。2007 年 8 月，俩人在一次聋哑人相亲活动中相识，经过一年的相处后结婚，婚后生一男孩，起名小江。小江出生后，王勇与张红经常吵架，关系很不融洽，后俩人决定离婚。2008 年张红向当地人民法院提起诉讼，要求与王勇离婚，并要求抚养小江。人民法院受理案件后，认为原被告都是聋哑人，于是分别通知原告张红的父亲与被告王勇的母亲，分别作为原被告的法定代理人参加诉讼。经审理，在双方当事人未到庭的情况下达成调解协议:“同意原告与被告离婚;婚生儿子小江由原告张红抚养，被告王勇每月给付抚养费 2500 元。”(来源:《经济法实用教程》，中国经济出版社)

分析：

1. 本案应设法定代理人还是应当由当事人委托代理人？

2. 人民法院在双方当事人未到庭的情况下达成的调解协议是否合法？

■ 情景二 个人独资企业法和合伙企业法

学习目标

难度	能力目标	知识目标
容易	能够准确掌握个人独资企业的设立条件	理解个人独资企业的概念及特征，掌握其设立条件
容易	能够掌握并解决个人独资企业的事务管理及清偿问题	掌握个人独资企业事务管理相关要求及解散清算事项
适中	能够运用所学进行合伙企业的设立及其注意事项	掌握合伙企业的概念及特征，并准确掌握其设立条件
适中	能够对合伙企业表决事项及财产转让、出质进行正确分析	掌握合伙企业的表决方式，掌握其财产转让及出质要求
较难	能够通过所学知识分配合伙企业的损益	了解合伙企业损益分配要求
较难	能够正确处理合伙人与第三人之间的关系，解决债务纠纷	掌握合伙企业及合伙人的债务清偿方式
较难	能够解决合伙企业的入伙及退伙后的承担债务责任问题	掌握合伙企业的入伙及退伙法律要求

能力训练项目

企业法的法律问题

2012年初甲乙丙丁共同出资设立一家从事餐饮业务的有限合伙企业。合伙协议约定，丙为普通合伙人，甲乙丁均为有限合伙人。甲和丁以现金出资，乙以房屋出资，丙以劳务出资，各合伙人平均分配盈利、分担亏损，由丙执行合伙企业事务，甲乙丁不执行事务，也不对外代表合伙企业。此外，丙还设立了一家从事贸易的个人独资企业。

合伙企业发生如下业务：

1. 2012年5月，甲以合伙企业普通合伙人的身份与银行签订了借款合同。经查，银行有充分理由认为甲为该合伙企业普通合伙人。

2. 执行合伙事务的合伙人丙为了改善企业经营管理，于2008年9月独立决定聘任A担任该合伙企业的经营管理人员，并以合伙企业名义为B公司提供担保。经查，合伙协议中并未对聘任经营管理人员和担保的事项作出约定。

3. 2012年10月，丙与合伙企业签订了一份买卖合同，由丙设立的个人独资企业向合伙企业提供食品，该交易甲乙丁均表示同意。

2013年1月1日，丙企业设立的个人独资企业不能支付到期的戊的债务，丙决定解散该企业。2月10日，人民法院指定C作为清算人对个人独资企业进行清算。经查，该个人独资企业债权债务如下：

1. 企业欠缴税款2000元，欠工资5000元，欠社会保险费用5000元，欠戊10万元。

2. 企业的银行存款1万元，实物报价8万元。

3. 丙在上述从事餐饮的合伙企业6万元，占50%的出资，该合伙企业每年可向其分配利润。

4. 丙个人没有其他可执行财产。

2013年3月，戊向人民法院申请强制执行丙在合伙企业中的财产份额用于清偿剩余债务，合伙人丙被人民法院强制执行其在合伙企业中的全部财产份额后，甲乙丁决定以现有状况继续经营。

能力训练步骤

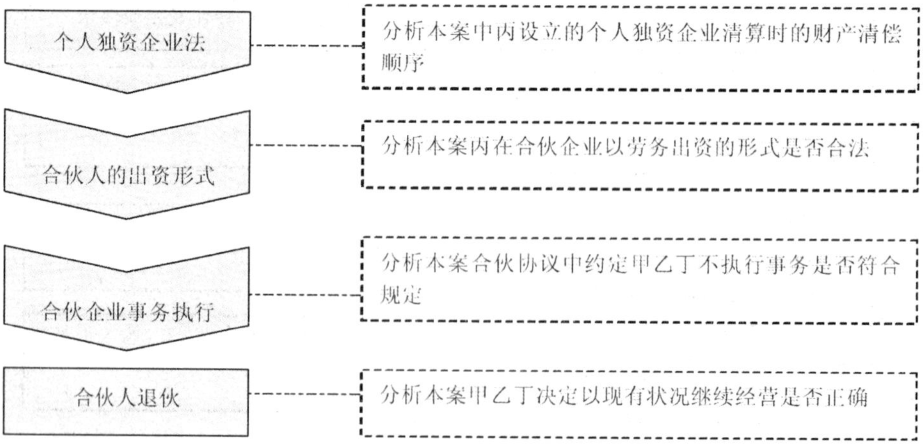

第一节　个人独资企业法的认知

一、企业的概念和分类

（一）企业的概念

企业是指依法设立的，以营利为目的、从事商业生产经营或者提供服务活动的自主经营、独立核算、自负盈亏的社会经济组织。

它具有以下特征：

1. 企业必须是依法设立的。

企业必须依据法律规定的条件和程序设立，才能取得相应的民事权利能力和行为能力。在设立程序上，各国立法对企业设立或采取核准制或采取注册制，规定了宽严不同的要求。在企业的组织形式上，法律也有明确规定，企业只能在法律规定的范围内选择其组织形式，而不能超越法律规定的范围任意确定。

2. 企业是以营利为目的从事生产经营活动的社会经济组织。

企业作为经济组织，与其他社会组织如国家机关、事业单位、社会团体的主要区别就在于前者从事经营活动而后者从事公益活动。企业的生产经营活动既包括物质资料的生产、销售，也包括提供商业性的信息、技术、咨询等服务活动。企业从事生产经营活动的目的是为了营利，企业的社会基本职能就是创造物质财富，某些企业从事政策性或公益性经营，如政府设立的水、电等公用企业等，其追求社会效益的职能一般只是政府职能的延伸，并不反映企业的本质属性。

3. 企业是实行独立核算的社会经济组织。

4. 企业是依法设立的社会经济组织。

企业作为市场主体，是由人、财、物等主要生产要素组合而成的集体。它既区别于非企业组织的公民个人、个体承包户，也不同于不具有持续性的临时合伙、一次性交易等行为。

（二）企业的分类

依据不同的标准，可以对企业进行不同的分类，以从不同侧面认识和把握企业的特性，有针对性地规范各类企业的行为。

1. 按企业的生产资料性质，可以划分为：全民所有制企业、集体所有制企业、私营企业和外商投资企业。

2. 按企业财产责任形式，可以划分为：独资企业、合伙企业和公司企业。

3. 按企业的经营内容及行业属性，可以划分为：工业企业、农业企业、商业企业、交通运输企业、建筑安装企业、金融企业、科技企业等。

4. 按企业的规模，可以划分为：大型企业、中型企业、小型企业。

5. 按企业法律地位的不同，可以划分为：法人企业和非法人企业。

二、个人独资企业法概述

个人独资企业是指依照《中华人民共和国个人独资企业法》（以下简称《个人独资企业法》）在中国境内设立，由一个自然人投资，财产为投资人个人所有，投资人以其个人财产对企业债务承担无限责任的经营实体。个人独资企业具有以下特征：

(一)个人独资企业是由一个自然人投资的企业

根据《个人独资企业法》的规定，设立个人独资企业只能是一个自然人，国家机关、国家授权投资的机构或者国家授权的部门、企业、事业单位等都不能作为个人独资企业的设立人。《个人独资企业法》所指的自然人只指中国公民。

(二)个人独资企业的投资人对企业的债务承担无限责任

投资人对企业的债务承担无限责任，即当企业的资产不足以清偿到期债务时，投资人应以自己个人的全部财产用于清偿企业债务。

(三)个人独资企业的内部机构设置简单，经营管理方式灵活

个人独资企业的投资人既是企业的所有者，又可以是企业的经营者，因此，其内部机构的设置较为简单，决策程序也较为灵活。

(四)个人独资企业是非法人企业

个人独资企业不具有法人资格，也无独立承担民事责任的能力。但个人独资企业是独立的民事主体，可以自己的名义从事民事活动。

三、个人独资企业的设立

(一)个人独资企业的设立条件

1. 投资人为一个自然人，且只能是中国公民。

2. 有合法的企业名称。名称是企业的标志，企业必须有相应的名称，并应符合法律、法规的要求。个人独资企业的名称应当符合国家关于企业名称登记管理的有关规定，企业名称应与其责任形式及从事的营业相符合，个人独资企业的名称中不得使用“有限”、“有限责任”或者“公司”字样，个人独资企业的名称可以叫厂、店、部、中心、工作室等等。

3. 有投资人申报的出资。《个人独资企业法》对设立个人独资企业的出资数额未作限制。根据国家工商行政管理总局《关于实施〈个人独资企业登记管理办法〉有关问题的通知》的规定，设立个人独资企业可以用货币出资，也可以用实物、土地使用权、知识产权或者其他财产权利出资，采取实物、土地使用权、知识产权或者其他财产权利出资的，应将其折算成货币数额。投资人申报的出资额应当与企业的生产经营规模相适应。投资人可以个人财产出资，也可以家庭共有财产作为个人出资。以家庭共有财产作为个人出资的，投资人应当在设立(变更)登记申请书上予以注明。

4. 有固定的生产经营场所和必要的生产经营条件。生产经营场所包括企业的住所和与生产经营相适应的处所。住所是企业的主要办事机构所在地，是企业的法定地址。

5. 有必要的从业人员。即要有与其生产经营范围、规模相适应的从业人员。

(二)个人独资企业的设立程序

1. 提出申请。

申请设立个人独资企业，应当由投资人或者其委托的代理人向个人独资企业所在地的登记机关提出设立申请。投资人申请设立登记，应当向登记机关提交下列文件:

(1)投资人签署的个人独资企业设立申请书，设立申请书应当载明的事项有:企业的名称和住所、投资人的姓名和居所、投资人的出资额和出资方式、经营范围及方式。个人独资企业投资人以个人财产出资或者以其家庭共有财产作为个人出资的，应当在设立申请书中予以明确。

(2)投资人身份证明，主要是身份证和其他有关证明材料。

(3)企业住所证明和生产经营场所使用证明等文件，如土地使用证明、房屋产权证或租赁合同等。

(4)委托代理人申请设立登记的，应当提交投资人的委托书和代理人的身份证明或者资格证明。

(5)国家工商行政管理总局规定提交的其他文件。从事法律、行政法规规定须报经有关部门审批的业务的，应当提交有关部门的批准文件。

2. 工商登记。

登记机关应当在收到设立申请文件之日起15日内，对符合个人独资企业法规定条件的予以登记，发给营业执照；对不符合个人独资企业法规定条件的。不予登记，并发给企业登记驳回通知书。个人独资企业的营业执照的签发日期，为个人独资企业成立日期，在领取个人独资企业营业执照前，投资人不得以个人独资企业名义从事经营活动。

四、个人独资企业的投资人及事务管理

(一)个人独资企业的投资人

根据《个人独资企业法》的规定，个人独资企业的投资人为一个具有中国国籍的自然人，但法律、行政法规禁止从事营利性活动的人，不得作为投资人申请设立个人独资企业。根据我国有关法律、行政法规规定，国家公务员、党政机关领导干部、警官、法官、检察官、商业银行工作人员等人员，不得作为投资人申请设立个人独资企业。

个人独资企业投资人在申请企业设立登记时，明确以其家庭共有财产作为个人出资的，应当依法以家庭共有财产对企业债务承担无限责任。

(二)个人独资企业的事务管理

个人独资企业投资人可以自行管理企业事务，也可以委托或者聘用其他具有民事行为能力的人负责企业的事务管理。投资人委托或者聘用他人管理个人独资企业事务，应当与受托人或者被聘用的人签订书面合同。合同应订明委托的具体内容、授予的权利范围、受托人或者被聘用的人应履行的义务、报酬和责任等。受托人或者被聘用的人员应当履行诚信、勤勉义务，以诚实信用的态度对待投资人，对待企业，尽其所能依法保障企业利益，按照与投资人签订的合同负责个人独资企业的事务管理。

投资人对受托人或者被聘用的人员职权的限制，不得对抗善意第三人。所谓第三人是指除受托人或被聘用的人员必外与企业发生经济业务关系的人。所谓善意第三人是指第三人在就有关经济业务事项交往中，没有从事与受托人或者被聘用的人员串通，故意损害投资人的利益的人。个人独资企业的投资人与受托人或者被聘用的人员之间有关权利义务的限制只对受托人或者被聘用的人员有效，对第三人并无约束力，受托人或者被聘用的人员超出投资人的限制与善意第三人的有关业务交往应当有效。

我国《个人独资企业法》规定，投资人委托或者聘用的管理个人独资企业事务的人员不得从事下列行为：

1. 利用职务上的便利，索取或者收受贿赂；

2. 利用职务或者工作上的便利侵占企业财产；

3. 挪用企业的资金归个人使用或者借贷给他人；

4. 擅自将企业资金以个人名义或者以他人名义开立账户储存；

5. 擅自以企业财产提供担保；

6. 未经投资人同意，从事与本企业相竞争的业务；

7. 未经投资人同意，同本企业订立合同或者进行交易；

8. 未经投资人同意，擅自将企业商标或者其他知识产权转让给他人使用；

9. 泄露本企业的商业秘密；

10. 法律、行政法规禁止的其他行为。

五、个人独资企业的权利和工商管理

（一）个人独资企业的权利

1. 依法申请贷款。个人独资企业可以根据《商业银行法》、《合同法》和中国人民银行发布的《贷款通则》等一系列法律法规的规定申请贷款，以供企业生产经营之用。

2. 依法取得土地使用权。个人独资企业可根据《土地管理法》、《土地管理法实施细则》和《城镇国有土地使用权出让和转让暂行条例》等规定取得土地使用权。

3. 拒绝摊派权。摊派是指在法律、法规的规定之外，以任何方式要求企业提供财力、物力和人力的行为。《个人独资企业法》规定，“任何单位和个人不得违反法律、行政法规的规定，以任何方式强制个人独资企业提供财力、物力、人力；对于违法强制提供财力、物力、人力的行为，个人独资企业有权拒绝。”

4. 法律、行政法规规定的其他权利。个人独资企业除享有上述权利外，还依法享有十分广泛的权利，如：可以依法取得外贸经营权或根据业务需要，委托具有外贸经营权的单位代为办理进出口业务；可以取得专利保护；可以取得商标保护等。

（二）个人独资企业的工商管理

根据《个人独资企业登记管理办法》的规定，个人独资企业存续期间登记事项发生变更的，应当办理变更登记。个人独资企业存续期间登记事项发生变更的，应当在作出变更决定之日起的15日内依法向登记机关申请办理变更登记。个人独资企业变更企业名称、企业住所、经营范围及方式，应当在作出变更决定之日起15日内向原登记机关申请变更登记。个人独资企业变更投资人姓名和居所、出资额和出资方式，应当在变更事由发生之日起15日内向原登记机关申请变更登记。个人独资企业申请变更登记，应当向登记机关提交下列文件：

1. 投资人签署的变更登记申请书；

2. 国家工商行政管理总局规定提交的其他文件。从事法律、行政法规规定须报经有关部门审批的业务的，应当提交有关部门的批准文件。委托代理人申请变更登记的，应当提交投资人的委托书和代理人的身份证明或者资格证明。

登记机关应当在收到按规定提交的全部文件之日起15日内，作出核准登记或者不予登记的决定。予以核准的，换发营业执照或者发给变更登记通知书；不予核准的，发给企业登记驳回通知书。个人独资企业变更住所跨登记机关辖区的，应当向迁入地登记机关申请变更登记。迁入地登记机关受理的，由原登记机关将企业档案移送迁入地登记机关。个人独资企业因转让或者继承致使投资人变更的，个人独资企业可向原登记机关提交转让协议书或者法定继承文件，申请变更登记。个人独资企业改变出资方式致使个人财产与家庭共有财产变更的，个人独资企业可向原登记机关提交改变出资方式文件，申请变更登记。

根据《个人独资企业登记管理办法》的规定，个人独资企业应当按照登记机关的要求，在规定的时间内接受年度检验。登记机关依法对个人独资企业进行审查，以确认个人独资企业继续经营的资格。个人独资企业营业执照分为正本和副本，正本和副本具有同等法律效力。个人独资企业根据业务需要，可以向登记机关申请核发若干营业执照副本。个人独资企业营业执照遗失的，应当在报刊上声明作废，并向登记机关申请补领。个人独资企业营业执照毁损的，应当向登记机关申请更换。个人独资企业应当将营业执照正本置放在企业住所的醒目位置。任何单位和个人不得伪造、涂改、出租、转让营业执照。任何单位和个人不得承租、受让营业执照。个人独资企业的营业执照正本和副本样式，由国家工商行政管理总局制定。

六、个人独资企业的解散和清算

（一）个人独资企业的解散

个人独资企业的解散是指个人独资企业终止活动使其民事主体资格消灭的行为。根据《个人独资企业法》第二十六条的规定，个人独资企业有下列情形之一时，应当解散：

1. 投资人决定解散；
2. 投资人死亡或者被宣告死亡，无继承人或者继承人决定放弃继承；
3. 被依法吊销营业执照；
4. 法律、行政法规规定的其他情形。

（二）个人独资企业的清算

个人独资企业解散时，应当进行清算。《个人独资企业法》对个人独资企业清算作了如下规定：

1. 通知和公告债权人。《个人独资企业法》第二十七条规定，个人独资企业解散，由投资人自行清算或者由债权人申请人民法院指定清算人进行清算。投资人自行清算的，应当在清算前15日内书面通知债权人，无法通知的，应当予以公告。债权人应当在接到通知之日起30日内，未接到通知的应当在公告之日起60日内，向投资人申报其债权。

2. 财产清偿顺序。《个人独资企业法》第二十九条规定，个人独资企业解散的，财产应当按照下列顺序清偿：

（1）所欠职工工资和社会保险费用；

（2）所欠税款；

（3）其他债务。

个人独资企业财产不足以清偿债务的，投资人应当以其个人的其他财产予以清偿。

3. 清算期间对投资人的要求。《个人独资企业法》第三十条规定，清算期间，个人独资企业不得开展与清算目的无关的经营活动。在按前述财产清偿顺序清偿债务前，投资人不得转移、隐匿财产。

4. 投资人的持续偿债责任。《个人独资企业法》第二十八条规定，个人独资企业解散后，原投资人对个人独资企业存续期间的债务仍应承担偿还责任，但债权人在5年内未向债务人提出偿债请求的，该责任消灭。

5. 注销登记。个人独资企业清算结束后，投资人或者人民法院指定的清算人应当编制清算报告，并于清算结束之日起15日内向原登记机关申请注销登记。个人独资企业申请注销登记。应当向登记机关提交下列文件：

(1)投资人或者清算人签署的注销登记申请书;

(2)投资人或者清算人签署的清算报告;

(3)国家工商行政管理总局规定提交的其他文件。

登记机关应当在收到按规定提交的全部文件之日起15日内,作出核准登记或者不予登记的决定。予以核准的,发给核准通知书;不予核准的,发给企业登记驳回通知书。经登记机关注销登记,个人独资企业终止。个人独资企业办理注销登记时,应当交回营业执照。

七、违反个人独资企业法的法律责任

我国《个人独资企业法》和国家工商行政管理总局发布的《个人独资企业登记管理办法》对个人独资企业的违反法律、法规的行为作出了相应的处罚规定。

(一)投资人违法行为应承担的法律责任

1. 投资人提交虚假文件或采取其他欺骗手段,取得企业登记的,责令改正,处以5000元以下的罚款;情节严重的,并处吊销营业执照。

2. 个人独资企业使用的名称与其在登记机关登记的名称不相符合的,责令限期改正,处以2000元以下的罚款。

3. 涂改、出租、转让营业执照的,责令改正,没收违法所得,处以3000元以下的罚款;情节严重的,吊销营业执照。伪造营业执照的,责令停业,没收违法所得,处以5000元以下的罚款。构成犯罪的,依法追究刑事责任。

4. 个人独资企业成立后无正当理由超过6个月未开业的,或者开业后自行停业连续6个月以上的,吊销营业执照。

5. 未领取营业执照,以个人独资企业名义从事经营活动的,责令停止经营活动,处以3000元以下的罚款。个人独资企业登记事项发生变更时,未按本法规定办理有关变更登记的,责令限期办理变更登记;逾期不办理的,处以2000元以下的罚款。

6. 个人独资企业侵犯职工合法权益,未保障职工劳动安全,不缴纳社会保险费用的,按照有关法律、行政法规予以处罚,并追究有关责任人员的责任。

7. 在清算前或清算期间隐匿或转移财产,逃避债务的,依法追回其财产,并按照有关规定予以处罚;构成犯罪的,依法追究刑事责任。

8. 个人独资企业或投资人应当承担民事赔偿责任和缴纳罚款、罚金,其财产不足以支付的,或者被判处没收财产的,应当先承担民事赔偿责任。

(二)管理人员对投资人造成损害或侵犯投资人权益的法律责任

1. 投资人委托或者聘用的人员管理个人独资企业事务时违反双方订立的合同,给投资人造成损害的,承担民事赔偿责任。

2. 投资人委托或者聘用的人员违反《个人独资企业法》第二十条规定,侵犯个人独资企业财产权益的,责令退还侵占的财产;给企业造成损失的,依法承担赔偿责任;有违法所得的,没收违法所得;构成犯罪的,依法追究刑事责任。

(三)企业登记机关及其上级部门有关人员的法律责任

1. 登记机关对不符合《个人独资企业法》规定条件的个人独资企业予以登记,或者对符合本法规定条件的企业不予登记的,对直接责任人员依法给予行政处分;构成犯罪的,依法追究刑事责任。

2. 登记机关的上级部门的有关主管人员强令登记机关对不符合《个人独资企业法》规定条件的企业予以登记，或者对符合《个人独资企业法》规定条件的企业不予登记的，或者对登记机关的违法登记行为进行包庇的，对直接责任人员依法给予行政处分；构成犯罪的，依法追究刑事责任。

登记机关对符合法定条件的申请不予登记或者超过法定时限不予答复的，当事人可依法申请行政复议或提起行政诉讼。

违反法律、行政法规的规定强制个人独资企业提供财力、物力、人力的，按照有关法律、行政法规予以处罚，并追究有关责任人员的责任。

第二节　合伙企业法的认知

一、合伙企业法概述

（一）合伙企业的概念

合伙企业，是指自然人、法人和其他组织按照《中华人民共和国合伙企业法》（下称《合伙企业法》）在中国境内设立的普通合伙企业和有限合伙企业。

（二）合伙企业的分类

合伙企业分为普通合伙企业和有限合伙企业。普通合伙企业由普通合伙人组成，合伙人对合伙企业债务承担无限连带责任。《合伙企业法》对普通合伙人承担责任的形式有特别规定的，从其规定。有限合伙企业由普通合伙人和有限合伙人组成，普通合伙人对合伙企业债务承担无限连带责任，有限合伙人以其认缴的出资额为限对合伙企业债务承担有限责任。

二、普通合伙企业

（一）普通合伙企业的设立

1. 合伙企业的设立条件

根据《合伙企业法》的规定，设立合伙企业，应当具备下列条件：

（1）有两个以上合伙人。合伙企业合伙人至少为两人以上。对于普通合伙企业合伙人数的最高限额，我国《合伙企业法》未作规定，完全由设立人根据所设企业的具体情况决定。

关于合伙人的资格，《合伙企业法》作了以下限定：

①合伙人可以是自然人，也可以是法人或者其他经济组织。如何组成，除法律另有规定外不受限制。

②合伙人是自然人的，应当具有完全民事行为能力。无民事行为能力人和限制民事行为能力人不得成为合伙企业的合伙人。

③国有独资公司，国有企业、上市公司以及公益性和事业单位、社会团体不得成为普通合伙人。

（2）有书面合伙协议。合伙协议，是指由各合伙人通过协商，共同决定相互间的权利义务，达成的具有法律约束力的协议。合伙协议应当依法由全体合伙人协商一致，以书面形式订立。合伙协议应当载明下列事项：合伙企业的名称和主要经营场所的地点；合伙目的和合伙经营范围；合伙人的姓名或者名称、住所；合伙人的出资方式、数额和缴付期限；利润分配、亏损分担方式;合伙事务的执行;入伙与退伙;争议解决办法;合伙企业的解散与清算;违约责任等。合伙协议经全体合伙人签名、盖章后生效。合伙人依照合伙协议享有权利、履行义务。修改或者补充合伙协议，应当经全体合伙人一致同意;但是，合伙协议另有约定的除外。合伙协议未约定或者约定不明确的事项，由合伙人协商决定;协商不成的，依照《合伙企业法》和其他有关法律、行政法规的规定处理。

(3)有合伙人认缴或者实际缴付的出资。合伙协议生效后，合伙人应当按照合伙协议的规定缴纳出资。合伙人可以用货币、实物、知识产权、土地使用权或者其他财产权利出资，也可以用劳务出资。合伙人以实物、知识产权、土地使用权或者其他财产权利出资，需要评估作价的，可以由全体合伙人协商确定，也可以由全体合伙人委托法定评估机构评估。合伙人以劳务出资的，其评估办法由全体合伙人协商确定，并在合伙协议中载明。合伙人应当按照合伙协议约定的出资方式、数额和缴付期限，履行出资义务。以非货币财产出资的，依照法律、行政法规的规定，需要办理财产权转移手续的，应当依法办理。

(4)有合伙企业的名称和生产经营场所。普通合伙企业应当在其名称中标明“普通合伙”字样，其中，特殊的普通合伙企业，应当在其名称中标明“特殊普通合伙”字样，经企业登记机关登记的合伙企业主要经营场所只能有一个，并且应当在其企业登记机关登记管辖区域内。

(5)法律、行政法规规定的其他条件。

2. 合伙企业的设立登记

根据《合伙企业法》和国务院发布的《合伙企业登记管理办法》的规定，合伙企业的设立登记，应按如下程序进行:

(1)申请人向企业登记机关提交相关文件。申请设立合伙企业，应当由全体合伙人指定的代表或者共同委托的代理人向企业登记机关提交下列文件:

①全体合伙人签署的设立登记申请书;

②全体合伙人的身份证明;

③全体合伙人指定的代表或者共同委托代理人的委托书;

④合伙协议;

⑤出资权属证明;

⑥经营场所证明;

⑦国务院工商行政管理部门规定提交的其他文件。

(2)企业登记机关核发营业执照。申请人提交的登记申请材料齐全、符合法定形式，企业登记机关能够当场登记的，应予当场登记，发给合伙企业营业执照。除此之外，企业登记机关应当自受理申请之日起20日内，作出是否登记的决定。对符合《合伙企业法》规定条件的，予以登记，发给合伙企业营业执照;对不符合规定条件的，不予登记，并应当给予书面答复，说明理由。

合伙企业的登记事项应当包括:名称、主要经营场所、执行事务合伙人;经营范围、合伙企业类型;合伙人姓名或者名称及住所、承担责任方式、认缴或者实际缴付的出资额、缴付期限、出资方式和评估方式等。合伙协议约定合伙期限的，登记事项还应当包括合伙期限。执行事务合伙人是法人或者其他组织的，登记事项还应当包括法人或者其他组织委派的代表。

合伙企业的营业执照签发日期，为合伙企业成立日期。合伙企业领取营业执照前，合伙人不得以合伙企业的名义从事合伙业务。

（二）普通合伙企业的财产规定

1. 合伙企业财产的构成

根据《合伙企业法》的规定，合伙人的出资、以合伙企业名义取得的收益和依法取得的其他财产，均为合伙企业的财产。从这一规定可以看出，合伙企业财产由以下三部分构成：

（1）合伙人的出资。《合伙企业法》规定，合伙人的出资构成合伙企业的原始财产。需要注意的是，合伙企业的原始财产是全体合伙人“认缴”的财产，而非各合伙人“实际缴纳”的财产。

（2）以合伙企业名义取得的收益。合伙企业作为一个独立的经济实体，可以有自己的独立利益，因此，以其名义取得的收益作为合伙企业获得的财产，当然归属于合伙企业，成为合伙财产的一部分。以合伙企业名义取得的收益，主要包括合伙企业的公共积累资金、未分配的盈余、合伙企业债权、合伙企业取得的工业产权和非专利技术等财产权利。

（3）依法取得的其他财产。即根据法律、行政法规的规定合法取得的其他财产，如合法接受赠与的财产等。

2. 合伙企业财产的性质

合伙企业的财产具有独立性和完整性两方面的特征。所谓独立性，是指合伙企业的财产独立于合伙人，合伙人出资以后，一般说来，便丧失了对其作为出资部分的财产的所有权或者持有权、占有权，合伙企业的财产权主体是合伙企业，而不是单独的每一个合伙人。所谓完整性，是指合伙企业的财产作为一个完整的统一体而存在，合伙人对合伙企业财产权益的表现形式，仅是依照合伙协议所确定的财产收益份额或者比例。

根据《合伙企业法》的规定，合伙人在合伙企业清算前，不得请求分割合伙企业的财产；但是，法律另有规定的除外。合伙人在合伙企业清算前私自转移或者处分合伙企业财产的，合伙企业不得以此对抗善意第三人。在确认善意取得的情况下，合伙企业的损失只能向合伙人进行追索，而不能向善意第三人追索。合伙企业也不能以合伙人无权处分其财产而对善意第三人的权利要求进行对抗，即不能以合伙人无权处分其财产而主张其与善意第三人订立的合同无效。当然，如果第三人是恶意取得，即明知合伙人无权处分而与之进行交易，或者与合伙人通谋共同侵犯合伙企业权益，则合伙企业可以据此对抗第三人。

3. 合伙人财产份额的转让及出质

合伙人财产份额的转让，是指合伙企业的合伙人向他人转让其在合伙企业中的全部或者部分财产份额的行为。由于合伙人财产份额的转让将会影响到合伙企业以及各合伙人的切身利益，因此，《合伙企业法》对合伙人财产份额的转让作了以下限制性规定：

（1）除合伙协议另有约定外，合伙人向合伙人以外的人转让其在合伙企业中的全部或者部分财产份额时，须经其他合伙人一致同意。这一规定适用于合伙人财产份额的外部转让。所谓合伙人财产份额的外部转让，是指合伙人把其在合伙企业中的全部或者部分财产份额转让给合伙人以外的第三人的行为。合伙人财产份额的外部转让，只有经其他合伙人一致同意，才表明其他合伙人同意与受让人共同维持原合伙企业，合伙企业才能存续下去。如果其他合伙人不同意接受受让人，则合伙企业无法存续下去。当然，“合伙人向合伙人以外的人转让其在合伙企业中的全部或者部分财产份额时，须经其他合伙人一致同意”是一项法定的原则，且这项原则是在合伙协议中没有规定的情况下才有法律效力。如果合伙协议有另外的约定，即合伙协议约定，合伙人向合伙人以外的人转让其在合伙企业中的全部或者部分财产份额时，无须经过其他合伙人一致同意，比如约定2/3以上合伙人同意或者一定出资比例同意的情况下，则应执行合伙协议的规定。

（2）合伙人之间转让在合伙企业中的全部或者部分财产份额时，应当通知其他合伙人。这一规定适用于合伙人财产份额的内部转让。所谓合伙人财产份额的内部转让，是指合伙人将其在合伙企业中的全部或者部分财产份额转让给其他合伙人的行为。合伙人财产份额的内部转让因不涉及合伙人以外的人参加，合伙企业存续的基础没有发生实质性变更，因此不需要经过其他合伙人一致同意，只需要通知其他合伙人即可产生法律效力。

（3）合伙人向合伙人以外的人转让其在合伙企业中的财产份额的，在同等条件下，其他合伙人有优先购买权；但是，合伙协议另有约定的除外。所谓优先购买权，是指在合伙人转让其财产份额时，在多数人接受转让的情况下，其他合伙人基于同等条件可先于其他非合伙人购买的权利。优先购买权的发生存在两个前提：一是合伙人财产份额的转让没有约定的转让条件、转让范围的限制。也就是说，“合伙协议”没有“另有约定”或者另外的限制，如有另外约定或者限制，则应依约定或限制办理。二是优先购买的前提是同等条件。同等条件，主要是指购买的价格条件，当然也包括其他条件。这一规定的目的在于维护合伙企业现有合伙人的利益，维护合伙企业在现有基础上的稳定。

合伙人以外的人依法受让合伙人在合伙企业中的财产份额的，经修改合伙协议即成为合伙企业的合伙人，依照《合伙企业法》和修改后的合伙协议享有权利，履行义务。合伙人以外的人成为合伙人须修改合伙协议，未修改合伙协议的，不应算作是法律所称的“合伙企业的合伙人”。

此外，由于合伙人以财产份额出质可能导致该财产份额依法发生权利转移，《合伙企业法》规定，合伙人以其在合伙企业中的财产份额出质的，须经其他合伙人一致同意；未经其他合伙人一致同意，其行为无效，由此给善意第三人造成损失的，由行为人依法承担赔偿责任。合伙人财产份额的出质，是指合伙人将其在合伙企业中的财产份额作为质押物来担保债权人债权实现的行为。对合伙人财产份额出质的规定，包括以下两方面的内容：一是合伙人可以以其在合伙企业中的财产份额作为质物，与他人签订质押合同，但必须经其他合伙人一致同意，否则，合伙人的出质行为无效，即不产生法律上的效力，不受法律的保护。二是合伙人非法出质给善意第三人造成损失的，依法承担赔偿责任。合伙人擅自以其在合伙企业中的财产份额出质，违背了合伙企业存续的基础，具有主观上的过错。合伙人非法出质给善意第三人造成损失的，应当依法赔偿因其过错行为给善意第三人所造成的损失。

（三）普通合伙企业的事务执行

1. 合伙事务执行的形式

根据《合伙企业法》的规定，合伙人执行合伙企业事务，可以有两种形式：

（1）全体合伙人共同执行合伙事务。这是合伙事务执行的基本形式，也是在合伙企业中经常使用的一种形式，尤其是在合伙人较少的情况下更为适宜。合伙协议未约定或者全体合伙人未决定委托执行事务合伙人的，全体合伙人均为执行事务合伙人。在采取这种形式的合伙企业中，按照合伙协议的约定，各个合伙人都直接参与经营，处理合伙企业的事务，对外代表合伙企业。

（2）委托一个或数个合伙人执行合伙事务。该形式是在各合伙人共同执行合伙事务的基础上引申而来。在合伙企业中，有权执行合伙事务的合伙人并不都愿意行使这种权利，而愿意委托其中的一个或者数个合伙人执行合伙事务，从而就从共同执行合伙事务的基本形式中，引申出了共同委托一部分人去执行合伙事务的形式。按照合伙协议的约定或者经全体合伙人决定，可以委托一个或者数个合伙人对外代表合伙企业，执行合伙事务。

关于合伙企业事务委托给一个或者数个合伙人执行时，其他未接受委托的合伙人是否还可以再执行合伙企业事务的问题，《合伙企业法》对此作了明确规定，即委托一个或数个合伙人执行合伙事务的，其他合伙人不再执行合伙事务。这一规定主要是考虑到按照合伙协议的约定或者经全体合伙人决定，将合伙事务委托给部分合伙人执行，没有必要再由其他合伙人执行，否则容易引起冲突与矛盾。当然，对合伙协议或者全体合伙人作出的决定以外的某些事项，如果没有委托一个或数个合伙人执行时，可以由全体合伙人共同执行或者由全体合伙人决定委托给某一个特定的合伙人办理。

合伙人可以将合伙事务委托一个或者数个合伙人执行，但并非所有的合伙事务都可以委托给部分合伙人决定。根据《合伙企业法》的规定，除合伙协议另有约定外，合伙企业的下列事项应当经全体合伙人一致同意：

(1)改变合伙企业的名称；

(2)改变合伙企业的经营范围、主要经营场所的地点；

(3)处分合伙企业的不动产；

(4)转让或者处分合伙企业的知识产权和其他财产权利；

(5)以合伙企业名义为他人提供担保；

(6)聘任合伙人以外的人担任合伙企业的经营管理人员。

2. 合伙人在执行合伙事务中的权利和义务

(1)合伙人在执行合伙事务中的权利。根据《合伙企业法》的规定，合伙人在执行合伙事务中的权利主要包括以下内容：

①合伙人对执行合伙事务享有同等的权利。合伙企业的特点之一就是合伙经营，各合伙人无论其出资多少，都有权平等享有执行合伙企业事务的权利。

②执行合伙事务的合伙人对外代表合伙企业。合伙人在代表合伙企业执行事务时，不是以个人的名义进行一定的民事行为，而是以合伙企业事务执行人的身份组织实施企业的生产经营活动。合伙企业事务执行人与代理人不同，代理人以被代理人的名义行事，代理权源于被代理人的授权；而合伙企业事务执行人虽以企业名义活动，但其权利来自于法律的直接规定。合伙企业事务执行人与法人的法定代表人也不同，法定代表人是法律规定的并经过一定登记手续而产生的法人单位的代表，他不一定是该法人单位的出资者；而合伙企业事务执行人则是因其出资行为取得合伙人身份，并可以对外代表合伙企业。考虑到法人和其他组织可以参与合伙，《合伙企业法》同时规定，作为合伙人的法人、其他组织执行合伙企业事务的，由其委托的代表执行。

③不执行合伙事务的合伙人的监督权利。《合伙企业法》规定，不执行合伙事务的合伙人有权监督执行事务合伙人执行合伙事务的情况。这一规定有利于维护全体合伙人的共同利益，同时也可以促进合伙事务执行人更加认真谨慎地处理合伙企业事务。合伙事务是合伙企业的公共事务，事务的执行情况涉及到每个合伙人的个人利益，每个合伙人都有权去关心合伙企业的利益。因此，不执行合伙事务的合伙人有权监督执行事务的合伙人执行合伙事务的

情况。

④合伙人查阅合伙企业会计账簿等财务资料的权利。合伙经营是一种以营利为目的的经济活动，合伙人之间的财产共有关系、共同经营关系、连带责任关系决定了全体合伙人形成了以实现合伙目的为目标的利益共同体。每个合伙人都有权利而且有责任关心了解合伙企业的全部经营活动。因此，查阅合伙企业会计账簿等财务资料，作为了解合伙企业经营状况和财务状况的有效手段，成为合伙人的一项重要权利。

⑤合伙人有提出异议的权利和撤销委托的权利。在合伙人分别执行合伙事务的情况下，由于执行合伙事务的合伙人的行为所产生的亏损和责任要由全体合伙人承担，因此，《合伙企业法》规定，合伙人分别执行合伙事务的，执行事务合伙人可以对其他合伙人执行的事务提出异议。提出异议时，应当暂停该项事务的执行。如果发生争议，依照有关规定作出决定。受委托执行合伙事务的合伙人不按照合伙协议或者全体合伙人的决定执行事务的，其他合伙人可以决定撤销该委托。上述"依照有关规定作出决定"是指，合伙人对合伙企业有关事项作出决议，按照合伙协议约定的表决办法办理。合伙协议未约定或者约定不明确的，实行合伙人一人一票并经全体合伙人过半数通过的表决办法。

(2)合伙人在执行合伙事务中的义务。根据《合伙企业法》的规定，合伙人在执行合伙事务中的义务主要包括以下内容：

①合伙事务执行人向不参加执行事务的合伙人报告企业经营状况和财务状况。《合伙企业法》规定，由一个或者数个合伙人执行合伙事务的，执行事务合伙人应当定期向其他合伙人报告事务执行情况以及合伙企业的经营和财务状况，其执行合伙事务所产生的收益归合伙企业，所产生的费用和亏损由合伙企业承担。

②合伙人不得自营或者同他人合作经营与本合伙企业相竞争的业务。各合伙人组建合伙企业是为了合伙经营、共享收益，如果某一合伙人自己又从事或者与他人合作从事与合伙企业相竞争的业务，势必影响合伙企业的利益，背离合伙的初衷；同时还可能形成不正当竞争，使合伙企业处于不利地位，损害其他合伙人的利益。因此，《合伙企业法》规定，合伙人不得自营或者同他人合作经营与本合伙企业相竞争的业务。

③合伙人不得同本合伙企业进行交易。合伙企业中每一合伙人都是合伙企业的投资者，如果自己与合伙企业交易，就包含了与自己交易，也包含了与别的合伙人交易，而这种交易极易造成损害他人利益。因此，《合伙企业法》规定，除合伙协议另有约定或者经全体合伙人一致同意外，合伙人不得同本合伙企业进行交易。

④合伙人不得从事损害本合伙企业利益的活动。合伙人在执行合伙事务过程中，不得为了自己的私利，坑害其他合伙人利益，也不得与其他人恶意串通，损害合伙企业的利益。

3. 合伙事务执行的决议办法

《合伙企业法》规定，合伙人对合伙企业有关事项作出决议，按照合伙协议约定的表决办法办理。合伙协议未约定或者约定不明确的，实行合伙人一人一票并经全体合伙人过半数通过的表决办法。《合伙企业法》对合伙企业的表决办法另有规定的，从其规定。这一规定确定了合伙事务执行决议的三种法定办法：

(1)由合伙协议对决议办法作出约定。这种约定有两个前提：一是不与法律相抵触，即法律有规定的按照法律的规定执行，法律未作规定的可在合伙协议中约定。二是在合伙协议中作出的约定，应当由全体合伙人协商一致共同作出。至于在合伙协议中所约定的决议办法，是采取全体合伙人一致通过，还是采取2/3以上多数通过，或者采取其他办法，由全体合伙人视所决议的事项而作出约定。

(2)实行合伙人一人一票并经全体合伙人过半数通过的表决办法。这种办法也有一个前提，即合伙协议未约定或者约定不明确的，才实行合伙人一人一票并经全体合伙人过半数通过的表决办法。需要注意的是，对各合伙人，无论出资多少和以何物出资，表决权数应以合伙人的人数为准，亦即每一个合伙人对合伙企业有关事项均有同等的表决权，使用经全体合伙人过半数通过的表决办法。

(3)依照《合伙企业法》的规定作出决议。如《合伙企业法》规定，合伙人按照合伙协议的约定或者经全体合伙人决定，可以增加或者减少对合伙企业的出资；又如《合伙企业法》规定，处分合伙企业的不动产、改变合伙企业的名称等，除合伙协议另有约定外，应当经全体合伙人一致同意。

4. 合伙企业的损益分配

(1)合伙损益。合伙损益包括两方面的内容：一是合伙利润。合伙利润，是指以合伙企业的名义所取得的经济利益，它反映了合伙企业在一定期间的经营成果。二是合伙亏损。合伙亏损，是指以合伙企业的名义从事经营活动所形成的亏损。合伙亏损是全体合伙人所共同面临的风险，或者说是共同承担的经济责任。

(2)合伙损益分配原则。合伙损益分配包含合伙企业的利润分配与亏损分担两个方面，对合伙损益分配原则，《合伙企业法》作了原则规定，主要内容为：

①合伙企业的利润分配、亏损分担，按照合伙协议的约定办理；合伙协议未约定或者约定不明确的，由合伙人协商决定；协商不成的，由合伙人按照实缴出资比例分配、分担；无法确定出资比例的，由合伙人平均分配、分担。

②合伙协议不得约定将全部利润分配给部分合伙人或者由部分合伙人承担全部亏损。

5. 非合伙人参与经营管理

在合伙企业中，往往由于合伙人经营管理能力不足，需要在合伙人之外聘任非合伙人担任合伙企业的经营管理人员，参与合伙企业的经营管理工作。《合伙企业法》规定，除合伙协议另有约定外，经全体合伙人一致同意，可以聘任合伙人以外的人担任合伙企业的经营管理人员。这项法律规定表明了以下三层含义：(1)合伙企业可以从合伙人之外聘任经营管理人员；(2)聘任非合伙人的经营管理人员，除合伙协议另有约定外，应当经全体合伙人一致同意；(3)被聘任的经营管理人员，仅是合伙企业的经营管理人员，不是合伙企业的合伙人，因而不具有合伙人的资格。

关于被聘任的经营管理人员的职责，《合伙企业法》作了明确规定，主要有：

(1)被聘任的合伙企业的经营管理人员应当在合伙企业授权范围内履行职务；

(2)被聘任的合伙企业的经营管理人员，超越合伙企业授权范围履行职务，或者在履行职务过程中因故意或者重大过失给合伙企业造成损失的，依法承担赔偿责任。

(四)普通合伙企业入伙与退伙的规定

1. 入伙

入伙，是指在合伙企业存续期间，合伙人以外的第三人加入合伙，从而取得合伙人资格。

(1)入伙的条件和程序。《合伙企业法》规定，新合伙人入伙，除合伙协议另有约定外，应当经全体合伙人一致同意，并依法订立书面入伙协议。订立入伙协议时，原合伙人应当向新合伙人如实告知原合伙企业的经营状况和财务状况。这一规定包括四层含义:一是新合伙人入伙,应当经全体合伙人一致同意,未获得一致同意的,不得入伙;二是合伙协议无另外约定,如果合伙协议对新合伙人入伙约定了相应的条件,则必须按照约定执行;三是新合伙人入伙,应当依法订立书面入伙协议,入伙协议应当以原合伙协议为基础,并对原合伙协议事项作相应变更,订立入伙协议不得违反公平原则、诚实信用原则;四是订立入伙协议时,原合伙人应当向新合伙人如实告知原合伙企业的经营状况和财务状况。

(2)新合伙人的权利和责任。一般来讲,入伙的新合伙人与原合伙人享有同等权利,承担同等责任。但是,如果原合伙人愿意以更优越的条件吸引新合伙人入伙,或者新合伙人愿意以较为不利的条件入伙,也可以在入伙协议中另行约定。关于新入伙人对入伙前合伙企业的债务承担问题,《合伙企业法》规定,新合伙人对入伙前合伙企业的债务承担无限连带责任。

2. 退伙

退伙,是指合伙人退出合伙企业,从而丧失合伙人资格。

(1)退伙的原因。合伙人退伙一般有两种原因:一是自愿退伙;二是法定退伙。

自愿退伙。是指合伙人基于自愿的意思表示而退伙。自愿退伙可以分为协议退伙和通知退伙两种。

关于协议退伙,《合伙企业法》规定,合伙协议约定合伙期限的,在合伙企业存续期间,有下列情形之一时,合伙人可以退伙:

①合伙协议约定的退伙事由出现;

②经全体合伙人一致同意;

③发生合伙人难以继续参加合伙企业的事由;

④其他合伙人严重违反合伙协议约定的义务。

合伙人违反上述规定退伙的,应当赔偿由此给合伙企业造成的损失。

关于通知退伙,《合伙企业法》规定,合伙协议未约定合伙期限的,合伙人在不给合伙企业事务执行造成不利影响的情况下,可以退伙,但应当提前30日通知其他合伙人。由此可见,法律对通知退伙有一定的限制,即附有以下三项条件:

①必须是合伙协议未约定合伙企业的经营期限;

②必须是合伙人的退伙不给合伙企业事务执行造成不利影响;

③必须提前30日通知其他合伙人。

这三项条件必须同时具备,缺一不可。合伙人违反上述规定退伙的,应当赔偿由此给合伙企业造成的损失。

法定退伙,是指合伙人因出现法律规定的事由而退伙。法定退伙分为当然退伙和除名两类。

关于当然退伙,《合伙企业法》规定,合伙人有下列情形之一的,属当然退伙:

①作为合伙人的自然人死亡或者被依法宣告死亡;

②个人丧失偿债能力;

③作为合伙人的法人或者其他组织依法被吊销营业执照、责令关闭、撤销或者被宣告破产;

④法律规定或者合伙协议约定合伙人必须具有相关资格而丧失该资格;

⑤合伙人在合伙企业中的全部财产份额被人民法院强制执行。

此外,合伙人被依法认定为无民事行为能力人或者限制民事行为能力人的,经其他合伙人一致同意，可以依法转为有限合伙人，普通合伙企业依法转为有限合伙企业。其他合伙人未能一致同意的，该无民事行为能力或者限制民事行为能力的合伙人退伙。当然退伙以退伙事由实际发生之日为退伙生效日。

关于除名，《合伙企业法》规定，合伙人有下列情形之一的，经其他合伙人一致同意，可以决议将其除名：

①未履行出资义务；

②因故意或者重大过失给合伙企业造成损失；

③执行合伙事务时有不正当行为；

④发生合伙协议约定的事由。

对合伙人的除名决议应当书面通知被除名人。被除名人接到除名通知之日，除名生效，被除名人退伙。被除名人对除名决议有异议的，可以自接到除名通知之日起30日内，向人民法院起诉。

(2)退伙的效果。退伙的效果，是指退伙时退伙人在合伙企业中的财产份额和民事责任的归属变动。分为两类情况：一是财产继承；二是退伙结算。

关于财产继承，《合伙企业法》规定，合伙人死亡或者被依法宣告死亡的，对该合伙人在合伙企业中的财产份额享有合法继承权的继承人，按照合伙协议的约定或者经全体合伙人一致同意，从继承开始之日起，取得该合伙企业的合伙人资格。有下列情形之一的，合伙企业应当向合伙人的继承人退还被继承合伙人的财产份额：

①继承人不愿意成为合伙人；

②法律规定或者合伙协议约定合伙人必须具有相关资格，而该继承人未取得该资格；

③合伙协议约定不能成为合伙人的其他情形。

合伙人的继承人为无民事行为能力人或者限制民事行为能力人的，经全体合伙人一致同意，可以依法成为有限合伙人，普通合伙企业依法转为有限合伙企业。全体合伙人未能一致同意的，合伙企业应当将被继承合伙人的财产份额退还该继承人。根据这一法律规定，合伙人死亡时其继承人可依法定条件取得该合伙企业的合伙人资格：一是有合法继承权；二是有合伙协议的约定或者全体合伙人的一致同意；三是继承人愿意。死亡的合伙人的继承人取得该合伙企业的合伙人资格，从继承开始之日起获得。

关于退伙结算，除合伙人死亡或者被依法宣告死亡的情形外，《合伙企业法》对退伙结算作了以下规定：

①合伙人退伙，其他合伙人应当与该退伙人按照退伙时的合伙企业财产状况进行结算，退还退伙人的财产份额。退伙人对给合伙企业造成的损失负有赔偿责任的，相应扣减其应当赔偿的数额。退伙时有未了结的合伙企业事务的，待该事务了结后进行结算。

②退伙人在合伙企业中财产份额的退还办法，由合伙协议约定或者由全体合伙人决定，可以退还货币，也可以退还实物。

③合伙人退伙时，合伙企业财产少于合伙企业债务的，退伙人应当依照法律规定分担亏损，即如果合伙协议约定亏损分担比例的，按照合伙协议的约定办理；合伙协议未约定或者约定不明确的，由合伙人协商决定；协商不成的，由合伙人按照实缴出资比例分担；无法确定出资比例的，由合伙人平均分担。

合伙人退伙以后，并不能解除对于合伙企业既往债务的连带责任。根据《合伙企业法》的规定，退伙人对基于其退伙前的原因发生的合伙企业债务，承担无限连带责任。

三、有限合伙企业的特殊规定

（一）有限合伙企业的设立

有限合伙企业设立的特殊规定包括：

1. 有限合伙企业人数

《合伙企业法》规定，有限合伙企业由2个以上50个以下合伙人设立；但是，法律另有规定的除外。有限合伙企业至少应当有1个普通合伙人。按照规定，自然人、法人和其他组织可以依照法律规定设立有限合伙企业，但国有独资公司、国有企业、上市公司以及公益性的事业单位、社会团体不得成为有限合伙企业的普通合伙人。

在有限合伙企业存续期间，有限合伙人的人数可能发生变化。然而，无论如何变化，有限合伙企业中必须包括有限合伙人与普通合伙人两部分，否则，有限合伙企业应当进行组织形式变化。《合伙企业法》规定，有限合伙企业仅剩有限合伙人的，应当解散；有限合伙企业仅剩普通合伙人的，应当转为普通合伙企业。

2. 有限合伙企业名称

《合伙企业法》规定，有限合伙企业名称中应当标明"有限合伙"字样。按照企业名称登记管理的有关规定，企业名称中应当含有企业的组织形式。为便于社会公众以及交易相对人对有限合伙企业的了解，有限合伙企业名称中应当标明"有限合伙"的字样，而不能标明"普通合伙"、"特殊普通合伙"、"有限公司"、"有限责任公司"等字样。

3. 有限合伙企业协议

有限合伙企业协议是有限合伙企业生产经营的重要法律文件。有限合伙企业协议除符合普通合伙企业合伙协议的规定外，还应当载明下列事项：

（1）普通合伙人和有限合伙人的姓名或者名称、住所；

（2）执行事务合伙人应具备的条件和选择程序；

（3）执行事务合伙人权限与违约处理办法；

（4）执行事务合伙人的除名条件和更换程序；

（5）有限合伙人入伙、退伙的条件、程序以及相关责任；

（6）有限合伙人和普通合伙人相互转变程序。

4. 有限合伙人出资

《合伙企业法》规定，有限合伙人可以用货币、实物、知识产权、土地使用权或者其他财产权利作价出资。有限合伙人不得以劳务出资。有限合伙人的出资可能成为有限合伙企业的最低财产，劳务出资的实质是用未来劳动创造的收入来投资，其难以通过市场变现，法律上执行困难。如果普通合伙人用劳务出资，有限合伙人也用劳务出资，将来该有限合伙企业将难以承担债务责任，这将不利于保护债权人的利益。

有限合伙人应当按照合伙协议的约定按期足额缴纳出资；未按期足额缴纳的，应当承担补缴义务，并对其他合伙人承担违约责任。

（二）有限合伙企业财产的特殊规定

1. 有限合伙人财产份额出质

《合伙企业法》规定，有限合伙人可以将其在有限合伙企业中的财产份额出质。但是合伙协议另有约定的除外。所谓有限合伙人将在有限合伙企业中的财产份额出质，是指有限合伙人以其在合伙企业中的财产份额对外进行权利质押。有限合伙人在有限合伙企业中的财产份额，是有限合伙人的财产权益，在有限合伙企业存续期间，有限合伙人可以对该财产权利进行一定的处分。有限合伙人将其在有限合伙企业中的财产份额进行出质，产生的后果仅仅是有限合伙企业的有限合伙人存在变更的可能，这对有限合伙企业的财产基础并无根本的影响。因此，有限合伙人可以按照《担保法》及其相关规定进行财产份额的出质。但是，有限合伙企业合伙协议可以对有限合伙人的财产份额出质作出约定，如有特殊约定，应按特殊约定进行。

2. 有限合伙人财产份额转让

《合伙企业法》规定，有限合伙人可以按照合伙协议的约定向合伙人以外的人转让其在有限合伙企业中的财产份额，但应当提前30日通知其他合伙人。这是因为有限合伙人向合伙人以外的其他人转让其在有限合伙企业中的财产份额，并不影响有限合伙企业债权人的利益。但是，有限合伙人对外转让其在有限合伙企业中的财产份额应当依法进行，一是要按照合伙协议的约定进行转让；二是应当提前30日通知其他合伙人。有限合伙人对外转让其在有限合伙企业的财产份额时，有限合伙企业的其他合伙人有优先购买权。

（三）有限合伙企业事务执行的特殊规定

1. 有限合伙企业事务执行人

《合伙企业法》规定，有限合伙企业由普通合伙人执行合伙事务。执行事务合伙人可以要求在合伙协议中确定执行事务的报酬及报酬提取方式。如合伙协议约定数个普通合伙人执行合伙事务，这些普通合伙人均为合伙事务执行人。如合伙协议无约定，全体普通合伙人是合伙事务的共同执行人。合伙事务执行人除享有一般合伙人相同的权利外，还有接受其他合伙人的监督和检查、谨慎执行合伙事务的义务，若因自己的过错造成合伙财产损失的，应向合伙企业或其他合伙人负赔偿责任。此外，由于执行事务合伙人较不执行事务合伙人对有限合伙企业要多付出劳动，因此，执行事务合伙人可以就执行事务的劳动付出，要求企业支付报酬。对于报酬的支付方式及其数额，应由合伙协议规定或全体合伙人讨论决定。

2. 禁止有限合伙人执行合伙事务

《合伙企业法》规定，有限合伙人不执行合伙事务，不得对外代表有限合伙企业。有限合伙人的下列行为，不视为执行合伙事务：

（1）参与决定普通合伙人入伙、退伙；

（2）对企业的经营管理提出建议；

（3）参与选择承办有限合伙企业审计业务的会计师事务所；

（4）获取经审计的有限合伙企业财务会计报告；

（5）对涉及自身利益的情况，查阅有限合伙企业财务会计账簿等财务资料；

（6）在有限合伙企业中的利益受到侵害时，向有责任的合伙人主张权利或者提起诉讼；

（7）执行事务合伙人怠于行使权利时，督促其行使权利或者为了本企业的利益以自己的名义提起诉讼；

（8）依法为本企业提供担保。

另外，《合伙企业法》规定，第三人有理由相信有限合伙人为普通合伙人并与其交易的，该有限合伙人对该笔交易承担与普通合伙人同样的责任。有限合伙人未经授权以有限合伙企业名义与他人进行交易，给有限合伙企业或者其他合伙人造成损失的，该有限合伙人应当承担赔偿责任。

3. 有限合伙企业利润分配

《合伙企业法》规定，有限合伙企业不得将全部利润分配给部分合伙人；但是，合伙协议另有约定的除外。

4. 有限合伙人权利

(1)有限合伙人可以同本企业进行交易。《合伙企业法》规定，有限合伙人可以同本有限合伙企业进行交易。但是，合伙协议另有约定的除外。因为有限合伙人并不参与有限合伙企业事务的执行，对有限合伙企业的对外交易行为，有限合伙人并无直接或者间接的控制权，有限合伙人与本有限合伙企业进行交易时，一般不会损害本有限合伙企业的利益。有限合伙协议可以对有限合伙人与有限合伙企业之间的交易进行限定，如果有限合伙协议另有约定的，则必须按照约定的要求进行。普通合伙人如果禁止有限合伙人同本有限合伙企业进行交易，应当在合伙协议中作出约定。

(2)有限合伙人可以经营与本企业相竞争的业务。《合伙企业法》规定，有限合伙人可以自营或者同他人合作经营与本有限合伙企业相竞争的业务；但是，合伙协议另有约定的除外。与普通合伙人不同，有限合伙人一般不承担竞业禁止义务。普通合伙人如果禁止有限合伙人自营或者同他人合作经营与本有限合伙企业相竞争的业务，应当在合伙协议中作出约定。

(四)有限合伙企业入伙与退伙的特殊规定

1. 入伙

《合伙企业法》规定，新入伙的有限合伙人对入伙前有限合伙企业的债务，以其认缴的出资额为限承担责任。这里需要注意，在普通合伙企业中，新入伙的合伙人对入伙前合伙企业的债务承担连带责任，而在有限合伙企业中，新入伙的有限合伙人对入伙前有限合伙企业的债务，以其认缴的出资额为限承担责任。

2. 退伙

(1)有限合伙人当然退伙。《合伙企业法》规定，有限合伙人出现下列之一情形时当然退伙：

①作为合伙人的自然人死亡或者被依法宣告死亡；

②作为合伙人的法人或者其他组织依法被吊销营业执照、责令关闭、撤销，或者被宣告破产；

③法律规定或者合伙协议约定合伙人必须具有相关资格而丧失该资格；

④合伙人在合伙企业中的全部财产份额被人民法院强制执行。

(2)有限合伙人丧失民事行为能力的处理。《合伙企业法》规定，作为有限合伙人的自然人在有限合伙企业存续期间丧失民事行为能力的，其他合伙人不得因此要求其退伙。这是因为有限合伙人对有限合伙企业只进行投资，而不负责事务执行。作为有限合伙人的自然人在有限合伙企业存续期间丧失民事行为能力，并不影响有限合伙企业的正常生产经营活动，其他合伙人不能要求该丧失民事行为能力的合伙人退伙。

(3)有限合伙人继承人的权利。《合伙企业法》规定，作为有限合伙人的自然人死亡、被依法宣告死亡或者作为有限合伙人的法人及其他组织终止时，其继承人或者权利承受人可以依法取得该有限合伙人在有限合伙企业中的资格。

(4)有限合伙人退伙后的责任承担。《合伙企业法》规定，有限合伙人退伙后，对基于其退伙前的原因发生的有限合伙企业债务，以其退伙时从有限合伙企业中取回的财产承担责任。

四、合伙企业与第三人关系

合伙企业与第三人关系，实际是指有关合伙企业的对外关系，涉及合伙企业对外代表权的效力、合伙企业和合伙人的债务清偿等问题。

（一）合伙企业对外代表权的效力

1. 合伙企业与第三人关系。所谓合伙企业与第三人关系，是指合伙企业的外部关系，即合伙企业与合伙企业的合伙人以外的第三人的关系。合伙企业是由自然人、法人和其他组织依照《合伙企业法》通过订立合伙协议而设立的营利性组织。在合伙企业设立以后，必然要以合伙企业的名义从事生产经营活动，进行商品的交换、服务的供需和财产的流转，从而与其他市场主体（包括自然人、法人和其他组织）发生联系，形成其外部关系。因此，合伙企业与第三人关系也就是合伙企业与外部的关系。由于合伙企业在债务承担上是一种连带责任关系，这种关系在一定程度上就会与合伙人自身发生一定的牵连，例如，当合伙企业对外发生了债务并且合伙企业的财产不能清偿其债务时，这一关系即可转化为合伙人与债权人（第三人）之间的关系。

2. 合伙事务执行中的对外代表权。可以取得合伙企业对外代表权的合伙人，主要有三种情况，一是由全体合伙人共同执行合伙企业事务的，全体合伙人都都有权对外代表合伙企业，即全体合伙人都取得了合伙企业的对外代表权。二是由部分合伙人执行合伙企业事务的，只有受委托执行合伙企业事务的那一部分合伙人有权对外代表合伙企业，而不参加执行合伙企业事务的合伙人则不具有对外代表合伙企业的权利。三是由于特别授权在单项合伙事务上有执行权的合伙人，依照授权范围可以对外代表合伙企业。执行合伙企业事务的合伙人在取得对外代表权后，即可以合伙企业的名义进行经营活动，在其授权的范围内作出法律行为。合伙人的这种代表行为，对全体合伙人发生法律效力，即其执行合伙事务所产生的收益归合伙企业，所产生的费用和亏损由合伙企业承担。

3. 合伙企业对外代表权的限制。合伙人执行合伙事务的权利和对外代表合伙企业的权利，都会受到一定的内部限制。如果这种内部限制对第三人发生效力，必须以第三人知道这一情况为条件，否则，该内部限制不对该第三人发生抗辩力。《合伙企业法》规定，合伙企业对合伙人执行合伙事务以及对外代表合伙企业权利的限制，不得对抗善意第三人。这里所指的合伙人，是指在合伙企业中有合伙事务执行权与对外代表权的合伙人；这里所指的限制，是指合伙企业对合伙人所享有的事务执行权与对外代表权权利能力的一种界定；这里所指的对抗，是指合伙企业否定第三人的某些权利和利益，拒绝承担某些责任；这里所指的不知情，是指与合伙企业有经济联系的第三人不知道合伙企业所作的内部限制，或者不知道合伙企业对合伙人行使权利所作限制的事实；这里所指的善意第三人，是指本着合法交易的目的，诚实地通过合伙企业的事务执行人，与合伙企业之间建立民事、商事法律关系的法人、非法人团体或自然人。如果第三人与合伙企业事务执行人恶意串通、损害合伙企业利益，则不属善意的情形。需要指出的是，不得对抗善意第三人，主要是针对给第三人造成的损失而言，即当执行合伙事务的合伙人给善意第三人造成损失时，合伙企业不能因为有对合伙人执行合伙事务以及对外代表合伙企业权利的限制，就对善意第三人不承担责任。

保护善意第三人的利益是为了维护经济往来的交易安全，这是一项被广泛认同的法律原则。例如，合伙企业内部规定，有对外代表权的合伙人甲在签订合同时，须经乙和丙两个执行事务的合伙人的同意，如果甲自作主张没有征求乙和丙的同意，与第三人丁签订了一份买卖合同，而丁不知道在合伙企业内部对甲所作的限制，在合同的履行中，也没有从中获得不正当的利益，这种情况下，第三人丁应当为善意第三人，丁所得到的利益应当予以保护，合伙企业不得以其内部所作的在行使权利方面的限制为由，否定善意第三人丁的正当权益，拒绝履行合伙企业应承担的责任。

(二)合伙企业和合伙人的债务清偿

1. 合伙企业的债务清偿与合伙人的关系。从以下三个方面加以说明：

(1)合伙企业财产优先清偿。《合伙企业法》规定，合伙企业对其债务，应先以其全部财产进行清偿。所谓合伙企业的债务，是指在合伙企业存续期间产生的债务。合伙企业对其债务，应先以其全部财产进行清偿。也就是说，合伙企业的债务，应先由合伙企业的财产来承担，即在合伙企业存在自己的财产时，合伙企业的债权人应首先从合伙企业的全部财产中求偿，而不应当向合伙人个人直接请求债权。这样，既有利于理顺合伙企业与第三人的法律关系，明确合伙企业的偿债责任，也有利于保护债权人的债权实现。

(2)合伙人的无限连带清偿责任。《合伙企业法》规定，合伙企业不能清偿到期债务的，合伙人承担无限连带责任。所谓合伙人的无限责任，是指当合伙企业的全部财产不足以偿付到期债务时，各个合伙人承担合伙企业的债务不是以其出资额为限，而是以其自有财产来清偿合伙企业的债务。合伙人的连带责任，是指当合伙企业的全部财产不足以偿付到期债务时，合伙企业的债权人对合伙企业所负债务，可以向任何一个合伙人主张，该合伙人不得以其出资的份额大小、合伙协议有特别约定、合伙企业债务另有担保人或者自己已经偿付所承担的份额的债务等理由来拒绝。当然，合伙人由于承担连带责任，所清偿数额超过其应分担的比例时，有权向其他合伙人追偿。

(3)合伙人之间的债务分担和追偿。《合伙企业法》规定，合伙人由于承担无限连带责任，清偿数额超过规定的其亏损分担比例的，有权向其他合伙人追偿。这一规定，在重申合伙人对合伙债务负无限连带责任的基础上，明确了合伙人分担合伙债务的比例，以合伙企业分担亏损的比例为准。关于合伙企业亏损分担比例，《合伙企业法》规定，合伙企业的亏损分担，按照合伙协议的约定办理；合伙协议未约定或者约定不明确的，由合伙人协商决定；协商不成的，由合伙人按照实缴出资比例分担；无法确定出资比例的，由合伙人平均分担。

合伙人之间的分担比例对债权人没有约束力。债权人可以根据自己的清偿利益，请求全体合伙人中的一人或数人承担全部清偿责任，也可以按照自己确定的比例向各合伙人分别追索。如果某一合伙人实际支付的清偿数额超过其依照既定比例所应承担的数额，依照《合伙企业法》的规定，该合伙人有权就超过部分向其他未支付或者未足额支付应承担数额的合伙人追偿。但是，合伙人的这种追偿权，应当具备以下三项条件：一是追偿人已经实际承担连带责任，并且其清偿数额超过了他应当承担的数额；二是被追偿人未实际承担或者未足额承担其应当承担的数额；三是追偿的数额不得超过追偿人超额清偿部分的数额或被追偿人未足额清偿部分的数额。

2. 合伙人的债务清偿与合伙企业的关系。在合伙企业存续期间，可能发生个别合伙人因不能偿还其私人债务而被追索的情况。由于合伙人在合伙企业中拥有财产利益，合伙人的债权人可能向合伙企业提出各种清偿请求。为了保护合伙企业和其他合伙人的合法权益，同时也保护债权人的合法权益，《合伙企业法》作了如下规定：

（1）合伙人发生与合伙企业无关的债务，相关债权人不得以其债权抵销其对合伙企业的债务，也不得代位行使合伙人在合伙企业中的权利。首先，合伙人发生与合伙企业无关的债务，相关债权人不得以其债权抵销其对合伙企业的债务。这是因为该债权人对合伙企业的负债，实际上是对全体合伙人的负债，而合伙企业某一合伙人对该债权人的负债，只限于该合伙人个人，如果允许两者抵销，就等于强迫合伙企业其他合伙人对个别合伙人的个人债务承担责任，这违反了合伙企业的本意，加大了合伙人的风险，也不利于合伙企业这种经济组织形式的发展。其次，合伙人发生与合伙企业无关的债务，相关债权人不得代位行使该合伙人在合伙企业中的权利。这是因为合伙人之间相互了解和信任是合伙关系稳定的基础，如果允许个别合伙人的债权人代位行使该合伙人在合伙企业中的权利，如参与管理权、事务执行权等，则不利于合伙关系的稳定和合伙企业的正常运营。况且，该债权人因无合伙人身份，其行使合伙人的权利而不承担无限连带责任，这无异于允许他将自己行为的责任风险转嫁于合伙企业的全体合伙人，这显然是不公平的。

（2）合伙人的自有财产不足清偿其与合伙企业无关的债务的，该合伙人可以以其从合伙企业中分取的收益用于清偿；债权人也可以依法请求人民法院强制执行该合伙人在合伙企业中的财产份额用于清偿。这既保护了债权人的清偿利益，也无损于全体合伙人的合法权益。因为在债权人取得其债务人从合伙企业中分取的收益用来清偿的情况下，该债权人并不参与合伙企业内部事务，也不妨碍其债务人作为合伙人正常行使其正当的权利。而在债权人依法请求人民法院强制执行债务人在合伙企业中的财产份额作为清偿的情况下，如果该债权人因取得该财产份额而成为合伙企业合伙人，则无异于合伙份额的转让，因此，债权人取得合伙人地位后，就要承担与其他合伙人同样的责任，因而不存在转嫁责任风险的问题。

人民法院强制执行合伙人的财产份额时，应当通知全体合伙人，其他合伙人有优先购买权；其他合伙人未购买，又不同意将该财产份额转让给他人的，依照《合伙企业法》的规定为该合伙人办理退伙结算，或者办理削减该合伙人相应财产份额的结算。这里需要注意三点：一是这种清偿必须通过民事诉讼法规定的强制执行程序进行，债权人不得自行接管债务人在合伙企业中的财产份额；二是人民法院强制执行合伙人的财产份额时，应当通知全体合伙人；三是在强制执行个别合伙人在合伙企业中的财产份额时，其他合伙人有优先购买权。也就是说，如果其他合伙人不愿意接受该债权人成为其合伙企业新的合伙人，可以由他们中的一人或者数人行使优先购买权，取得该债务人的财产份额。受让人支付的价金，用于向该债权人清偿债务。

五、合伙企业解散与清算

（一）合伙企业解散

合伙企业解散，是指各合伙人解除合伙协议，合伙企业终止活动。

根据《合伙企业法》的规定，合伙企业有下列情形之一的，应当解散：

1. 合伙期限届满，合伙人决定不再经营；
2. 合伙协议约定的解散事由出现；
3. 全体合伙人决定解散；
4. 合伙人已不具备法定人数满 30 天；

5. 合伙协议约定的合伙目的已经实现或者无法实现；

6. 依法被吊销营业执照、责令关闭或者被撤销；

7. 法律、行政法规规定的其他原因。

(二)合伙企业清算

合伙企业解散的，应当进行清算。《合伙企业法》对合伙企业清算作了以下几方面的规定：

1. 确定清算人

合伙企业解散，应当由清算人进行清算。清算人由全体合伙人担任；经全体合伙人过半数同意，可以自合伙企业解散事由出现后15日内指定一个或者数个合伙人，或者委托第三人，担任清算人。自合伙企业解散事由出现之日起15日内未确定清算人的，合伙人或者其他利害关系人可以申请人民法院指定清算人。

2. 清算人的职责

清算人在清算期间执行下列事务：

(1)清理合伙企业财产，分别编制资产负债表和财产清单；

(2)处理与清算有关的合伙企业未了结事务；

(3)清缴所欠税款；

(4)清理债权、债务；

(5)处理合伙企业清偿债务后的剩余财产；

(6)代表合伙企业参加诉讼或者仲裁活动。

3. 通知和公告债权人

清算人自被确定之日起10日内将合伙企业解散事项通知债权人，并于60日内在报纸上公告。债权人应当自接到通知书之日起30日内，未接到通知书的自公告之日起45日内，向清算人申报债权。债权人申报债权，应当说明债权的有关事项，并提供证明材料。清算人应当对债权进行登记。清算期间，合伙企业存续，但不得开展与清算无关的经营活动。

4. 财产清偿顺序

合伙企业财产在支付清算费用和职工工资、社会保险费用、法定补偿金以及缴纳所欠税款、清偿债务后的剩余财产，依照《合伙企业法》关于利润分配和亏损分担的规定进行分配。合伙企业财产清偿问题主要包括以下三方面的内容：

(1)合伙企业的财产首先用于支付合伙企业的清算费用。清算费用包括：

①管理合伙企业财产的费用，如仓储费、保管费、保险费等。

②处分合伙企业财产的费用，如聘任工作人员的费用等。

③清算过程中的其他费用，如通告债权人的费用、调查债权的费用、咨询费用、诉讼费用等。

(2)合伙企业的财产支付。合伙企业在清算费用后的清偿顺序如下：合伙企业职工工资、社会保险费用和法定补偿金；缴纳所欠税款；清偿债务。其中，法定补偿金主要是指法律、行政法规和规章所规定的应当支付给职工的补偿金，如《中华人民共和国劳动法》规定的解除劳动合同的补偿金。

(3)分配财产。合伙企业财产依法清偿后仍有剩余时，对剩余财产依照《合伙企业法》的规定进行分配，即按照合伙协议的约定办理；合伙协议未约定或者约定不明确的，由合伙人协商决定；协商不成的，由合伙人按照实缴出资比例分配；无法确定出资比例的，由合伙人平均分配。

5. 注销登记

清算结束，清算人应当编制清算报告，经全体合伙人签名、盖章后，在15日内向企业登记机关报送清算报告，申请办理合伙企业注销登记。合伙企业注销后，原普通合伙人对合伙企业存续期间的债务仍应承担无限连带责任。

6. 合伙企业不能清偿到期债务的处理

合伙企业不能清偿到期债务的，债权人可以依法向人民法院提出破产清算申请，也可以要求普通合伙人清偿。合伙企业依法被宣告破产的，普通合伙人对合伙企业债务仍应承担无限连带责任。

六、违反合伙企业法的法律责任

（一）合伙企业及合伙人违法行为应承担的法律责任

1. 违反《合伙企业法》规定，提交虚假文件或者采取其他欺骗手段，取得合伙企业登记的，由企业登记机关责令改正，处以5000元以上5万元以下的罚款；情节严重的，撤销企业登记，并处以5万元以上20万元以下的罚款。

2. 违反《合伙企业法》规定，合伙企业未在其名称中标明“普通合伙”、“特殊普通合伙”或者“有限合伙”字样的，由企业登记机关责令限期改正，处以2000元以上1万元以下的罚款。

3. 违反《合伙企业法》规定，未领取营业执照，而以合伙企业或者合伙企业分支机构名义从事合伙业务的，由企业登记机关责令停止，处以5000元以上5万元以下的罚款。

4. 合伙企业登记事项发生变更时，未依照规定办理变更登记的，由企业登记机关责令限期登记；逾期不登记的，处以2000元以上2万元以下的罚款。合伙企业登记事项发生变更，执行合伙事务的合伙人未按期申请办理变更登记的，应当赔偿由此给合伙企业、其他合伙人或者善意第三人造成的损失。

5. 合伙人执行合伙事务，或者合伙企业从业人员利用职务上的便利，将应当归合伙企业的利益据为己有的，或者采取其他手段侵占合伙企业财产的，应当将该利益和财产退还合伙企业；给合伙企业或者其他合伙人造成损失的，依法承担赔偿责任。

6. 合伙人对《合伙企业法》规定或者合伙协议约定必须经全体合伙人一致同意始得执行的事务擅自处理，给合伙企业或者其他合伙人造成损失的，依法承担赔偿责任。

7. 不具有事务执行权的合伙人擅自执行合伙事务，给合伙企业或者其他合伙人造成损失的，依法承担赔偿责任。

8. 合伙人违反《合伙企业法》规定或者合伙协议的约定，从事与本合伙企业相竞争的业务或者与本合伙企业进行交易的，该收益归合伙企业所有；给合伙企业或者其他合伙人造成损失的，依法承担赔偿责任。

9. 合伙人违反合伙协议的，应当依法承担违约责任。合伙人履行合伙协议发生争议的，合伙人可以通过协商或者调解解决。不愿通过协商、调解解决或者协商、调解不成的，可以按照合伙协议约定的仲裁条款或者事后达成的书面仲裁协议，向仲裁机构申请仲裁。合伙协议中未订立仲裁条款，事后又没有达成书面仲裁协议的，可以向人民法院起诉。

（二）合伙企业清算人违法行为应承担的法律责任

1. 清算人未依照《合伙企业法》规定向企业登记机关报送清算报告，或者报送清算报告隐瞒重要事实，或者有重大遗漏的，由企业登记机关责令改正。由此产生的费用和损失，由清算人承担和赔偿。

2. 清算人执行清算事务，牟取非法收入或者侵占合伙企业财产的，应当将该收入和侵占的财产退还合伙企业；给合伙企业或者其他合伙人造成损失的，依法承担赔偿责任。

3. 清算人违反《合伙企业法》规定，隐匿、转移合伙企业财产，对资产负债表或者财产清单作虚假记载，或者在未清偿债务前分配财产，损害债权人利益的，依法承担赔偿责任。

4. 行政管理机关及其人员违法行为应承担的法律责任。有关行政管理机关的工作人员违反规定，滥用职权、徇私舞弊、收受贿赂、侵占合伙企业合法权益的，依法给予行政处分。

基本训练

一、单项选择题

1. 下列关于个人独资企业法律特征的表述中符合个人独资企业法律制度规定的是(　　)。

A. 个人独资企业没有独立承担民事责任的能力

B. 个人独资企业不能以自己的名义从事民事活动

C. 个人独资企业具有法人资格

D. 个人独资企业对企业债务承担有限责任

2.《合伙企业法》规定，有限合伙企业由 2 个以上 50 个以下合伙人设立；但是，法律另有规定的除外。有限合伙企业至少应当有(　　)个普通合伙人。

A. 1　　B. 2　　C. 5　　D. 10

3. 有限合伙人不可以用(　　)作价出资。

A. 货币或实物　　B. 知识产权　　C. 劳务　　D. 土地使用权或者其他财产权利

4. 个人独资企业投资人甲聘用乙管理企业事务，同时规定凡是乙对外签订标的额超过 1 万元的合同必须经甲同意。某日，乙未经甲同意与善意第三人丙签订了一份标的额为 2 万元的买卖合同。根据《个人独资企业法》的规定，下列关于该合同效力的表述中正确的是(　　)。

A. 该合同为有效合同，给甲造成损害，由乙承担民事赔偿责任

B. 该合同为无效合同，但如果给甲造成损害，由乙承担民事赔偿责任

C. 该合同为可撤销合同，甲可请求人民法院予以撤销

D. 该合同为效力待定合同，经甲追认后有效

5. 林某以个人财产出资设立一个人独资企业，聘请陈某管理该企业事务。林某病故后，因企业负债较多，林某的妻子作为惟一继承人明确表示不愿继承该企业，该企业只得解散。根据《个人独资企业法》的规定，关于该企业清算人的下列表述中，正确的是(　　)。

A. 由陈某进行清算　　B. 由林某的妻子进行清算

C. 由债权人进行清算　　D. 由债权人申请法院指定清算人进行清算

6. 有限合伙企业事务由(　　)执行。

A. 有限合伙人　　B. 普通合伙人

C. 合伙协议约定　　D. 有限合伙人和普通合伙人共同

7. 下列关于普通合伙企业“入伙”的说法中，正确的是(　　)。

A. 入伙必须经 2/3 以上合伙人同意

B. 入伙必须在接纳他人入伙决定之日起 30 日内，修改合伙协议

C. 新合伙人对入伙前合伙企业的债务承担连带责任

D. 新合伙人不可以用劳务出资

8. 甲、乙、丙开办一普通合伙企业，后甲与丁约定将合伙企业中甲的财产份额全部转让给丁。下列说法正确的是(　　)。

A. 丁自然取得合伙企业中甲的财产份额

B. 如乙、丙同意，丁依法取得合伙人的地位

C. 如乙、丙不同意丁入伙，必须购买甲的财产份额

D. 合伙企业应清算，丁分得甲应得财产份额

9. 关于普通合伙企业的出资，下列说法错误的是(　　)。

A. 合伙人可以分期缴付出资

B. 合伙人首次缴付的出资不得低于认缴数额的20%

C. 合伙人以劳务出资的，其评估办法由全体合伙人协商确定

D. 合伙人可以用土地使用权出资

10. 某有限合伙企业于2012年2月1日设立，2012年4月1日张某作为有限合伙人入伙，张某认缴的出资额是10万元，占出资比例的10%，此时该有限合伙企业对外有50万元的到期债务。如果2012年6月1日该有限合伙企业解散，清算结果是共有不能清偿的到期债务120万元。对此，张某应承担的数额是(　　)。

A. 5万元　　B. 10万元　　C. 12万元　　D. 50万元

二、多项选择题

1. 根据《个人独资企业法》的规定，下列关于个人独资企业设立条件的表述中，正确的是(　　)。

A. 投资人只能是自然人　　B. 投资人可以家庭共有财产作为个人出资

C. 须有企业章程　　D. 有符合规定的法定最低注册资本

2. 赵、钱、孙、李四人成立一合伙企业，赵以一辆微型面包车作为出资。合伙企业经营期间，赵急需用钱，A借给赵3万元钱，赵将其投资于合伙企业的面包车质押给A，此行为的处理办法是(　　)。

A. 如果钱、孙、李三个合伙人同意，赵的质押行为有效

B. 如果钱、孙、李三个合伙人不同意，赵的质押行为无效

C. 如果钱、孙、李三个合伙人不同意，赵的质押行为可以认定为退伙

D. 赵的质押行为给钱、孙、李造成损失的，应依法赔偿

3. 根据《合伙企业法》的规定，下列情形中，经其他合伙人一致同意，可以决议将其除名的有(　　)。

A. 普通合伙人甲在执行事务中有贪污合伙企业财产的行为

B. 普通合伙人乙未履行出资义务

C. 普通合伙人丙个人丧失偿债能力

D. 普通合伙人丁参加了另一同类营业的合伙组织

4.《合伙企业法》规定，合伙人有下列情形时，发生当然退伙(　　)。

A. 被依法宣告为无民事行为能力人　　B. 个人丧失偿债能力

C. 死亡或者被依法宣告死亡　　D. 未履行出资义务

5. 根据《中华人民共和国合伙企业法》的规定，合伙企业的下列事务中，必须经全体合伙

人一致同意通过的有(　　)。

A. 以合伙企业的名义为他人提供担保

B. 合伙人之间转让在合伙企业中的部分财产份额

C. 聘任合伙人以外的人担任合伙企业的经营管理人员

D. 改变合伙企业的名称

6. 根据合伙企业法的规定，下列各项中，属于普通合伙企业的合伙人当然退伙情形的有(　　)。

A. 作为合伙人的自然人被依法宣告死亡

B. 作为合伙人的自然人被依法认定为无民事行为能力人

C. 作为合伙的法人依法被宣告破产

D. 合伙人在合伙企业中的全部财产份额被人民法院强制执行

7. 某普通合伙企业在经营期间吸收甲入伙。甲入伙前，合伙企业对乙负债 10 万元。甲入伙后，该合伙企业继续亏损，甲遂要求退伙，获其他合伙人一致同意。在此期间，该合伙企业欠丙货款 20 万元。甲退伙后，合伙企业又向丁借款 20 万元。后合伙企业解散，上述债务均未清偿。下列表述中，符合合伙企业法规定的有(　　)。

A. 对于合伙企业对乙的债务，甲应承担无限连带责任

B. 对于合伙企业对丙的债务，甲应承担无限连带责任

C. 对于合伙企业对丁的债务，甲应承担无限连带责任

D. 对于合伙企业对乙、丁的债务，甲均不承担责任

8. 根据合伙企业法律制度的规定，有限合伙人的下列行为中，不视为执行合伙事务的有(　　)。

A. 参与决定普通合伙人退伙

B. 参与对外签订买卖合同

C. 参与选择承办企业审计业务的会计师事务所

D. 依法为本企业提供担保

三、判断题

1. 个人独资企业不具有法人资格，也无独立承担民事责任的能力。(　　)

2. 新入伙的有限合伙人对入伙前有限合伙企业的债务，以其认缴的出资额为限承担责任。(　　)

3. 除合伙协议另有约定外，有限合伙企业的有限合伙人将其在有限合伙企业中的财产份额出质的须经其他合伙人同意。(　　)

4. 甲、乙出资设立普通合伙企业，双方订立的书面合伙协议约定：甲以 10 万元出资，乙以劳务出资；乙执行合伙事务；合伙企业利润由甲、乙平均分配，亏损由乙承担。该合伙协议的约定符合《合伙企业法》的规定。(　　)

5. 合伙人以其在合伙企业中的财产份额出资的，不须经其他合伙人一致同意。(　　)

四、案例分析题

甲、乙、丙、丁共同投资设立了 A 有限合伙企业(以下简称 A 企业)。合伙协议约定：甲、乙为普通合伙人，分别出资 10 万元；丙、丁为有限合伙人，分别出资 15 万元；甲执行合伙企业事务，对外代表 A 企业。2009 年 A 企业发生下列事实：

2 月，甲以 A 企业的名义与 B 公司签订了一份 12 万元的买卖合同。乙获知后，认为该买卖合同损害了 A 企业的利益，且甲的行为违反了 A 企业内部规定的甲无权单独与第三人签

订超过 10 万元合同的限制，遂要求各合伙人作出决议，撤销甲代表 A 企业签订合同的资格。

8 月，丁退伙，并从 A 企业取得退伙结算财产 12 万元。

9 月，A 企业吸收庚作为普通合伙人入伙，庚出资 8 万元。

10 月，A 企业的债权人 C 公司要求 A 企业偿还 6 月份所欠款项 50 万元。

11 月，丙因所设个人独资企业发生严重亏损不能清偿 D 公司到期债务，D 公司申请人民法院强制执行丙在 A 企业中的财产份额用于清偿其债务。人民法院强制执行丙在 A 企业中的全部财产份额后，甲、乙、庚决定 A 企业以现有企业组织形式继续经营。

经查：A 企业内部约定，甲无权单独与第三人签订超过 10 万元的合同，B 公司与 A 企业签订买卖合同时，不知 A 企业该内部约定。合伙协议未对合伙人以财产份额出质事项进行约定。

要求：根据上述材料，分别回答下列问题：

（1）甲以 A 企业的名义与 B 公司签订的买卖合同是否有效？并说明理由。

（2）如果 A 企业的全部财产不足清偿 C 公司的债务，对不足清偿的部分，哪些合伙人应当承担清偿责任？如何承担清偿责任？

（3）人民法院强制执行丙在 A 企业中的全部财产份额后，甲、乙、庚决定 A 企业以现有企业组织形式继续经营是否合法？并说明理由。

■ 情境三　外商投资企业法

学习目标

难度	能力目标	知识目标
容易	能够准确判定何为外商投资企业	准确掌握外商投资企业的概念
容易	能够区分中外合资经营企业、中外合作经营企业及外资企业的区别	了解中外合资经营企业，中外合作经营企业、外资企业的概念及特点
适中	能够依法定程序进行外商投资企业的设立登记	熟悉外商投资企业的设立登记法律规定
适中	能够准确判定区分鼓励类外商投资项目、限制类外商投资项目、禁止类外商投资项目及允许类外商投资项目	了解外商投资企业的投资项目相关要求
较难	能够运用所学知识判定中外合资经营企业的设立、组织机构及解散清算问题	掌握中外合资经营企业的设立、组织机构及解散清算
较难	能够运用所学知识判定中外合作经营企业的设立、组织机构及解散清算问题	掌握中外合作经营企业的设立、组织机构及解散清算
较难	能够解决中外合作企业，外方提前回收投资问题	掌握中外合作企业外商提前回收投资相关知识

能力训练项目

中外合营企业法的法律问题

一家中美合营企业，由美国的甲公司与中国的乙公司共同出资并于2011年3月20日正式注册成立。双方签订的合营合同规定:(1)合营企业注册资本为200万美元，其中，甲公司出资110万美元，占注册资本的55%;乙公司出资90万美元，占注册资本的45%。(2)合营双方认缴的出资分二期进行，即自合营企业成立之日起3个月内，合营双方必须将除货币资金之外的其他出资投入合营企业，其余的货币资金则应于2012年3月20日前缴付完毕。(3)合营双方按出资比例进行收益分配。(4)合营企业董事会由5名董事组成，其中:甲公司委派3名，乙公司委派2名，合营企业董事长由甲公司委派，副董事长由乙公司委派。

合营企业成立之后，合营各方按照合资合同的规定，履行了第一期出资义务。在履行第二期出资义务时，甲公司由乙公司作担保向银行贷款20万美元缴付了出资，乙公司则由另一家国内的丙公司提供担保向银行贷款10万美元缴付了出资。

在合营企业经营期间，按照合营合同规定的组织机构进行管理，甲公司在合营企业中行使决策权。截止到2012年12月31日，合营企业税后可分配利润为人民币360万元。

2013年2月，甲公司拟将其在合营企业所持股份转让给美国的丁公司，乙公司表示同意。

能力训练步骤

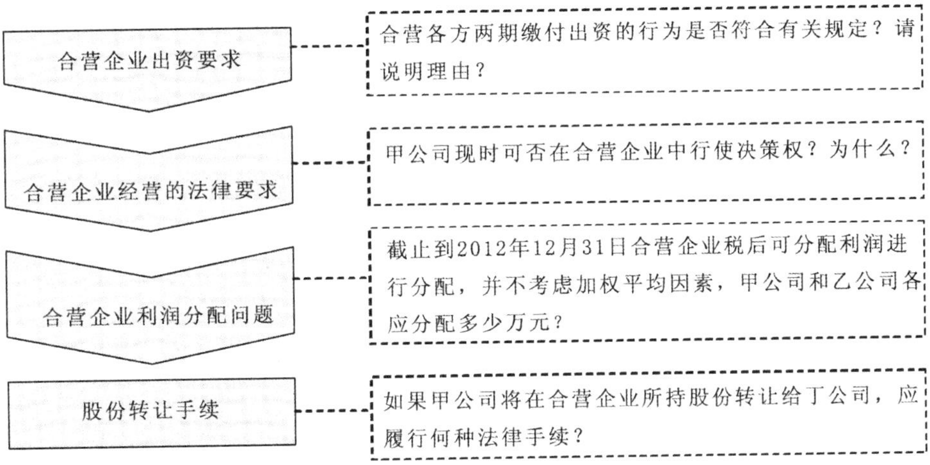

第一节　外商投资企业法的认知

一、外商投资企业的概念和特征

外商投资企业，是指外国投资者依据中国法律的规定，经中国政府批准，在中国境内投资举办的企业。外商投资企业由外国投资者单独直接投资或者外国投资者和中国投资者共同投资的企业。其中外国投资者包括外国的公司、企业和其他经济组织或个人，中国投资者仅指中国公司、企业或者其他经济组织。

外国投资企业具有如下特点：

(一)外国投资企业是外商直接投资举办的企业。直接投资是投资者将资金或其他财产投入企业，并不同程度地参与企业的经营决策，通过企业盈利分配获取投资收益的投资方法。其相对于间接投资而言，具有更大的稳定性。

（二）外商投资企业是吸引外国私人投资举办的企业。私人投资是指以公司企业和其他经济组织或个人的名义进行的投资，它与政府的对外援助不同。

（三）外商投资企业是依照中国的法律和行政法规规定，经中国政府批准，在中国境内设立的企业。根据我国法律和行政法规规定，设立外商投资企业必须经中国政府批准并在中国境内设立。外商投资企业设立后，必须遵守中国的法律；同时，也受中国法律的保护。

二、外商投资企业的种类

目前，依照外商在企业注册资本和资产中所占股权和份额的比例不同，在我国设立的外商投资企业主要有：中外合资经营企业、中外合作经营企业、外资企业和中外合资股份有限公司。其中，中外合资经营企业又称股权式合营企业，中外合作经营企业又称契约式合营企业，外资企业又称外商独资企业。

三、外商投资企业的权利和义务

（一）外商投资企业的权利

外商投资企业享有的权利主要表现在：

1. 生产经营计划权。外商投资企业有权在批准的合同范围内，自行制定企业的生产经营计划。

2. 资金筹措使用权。外商投资企业可以向中国境内的金融机构借款，也可以在中国境外借款，并有权依照规定支配使用企业自有资金。

3. 物资采购权。外商投资企业在批准的经营范围内所需的原材料、燃料等物资，其有权自行决定在中国市场购买或者在国际市场购买。

4. 产品销售权。外商投资企业有权自行销售产品，中国政府鼓励外商投资企业向国际市场销售产品。

5. 外汇收入使用权。外商投资企业有权按照法律规定使用外汇收入。外国投资者对依照法律规定和合同约定分配的利润、其他合法收入以及企业终止时分得的资金可以依法汇往国外。企业的外籍职工的工资收入和其他合法收入，依法缴纳个人所得税后，可以汇往国外。

6. 劳动用工管理权。外商投资企业在遵守中国的法律和行政法规规定的前提下享有劳动用工管理自主权，但对职工的雇用和解雇、工资形式、工资标准、福利、劳动保险和奖惩措施等事项，应当依法通过订立合同加以规定。

7. 机构设置和人员编制权。外商投资企业可以根据企业生产经营需要，自行确定企业内部机构的设立、调整和撤销，决定企业的人员编制。

（二）外商投资企业的义务

外商投资企业在享有上述权利的同时，也必须承担以下义务：

1. 必须遵守中国的法律、行政法规，不得损害中国的社会公共利益；

2. 必须履行依法签订的协议、合同、章程；

3. 必须依照中国税法的规定缴纳税款；

4. 应接受中国政府有关部门的管理和监督；

5. 应承担中国法律、行政法规规定的其他义务。

四、外商投资企业的投资项目

为了使外商投资企业的投资项目与我国国民经济和社会发展规划相适应，并有利于保护投资者的合法权益，2002年2月21日国务院发布了《指导外商投资方向规定》，并自2002年4月1日起施行。根据《指导外商投资方向规定》的规定，外商投资企业的投资项目分为鼓励、允许、限制和禁止四类。

（一）鼓励类外商投资项目

属于下列情形之一的，列为鼓励类外商投资项目：

1. 属于农业新技术、农业综合开发和能源、交通、重要原材料工业的；

2. 属于高新技术、先进适用技术，能够改进产品性能、提高企业技术经济效益或者生产国内生产能力不足的新设备、新材料的；

3. 适应市场需求，能够提高产品档次、开拓新兴市场或者增加产品国际竞争能力的；

4. 属于新技术、新设备，能够节约能源和原材料、综合利用资源和再生资源以及防治环境污染的；

5. 能够发挥中西部地区的人力和资源优势，并符合国家产业政策的；

6. 法律、行政法规规定的其他情形。

鼓励类外商投资项目，除依照有关法律、行政法规的规定享受优惠待遇外，从事投资额大、回收期长的能源、交通、城市基础设施（煤炭、石油、天然气、电力、铁路、公路、港口、机场、城市道路、污水处理、垃圾处理等）建设、经营的，经批准，可以扩大与其相关的经营范围。

（二）限制类外商投资项目

属于下列情形之一的，列为限制类外商投资项目：

1. 技术水平落后的；

2. 不利于节约资源和改善生态环境的；

3. 从事国家规定实行保护性开采的特定矿种勘探、开采的；

4. 属于国家逐步开放的产业的；

5. 法律、行政法规规定的其他情形。

（三）禁止类外商投资项目

属于下列情形之一的，列为禁止类外商投资项目：

1. 危害国家安全或者损害社会公众利益的；

2. 对环境造成污染损害，破坏自然资源或者损害人体健康的；

3. 占用大量耕地，不利于保护、开发土地资源的；

4. 危害军事设施安全和使用效能的；

5. 运用我国特有工艺或者技术生产产品的；

6. 法律、行政法规规定的其他情形。

（四）允许类外商投资项目

不属于鼓励类、限制类和禁止类的外商投资项目，为允许类外商投资项目。

产品全部直接出口的允许类外商投资项目，视为鼓励类外商投资项目。产品出口销售额占其产品销售总额70%以上的限制类外商投资项目，经省、自治区、直辖市及计划单列市人民政府或者国务院主管部门批准，可以视为允许类外商投资项目。

第二节 中外合资经营企业法律制度

一、中外合资经营企业的概念和特征

中外合资经营企业又称股权式合营企业，是指国外公司、企业和其他经济组织或个人，依照中国法律和行政法规，经中国政府批准，在中国境内与中国公司、企业或其他经济组织共同投资、共同经营、共负盈亏、共担风险的企业法人组织，简称为合营企业。

合营企业的特点，主要体现在以下几个方面：

（一）合营企业有一方为外国投资者，另一方是中国投资者。外国投资者可以是公司、企业、其他经济组织、团体或个人。中国投资者可以是公司、企业或者是其他经济组织。需要特别注意的是中方的个人不能成为中外合资经营企业的合营者。

（二）合营企业中外双方投资者共同投资、共同经营、按出资比例共担风险、共负盈亏。共同投资即中外双方合营者都要有投资，其中外方投资比例一般不少于注册资本的25%，否则，不享受合营企业的待遇。

（三）合营企业的组织形式为有限责任公司，合营各方对合营企业的责任以各自认缴的出资额为限。董事会为最高权力机关。

（四）合营企业是经中国政府批准设立的中国法人，必须遵守中华人民共和国的法律和行政法规，并受中国法律和行政法规的保护。

二、中外合资经营企业的设立

（一）设立合营企业的条件

在中国境内设立合营企业，应当能够促进中国经济的发展和科学技术水平的提高，有利于社会主义现代化建设，按照国家指导外商投资方向的规定及外商投资产业指导目录执行。申请设立合营企业有下列情况之一的，不予批准：

1. 有损中国主权的；
2. 违反中国法律的；
3. 不符合中国国民经济发展要求的；
4. 造成环境污染的；
5. 签订的协议、合同、章程显属不公平，损害合营一方权益的。

（二）审批设立合营企业的机构

依照我国有关法律和行政法规的规定，设立合营企业的审批机构是中华人民共和国商务部。当拟设立的合营企业的投资总额在国务院规定的限额之内，中国合营者的资金已经落实，并且不需要国家增拨原材料、不影响燃料、动力、交通运输、外贸出口配额等全国平衡的情况下，可由商务部委托的各省、自治区、直辖市人民政府及国务院有关行政机关审批，报商务部备案。

（三）设立合营企业的程序

1. 向企业主管部门呈报项目建议书和初步可行性研究报告，由企业主管部门核准，再报当地计划委员会协调批准。

2. 向审批机构报送正式文件。

申请设立合营企业，由中国合营者负责向审批机构报送下列正式文件：设立合营企业的申请书；合营各方共同编制的可行性研究报告；由合营各方授权代表签署的合营企业协议、合同和章程；由合营各方委派的合营企业董事长、副董事长、董事人选名单；中国合营者的企业主管部门和合营企业所在地的省、自治区、直辖市人民政府对设立该合营企业签署的意见。

这其中我们要注意区别提交的相关文件的作用：可行性研究的内容一般与初步可行性研究相同，但可行性研究必须为项目的投资提供技术、经济和商业上的具体依据，提出完整的细目分析。合营企业的其他文件是在可行性研究报告的基础上形成的。合营企业合同，是指合营各方为设立合营企业就相互权利、义务关系达成一致意见而订立的文件。合营企业章程，是按照合营企业规定的原则，经合营各方一致同意，规定合营企业的宗旨、组织原则和经营管理方法等事项的文件。合营企业协议，是指合营各方对设立合营企业的某些要点和原则达成一致意见而订立的文件。

3. 审批机构审批。

审批机关应当在收到全部文件之日起 3 个月内决定批准或者不批准。审批机关如发现报送的文件有不当之处，应当要求限期修改，否则不予批准。合营企业经批准后由审批机关发给批准证书。须经国务院商务主管部门审批批准的，由其发给批准证书；国务院授权的省级人民政府或国务院有关部门审批批准的，应当报国务院商务主管部门备案，并由国务院商务主管部门发给批准证书。

4.《合营企业法》规定："合营企业应当自收到批准证书后 1 个月内按照国家有关规定，向工商行政管理机关办理登记手续，领取营业执照，开始营业。"合营企业的营业执照签发日期，即为该合营企业的成立日期。

三、中外合资经营企业的注册资本和投资总额

（一）中外合资经营企业的注册资本

合营企业的注册资本，是指为设立合营企业在工商行政管理机关登记注册的资本，应为合营各方认缴的出资额之和。

应当注意以下问题：

1. 在合营企业的注册资本中，外国合营者的出资比例一般不应低于 25%。

2. 合营企业在合营期内，不得减少其注册资本。但因投资总额和生产经营规模等发生变化，确需减少注册资本的，须经审批机关批准。对合营企业在合营期限内增加注册资本，法律没有禁止。但是，合营企业增加注册资本应当经合营各方协商一致，并由董事会会议通过，报经原审批机关核准。合营企业增加、减少注册资本，应当修改合营企业章程，并办理变更注册资本登记手续。

3. 合营企业的一方向合营企业以外的第三者转让其全部或者部分出资的，应当经合营他方同意。合营企业出资额的转让须经董事会会议通过后，报原审批机构批准。合营企业一方转让其全部或部分出资额时，合营他方有优先购买权。

4. 合营企业的注册资本应符合《公司法》规定的有限责任公司的注册资本的最低限额；同时，应符合有关中外合资经营企业注册资本与投资总额比例的专项规定。

合营企业的投资总额，是指按照合营企业的合同、章程规定的生产规模需要投入的基本建设资金和生产流动资金的总和，由注册资本与借款构成。合营企业的借款是指为弥补投资

总额的不足，以合营企业的名义向金融机构借入的款项。合营企业的注册资本和投资总额之间应当保持正确、合理的比例关系。为了正确处理这二者之间的关系，1987 年 3 月 1 日经国务院批准，国家工商行政管理总局发布了《关于中外合资经营企业注册资本与投资总额比例的暂行规定》，明确了合营企业注册资本与投资总额的比例，其主要内容是：

(1)投资总额在 300 万(含 300 万)美元以下的，注册资本至少应占投资总额的 7/10；

(2)投资总额在 300 万美元以上至 1000 万(含 1000 万)美元的，注册资本至少应占投资总额的 1/2，其中投资总额在 420 万美元以下的，注册资本不得低于 210 万美元；

(3)投资总额在 1000 万美元以上至 3000。万(含 3000 万)美元的，注册资本至少应占投资总额的 2/5，其中投资总额在 1250 万美元以下的，注册资本不得低于 500 万美元；

(4)投资总额在 3000 万美元以上的，注册资本至少应占投资总额的 1/3，其中投资总额在 3600 万美元以下的，注册资本不得低于 1200 万美元。

合营企业如遇特殊情况不能执行此规定的，由国务院商务主管部门会同国家工商行政管理机关批准。

(二)中外合资企业的出资方式

中外合资企业的出资方式有：货币、实物、建筑物、厂房、机器设备或其他物料、工业产权、专有技术、场地使用权等作价出资。其中凡是以实物、工业产权、专有技术作价出资的，出资者应当出具所有权和处置权的有效证明。

需要注意的是：

1. 现金出资。外方投资者以现金出资时，只能以外币缴付出资，不能以人民币缴付出资。外方投资者用外币缴付出资，应当按照缴款当日中国人民银行公布的基准汇率折算成人民币或者套算成约定的外币。中方投资者用人民币缴付出资，如需折合成外币，应当按照缴款当日中国人民银行公布的基准汇率折算。

2. 实物出资。实物出资一般是以机器设备、原材料、零部件、建筑物、厂房等作为投资。中外投资者以实物出资需要作价时，其作价由中外投资各方按照公平合理的原则协商确定，或者聘请中外投资各方同意的第三者评定。

中外投资者用作投资的实物，必须为自己所有、且未设立任何担保物权，并应当出具其拥有所有权和处置权的有效证明，任何一方都不得用以企业名义取得的贷款、租赁的设备或者其他财产，以及用自己以外的他人财产作为自己的实物出资，也不得以企业或者投资他方的财产和权益为其出资担保。外方投资者用以投资的机器设备或者其他物料，还应报审查批准机关批准。此外，依照我国有关法律的规定，外方投资者以机器设备或者其他物料出资的，应符合下列条件：

(1)为企业生产所必需的；

(2)作价不得高于同类机器设备或其他物料当时的国际市场价格。

3. 场地使用权出资。在举办中外合资经营企业和中外合作经营企业时，只有中方投资者可以用场地使用权作为出资。如果未用场地使用权作为中方投资者出资的，则举办的外商投资企业应向中国政府缴纳场地使用费。

4. 工业产权、专有技术出资。根据中国有关法律规定，外方投资者出资的工业产权、专有技术必须符合下列条件之一：

(1)能显著改进现有产品的性能、质量，提高生产效率；

(2)能显著节约原材料、燃料、动力。

与此同时，中外投资者出资的工业产权或专有技术，必须是自己所有并且未设立任何担保物权的工业产权、专有技术，仅通过许可证协议方式取得的技术使用权，不得用来出资。凡是以工业产权、专有技术作价出资的，出资者应当出具拥有所有权和处置权的有效证明，并提交该工业产权或专有技术的有关资料，包括专利证书或商标注册证书的复制件、有效状况及其技术特性、实用价值、作价的计算依据、签订的作价协议等有关文件，作为合营(或合作)合同的附件。

与实物出资相同，以工业产权、专有技术作为出资的，其作价由中外投资各方按照公平合理的原则协商确定，或聘请中外投资各方同意的第三者评定。外方投资者作为出资的工业产权、专有技术，应报审查批准机关批准。

此外，《外资企业法实施细则》规定，经审批机关批准，外国投资者也可以用其从中国境内举办的其他外商投资企业获得的人民币利润出资。

合营企业的任何一方不得用以合营企业名义取得贷款、租赁的设备或者其他财产以及合营者以外的他人财产作为自己的出资，也不得以合营企业的财产和权益或者合营他方的财产和权益为其出资担保。

(三)中外合资企业的出资比例

外商投资企业的出资比例关系到企业的经营管理权控制在谁手中，一般是出资比例越大，经营管理控制权也越大，同时也涉及国家允许外资参与本国经济的程度。因此，许多国家对外国投资者的出资比例都加以限制。

在中外合资经营企业中，外国合营者的投资比例一般不得低于合营企业注册资本的25%。此外，对外国投资者的出资比例低于25%的，除法律和行政法规另有规定外，均应按照设立外商投资企业的审批登记程序进行审批和登记。通过审批的，颁发加注“外资比例低于25%”字样的外商投资企业批准证书;取得登记的，颁发在“企业类型”后加注“外资比例低于25%”字样的外商投资企业营业执照。

四、中外合资经营企业的组织形式和组织机构

我国《合营企业法》第4条明确规定:“合营企业的形式为有限责任公司。”《实施条例》第19条明确了合营各方对合营企业的责任以各自认缴的出资额为限。在合营企业中没有股东大会，最高权力机构是合营企业的董事会，合营企业的领导制度是董事会领导下的总经理负责制。

(一)董事会

董事会是合营企业的最高权力机构，根据合营企业章程的规定，讨论决定合营企业的一切重大问题。董事会由董事长、副董事长及董事组成。董事会成员不得少于3人。董事长和副董事长由合营各方协商确定或者由董事会选举产生。中外合营者的一方担任董事长的，由他方担任副董事长。董事名额的分配由合营各方参照出资比例协商确定，董事由合营各方按照分配的名额委派和撤换。董事任期4年，可以连任。

董事会会议由董事长召集，董事长不能召集时，可以由董事长委托副董事长或者其他董事召集。董事会每年至少召开一次董事会会议，经1/3以上董事提议，可以召开临时会议。董事会会议讨论的重大问题具体包括:企业发展规划、生产经营活动方案、收支预算、利润分

配、劳动工资计划、停业以及总经理、副总经理等高级管理人员的任命或聘请及其职权和待遇等。董事会会议应有2/3以上董事出席，其决议方式可以根据合营企业章程载明的议事规则做出。但涉及合营企业的下列事项，必须经出席董事会会议的董事一致通过方可做出决议：

1. 合营企业章程的修改；
2. 合营企业的终止、解散；
3. 合营企业注册资本的增加、减少；
4. 合营企业的合并、分立。

（二）经营管理机构

经营管理机构负责合营企业的日常经营管理工作。经营管理机构设总经理1人，副总经理若干人，其他高级管理人员若干人。总经理的职责主要有：

1. 执行董事会会议的各项决议；
2. 组织领导合营企业的日常经营管理工作；
3. 在董事会的授权范围内，代表合营企业对外进行各项经营业务；
4. 任免下属人员；
5. 行使董事会授予的其他职权。

五、中外合资经营企业的经营管理

（一）生产经营管理

合营企业在其合同规定和批准登记的经营范围内，享有生产经营自主权。《中外合资经营企业法》及其实施条例对合营企业的购买物资和销售产品作出了明确的规定：

1. 购买物资。合营企业所需的机器设备、原材料、燃料、配套件、运输工具和办公用品等，有权自行决定在中国市场购买或者在国际市场购买。合营企业需要在中国购置的办公、生活用品，按需要量购买，不受限制。

2. 销售产品。国家鼓励合营企业向国际市场销售产品。合营企业有权自行出口其产品，也可以委托外国合营者的销售机构或中国的外贸公司代销或经销。

（二）财务会计管理

合营企业应当建立健全财务会计管理机构，执行国家统一的财务会计制度，根据中国有关的法律和财务会计制度的规定，制定适合本企业的财务会计制度，并报当地财政、税务机关备案。合营企业应向合营各方、当地税务机关、财政机关报送季度和年度会计报表。年度会计报表应抄报原审批机关。

合营企业设总会计师，协助总经理负责企业的财务会计工作。必要时，可以设副总会计师。合营企业可以设审计师，负责审查、稽核合营企业的财务收支和会计账目，向董事会、总经理提出报告。

合营企业原则上采用人民币为记账本位币，但经合营各方商定，也可采用某一种外国货币为记账本位币。以外国货币记账的合营企业，除编制外币的会计报表外，还应另编折算人民币的会计报表。

合营企业的税后利润中可向出资人分配的利润，按照合营企业各方出资比例进行分配。合营企业以前年度尚未分配的利润，可并入本年度的可分配利润中进行分配。合营企业以前年度的亏损未弥补前不得分配利润。

合营企业的下列文件、报表、证件，应经中国注册会计师验证和出具证明，方为有效：

1. 合营各方的出资证明书（以物料、场地使用权、工业产权、专有技术作为出资的，应当包括合营各方签字同意的财产估价单及其协议文件）；

2. 合营企业的年度会计报表；

3. 合营企业清算的会计报表。

（三）劳动用工管理

合营企业在劳动用工方面享有自主权，同时也要遵守中国的法律和行政法规的规定。合营企业用工实行劳动合同制，劳动合同由合营企业同本企业的工会组织代表职工集体签订，规模较小的合营企业，也可以由合营企业同职工个人签订。劳动合同的内容一般包括：

1. 合营企业职工的雇用、解雇和辞退；

2. 生产和工作任务；

3. 工资和奖惩；

4. 工作时间和假期；

5. 劳动保险和生活福利；

6. 劳动保护；

7. 劳动纪律等事项。

合营企业职工有权建立基层工会组织，开展工会活动。合营企业董事会会议研究决定有关职工奖惩、工资制度、生活福利、劳动保护和保险等问题时，工会的代表有权列席会议，董事会应当听取工会的意见，取得工会的合作。

六、中外合资经营企业的出资额的转让

合营企业出资额的转让是指在合营企业中合营一方将其全部或部分出资额转让给合营企业另一方或第三者。

（一）合营企业出资额的转让条件

合营企业出资额的转让必须具备如下条件：

1. 合营企业出资额的转让须经合营各方同意。

2. 合营企业出资额的转让须经董事会会议通过后，报原审批机关批准。

3. 合营企业一方转让其全部或部分出资额时，合营他方有优先购买权。即合营一方向第三者转让出资额的条件，不得比向合营他方转让的条件优惠。

（二）合营企业出资额的转让程序

合营企业出资额的转让，一般分四个步骤：

1. 申请出资额转让。

2. 董事会审查决定。

3. 报告审批机关批准。

4. 办理变更登记手续。

七、中外合资经营企业的期限、解散与清算

（一）中外合资经营企业的合营期限

中外合资企业的合营期限，是指合营各方根据中国的法律、行政法规的规定和合营各方对合营企业经营目标的期望，在合营合同中对合营企业存续期间的规定。属于下列行业的在

合营合同中约定合营企业的合营期限:

1. 服务性行业的,如饭店、公寓、写字楼、娱乐、饮食、出租汽车、彩扩洗像、维修、咨询等;

2. 从事土地开发及经营房地产的;

3. 从事资源勘查开发的;

4. 国家规定限制投资项目的;

5. 国家其他法律、法规规定需要约定合营期限的。

对于属于国家规定鼓励投资和允许投资项目的合营企业,除上述行业外,合营各方可以在合同中约定合营期限,也可以不约定合营期限。

要注意对于限制类的中外合资经营项目,必须约定经营期限。对于属于国家规定鼓励投资和允许投资项目的合营企业,除上述行业外,合营各方可以在合同中约定合营期限,也可以不约定合营期限。

合营企业的合营期限,一般项目原则上为10年至30年。投资大、建设周期长、资金利润低的项目,由外国合营者提供先进技术或者关键技术生产尖端产品的项目,或者在国际上有竞争能力的产品的项目,其合营期限可以延长到50年。经国务院特别批准的可在50年以上。

合营企业约定合营期限,合营各方同意延长合营期限的,应当在距合营期满6个月前向审查批准机关提出申请。审查批准机关应当在收到申请之日起1个月内决定批准或不批准。合营企业合营各方如一致同意将合营合同中约定的合营期限条款修改为不约定合营期限的协议,应提出申请,报原审批机关审查。原审批机关应当自收到上述申请文件之日起90日内决定批准或不批准。

(二)中外合资经营企业的解散

合营企业解散的原因主要有:

1. 合营期限届满。合营企业合同或章程确定的合营期限已经到期,而投资各方又无意继续延长合营期限,则合营企业解散。

2. 合营企业发生严重亏损,无力继续经营。企业因经营管理不善或者其他原因,造成严重亏损,企业无力继续经营,则合营企业解散。

3. 合营一方不履行合营企业协议、合同、章程规定的义务,致使企业无法继续经营。

4. 因自然灾害、战争等不可抗力遭受严重损失,无法继续经营。

5. 合营企业未达到其经营目的,同时又无发展前途。

6. 合营合同、章程所规定的其他解散原因已经出现。

(三)中外合资经营企业的清算

合营企业宣告解散时,应当进行清算。除企业破产清算应当按照有关法律规定的程序进行清算外,合营企业的清算应当按照《外商投资企业清算办法》的规定成立清算委员会,由清算委员会负责清算事宜。

清算委员会的成员一般应当在合营企业的董事中选任。董事不能担任或者不适合担任清算委员会成员时,合营企业可以聘请中国的注册会计师、律师担任。审批机关认为必要时,可以派人进行监督。

清算委员会的任务主要有:

1. 对合营企业财产、债权、债务进行全面清查;

2. 编制资产负债表和财产目录,提出财产作价依据,制定清算方案;

3. 履行企业偿债义务。清算委员会制订的清算方案经董事会通过后，由清算委员会代合营企业履行偿债义务，偿债顺序按照国家有关法律和行政法规执行；

4. 清算期间，清算委员会代表该合营企业起诉或者应诉。

合营企业以其全部资产对其债务承担责任。合营企业清偿债务后的剩余财产按照合营各方的出资比例进行分配，但合营企业协议、合同、章程另有规定的除外。合营企业解散时，其资产净额或者剩余财产减除企业未分配利润、各项基金和清算费用后的余额，超过实缴资本的部分为清算所得，应当依法缴纳所得税。

合营企业的清算工作结束后，由清算委员会提出清算结束报告，提请董事会会议通过后，报告审批机关，并向登记管理机关办理注销登记手续，缴销营业执照。

第三节　中外合作经营企业法律制度

一、中外合作经营企业的概念和特征

（一）中外合作经营企业的概念

中外合作经营企业，又称契约式合营企业，是指由外国企业和其他经济组织或者个人，与中国的企业或者其他经济组织，按照平等互利的原则，依照中外合作经营企业法，以书面合同规定权利和义务，在中国境内共同举办的经济组织。

合作企业的特点，主要体现在以下几个方面：

1. 合作企业的一方为外国合作者，另一方为中国合作者。外国合作者可以是公司、企业、其他经济组织或者个人。中国合作者可以是公司、企业或者其他经济组织。

2. 合作企业合作各方的权利和义务都在签订的合同中确定，包括投资或者提供合作条件、利润或者产品的分配、风险和亏损的分担、经营管理的方式和合作企业解散时财产的归属等事项，都在合作各方签订的合同中确定。

3. 合作企业的法人资格有可选择性。合作企业可以是依法取得中国法人资格的企业，也可以是不具备法人资格的企业。具备法人资格的合作企业，为有限责任公司，以其投资或者提供的合作条件为限对合作企业承担责任；不具备法人资格的合作企业及其合作各方，依照中国民事法律的有关规定承担民事责任。

4. 合作企业中的外国合作者可以先行回收投资。合作期满后，合作企业的全部固定资产一般归中国合作者所有。

5. 合作企业的管理机构具有多样性。合作企业可以采用董事会制，也可以采用联合管理委员会制，还可以采用委托管理制，即委托中外合作者以外的他人经营管理。

（二）中外合作企业与合营企业法律制度比较

合作企业与合营企业比较，有其不同的特点：

1. 合营方式不同。合营企业属于股权式的合营，中外合营各方共同投资、共同经营、按各自的出资比例共担风险、共负盈亏；而合作企业属于契约式的合营，中外合作各方不以投资数额、股权等作为利润分配的依据，而是通过签订合同具体确定各方的权利和义务。

2. 组织形式不同。合营企业必须是依法取得中国法人资格的企业，为有限责任公司，以

其拥有的全部财产承担有限责任;而合作企业可以是依法取得中国法人资格的企业,为有限责任公司,并以其投资或者提供的合作条件为限承担有限责任,也可以是不具备中国法人资格的企业,依照中国民事法律的有关规定承担民事责任。

3. 投资回收方式不同。合营企业只有在依法解散时,外国合营者才能收回自己的资本,在合营企业存续期内,外国合营者是不能收回自己的资本的;而合作企业中的外国合作者在一定条件下可以先行回收投资。

4. 经营管理机构不同。合营企业的经营管理机构是董事会及董事会领导下的经营管理机构,董事会为最高权力机构;而合作企业的经营管理机构具有多样性,可以采取董事会制,也可以采取联合管理委员会制,还可以采用委托管理制。

5. 利润分配方式不同。合营企业是在毛利润扣除所得税和按规定提取的基金后,将净利润按各方的股权比例进行分配;而合作企业是按合同约定的方式和比例分配利润,可以采取净利润分成、产品分成或产值分成等分配方式。

二、中外合作经营企业的设立

(一)设立合作企业的条件

在中国境内设立合作企业,应当符合国家的发展政策和产业政策,遵守国家关于指导外商投资方向的规定。根据《中外合作经营企业法》的规定,国家鼓励举办的合作企业是:

1. 产品出口的生产型合作企业。这是指企业产品主要用于出口创汇的生产型合作企业。

2. 技术先进的生产型合作企业。这是指外国合作者提供先进技术,从事新产品的开发,实现产品升级换代,以增加出口创汇或者替代进口的生产型合作企业。

(二)设立合作企业的法律程序

由中国合作者向审查批准机关报送有关文件。这些文件包括:

1. 设立合作企业的项目建议书;

2. 合作各方共同编制的可行性研究报告;

3. 合作企业协议、合同、章程;

4. 合作各方的营业执照或注册登记证明、资信证明及法定代表人的有效证明文件,外国合作者是自然人的,应当提供有关身份、履历和资信情况的有效证明文件;

5. 合作各方协商确定的合作企业董事长、副董事长、董事或者联合管理委员会主任、副主任、委员的人选名单;

6. 审查批准机关要求报送的其他文件。

审查批准机关审批。审查批准机关应当自收到规定的全部文件之日起45日内决定批准或者不予批准。审查批准机关认为报送的文件不全或者有不当之处的,有权要求合作各方在指定期间内补全或修正。

批准设立的合作企业依法向工商行政管理机关申请登记,领取营业执照。

以上所称审查批准机关，是指国务院商务主管部门或者国务院授权的部门和地方人民政府。国务院商务主管部门和国务院授权的部门批准设立的合作企业，由国务院商务部门颁发批准证书；国务院授权的地方人民政府批准设立的合作企业，由有关地方人民政府颁发批准证书，并自批准之日起30日内将有关批准文件报送国务院商务主管部门备案。

三、中外合作企业的出资和收益分配

（一）中外合作企业的出资

1. 合作企业的注册资本

合作企业的注册资本，是指为设立合作企业，在工商行政管理机关登记的合作各方认缴的出资额之和。注册资本可以用人民币表示，也可以用合作各方约定的一种可自由兑换的外币表示。合作企业的注册资本在合作期限内不得减少。但因投资总额和生产经营规模等变化，确需减少的，须经审查批准机关批准。

2. 合作企业的投资总额

合作企业的投资总额，是指按照合作企业合同、章程规定的生产经营规模，需要投入的资金总和。合作企业的注册资本与投资总额的比例，参照中外合资经营企业注册资本与投资总额比例的有关规定执行。

（二）中外合作企业的收益分配

中外合作企业的收益分配，参照中外合资经营企业收益分配的有关规定执行。

四、中外合作经营企业的组织机构和经营管理

（一）合作企业的组织机构

合作企业可以申请为具有法人资格的合作企业，也可以申请为不具有法人资格的合作企业。

具有法人资格的合作企业，其组织形式为有限责任公司。除合作企业合同另有约定外，合作各方以各自认缴的出资额或者提供的合作条件为限对合作企业承担的责任。具备法人资格的合作企业，设立董事会，董事会是合作企业的权利机构，董事会成员不得少于3人。董事会董事长、副董事长的产生办法由企业章程规定。中外合作者的一方担任董事长，由他方担任副董事长。董事的任期由合作企业章程规定，但是每届任期不得超过3年，连选可以连任。

不具有法人资格的合作企业，合作各方的关系是一种合伙关系。合作各方依照中国民事法律的有关规定，承担民事责任。不具有法人资格的合作企业设立联合管理委员会，联合管理委员会是合作企业的权力机构，按照合作企业章程的规定，决定合作企业的重大问题，成员不得少于3人，其主任、副主任的产生办法由合作企业章程规定，中外合作者的一方担任主任的，由他方担任副主任。委员的任期由合作企业章程规定，但是每届任期不得超过3年，连选可以连任。

董事会会议或者联合管理委员会会议每年至少召开一次，由董事长或者主任召集并主持。董事长或者主任因特殊情况不能履行职务时，由副董事长、副主任召集并主持。1/3以上的董事或者委员可以提议召开董事会会议或者联合管理委员会会议。董事会会议或者联合管理委员会会议应当有2/3以上董事或者委员出席方能举行。董事会会议或者联合管理委员会会议做出决议，须经全体董事或者委员过半数通过。但对于合作企业的特殊决议，即章程

的修改、注册资本的增减、资产抵押以及合作企业的合并、分立、解散等事项，应由出席董事会会议或者联合管理委员会会议的董事或者委员一致通过。

（二）合作企业的经营管理

合作企业的经营管理活动，根据批准的合作企业合同、章程进行，其经营管理自主权不受干涉，并依法受到保护。合作企业的经营管理与合营企业基本相同。

合作企业成立后，改为委托合作各方以外的他人经营管理的，必须经董事会或者联合管理委员会一致同意，报审查批准机关批准，并向工商行政管理机关办理变更登记手续。

五、中外合作经营企业的期限、解散和清算

（一）中外合作经营企业的期限

合作企业的期限由中外合作者协商确定，并在合作企业合同中订明。合作企业期限届满，合作各方协商同意要求延长合作期限的，应当在期限届满的180日前向审查批准机关提出申请，说明原合作企业合同执行情况，延长合作期限的原因，同时报送合作各方就延长的期限内各方的权利、义务等事项所达成的协议。审查批准机关应当自接到申请之日起30日内，决定批准或者不批准。经批准延长合作期限的，合作企业凭批准文件向工商行政管理机关办理变更登记手续，延长的期限从期限届满后的第一天起计算。

合作企业合同约定外国合作者先行回收投资，并且投资已经回收完毕的，合作企业期限届满不再延长。但是，外国合作者增加投资的，经合作各方协商同意，可以向审查批准机关申请延长合作期限。

（二）中外合作经营企业的解散

根据《中外合作经营企业法》及其实施细则的规定，合作企业解散的原因主要有以下几项：

1. 合作期限届满；

2. 合作企业发生严重亏损，或者因不可抗力遭受严重损失，无力继续经营；

3. 中外合作者一方或者数方不履行合作企业合同、章程规定的义务，致使合作企业无法继续经营；

4. 合作企业合同、章程中规定的其他解散原因已经出现；

5. 合作企业违反法律、行政法规，被依法责令关闭。

上述第2项、第4项所列情形发生，应当由合作企业的董事会或者联合管理委员会作出决定，报审查批准机关批准。在上述第3项所列情形下，不履行合作企业合同、章程规定的义务的中外合作者一方或者数方，应当对履行合同的他方因此遭受的损失承担赔偿责任。履行合同的一方或者数方有权向审查批准机关提出申请，解散合作企业。

（三）中外合作经营企业的清算

《中外合作经营企业法》第二十三条规定："合作企业期满或者提前终止时，应当依照法定程序对资产和债权、债务进行清算。中外合作者应当依照合作企业合同的约定确定合作企业财产的归属。"也就是说，合作企业的清算事宜，应依照国家有关法律、行政法规及合作企业合同、章程的规定办理。

第四节 外资企业法律制度

一、外资企业的概念和特征

外资企业是指依照中国有关法律在中国境内设立的全部资本由外国投资者投资的企业，不包括外国的企业和其他经济组织在中国境内的分支机构。

外资企业的主要特征是：

（一）它的全部资本是由外国投资者投资的，并且是由外国投资者经营的；

（二）外资企业是依照中国的法律规定在中国境内设立的企业法人；

（三）外资企业不包括外国企业和其他经济组织在中国境内的分支机构；

（四）外资企业是一个独立的经济实体，独立核算、自负盈亏，独自承担法律责任。

二、设立外资企业的条件和法律程序

（一）设立外资企业的条件

1. 采用先进技术和设备，从事新产品开发，节约能源和原材料，实现产品升级换代，可以替代进口的。

2. 年出口产品的产值达到当年全部产品产值50%以上，实现外汇收支平衡或有余的。

禁止设立外资企业的行业包括：新闻、出版、广播、电视、电影、国内商业、对外贸易、保险、邮电通信；中国政府规定的禁止设立外资企业的其他行业。

限制设立外资企业的行业包括：公用事业、交通运输、房地产、信托投资、租赁。

（二）设立外资企业的法律程序

根据《外资企业法》及其实施细则的规定，设立外资企业的法律程序一般有申请、审批和登记三个阶段。但在申请之前，须经企业所在地县级或者县级以上人民政府签署意见。设立外资企业的具体步骤是：

1. 外国投资者向拟设外资企业所在地的县级或者县级以上人民政府提交报告。报告的内容包括：设立外资企业的宗旨；经营范围、规模；生产的产品；使用的技术设备；用地面积及要求；需要的能源条件和数量；对公共设施的要求等。收到报告的人民政府应自收到之日起30日内以书面形式答复外国投资者。

2. 外国投资者通过外资企业所在地的县级或者县级以上人民政府向审批机关提出申请，并报送下列文件：设立外资企业申请书；可行性研究报告；外资企业章程；外资企业法定代表人名单；外国投资者的法律证明文件和资信证明文件；拟设立外资企业所在地的县级或者县级以上人民政府的书面答复；需要进口的物资清单等。

3. 审批机关（国务院对商务主管部门及国务院授权的省级人民政府和计划单列市、经济特区人民政府）在收到申请文件之日起90日内决定批准或者不批准。

4. 外国投资者在收到批准证书之日起30日内向工商行政管理机关申请登记，领取营业执照。外资企业的营业执照签发之日为该企业成立日期。外国投资者在收到批准证书之日起满30日未向工商行政管理机关申请登记的，外资企业批准证书自动失效。外资企业在企业成立之日起30日内向税务机关办理税务登记。

外资企业的分立、合并或者由于其他原因导致资本发生重大变化，须经审批机关批准，并应聘请中国的注册会计师验证和出具验资报告；经审批机关批准后，向工商行政管理机关办理变更登记手续。

三、外资企业的组织机构和经营管理

（一）外资企业的组织机构

根据《外资企业法》及其实施细则的规定，外资企业的组织形式为有限责任公司，经批准也可以为其他责任形式。外资企业为有限责任公司的，外国投资者以其认缴的出资额为限对企业承担责任；外资企业为其他责任形式的，外国投资者对企业的责任适用中国法律和法规的规定。

外资企业的组织机构可以由外国投资者根据企业不同的经营内容、经营规模、经营方式，本着精简、高效率、科学合理的原则自行设置，中国政府不加干涉。外资企业应根据其组织形式设立董事会。外资企业设立的董事会应推选出董事长。董事长是企业的法定代表人，须向中国政府申报备案。

（二）外资企业的经营管理

1. 生产经营管理。外资企业在制订生产经营计划、购买物资、销售产品等方面享有与中外合资经营企业大致相同的自主权。

2. 劳动管理。外资业在中国境内雇用职工，应当依照中国的法律、行政法规签订劳动合同。劳动合同应明确雇用、辞退、报酬、福利、劳动保护、劳动保险等事项。外资企业不得雇用童工。外资企业应负责职工的业务、技术培训，建立考核制度，使职工在生产、管理技能方面能够适应企业的生产与发展的需要。外资企业的职工有权建立工会组织，开展工会活动。外资企业研究决定有关职工奖惩、工资制度、生活福利、劳动保护和保险问题时，工会代表有权列席会议。外资企业应当听取工会的意见，与工会充分合作。外资企业应当每月按照企业职工实发工资总额的2%拨交工会经费，由本企业工会依照有关工会经费管理办法使用。

3. 财务会计管理。外资企业应当执行国家统一的财务会计制度，并根据中国有关法律和财务会计制度的规定，制定适合本企业的财务会计制度，报当地财政、税务机关备案。外资企业的自制会计凭证、会计账簿和会计报表，应当用中文书写；用外文书写的，应当加注中文。

外资企业依照中国税法规定缴纳所得税后的利润，应当提取储备基金和职工奖励及福利基金。储备基金的提取比例不得低于税后利润的10%，当累计提取金额达到注册资本的50%时，可以不再提取。职工奖励及福利基金的提取比例由外资企业自行确定。外资企业以往会计年度的亏损未弥补前，不得分配利润；以往会计年度未分配的利润，可与本会计年度可供分配的利润一并分配。

外资企业的年度会计报表和清算会计报表，应当依照中国财政、税务机关的规定编制。以外币编报会计报表的，应当同时编报外币折合为人民币的会计报表。外资企业的年度会计报表和清算会计报表，应当聘请中国的注册会计师进行验证并出具报告。外资企业的年度会计报表和清算会计报表，连同中国的注册会计师出具的报告，应当在规定的时间内报送财政、税务机关，并报审批机关和工商行政管理机关备案。

四、外资企业的期限、终止和清算

（一）外资企业的期限

根据《外资企业法》及其实施细则的规定，外资企业的经营期限，根据不同行业和企业的具体情况，由外国投资者在设立外资企业的申请书中拟订，经审批机关批准。外资企业的经营期限，从其营业执照签发之日起计算。

外资企业经营期满需要延长经营期限的，应当在距经营期满180日前向审批机关报送延长经营期限的申请书。审批机关应当在收到申请书之日起30日内决定批准或者不批准。外资企业经批准延长经营期限的，应当自收到批准延长期限文件之日起30日内，向工商行政管理机关办理变更登记手续。

（二）外资企业的终止

根据《外资企业法》及其实施细则的规定，外资企业有下列情形之一的，应予终止：

1. 经营期限届满；

2. 经营不善，严重亏损，外国投资者决定解散；

3. 因自然灾害、战争等不可抗力而遭受严重损失，无法继续经营；

4. 破产；

5. 违反中国法律、法规，危害社会公共利益被依法撤销；

6. 外资企业章程规定的其他解散的事由已经出现。

外资企业如存在上述第2项、第3项、第4项所列情形，应当自行提交终止申请书，报审批机关核准，审批机关作出核准的日期为企业的终止日期。

（三）外资企业的清算

外资企业宣告终止时，应当进行清算。除企业破产或者撤销清算，应当按照中国有关法律规定进行清算外，外资企业的清算应由外资企业提出清算程序、原则和清算委员会人选，报审批机关审核后进行清算。清算委员会应当由外资企业的法定代表人、债权人代表以及有关主管机关的代表组成，并聘请中国的注册会计师、律师等参加。

外资企业清算结束，其资产净额和剩余财产超过注册资本的部分视同利润，应当依照中国税法缴纳所得税。同时，应当向工商行政管理机关办理注销登记手续，缴销营业执照。

基本训练

一、单项选择题

1. 根据有关规定，中外合资经营企业的外国投资者出资比例低于注册资本25%的，下列表述中，正确的是（　　）。

A. 外国投资者应当自营业执照签发之日起3个月内一次缴清出资

B. 该企业的设立不需要经过外商投资企业审批机关审批

C. 该企业不得享受合营企业的优惠待遇

D. 该企业不能取得法人资格

2. 外商投资企业是吸引外国（　　）投资举办的企业。

A. 私人　　B. 政府　　C. 个人　　D. 法人

3. 国内企业甲与外国投资者乙共同投资举办中外合资经营企业丙，其中甲出资60%，乙出资40%；投资总额为400万美元。根据中外合资经营企业法律制度的规定，下列有关甲乙出资额的表述中，正确的是（　　）。

A. 甲至少应出资240万美元，乙至少应出资160万美元

B. 甲至少应出资126万美元，乙至少应出资84万美元

C. 甲至少应出资120万美元，乙至少应出资112万美元

D. 甲至少应出资168万美元，乙至少应出资112万美元

4. 外国投资者的下列出资方式中，不符合中外合资经营企业法律制度有关规定的是(　　)。

A. 以机器设备出资　　B. 以工业产权出资

C. 以已作质物的专利出资　　D. 以外币出资

5. 中外合作企业修改章程，必须由(　　)，方可作出决议。

A. 出席董事会会议的董事一致通过　　B. 董事会全体董事一致通过

C. 2/3的董事通过　　D. 1/3的董事通过

6. 外商投资企业中，下列各项出资方式中只能由中方投资的是(　　)。

A. 工业产权　　B. 实物　　C. 技术和设备　　D. 场地使用权

7. 某中外合资经营企业的投资总额为1200万美元，根据中外合资经营企业法律规定，该中外合资经营企业的注册资本不得低于(　　)万美元。

A. 500　　B. 480　　C. 450　　D. 400

8. 某中外合资经营企业董事会有9名董事，出席董事会会议的董事人数符合法定要求的是(　　)。

A. 3名　　B. 4名　　C. 5名　　D. 7名

9. 某中外合资经营企业的投资总额为410万美元，在其注册资本中，中方认缴的出资额为105万美元。根据外商投资企业法律制度的规定，外方认缴的出资额至少为(　　)万美元。

A. 50　　B. 100　　C. 110　　D. 105

10. 按照我国有关法律规定，有些外商投资企业的组织形式可以为有限责任公司，经批准也可以为其他责任形式。下列各项中，其组织形式只能为有限责任公司的外商投资企业是(　　)。

A. 中外合资经营企业　　B. 中外合作经管企业

C. 外资企业　　D. 外资企业在中国境内的分支机构

二、多项选择题

1. 根据指导外商投资方向的有关规定，下列各项中，属于国家限制类外商投资项目的有(　　)。

A. 运用我国特有工艺生产产品的项目　　B. 不利于节约资源的项目

C. 技术水平落后的项目　　D. 不利于改善生态环境的项目

2. 根据《指导外商投资方向规定》的规定，下列选项中，属于限制类外商投资项目的有(　　)。

A. 能源、重要原材料工业项目

B. 不利于节约资源和改善生态环境的项目

C. 从事国家规定实行保护性开采的特种矿种勘探的项目

D. 运用我国特有工艺生产产品的项目

3. 根据《中外合资经营企业法》的规定，下列关于中外合资经营企业董事会的表述中，正确的有(　　)。

A. 董事会是合营企业的最高权力机构

B. 董事会每半年至少召开一次会议

C. 董事会会议应有2/3以上董事出席才能召开

D. 合营企业资产抵押事项的决议，须经出席董事会会议的董事一致通过

4. 甲公司为依公司法设立的有限责任公司，乙公司为依中外合资经营企业法设立的有限责任公司。下列有关甲、乙两公司区别的表述中，正确的有(　　)。

A. 甲公司的最高权力机构为股东会，而乙公司的最高权力机构为董事会

B. 甲公司的股东可以约定不按出资比例分配利润，而乙公司的股东必须按照出资比例分配利润

C. 甲公司成立时的股东实际缴付的出资额不得低于注册资本的20%，而乙公司成立时的股东实际缴付的出资额没有最低限额

D. 甲公司对修改公司章程事项作出决议须经代表2/3以上表决权的股东通过，而乙公司对修改公司章程事项作出决议须经出席董事会会议的董事一致通过

5. 在中外合资经营企业中，中外双方均可选择使用的出资方式有(　　)。

A. 原材料与设备　　B. 商标使用权　　C. 非专利技术　　D. 场地使用权

6. 根据外商投资企业法律制度的规定，中外合作经营企业发生的下列事项中，应由董事会(或者联合管理委员会)出席会议的董事(或者委员)一致通过的有(　　)。

A. 企业章程的修改　　B. 资产抵押　　C. 注册资本的增减　　D. 企业的合并

7. 日本的两家公司计划在北京合资经营食品加工企业，其合营企业可以采取(　　)的组织形式。

A. 有限责任公司　　B. 联营公司

C. 合资企业　　D. 经过批准可以采取其他责任形式

8. 根据中外合资经营企业法律制度的规定，下列选项中，属于中外合资经营企业合营一方转让出资额必须符合的条件有(　　)。

A. 通知合营各方　　B. 经合营各方同意

C. 经董事会会议通过　　D. 经原审批机构批准

9. 根据规定合营企业下列事项中，必须经出席董事会的董事一致通过的是(　　)。

A. 合营企业的章程修改　　B. 注册资本的增加

C. 利润的分配　　D. 合营企业的合并或分立

10. 根据中外合资经营企业法律制度的规定，下列有关合营企业董事长产生方式的表述中，正确的有(　　)。

A. 合营企业的董事长既可以由中方担任，也可以由外方担任

B. 合营企业的董事长必须由出资最多的一方担任

C. 合营企业的董事长由合营各方协商确定或者由董事会选举产生

D. 合营企业的董事长由一方担任的，副董事长必须由他方担任

三、判断题

1. 中外合资经营企业增加注册资本，应当经合营各方协商一致，董事会会议通过后，向原登记管理机关办理注册资本的变更登记手续即可。(　　)

2. 中外合资经营企业的投资总额在300万美元以下的，注册资本至少应有150万美元。(　　)

3. 中外合资经营企业召开董事会，董事不能出席时，只能书面委托其他董事，不能委托非董事代表其出席并表决。(　)

4. 注册资本为1000万美元的中外合作经营企业，其外国合作者的投资一般不得低于250万美元。(　)

5. 中外合作者选择以有限责任公司形式设立中外合作经营企业的，应当按照合作各方的出资比例进行利润分配。(　)

四、简答题

根据有关法律制度的规定，中外合资经营企业与中外合作经营企业在组织形式、投资回收、收益分配方面各有哪些区别？

■ 情境四　公司法

学习目标

	能力目标	知识目标
容易	能够对公司及公司法有基本的认知	了解公司的概念、特征和分类
容易	能够分析有限责任公司和股份有限公司的异同	了解有限责任公司和股份有限公司的区别
适中	能够进行公司的登记设立	熟悉公司设立的程序
适中	能够进行一人有限责任公司的设立	熟悉一人有限责任公司的设立条件
较难	对有限责任公司的设立和组织机构应当具备的条件，能够在实践中运用	掌握有限责任公司的设立和组织机构
较难	对股份有限公司的设立和组织机构应当具备的条件，能够在实践中运用	掌握股份有限公司的设立和组织机构
较难	能够正确分析股份有限公司的股份发行和转让中存在的问题	掌握股份有限公司的股份发行和转让

能力训练项目

公司设立、经营中的法律问题

甲、乙、丙三个公司设立A灯具有限责任公司（以下简称“A公司”），拟定的注册资本为100万元，甲公司以货币出资10万元，以机器设备出资20万元，乙公司以货币出资10万元，以专利权出资 35 万元，丙公司以厂房出资 25 万元，但在公司登记时，工商行政管理机关有关人员指出股东出资不符合法律规定，经过更正后公司得以成立。该公司 2012 年发生如下事项：

(1)公司董事会通过如下决议:①根据公司产品市场营销业务发展的需要，决定增设市场开发部，并根据总经理 A 的提名聘任 B 为市场开发部经理;②根据总经理 A 的提名，解聘财务负责人 C 的职务，聘任监事 D 兼任财务负责人；

(2)王某为公司董事会的董事，A 公司生产的灯具价廉物美，行销市场，在本市的灯具市场占有半壁江山。2012 年 A 公司的灯具产品发生严重滞销，销售额持续下降。经调查，发现王某于 2008 年与几个朋友合资投资设立 B 照明器具有限责任公司(以下简称“B 公司”)，王某在 B 公司任常务副总经理，具体负责 B 公司的生产经营。由于 B 公司生产的灯具在用料、款式、功能方面与 A 公司生产的灯具相差无几，挤占 A 公司的一部分市场份额。于是，A 公司董事会作出如下决议:(1)要求王某将从 B 公司所得收入归 A 公司所有;(2)撤销王某 A 公司董事的职务，增补张某为 A 公司的董事。

(3)2012 年 5 月，经检查，发现 A 公司出资时甲企业出资的机器设备价值显著低于公司章程所定价额，但经过股东会的决议，将甲企业补足出资的义务免除。

(4)2012 年 6 月，A 公司因业务发展需要，依法成立了上海分公司。上海分公司在经营中违反了合同约定而被诉至法院，对方要求 A 公司承担违约责任。

能力训练步骤

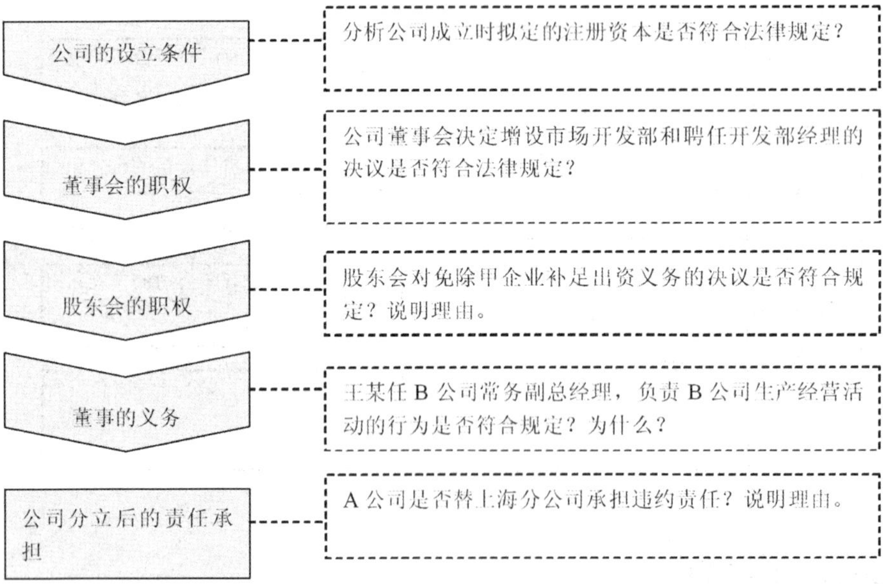

第一节　公司法的认知

一、公司的概念和特征

（一）公司的概念

公司是依照法定条件和程序设立的、以营利为目的的企业法人。我国《公司法》所指的公司为有限责任公司和股份有限公司，一人有限责任公司和国有独资公司是有限责任公司的两种特殊形式。

（二）公司的特征

《公司法》规定了公司的法律地位，即公司是企业法人。

1. 公司有自己独立的财产

独立财产是指公司作为一个以营利为目的的法人，必须有其可控制、可支配的财产，以从事经营活动。公司的原始财产由股东出资构成，股东一经履行了出资义务，其出资标的的所有权即属于公司，构成公司的财产，公司对其享有“法人财产权”，股东则对公司享有“股权”。公司的财产与股东个人的财产相分离。

2. 公司以其财产独立承担责任

公司的债务为公司本身的债务，由公司自己承担，公司的债权人必须 向公司请求履行，而不能向股东请求履行;公司股东仅以其出资额所认购的股份对公司的债务承担责任，此外，对公司的债务不承担任何责任。

3. 公司是一个组织体

公司作为组织体，主要体现为:公司有自己的名称;有自己的住所和经营场所;有符合法律规定的组织机构;有一定的生产经营条件与从业人员;有健全的财务会计制度。

4. 公司以营利为目的，具有营利性

公司以营利为目的，是指设立公司的目的及公司的运作，都是为了谋求经济利益。公司只有以营利为目的，实现公司利益最大化才能实现股东设立公司的目的。公司的营利性是公司区别于非营利性法人组织的重要特征。

5. 公司必须依法设立

依法设立是指设立公司应当依法向公司登记机关申请设立登记。法律、行政法规规定设立公司必须报经批准的，应当在公司登记前依法办理批准手续。依法设立的公司，由公司登记机关发给公司营业执照。公司营业执照签发日为公司成立日期。

二、公司的分类

公司依其不同的标准，可有不同的分类。从各国公司法的规定看，公司通常可作以下分类:

（一）根据公司股东责任的不同，可将公司分为无限公司、有限责任公司、股份有限公司、两合公司、股份两合公司

1. 无限公司，是指由两个以上的股东出资组成，所有股东对公司的债务负无限连带责任的公司。

2. 有限责任公司，是指由股东出资组成，每个股东以其认缴的出资额对公司债务承担有

限责任，公司以其全部资产对其债务承担责任的公司。

3. 股份有限公司，是指由一定人数以上的股东组成，资本分为等额股份，股东以其所持股份对公司承担有限责任，公司以其全部资产对公司债务承担责任的公司。

4. 两合公司，是指公司股东由两种责任形式的股东组成，其中一部分股东以其出资额为限承担有限责任，另一部分股东承担无限连带责任的公司。

5. 股份两合公司，是由股份公司与两合公司结合组成的公司。

有限责任公司与股份有限公司是我国《公司法》规定的公司的主要形式。

（二）根据公司的信用基础不同，可将公司分为人合公司、资合公司及人合兼资合公司人合公司是指公司的信用主要依赖于股东个人信用状况的公司。无限公司是最典型的人合公司。

1. 资合公司是指公司的信用基础在于公司资本的公司。资合公司的典型形式是股份有限公司和有限责任公司。

2. 人合兼资合公司是指公司信用以股东个人及公司资本为基础的公司。其典型形式是两合公司和股份两合公司。

（三）根据公司内部的管辖系统，可将公司分为本公司与分公司

1. 本公司又称为总公司，是指依法设立的具有法人资格的公司本身。依《企业名称登记管理条例》的规定，只有具有三个以上的分支机构的公司，才可以在名称中使用“总”字。

2. 分公司，是指公司在公司住所地以外设立的从事生产经营活动的分支机构。分公司为总公司的分支机构，可以独立进行经营活动，但不具有独立的主体资格，不能独立地承担民事责任。分公司的经营后果由总公司承担。

（四）根据两个公司间的控制关系，可将公司分为母公司与子公司

1. 母公司，是指在两个公司的关系中对于其他公司能够控制、支配的公司。子公司，是指与母公司相对应的、受母公司控制的公司。

2. 母公司与子公司都为独立的法人，各自有自己的名称、章程、组织机构，独立地对外进行经营活动。母公司可以有若干个子公司。

三、公司法的概念与适用范围

（一）公司法的概念与特征

公司法是规范公司的设立、组织、经营、解散以及对内对外关系的法律规范的总称，它是我国法律体系中的重要组成部分，是规范市场主体的重要法律。

公司法的特征表现为：

1. 公司法是组织法

公司法规定公司的设立条件、设立程序、公司的组织机构以及公司组织变更、消灭的条件和程序。通过这些规定，着重调整投资人与公司的关系、公司与其内部成员的关系、公司领导成员的权利义务关系以及公司在设立、变更和终止过程中与其他人及有关单位的关系，体现出组织法的特征。

2. 公司法是行为法

公司法是规定公司的行为活动的法律。公司作为一种企业组织形式，是要开展生产经营活动的。公司法对其生产经营活动的基本方面作出了规定，如规定公司股票的发行和交易、

债券的发行和转让、财务会计事项、利润分配等。

《中华人民共和国公司法》(以下简称《公司法》)，于1993年12月29日第八届全国人民代表大会常务委员会第五次会议通过、自1994年7月1日起施行，1999年12月25日第九届全国人民代表大会常务委员会第十三次会议第一次修正，2004年8月28日第十届全国人民代表大会常务委员会第十一次会议第二次修正，2005年10月27日第十届全国人民代表大会常务委员会第十八次会议修订并公布，自2006年1月1日起施行。2013年12月28日，第十二届全国人民代表大会常务委员会第六次会议审议并通过了公司法修正案草案，修正案自2014年3月1日起施行。

(二)公司法的适用范围

《公司法》的适用范围是在中国境内设立的有限责任公司和股份有限公司，而不适用于其他类型的公司。

这一规定表明，只有在中国境内设立、进行注册登记的有限责任公司和股份有限公司才属于本法调整的公司。凡在外国设立并注册登记的公司不属于本法所称的公司，即本法所调整的对象不包括在中国境外设立的公司。

第二节　公司的一般规定

一、公司的设立

(一)公司设立的含义

公司设立是指公司设立人依照法定的条件和程序，为组建公司并取得法人资格而必须采取和完成的法律行为。

(二)公司设立登记

公司设立应当向公司登记机关提出申请，办理登记。在我国，公司登记机关为工商管理机关。

1. 公司名称预先核准

设立公司应当申请名称预先核准。

设立有限责任公司，应当由全体股东指定的代表或者共同委托的代理人向公司登记机关申请名称预先核准；设立股份有限公司，应当由全体发起人指定的代表或者共同委托的代理人向公司登记机关申请名称预先核准。申请名称预先核准，应当提交下列文件：(1)有限责任公司的全体股东或股份有限公司的全体发起人签署的公司名称预先核准申请书；(2)全体股东或发起人指定代表或共同委托代理人的证明；(3)国家工商行政管理总局规定要求提供的其他文件。

预先核准的公司名称保留期为6个月。预先核准的公司名称在保留期内不得用于从事经营活动，不得转让。

一个公司只能有一个名称。在同一公司登记机关的辖区内，同一行业的公司不允许有相同或类似的名称。公司的名称一般依次由以下四个部分组成：行政区划、商号(字号)、行业、组织形式。有限责任公司，必须在公司名称中标明“有限责任公司”或“有限公司”字样。股份有限公司，必须在公司名称中标明“股份有限公司”或“股份公司”的字样。

2. 公司设立登记程序

设立有限责任公司，应当由全体股东指定的代表或共同委托的代理人向公司登记机关申请设立登记。设立国有独资公司，应当由国务院或地方人民政府授权的本级人民政府国有资产监督管理机构作为申请人，申请设立登记。法律、行政法规或国务院的决定规定设立有限责任公司必须报经批准的，应当自批准之日起90日内向公司登记机关申请设立登记；逾期申请设立登记的，申请人应当报批准机关确认原批准文件的效力或另行报批。

设立股份有限公司，应当由董事会向公司登记机关申请设立登记。以募集方式设立股份有限公司的，应当于创立大会结束后30日内向公司登记机关申请设立登记。

以募集方式设立股份有限公司的，还应当提交创立大会的会议记录；以募集方式设立股份有限公司公开发行股票的，还应当提交国务院证券监督管理机构的核准文件。

二、公司的章程

（一）公司章程的概念与特点

公司章程是公司必备的，规定其名称、宗旨、资本、组织机构等对内对外事务的基本法律文件。设立公司必须依法制定公司章程。

公司章程由公司依法自行制定，由公司自己执行，其效力仅及于公司、股东、董事、监事、高级管理人员，不具有普遍约束力；公司章程具有“公开性”（主要对股份有限公司而言），公司章程的内容要对投资人以及包括债权人在内的一般社会公众公开。

（二）公司章程的订立与变更

公司章程的订立通常有两种方式：一是部分订立，是指由股东或发起人中的部分成员负责起草、制定公司章程，再经其他股东或发起人签字同意的制定方式。二是共同订立，是指由全体股东或发起人共同起草、协商制定公司章程，否则，公司章程不得生效。

公司章程必须采取书面形式，经全体股东或发起人同意并在章程上签名盖章，才能生效。公司章程的变更是指对已经生效的公司章程的修改，变更程序如下：首先，由董事会提出修改公司章程的提议；其次，将该提议通知其他股东；再次，由股东会表决通过。章程变更后，董事会应向公司行政管理机关申请变更登记。公司章程的订立或变更并非以工商登记为生效要件，而为对抗要件。

三、公司债券

公司债券是指公司依照法定条件和程序发行的，约定在一定期限还本付息的有价证券。

（一）公司债券的主要种类

1. 记名债券和无记名债券

这是以是否在公司债券上记载公司债券持有人的姓名或名称为标准划分的。

2. 可转换公司债券和非转换公司债券

这是以公司债券能否转换成股票为标准划分的。上市公司经股东大会决议可以发行可转换为股票的公司债券，并在公司债券募集办法中规定具体的转换办法。上市公司发行可转换为股票的公司债券，应当报国务院证券监督管理机构核准。发行可转换公司债券，应当在债券上标明可转换公司债券字样，并在公司债券存根簿上载明可转换公司债券的数额。发行可转换为股票的公司债券的，公司应当按照其转换办法向债券持有人换发股票，但债券持有人对转换股票或者不转换股票有选择权。

（二）公司债券的发行

1. 公司债券发行的资格

根据《公司法》规定，公司债券的发行人包括：股份有限公司、国有独资公司和两个以上的固有企业或两个以上的国有投资主体投资设立的有限责任公司。除此之外的其他企业、有限责任公司等，均不得发行公司债券。

2. 公司债券发行的条件

根据《公司法》的规定，发行公司债券必须符合下列条件：

（1）股份有限公司的净资产额不低于人民币 3 000 万元，有限责任公司的净资产额不低于人民币 6000 万元；

（2）累计债券总额不超过公司净资产额的 40%，累计债券总额是指公司已发行在外的尚未到期的债券与申请发行的债券总和；

（3）最近 3 年平均可分配利润足以支付公司债券一年的利息；

（4）筹集资金的技向符合国家产业政策；

（5）债券的利率不超过国务院限定的利率水平；

（6）国务院规定的其他条件。

有下列情形之一的，不得再次公开发行公司债券：（1）前一次公开发行的公司债券尚未募足；（2）对已经公开发行的公司债券或者其他债券有违约或者延迟支付本息的事实仍处于继续状态；（3）违反本法规定，改变公开发行公司债券所募资金的用途。

3. 公司债券发行的程序

依照我国《公司法》和《证券法》的相关规定，公司发行公司债券应按下列程序进行：

（1）作出决议或决定。股份有限公司、有限责任公司发行公司债券，要由董事会制定发行公司债券的方案，提交股东大会或者股东会审议作出决议。国有独资公司发行公司债券，由国家授权投资的机构或者国家授权的部门作出决定。

（2）提出申请。公司应当向国务院证券管理部门提出发行公司债券的申请，并提交相关文件。

（3）经主管部门审核。国务院证券管理部门对公司提交的发行公司债券的申请进行审查，对符合《公司法》规定的，予以核准；对不符合规定的不予核准。

（4）与证券商签订承销协议。

（5）公告公司债券发行办法。发行公司债券的申请得到核准后，应当公告公司债券的募集办法。

（6）认购公司债券。社会公众认购公司债券的行为称为应募，应募的方式可以是先填写应募书，而后履行按期缴清付款的义务，也可以是当场以现金支付购买。当认购人缴足价款时，发行人负有在收款收乞时交付公司债券的义务。

（三）公司债券的转让

公司债券可以转让，转让价格由转让人与受让人约定。公司债券在证券交易所上市交易的，按照证券交易所的交易规则转让。记名公司债券，由债券持有人以背书方式或者法律、行政法规规定的其他方式转让；转让后由公司将受让人的姓名或者名称及住所记载于公司债券存根簿。无记名公司债券的转让，由债券持有人将该债券交付给受让人后即发生转让的效力。

第三节　有限责任公司

有限责任公司是指股东以其认缴的出资额为限对公司承担责任，公司以其全部资产对公司债务承担责任的企业法人。公司本质上属于社团法人，一般要求投资者为两人以上，但《公司法》特别规定了投资者为单一主体的一人有限责任公司。

一、有限责任公司的设立

公司设立是指设立人依照法定的条件和程序，为组建公司并取得法人资格而必须采取和完成的法律行为。

（一）有限责任公司设立的条件

1. 股东符合法定人数

有限责任公司由 50 个以下股东出资设立。股东可以是自然人、法人或其他经济组织。

2. 股东出资达到法定资本最低限额

（1）有符合公司章程规定的全体股东认缴的出资额；有限责任公司的注册资本为在公司登记机关登记的全体股东认缴的出资额。法律、行政法规以及国务院决定对有限责任公司注册资本实缴、注册资本最低限额另有规定的，从其规定。

（2）出资方式必须符合法律规定：股东可以用货币出资，也可以用实物、知识产权、土地使用权等可以用货币估价并可以依法转让的非货币财产作价出资；但是，法律、行政法规规定不得作为出资的财产除外。对作为出资的非货币财产应当评估作价，核实财产，不得高估或者低估作价。法律、行政法规对评估作价有规定的，从其规定。全体股东的货币出资金额得低于有限责任公司注册资本的 30%。

3. 股东共同制定公司章程

4. 有公司名称，建立符合有限责任公司要求的组织机构

5. 有公司住所

（二）有限责任公司设立过程中的法律责任

1. 股东应当按期足额缴纳公司章程中规定的各自所认缴的出资额。股东以货币出资的，应当将货币出资足额存入有限责任公司在银行开设的账户；以非货币财产出资的，应当依法办理其财产权的转移手续。股东不按照前款规定缴纳出资的，除应当向公司足额缴纳外，还应当向已按期足额缴纳出资的股东承担违约责任。

2. 有限责任公司成立后，发现作为设立公司出资的非货币财产的实际价额显著低于公司章程所定价额的，应当由交付该出资的股东补足其差额；公司设立时的其他股东承担连带责任。

案例分析：

陈家三兄弟共同出资设立一有限责任公司，其中老大以房产出资50万，公司成立后又吸收孙某入股。后查明，老大作为出资的房产仅值30万元，且老大现有可执行的个人财产只有10万，依据公司法应如何处理？

（三）股权的取得和证明

1. 取得

股东出资即取得股权，其出资的资金来源不影响股权的取得。

2. 证明

有限责任公司成立后，应当向股东签发出资证明书。

应当载明下列事项：公司名称；公司成立日期；公司注册资本；股东的姓名或者名称，缴纳的出资额和出资日期；出资证明书的编号和核发日期。出资证明书由公司盖章。

有限责任公司应当置备股东名册，记载下列事项：股东的姓名或者名称及住所；股东的出资额；出资证明书编号。记载于股东名册的股东，可以依股东名册主张行使股东权利。公司应当将股东的姓名或者名称向公司登记机关登记；登记事项发生变更的，应当办理变更登记；未经登记或者变更登记的，不得对抗第三人。

（四）股东的基本权利

1. 知情权

股东有权查阅、复制公司章程、股东会会议记录、董事会会议决议、监事会会议决议和财务会计报告。股东可以要求查阅公司会计账簿。股东要求查阅公司会计账簿的，应当向公司提出书面请求，说明目的。公司有合理根据认为股东查阅会计账簿有不正当目的，可能损害公司合法利益的，可以拒绝提供查阅，并应当自股东提出书面请求之日起十五日内书面答复股东并说明理由。公司拒绝提供查阅的，股东可以请求人民法院要求公司提供查阅。

2. 获取收益权和优先认缴出资权

股东按照实缴的出资比例分取红利；公司新增资本时，股东有权优先按照实缴的出资比例认缴出资。但是，全体股东约定不按照出资比例分取红利或者不按照出资比例优先认缴出资的除外。

二、有限责任公司的组织机构

有限责任公司的组织机构包括三部分：股东会、董事会及经理、监事会，即权力机构、执行机构和监察机构。它们就是公司的法人机关和意思机关。

（一）股东会

1. 股东会的组成和职权

有限责任公司的股东会由全体股东组成，是公司最高的权力机关，公司的重大事项作出决议。

股东会行使下列职权：

(1)决定公司的经营方针和投资计划；

(2)选举和更换非由职工代表担任的董事、监事，决定有关董事、监事的报酬事项；

(3)审议批准董事会的报告；

(4)审议批准监事会或者监事的报告；

(5)审议批准公司的年度财务预算方案、决算方案；

(6)审议批准公司的利润分配方案和弥补亏损方案；

(7)对公司增加或者减少注册资本作出决议；

(8)对发行公司债券作出决议；

(9)对公司合并、分立、解散、清算或者变更公司形式作出决议；

(10)修改公司章程；

(11)公司章程规定的其他职权。

对上述所列事项股东以书面形式一致表示同意的，可以不召开股东会会议，直接作出决定，并由全体股东在决定文件上签名、盖章。

2. 股东会会议的召开

股东会会议分为定期会议和临时会议两种。定期会议应当依照公司章程的规定按时召开。代表1/10以上表决权的股东，1/3以上的董事，监事会或者不设监事会的公司的监事提议召开临时会议的，应当召开临时会议。

首次股东会会议由出资最多的股东召集和主持，依照《公司法》规定行使职权。有限责任公司设立董事会的，股东会会议由董事会召集，董事长主持；董事长不能履行职务或者不履行职务的，由副董事长主持；副董事长不能履行职务或者不履行职务的，由半数以上董事共同推举一名董事主持。

有限责任公司不设董事会的，股东会会议由执行董事召集和主持。

董事会或者执行董事不能履行或者不履行召集股东会会议职责的，由监事会或者不设监事会的公司的监事召集和主持；监事会或者监事不召集和主持的，代表1/10以上表决权的股东可以自行召集和主持。

召开股东会会议，应当于会议召开15日前通知全体股东；但是，公司章程另有规定或者全体股东另有约定的除外。股东会应当对所议事项的决定作成会议记录，出席会议的股东应当在会议记录上签名。

3. 表决程序

股东会会议由股东按照出资比例行使表决权，但是，公司章程另有规定的除外。股东会的议事方式和表决程序，除《公司法》有规定的外，由公司章程规定。

股东会会议作出修改公司章程、增加或者减少注册资本的决议，以及公司合并、分立、解散或者变更公司形式的决议，必须经代表2/3以上表决权的股东通过。

(二)董事会及经理

1. 董事会的组成、任期和职权

有限责任公司设董事会，其成员为3人至13人

两个以上的国有企业或者两个以上的其他国有投资主体投资设立的有限责任公司，其董

事会成员中应当有公司职工代表；其他有限责任公司董事会成员中可以有公司职工代表。董事会中的职工代表由公司职工通过职工代表大会、职工大会或者其他形式民主选举产生。

董事会设董事长一人，可以设副董事长。董事长、副董事长的产生 办法由公司章程规定。

股东人数较少或者规模较小的有限责任公司，可以设一名执行董事，不设董事会。执行董事可以兼任公司经理。

董事任期由公司章程规定，但每届任期不得超过3年。董事任期届满，连选可以连任。

董事会是公司业务的执行机关，对股东会负责，其职权包括：

(1)召集股东会会议，并向股东会报告工作；

(2)执行股东会的决议；

(3)决定公司的经营计划和投资方案；

(4)制定公司的年度财务预算方案、决算方案；

(5)制定公司的利润分配方案和弥补亏损方案；

(6)制定公司增加或者减少注册资本以及发行公司债券的方案；

(7)制定公司合并、分立、解散或者变更公司形式的方案；

(8)决定公司内部管理机构的设置；

(9)决定聘任或者解聘公司经理及其报酬事项，并根据经理的提名决定聘任或者解聘公司副经理、财务负责人及其报酬事项；

(10)制定公司的基本管理制度；

(11)公司章程规定的其他职权。

2. 董事会会议的召开和议事规则

董事会会议由董事长召集和主持；董事长不能履行职务或者不履行职务的，由副董事长召集和主持；副董事长不能履行职务或者不履行职务的，由半数以上董事共同推举一名董事召集和主持。

董事会的议事方式和表决程序，除《公司法》有规定的外，由公司章程规定。

董事会应当对所议事项的决定作成会议记录，出席会议的董事应当在会议记录上签名。

董事会决议的表决，实行一人一票。

3. 经理

有限责任公司可以设经理，由董事会决定聘任或者解聘。经理对董事会负责，行使下列职权：

(1)主持公司的生产经营管理工作，组织实施董事会决议；

(2)组织实施公司年度经营计划和投资方案；

(3)拟订公司内部管理机构设置方案；

(4)拟订公司的基本管理制度；

(5)制定公司的具体规章；

(6)提请聘任或者解聘公司副经理、财务负责人；

(7)决定聘任或者解聘除应由董事会决定聘任或者解聘以外的负责管理人员；

(8)董事会授予的其他职权。

公司章程对经理职权另有规定的，从其规定。经理列席董事会会议。

(三)监事会

1. 监事会的组成和任期

有限责任公司设监事会，其成员不得少于3人。股东人数较少或者规模较小的有限责任公司，可以设一至二名监事，不设监事会。

监事会应当包括股东代表和适当比例的公司职工代表，其中职工代表的比例不得低于1/3，具体比例由公司章程规定。监事会中的职工代表由公司职工通过职工代表大会、职工大会或者其他形式民主选举产生。

监事会设主席一人，由全体监事过半数选举产生。监事会主席召集和主持监事会会议；监事会主席不能履行职务或者不履行职务的，由半数以上监事共同推举一名监事召集和主持监事会会议。

董事、高级管理人员不得兼任监事。

监事的任期每届为3年。监事任期届满，连选可以连任。

2. 监事会(监事)的职权

监事会、不设监事会的公司的监事行使下列职权：

(1)检查公司财务；

(2)对董事、高级管理人员执行公司职务的行为进行监督，对违反法律、行政法规、公司章程或者股东会决议的董事、高级管理人员提出|决罢免的建议；(3)当董事、高级管理人员的行为损害公司的利益时，要求董事、高级管理人员予以纠正；

(4)提议召开临时股东会会议，在董事会不履行本法规定的召集和主持股东会会议职责时召集和主持股东会会议；

(5)向股东会会议提出提案；

(6)依照《公司法》的规定，对董事、高级管理人员提起诉讼；

(7)公司章程规定的其他职权。监事会、不设监事会的公司的监事行使职权所必需的费用，由公司承担。

3. 监事会议事规则

监事会每年度至少召开一次会议，监事可以提议召开临时监事会会议。监事会的议事方式和表决程序，除《公司法》有规定的外，由公司章程规定。

监事会决议应当经半数以上监事通过。监事会应当对所议事项的决定作成会议记录，出席会议的监事应当在会议记录上签名。

案例分析：

甲、乙、丙三人出资10万元设立一家有限责任公司。其中甲出资2万元，乙出资3万元，丙出资5万元。公司成立后，召开了第一次股东会，会议由甲召集和主持，会议决定：不设董事会，由乙任执行董事兼总经理；公司设监事一名，由丙担任，任期2年；同意公司以1.5万元购买甲的一项专利。该股东会的哪些决定不符合《公司法》的规定？

三、有限责任公司的股权转让

（一）股权转让的一般规则和手续

1. 股东之间的转让

有限责任公司的股东之间可以相互转让其全部或者部分股权。

2. 向股东以外的人转让

股东向股东以外的人转让股权，应当经其他股东过半数同意。股东应就其股权转让事项书面通知其他股东征求同意，其他股东自接到书面通知之日起满30日未答复的，视为同意转让。其他股东半数以上不同意转让的，不同意的股东应当购买该转让的股权；不购买的，视为同意转让。

经股东同意转让的股权，在同等条件下，其他股东有优先购买权。两个以上股东主张行使优先购买权的，协商确定各自的购买比例；协商不成的，按照转让时各自的出资比例行使优先购买权。

公司章程对股权转让另有规定的，从其规定。

3. 人民法院依法强制转让

人民法院依照法律规定的强制执行程序转让股东的股权时，应当通知公司及全体股东，其他股东在同等条件下有优先购买权。其他股东自人民法院通知之日起满20日不行使优先购买权的，视为放弃优先购买权。

4. 转让股权后应当履行的手续

股东依法转让股权后，公司应当注销原股东的出资证明书，向新股东签发出资证明书，并相应修改公司章程和股东名册中有关股东及其出资额的记载。对公司章程的该项修改不需再由股东会表决。

案例分析：

甲、乙、丙三人共同投资设立了红黄兰有限责任公司，公司章程规定：如果股东认为有限责任公司的经营不令其满意，可以抽回其出资或将其出资转让给股东以外的其他人。公司成立后，经营业绩一直不理想，因此乙在没有通知甲、丙的情况下准备将出资份额转让给丁，甲认为不能转让，但乙坚持认为其转让出资份额给第三人是公司章程赋予股东的权利。鉴于甲提出异议，乙为了避免大家关系紧张，又提出抽回出资的要求，丙认为这一要求是受公司章程保护的，应予支持。甲认为公司章程规定的内容不好，使公司的经营很被动，马上修改了公司章程。

问：1. 甲认为乙未通知其他股东便转让出资份额给第三人的行为是无效的看法是否正确？为什么？

2. 丙认为乙抽回出资的行为受公司章程的保护的看法是否正确？为什么？

3. 甲迅速修改公司章程的行为是否合适？为什么？

（二）异议股东的股权回购请求权

有下列情形之一的，对股东会该项决议投反对票的股东可以请求公司按照合理的价格收购其股权：

1. 公司连续5年不向股东分配利润，而公司该5年连续盈利，并且符合《公司法》规定的分配利润条件的；

2. 公司合并、分立、转让主要财产的；

3. 公司章程规定的营业期限届满或者章程规定的其他解散事由出现，股东会会议通过决议修改章程使公司存续的。

自股东会会议决议通过之日起60日内，股东与公司不能达成股权收购协议的，股东可以自股东会会议决议通过之日起90日内向人民法院提起诉讼。

四、一人有限责任公司

一人有限责任公司是指只有一个自然人股东或者一个法人股东的有限责任公司。

一人公司，尤其是一个自然人设立的一人公司，由于缺乏股东之间的相互制约，一人股东很容易将公司的财产与股东本人的财产相混同，将公司的财产变为股东自己的财产。鉴于此，《公司法》通过一系列的制度措施，防止交易风险，保证交易安全。

1. 一人有限责任公司章程由股东制定。一人有限责任公司不设股东会。股东行使《公司法》所列一般有限责任公司股东会职权时，应当采用书面形式，并由股东签名后置备于公司。

2. 一个自然人只能投资设立一个一人有限责任公司。该一人有限责任公司不能投资设立新的一人有限责任公司。

3. 一人有限责任公司应当在公司登记中注明自然人独资或者法人独资，并在公司营业执照中载明。

4. 一人有限责任公司应当在每一会计年度终了时编制财务会计报告，并经会计师事务所审计。

5. 在发生债务纠纷时，一人有限责任公司的股东不能证明公司财产独立于股东自己的财产的，应当对公司债务承担连带责任。

案例分析：

甲公司投资设立了一家名为“兴盛有限责任公司”的一人公司，针对该公司：

(1)该一人公司既可以采用有限责任公司的形式，又可以采用股份有限公司的形式。

(2)该一人公司应在登记中注明是法人独资，并应在营业执照中载明。

(3)该一人公司的注册资本最低限额为10万元，甲公司首期缴纳应为2万元。

(4)对该一人公司的财务会计报告应采用强制审计。

(5)甲公司可以投资设立另外一家一人公司。

以上行为有违法之处吗？

五、国有独资公司

国有独资公司，是指国家单独出资、由国务院或者地方人民政府授权本级人民政府国有资产监督管理机构履行出资人职责的有限责任公司。

（一）国有独资公司的章程

国有独资公司章程由国有资产监督管理机构制定，或者由董事会制定报固有资产监督管理机构批准。

（二）国有独资公司特殊的组织机构

1. 股东

国有独资公司不设股东会，由国有资产监督管理机构行使股东会职权。国有资产监督管理机构可以授权公司董事会行使股东会的部分职权，决定公司的重大事项，但公司的合并、分立、解散、增加或者减少 注册资本和发行公司债券，必须由国有资产监督管理机构决定；其中，重要的固有独资公司合并、分立、解散、申请破产的，应当由国有资产监督管理机构审核后，报本级人民政府批准。

2. 董事会和经理

国有独资公司设董事会，董事会依法行使职权。董事每届任期不得超过 3 年。董事会成员中应当有公司职工代表。董事会成员由国有资产监督管理机构委派；但是，董事会成员中的职工代表由公司职工代表大会选举产生。

董事会设董事长一人，可以设副董事长。董事长、副董事长由国有资产监督管理机构从董事会成员中指定。

国有独资公司设经理，由董事会聘任或者解聘。经理依照《公司法》第五十条规定行使职权。经国有资产监督管理机构同意，董事会成员可以兼任经理。

国有独资公司的董事长、副董事长、董事、高级管理人员，未经国有资产监督管理机构同意，不得在其他有限责任公司、股份有限公司或者其他经济组织兼职。

3. 监事会

监事会是公司的监督机构，但同一般的有限责任公司的监事会不同，它不是设立在公司内部，而是设立在公司外部。国有独资公司监事会成员不得少于 5 人，其中职工代表的比例不得低于 1/3，具体比例由公司章程规定。

监事会成员由国有资产监督管理机构委派；但是，监事会成员中的职工代表由公司职工代表大会选举产生。监事会主席由国有资产监督管理机构从监事会成员中指定。

监事会行使下列职权：检查公司财务；对董事、高级管理人员执行公司职务的行为进行监督；对违反法律、行政法规、公司章程或股东会决议的董事、高级管理人员提出罢免的建 议；当董事、高级管理人员的行为损害公司的利益时，要求董事、高级管理人员予以纠正；国务院规定的其他职权。

第四节　股份有限公司

股份有限公司，又叫股份公司，是指其全部资本分为等额股份，股东以其所认购的股份为限对公司承担责任，公司以其全部资产对公司的债务承担责任的企业法人。

一、股份有限公司的设立

股份有限公司的设立，可以采取发起设立或者募集设立的方式。发起设立，是指由发起人认购公司应发行的全部股份而设立公司。募集设立，是指由发起人认购公司应发行股份的一部分，其余部分向社会公开募集或者向特定对象募集而设立公司。股份有限公司发起人承担公司筹办事务。发起人应当签订发起人协议，明确各自在公司设立过程中的义务。

（一）股份有限公司设立的条件

设立股份有限公司，应当具备下列条件：

1. 发起人符合法定人数

设立股份有限公司，应当有2人以上200人以下为发起人，其中须有半数以上的发起人在中国境内有住所。

2. 有符合公司章程规定的全体发起人认购的股本总额或者募集的实收股本总额。

股份有限公司采取发起设立方式设立的，注册资本为在公司登记机关登记的全体发起人认购的股本总额。在发起人认购的股份缴足前，不得向他人募集股份。

股份有限公司采取募集方式设立的，注册资本为在公司登记机关登记的实收股本总额。

法律、行政法规以及国务院决定对股份有限公司注册资本实缴、注册资本最低限额另有规定的，从其规定。

发起人的出资方式与有限责任公司股东出资方式的要求相同。

3. 股份发行、筹办事项符合法律规定

4. 发起人制定公司章程，采用募集方式设立的经创立大会通过

5. 有公司名称，建立符合股份有限公司要求的组织机构

6. 有公司住所

（二）股份有限公司设立的程序

股份有限公司的设立方式有发起设立和募集设立两种，不同的方式设立程序也不同。

1. 发起设立方式

以发起设立方式设立股份有限公司的，发起人应当书面认足公司章程规定其认购的股份，并按照公司章程规定缴纳出资。以非货币财产出资的，应当依法办理其财产权的转移手续。发起人不依照前款规定缴纳出资的，应当按照发起人协议承担违约责任。

发起人认足公司章程规定的出资后，应当选举董事会和监事会，由董事会向公司登记机关报送公司章程以及法律、行政法规规定的其他文件，申请设立登记。

2. 募集设立方式

（1）办理公司名称预先核准。

（2）发起人认购股份。

（3）制作招股说明书。

（4）签订承销协议和代收股款协议。

（5）申请批准募股。

（6）公开募股。

(7)召开创立大会。发行股份的股款缴足后，发起人应当自股款缴足之日起30日内主持召开公司创立大会。创立大会由发起人、认股人组成。发起人应当在创立大会召开15日前将会议日期通知各认股人 或者予以公告。创立大会应有代表股份总数过半数的发起人、认股人出席，方可举行。

创立大会行使下列职权：

①审议发起人关于公司筹办情况的报告；

②通过公司章程；

③选举董事会成员；

④选举监事会成员；

⑤对公司的设立费用进行审核；

⑥对发起人用于抵作股款的财产的作价进行审核；

⑦发生不可抗力或者经营条件发生重大变化直接影响公司设立的，可以作出不设立公司的决议。创立大会对前款所列事项作出决议，必须经出席会议的认股人所持表决权过半数通过。

(8)申请设立登记。董事会应于创立大会结束后30日内，申请设立登记。

(9)公司成立。

二、股份有限公司的组织机构

股份有限公司的组织机构由股东大会、董事会和经理、监事会组成。

(一)股份有限公司的股东大会

1. 股东大会的组成和职权

股份有限公司股东大会由全体股东组成，股东大会是公司最高的权力机构。股份有限公司股东大会的职权同有限责任公司股东会的职权。(具体职权见有限责任公司一节)

2. 股东大会的召开

股东大会会议可分为年会和临时会议。股东大会应当每年召开一次年会。

有下列情形之一的，应当在两个月内召开临时股东大会：

(1)董事人数不足《公司法》规定人数或者公司章程所定人数的2/3时；

(2)公司未弥补的亏损达实收股本总额1/3时；

(3)单独或者合计持有公司10%以上股份的股东请求时；

(4)董事会认为必要时；

(5)监事会提议召开时；

(6)公司章程规定的其他情形。

3. 股东大会的召集和主持

股东大会会议由董事会召集，董事长主持；董事长不能履行职务或者不履行职务的，由副董事长主持；副董事长不能履行职务或者不履行职务的，由半数以上董事共同推举一名董事主持。

董事会不能履行或者来履行召集股东大会会议职责的，监事会应当及时召集和主持；监事会不召集和主持的，连续90日以上单独或者合计持有公司10%以上股份的股东可以自行召集和主持。

4. 股东大会的保障措施

召开股东大会会议，应当将会议召开的时间、地点和审议的事项于会议召开20日前通知各股东；临时股东大会应当于会议召开15日前通知各股东；发行无记名股票的，应当于会议召开30日前公告会议召开的时间、地点和审议事项。

单独或者合计持有公司3%以上股份的股东，可以在股东大会召开10日前提出临时提案并书面提交董事会；董事会应当在收到提案后2日内通知其他股东，并将该临时提案提交股东大会审议。临时提案的内容应当属于股东大会职权范围，并有明确议题和具体决议事项

股东大会不得对上述通知中未列明的事项作出决议。

无记名股票持有人出席股东大会会议的，应当于会议召开5日前至股东大会闭会时将股票交存于公司。

5. 表决程序与规则

股东出席股东大会会议，所持每一股份有一表决权。但是，公司持有的本公司股份没有表决权。

股东大会作出决议，必须经出席会议的股东所持表决权过半数通过。但是，股东大会作出修改公司章程、增加或者减少注册资本的决议，以及公司合并、分立、解散或者变更公司形式的决议，必须经出席会议的股东所持表决权的2/3以上通过。

《公司法》和公司章程规定公司转让、受让重大资产或者对外提供担保等事项必须经股东大会作出决议的，董事会应当及时召集股东大会会议，由股东大会就上述事项进行表决。

股东大会选举董事、监事，可以依照公司章程的规定或者股东大会的决议，实行累积投票制。累积投票制，是指股东大会选举董事或者监事时，每一股份拥有与待选董事或者监事人数相同的表决权，股东拥有的表决权可以集中使用。

股东可以委托代理人出席股东大会会议，代理人应当向公司提交股东授权委托书，并在授权范围内行使表决权。股东大会应当对所议事项的决定作成会议记录，主持人、出席会议的董事应当在会议记录上签名。会议记录应当与出席股东的签名册及代理出席的委托书一并保存。

（二）股份有限公司的董事会及经理

1. 董事会的组成、任期和职权股份有限公司设董事会，其成员为5人至19人。董事会成员中可以有公司职工代表。董事会中的职工代表由公司职工通过职工代表大会、职工大会或者其他形式民主选举产生。股份有限公司董事任期的规定和董事会职权的规定同有限责任公司。

董事会设董事长一人，可以设副董事长。董事长和副董事长向董事会以全体董事的过半数选举产生。

董事长召集和主持董事会会议，检查董事会决议的实施情况。副董事长协助董事长工作，董事长不能履行职务或者不履行职务的，由副董事长履行职务；副董事长不能履行职务或者不履行职务的，由半数以上董事共同推举一名董事履行职务。

2. 董事会会议的召开

董事会每年度至少召开两次会议，每次会议应当于会议召开10日前通知全体董事和监事。

代表1/10以上表决权的股东、1/3以上董事或者监事会，可以提议召开董事会临时会议。董事长应当自接到提议后10日内，召集和主持董事会会议。

董事会召开临时会议，可以另定召集董事会的通知方式和通知时限。

3. 董事会表决规则

董事会会议应有过半数的董事出席方可举行。董事会作出决议，必须经全体董事的过半数通过。

董事会决议的表决，实行一人一票。

董事会会议，应由董事本人出席；董事因故不能出席，可以书面委托其他董事代为出席，委托书中应载明授权范围。

董事会应当对会议所议事项的决定作成会议记录，出席会议的董事应当在会议记录上签名。

董事应当对董事会的决议承担责任。董事会的决议违反法律、行政法规或者公司章程、股东大会决议，致使公司遭受严重损失的，参与决议的董事对公司负赔偿责任。但经证明在表决时曾表明异议并记载于会议记录的，该董事可以免除责任。

4. 经理

股份有限公司设经理，由董事会决定聘任或解聘。《公司法》关于有限责任公司经理职权的规定，适用于股份有限公司经理。

公司董事会可以决定由董事会成员兼任经理。

（三）股份有限公司的监事会

股份有限公司设监事会，其成员不得少于3人。监事会应当包括股东代表和适当比例的公司职工代表，其中职工代表的比例不得低于1/3，具体比例由公司章程规定。监事会中的职工代表由公司职工通过职工代表大会、职工大会或者其他形式民主选举产生。

监事会设主席一人，可以设副主席。监事会主席和副主席由全体监事过半数选举产生。

监事会主席召集和主持监事会会议；监事会主席不能履行职务或者不履行职务的，由监事会副主席召集和主持监事会会议；监事会副主席不能履行职务或者不履行职务的，由半数以上监事共同推举一名监事召集和主持监事会会议。

董事、高级管理人员不得兼任监事。有限责任公司监事任期的规定、监事会职权的规定，适用于股份有限公司的监事和监事会。监事会行使职权所必需的费用，由公司承担。

监事会每6个月至少召开一次会议。监事可以提议召开临时监事会会议。

三、股份有限公司股份的发行与转让

（一）股份有限公司股份的发行

1. 股份和股票的概念

股份，是指按照相等金额或者相同比例，平均划分公司资本的基本计量单位，它是股份有限公司资本的构成单位，是股东权利与义务的产生根据。

股票，是股份的表现形式，是股份有限公司签发的证明股东权利和义务的要式有价证券。股票与股份有密切联系，股份是股票的价值内容，股票是股份的存在形式。

2. 股票的形式和种类

股票必须以一定的形式表现出来，明示股份的价值、股票种类等事项。依据《公司法》规定，股票采用纸面形式或国务院证券监督管理机构规定的其他形式。股票作为一种要式有价证券，应当载明下列有关事项：

(1)公司的名称；

(2)公司成立日期；

(3)股票种类、票面金额 及代表的股份数；

(4)股票的编号；

(5)公司盖章和法定代表人签名。

依据《公司法》的规定，公司发行的股票，可以为记名股票，也可以为无记名股票。记名股票，是指代表股份的股票明确记载了股东姓名或名称。无记名股票，是指股东姓名或名称不记载于股票票面的股份，持有股票者即享有股东权，较记名股票易于流通。

公司向发起人、法人发行的股票，应当为记名股票，并应当记载该发起人、法人的姓名或名称，不得另立户名或者以代表人姓名记名。

3. 股份发行的条件

股份发行，是指为设立股份有限公司或者股份有限公司成立后为筹集资金，依照法律规定发售股份的行为。股份有限公司发行股票，分为设立发行和新股发行两种情况。股份的发行，实行公平、公正的原则，同种类的每一股份应当具有同等权利。同次发行的同种类股票，每股的发行条件和价格应当相同；任何单位或者个人所认购的股份，每股应当支付相同价额。

股票发行价格可以按票面金额，也可以超过票面金额，但不得低于票面金额。

设立股份有限公司公开发行股票，应符合下列条件：

(1)股份有限公司的生产经营符合国家规定的产业政策；

(2)发行普通股限于一种，同股同权；

(3)发起人认购的股份不少于公司拟发行的股本总额的35%；

(4)在公司拟发行的股本总额中，发起人认购的部分不少于人民币3000万元，但国家另有规定的除外；

(5)向社会公众发行的部分不少于公司拟发行股本总额的25%，其中公司职工认购的股本数额不得超过拟向社会公众发行的股本总额的10%，公司拟发行股本总额超过人民币4亿元的，证监会按规定可酌情降低向社会公众发行的比例，但最低不得少于公司拟发行股本总额的10%(公司法变更为15%)；

(6)发起人在近3年内没有重大违法行为；

(7)证监会规定的其他条件。

公司公开发行新股，应当符合下列条件：

(1)具备健全且运行良好的组织机构;

(2)具有持续盈利能力,财务状况良好;

(3)最近3年财务会计文件无虚假记载,无其他重大违法行 为;

(4)经国务院批准的国务院证券监督管理机构规定的其他条件。

公司公开发行新股时,必须公告新股招股说明书和财务会计报告,并制作认股书。公司发行新股,可以根据公司经营情况和财务状况,确定其作价方案。公司对公开发行新股所筹集的资金,必须按照招股说明书所列资金用途使用。

公司公开发行新股募足股款后,必须向公司登记机关办理变更登记,并公告。

(二)股份有限公司股份的转让

1. 股份有限公司股份的转让

根据《公司法》的规定,股东持有的股份可以依法转让,其主要体现在:

(1)转让场所

股东转让其股份,应当在依法设立的证券交易所进行或按照国务院规定的其他方式进行。

(2)转让方式

记名股票,由股东以背书方式或者法律、行政法规规定的其他方式转让;转让后由公司将受让人的姓名或者名称及住所记载于股东名册。

股东大会召开前20日内或者公司决定分配股利的基准日前5日内,不得进行前款规定的股东名册的变更登记。但是,法律对上市公司股东名册变更登记另有规定的,从其规定。

无记名股票的转让,由股东将该股票交付给受让人后即发生转让的效力。

2. 对特殊主体转让股份的限制性规定

(1)发起人持有的本公司股份,自公司成立之日起一年内不得转让。

(2)公司公开发行股份前已发行的股份,自公司股票在证券交易所上市交易之日起一年内不得转让。

(3)公司董事、监事、高级管理人员应当向公司申报所持有的本公 司的股份及其变动情况,在任职期间每年转让的股份不得超过其所持 有本公司股份总数的25%;所持本公司股份自公司股票上市交易之日 起一年内不得转让。上述人员离职后半年内,不得转让其所持有的本公司股份。公司章程可以对公司董事、监事、高级管理人员转让其所持有的本公司股份作出其他限制性规定。

(4)公司不得收购本公司股份。但是,有下列情形之一的除外:

①减少公司注册资本。

②与持有本公司股份的其他公司合并。

③将股份奖励给本公司职工;公司因此收购的本公司的股份,不得超过本公司已发行股份总额的5%,用于收购的资金应当从公司的税后利润中支出;所收购的股份应当在一年内转让给职工。

④股东因对股东大会作出的公司合并、分立决议持异议,要求公司收购其股份的。

(5)公司不得接受本公司的股票作为质押权的标的。

四、上市公司

上市公司，是指其股票在证券交易所上市交易的股份有限公司。

因为上市公司已经向公众公开发行股票并上市交易，为了防范风险保证投资者的安全，《公司法》对上市公司治理规定了若干特别制度。

(一)股票上市的条件

股份有限公司申请股票上市，应当符合下列条件：

(1)股票经国务院证券监督管理机构核准已公开发行；

(2)公司股本总额不少于人民币3000万元；

(3)公开发行的股份达到公司股份总数的25%以上，公司股本总额超过人民币4亿元的，公开发行股份的比例为10%以上的；

(4)公司最近3年无重大违法行为，财务会计报告无虚假记载。

(二)上市公司组织机构的特别规定

1. 上市公司重大事项决策制度

上市公司在一年内购买、出售重大资产或者担保金额超过公司资产总额30%的，应当由股东大会作出决议，并经出席会议的股东所持表决权的2/3以上通过。

2. 独立董事制度

上市公司设立独立董事。所谓上市公司独立董事是指不在公司担任除董事外的其他职务，并与其任职的上市公司及其主要股东不存在可能妨害其进行独立客观判断的关系的董事。

3. 董事会秘书制度

上市公司设董事会秘书，负责公司股东大会和董事会会议的筹备、文件保管以及公司股东资料的管理，办理信息披露事务等事宜。

4. “关联董事”的回避制度

上市公司董事与董事会会议决议事项所涉及的企业有关联关系的，不得对该项决议行使表决权，也不得代理其他董事行使表决权。该董事会会议由过半数的无关联关系董事出席即可举行，董事会会议所作决议须经无关联关系董事过半数通过。出席董事会的无关联关系董事人数不足三人的，应将该事项提交上市公司股东大会审议。

案例分析：

甲、乙、丙、丁四个国有企业和戊有限责任公司共同投资设立冀兴股份有限公司，注册资本为8000万元。2012年8月1日，丁公司召开的董事会会议情形如下：

(1)该公司共有董事7人，有5人亲自出席。列席本次董事会的监事A向会议提交另一名因故不能到会的董事出具的代为行使表决权的委托书，该委托书委托A代为行使本次董事会的表决权。

(2)董事会会议结束后，所有决议事项均载入会议记录。并由出席董事会会议的全体董事和列席会议的监事签名后存档。

2012 年 9 月 1 日，冀兴公司召开的股东大会作出如下决议：

(1) 更换两名监事。一是由甲国有企业的代表杨某代替乙国有企业代表韩某出任该公司的监事；二是公司职工代表曹某代替公司职工代表赵某。

(2) 为扩大公司的生产规模，决定发行公司债券 500 万元。

(3) 公司法定盈余公积金 2000 万元中提取 500 万元转增公司资本。

要求：根据公司法律制度的规定，分析说明下列问题：

(1) 在董事会会议中 A 能否接受委托代为行使表决权？为什么？

(2) 董事会会议记录是否存在不妥之处？为什么？

(3) 股东大会会议决定更换两名监事是否合法？为什么？

(4) 股东大会会议决定发行公司债券是否符合规定？为什么？

(5) 股东大会会议决定将法定盈余公积金转增资本是否合法？为什么？

第五节　公司的董事、监事和高级管理人员

公司的董事、监事、经理、副经理、财务负责人，上市公司董事会秘书和公司章程规定的其他人员是公司业务的实际执行者，负责公司的经营与运作。为确保这些主体能够胜任法律和公司交付的各项职责，并使其行为与公司的利益保持一致，《公司法》规定了这些人员的任职资格条件和忠实义务与勤勉义务。

一、有限责任公司和股份有限公司高级管理人员的任职资格条件有下列情形之一的，不得担任公司的董事、监事、高级管理人员：

(一) 无民事行为能力或者限制民事行为能力；

(二) 因贪污、贿赂、侵占财产、挪用财产或者破坏社会主义市场经济秩序，被判处刑罚，执行期满未逾 5 年，或者因犯罪被剥夺政治权利，执行期满未逾 5 年；

(三) 担任破产清算的公司、企业的董事或者厂长、经理，对该公司、企业的破产负有个人责任的，自该公司、企业破产清算完结之日起未逾 3 年；

(四) 担任因违法被吊销营业执照、责令关闭的公司、企业的法定代表人，并负有个人责任的，自该公司、企业被吊销营业执照之日起未逾 3 年；

(五) 个人所负数额较大的债务到期未清偿。

公司违反前款规定选举、委派董事、监事或者聘任高级管理人员的，该选举、委派或者聘任无效。

董事、监事、高级管理人员在任职期间出现上述所列情形的，公司应当解除其职务。

二、公司董事、监事、高级管理人员的忠实义务和勤勉义务

(一) 董事、监事、高级管理人员对公司负有忠实义务

董事、监事、高级管理人员不得有下列行为：

1. 挪用公司资金；

2. 将公司资金以其个人名义或者以其他个人名义开立账户存储；

3. 违反公司章程的规定，未经股东会、股东大会或者董事会同意，将公司资金借贷给他人或者以公司财产为他人提供担保；

4. 违反公司章程的规定或者未经股东会、股东大会同意，与本公司订立合同或者进行交易；

5. 未经股东会或者股东大会同意，利用职务便利为自己或者他人谋取属于公司的商业机会，自营或者为他人经营与所任职公司同类的业务；

6. 将他人与公司交易的佣金归为己有；

7. 擅自披露公司秘密；

8. 违反对公司忠实义务的其他行为。

董事、监事、高级管理人员违反上述规定所得的收入应当归公司所有。

请思考：: 刘某是甲有限责任公司的董事兼总经理，该公司主要经营计算机销售业务。任职期间，刘某代理乙公司从国外进口一批计算机并将其销售给丙公司，甲公司得知后提出异议。本案应如何认定和处理？

（二）股份有限公司中董事、监事、高级管理人员的特别忠实义务公司不得直接或通过子公司向董事、监事、高级管理人员提供借款。

公司应当定期向股东披露董事、监事、高级管理人员从公司获得报酬的情况。

（三）董事、监事、高级管理人员对公司的赔偿责任

董事、监事、高级管理人员执行公司职务时违反法律、行政法规或者公司章程的规定，给公司造成损失的，应当承担赔偿责任。

三、董事、监事、高级管理人员对公司负有的其他义务和责任

（一）列席会议、接受质询、提供资料

股东会或者股东大会要求董事、监事、高级管理人员列席会议的，董事、监事、高级管理人员应当列席并接受股东的质询。

董事、高级管理人员应当如实向监事会或者不设监事会的有限责任公司的监事提供有关情况和资料，不得妨碍监事会或者监事行使职权。

（二）股东针对董事、监事、高级管理人员的维权机制

1. 通过监事会或监事提起诉讼维权

董事、高级管理人员执行公司职务时违反法律、行政法规或公司章程的规定，给公司造成损失的，有限责任公司的股东、股份有限公司连续180日以上单独或者合计持有公司1%以上股份的股东，可以书面请求监事会或者不设监事会的有限责任公司的监事向人民法院提起诉讼。

2. 通过董事会或董事提起诉讼维权

监事执行公司职务时违反法律、行政法规或公司章程的规定，给公司造成损失的，有限

责任公司的股东、股份有限公司连续180日以上单独或者合计持有公司1%以上股份的股东，可以书面请求董事会或者不设董事会的有限责任公司的执行董事向人民法院提起诉讼。

3. 股东直接维权

监事会、不设监事会的有限责任公司的监事，或者董事会、执行董事收到有限责任公司的股东、股份有限公司连续180日以上单独或者合计持有公司1%以上股份的股东的书面请求后拒绝提起诉讼，或者自收到请求之日起30日内未提起诉讼，或者情况紧急、不立即提起诉讼将会使公司利益受到难以弥补的损害的，上述规定的股东有权为了公司的利益以自己的名义直接向人民法院提起诉讼。

他人侵犯公司合法权益，给公司造成损失的，有限责任公司的股东、股份有限公司连续180日以上单独或者合计持有公司1%以上股份的股东可以按照前文规定向人民法院提起诉讼。

(三)股东直接起诉董事、高级管理人员

董事、高级管理人员违反法律、行政法规或者公司章程的规定，损害股东利益的，股东可以向人民法院提起诉讼。

第六节　公司的财务、会计

一、公司的财务会计制度

公司应当依照法律、行政法规和国务院财政部门的规定建立本公司的财务会计制度。

公司财务会计制度包括财务会计报告制度、公积金制度、公司与中介机构的关系三个方面。

(一)公司的财务会计报告

公司应当在每一会计年度终了时编制财务会计报告，并依法经会计师事务所审计。财务会计报告应当依照法律、行政法规和国务院财政部门的规定制作。

有限责任公司应当依照公司章程规定的期限将财务会计报告送交各股东。

股份有限公司的财务会计报告应当在召开股东大会年会的20日前置备于本公司，供股东查阅；公开发行股票的股份有限公司必须公告其财务会计报告。

财务会计报告的内容有：资产负债表、损益表、财务状况变动表、利润分配表、财务情况说明书。

(二)公积金

公积金是指企业根据法律和企业章程的规定提留备用，不作为股利分配的部分所得和收益。根据公积金的来源不同，可将其分为盈余公积金和资本公积金。根据公积金的提留是否为法律上的强制性规定，可以将其分为法定公积金和任意公积金。

1. 公积金的提取

公司分配当年税后利润时，应当提取利润的10%列入法定公积金。法定公积金累计额为公司注册资本的50%以上的，可以不再提取。

公司的法定公积金不足以弥补以前年度亏损的，在依照上述规定提取法定公积金之前，应当先用当年利润弥补亏损。

2. 资本公积金的构成

股份有限公司以超过股票票面金额的发行价格发行股份所得的溢价款以及国务院财政部门规定列入资本公积金的其他收入，应当列为公司资本公积金。

3. 公积金的用途

公司的公积金用于弥补公司的亏损、扩大公司生产经营或者转为增加公司资本。但是，资本公积金不得用于弥补公司的亏损。

法定公积金转为资本时，所留存的该项公积金不得少于转增前公司注册资本的25%。

二、公司合并、分立以及增资、减资

（一）公司合并与分立的方式

1. 公司合并的方式

公司合并是指两个以上的公司依照法定程序变更为一个公司的法律行为。公司合并可以采取吸收合并或者新设合并。一个公司吸收其他公司为吸收合并，被吸收的公司解散。两个以上公司合并设立一个新的公司为新设合并，原合并各方解散，取消原法人资格。

2. 公司分立的方式

公司分立是指一个公司依法分为两个或两个以上的公司。公司分立的形式一般有两种：一是派生分立，即公司以其部分财产和业务另设立新的公司，原公司存续；二是新设分立，即公司的全部财产分别归入两个或两个以上新设立的公司，原公司解散。

（二）公司合并的程序

1. 合并协议和决议

公司合并，应当由合并各方签订合并协议，并编制资产负债表及财产清单，然后由股东大会（或股东会）作出批准与否的决议。

2. 通知和公告

公司应当自作出合并决议之日起10日内通知债权人，并于30日内在报纸上公告。

3. 清偿债务或提供担保

债权人自接到通知书之日起30日内，未接到通知书的自公告之日起45日内，可以要求公司清偿债务或者提供相应的担保。

4. 登记

公司的合并完成以上程序后，应当向公司登记机关办理变更、注销或设立登记。

5. 债务承担

公司合并时，合并各方的债权、债务，应当由合并后存续的公司或者新设的公司承继。

请思考：A有限责任公司由甲、乙股东投资设立，B有限责任公司由丙、丁投资设立。2008年，A有限公司被B有限公司合并，股东为甲、乙、丙、丁。合并前，A公司尚有600万元债务未偿还。合并完成后，该债务应由谁偿还？

（三）公司分立的程序

1. 分立协议与决议

公司分立，应当编制资产负债表及财产清单，然后由股东大会（或股东会）作出批准与否的决议。

2. 通知和公告

公司应当自作出分立决议之日起 10 日内通知债权人，并于 30 日内在报纸上公告。

3. 登记

公司的分立完成以上程序后，应当向公司登记机关办理登记。

4. 债务承担

公司分立前的债务由分立后的公司承担连带责任。但是，公司在分立前与债权人就债务清偿达成的书面协议另有约定的除外。

（四）公司增减注册资本的程序

1. 公司增资程序

有限责任公司增加注册资本时，股东认缴新增资本的出资，依照《公司法》设立有限责任公司缴纳出资的有关规定执行。

股份有限公司为增加注册资本发行新股时，股东认购新股，依照《公司法》设立股份有限公司缴纳股款的有关规定执行。

2. 公司减资程序

公司减资，应当由董事会制订方案，提交股东会决议，减资后的注册资本不得低于法定的最低限额。

（1）编制资产负债表及财产清单

（2）通知和公告

公司应当自作出减少注册资本决议之日起 10 日内通知债权人，并于 30 日内在报纸上公告。债权人自接到通知书之日起 30 日内，未接到通知书的自公告之日起 45 日内，有权要求公司清偿债务或者提供相应的担保。

（3）登记

三、公司的解散和清算

（一）公司解散

公司解散是指公司因发生章程规定或法律规定的解散事由而停止业务活动，最终失去法人资格的法律行为。

1. 公司解散的原因

公司因下列原因解散：

（1）公司章程规定的营业期限届满或者公司章程规定的其他解散事由出现。

（2）股东会或者股东大会决议解散。

（3）因公司合并或者分立需要解散。

（4）依法被吊销营业执照、责令关闭或者被撤销。

(5)股东请求法院解散公司。公司经营管理发生严重困难，继续存续会使股东利益受到重大损失，通过其他途径不能解决的，持有公司全部股东表决权10%以上的股东，可以请求人民法院解散公司。

2. 公司免于解散而存续

公司章程规定的营业期限届满或者公司章程规定的其他解散事由出现时，可以通过修发公司章程而存续。对此种章程的修改，有限责任公司须经持有2/3以上表决权的股东通过，股份有限公司须经出席股东大会会议的股东所持表决权的2/3以上通过。

(二)公司清算

除公司合并、分立外，其他公司解散的情形都需要清算。公司清算是指解散的公司清理债权债务、分配剩余财产、了结公司的法律关系，从而使公司归于消灭的程序。我国《公司法》规定的清算程序如下：

1. 成立清算组

应当在解散事由出现之日起15日内成立清算组，开始清算。有限责任公司的清算组由股东组成，股份有限公司的清算组由董事或者股东大会确定的人员组成。逾期不成立清算组进行清算的，债权人可以申请人民法院指定有关人员组成清算组进行清算。人民法院应当受理该申请，并及时组织清算组进行清算。

2. 清算组的职权

清算组在清算期间行使下列职权：

(1)清理公司财产，分别编制资产负债表和财产清单；

(2)通知、公告债权人；

(3)处理与清算有关的公司未了结的业务；

(4)清缴所欠税款以及清算过程中产生的税款；

(5)清理债权、债务；

(6)处理公司清偿债务后的剩余财产；

(7)代表公司参与民事诉讼活动。

3. 清算程序

(1)通知和公告

清算组应当自成立之日起10日内通知债权人，并于60日内在报纸上公告。债权人应当自接到通知书之日起30日内，未接到通知书的自公告之日起45日内，向清算组申报其债权。

债权人申报债权，应当说明债权的有关事项，并提供证明材料。清算组应当对债权进行登记。

在申报债权期间，清算组不得对债权人进行清偿。

(2)制定清算方案和处分公司财产

清算组在清理公司财产、编制资产负债表和财产清单后，应当制定清算方案，并报股东会、股东大会或者人民法院确认。

公司财产在分别支付清算费用、职工的工资、社会保险费用和法定补偿金，缴纳所欠税款，清偿公司债务后的剩余财产，有限责任公司按照股东的出资比例分配，股份有限公司按照股东持有的股份比例分配。

(3)清算结束

公司清算结束后，清算组应当制作清算报告，报股东会、股东大会或者人民法院确认，并报送公司登记机关，申请注销公司登记，公告公司终止。

第七节　违反《公司法》的法律责任

一、虚报注册资本的法律责任

虚报注册资本、提交虚假材料或者采取其他欺诈手段隐瞒重要事实取得公司登记的，由公司登记机关责令改正，对虚报注册资本的公司，处以虚报注册资本金额5%以上15%以下的罚款;对提交虚假材料或者采取其他欺诈于段隐瞒重要事实的公司，处以5万元以上50万元以下的罚款;情节严重的，撤销公司登记或者吊销营业执照。

二、虚假出资的法律责任

公司的发起人、股东虚假出资，未交付或者未按期交付作为出资的货币或者非货币财产的，由公司登记机关责令改正，处以虚假出资金额5%以上15%以下的罚款。

三、抽逃出资的法律责任

公司的发起人、股东在公司成立后，抽逃其出资的，由公司登记机关责令改正，处以所抽逃出资金额5%以上15%以下的罚款。

四、违反公司财务管理制度的法律责任

公司违反《公司法》规定，在法定的会计账簿以外另立会计账簿的，由县级以上人民政府财政部门责令改正，处以5万元以上50万元以下的罚款。

五、提供虚假财会报告的法律责任

公司在依法向有关主管部门提供的财务会计报告等材料上作虚假记载或者隐瞒重要事实的，由有关主管部门对直接负责的主管人员和其他直接责任人员处以3万元以上30万元以下的罚款。

六、违法提取法定公积金的法律责任

公司不依照《公司法》规定提取法定公积金的，由县级以上人民政府财政部门责令如数补足应当提取的金额，可以对公司处以20万元以下的罚款。

七、公司在合并、分立、减少注册资本和清算中的违法行为的法律责任

公司在合并、分立、减少注册资本或者进行清算时，不依照《公司法》规定通知或者公告债权人的，由公司登记机关责令改正，对公司处以1万元以上10万元以下的罚款。

公司在进行清算时，隐匿财产，对资产负债表或者财产清单作虚假记载或者在未清偿债务前分配公司财产的，由公司登记机关责令改正，对公司处以隐匿财产或者未清偿债务前分配公司财产金额5%以上10%以下的罚款;对直接负责的主管人员和其他直接责任人员处 以1万元以上10万元以下的罚款。

八、清算组在公司清算时的违法行为的法律责任

清算组不依照《公司法》规定向公司登记机关报送清算报告，或者报送清算报告隐瞒重要事实或者有重大遗漏的，由公司登记机关责令改正。

清算组成员利用职权衔私舞弊、谋取非法收入或者侵占公司财产的，由公司登记机关责令退还公司财产，没收违法所得，并可以处以违法所得一倍以上五倍以下的罚款。

九、中介组织人员提供虚假证明文件或出具证明文件重大失实的法律责任

承担资产评估工作的机构提供虚假材料的，因过失提供有重大遗漏的报告的，因其出具的评估结果不实给公司债权人造成损失的，应承担相应的法律责任。

十、公司登记机关在对公司登记中的违法行为及其法律责任

公司登记机关对不符合《公司法》规定条件的登记申请予以登记，或者对符合《公司法》规定条件的登记申请不予登记的，对直接负责的主管人员和其他直接责任人员，依法给予行政处分。

十一、假冒有限责任公司和股份有限公司的法律责任

未依法登记为有限责任公司或者股份有限公司，而冒用有限责任公司或者股份有限公司名义的，或者未依法登记为有限责任公司或者股份有限公司的分公司，而冒用有限责任公司或者股份有限公司的分公司名义的，由公司登记机关责令改正或者予以取缔，可以并处10万元以下的罚款。

十二、逾期开业、停业、不依法办理变更登记的法律责任

公司成立后无正当理由超过6个月未开业的，或者开业后自行停业连续6个月以上的，可以由公司登记机关吊销营业执照。

公司登记事项发生变更时，未依照《公司法》规定办理有关变更登记的，由公司登记机关责令限期登记;逾期不登记的，处以1万元以上10万元以下的罚款。

十三、外国公司擅自在中国境内设立分支机构的法律责任

外国公司违反《公司法》规定，擅自在中国境内设立分支机构的，由公司登记机关责令改正或者关闭，可以并处5万元以上20万元以下的罚款。

十四、利用公司名义从事危害国家安全、社会公共利益行为的法律责任

利用公司名义从事危害国家安全、社会公共利益的严重违法行为的，吊销营业执照。

基本训练

一、单项选择题

1. 公司的经营范围由(　　)规定，并依法登记。

A、法律　　B、董事会　　C、公司章程　　D、上级主管部门

2. 公司以其(　　)为住所。

A、主要办事机构所在地　　B、总部

C、主要营业地　　D、登记地

3. 根据《中华人民共和国公司法》的规定，下列各项中，不属于股份有限公司董事会行使的职权的是(　　)。

A、决定公司内部管理机构的设置　　B、对发行公司债券作出决议

C、聘任或者解聘公司经理　　D、据经理的提名，聘任或者解聘公司财务负责人

4. 根据《公司法》的规定，除国家授权投资的机构或者国家授权的部门可以单独设立国有独资的有限责任公司外，设立有限责任公司的股东法定人数是(　　)。

A、2 个以上 20 个以上　　B、2 个以上 30 个以下

C、2 个以上 40 个以下　　D、50 个以下

5. 根据《公司法》的规定，股份有限公司发起人持有的本公司股份，自公司成立之日起(　　)内不得转让。

A、1 年　　B、2 年　　C、3 年　　D、5 年

6. 有限责任公司股东会对公司增加或减少注册资本，公立、合并、解散、变更公司或者修改公司章程作出决议，必须经代表(　　)以上表决权的股东通过。

A、1/2　　B、1/3　　C、2/3　　D、1/4

7. 根据《公司法》规定，股份有限公司的注册资本(　　)。

A、没有限制，法律、法规另有规定的除外

B、最低为 500 万元

C、最低为 3000 万元

D、最低为 5000 万元

8. 根据《公司法》规定，发行股份的股款缴足并经法定验资验资出具证明后，发起人应当在(　　)内主持召开公司创立大会。

A、10 日　　B、15 日　　C、30 日　　D、60 日

9. 根据《公司法》规定，股份有限公司的法定成立日期是(　　)。

A、公司设立登记申请日期　　B、公司营业执照签发日期

C、公司依法成立公告日期　　D、公司创立大会召开日期

10. 根据《公司法》的规定，以发起设立方式设立的股份有限公司，第一届董事由(　　)选举产生。

A、股东大会　　B、发起人　　C、创立大会　　D、董事会

二、多项选择题

1. 股份有限公司对以下(　　)事项作出的决议，必须经出席会议的股东所持表决权的三分之二以上通过。

A、公司合并　　B、公司分立　　C、公司解散　　D、修改公司章程

2. 根据《中华人民共和国公司法》的规定，在下列情形中，有限责任公司的董事、经理可以同本公司订立合同或者进行交易的是(　　)

A、公司章程规定　B、董事会决议通过　C、股东会决议通过　D、监事会决议通过

3. 甲、乙、丙共同出资设立了一家有限责任公司。1 年后，甲欲将其在公司的全部出资转让给丁、乙、丙不同意。下列解决方案中，符合《中华人民共和国公司法》规定的有(　　)。

A、乙或丙购买甲欲转让给丁的出资

B、乙和丙共同购买甲欲转让给丁的出资

C、和丙均不愿意购买，甲无权将出资转让给丁

D、和丙均不愿意购买，甲有权将出资转让给丁

4. 公司的公积金用于(　　)。

A、弥补公司的亏损　　B、扩大公司生产经营

C、转增公司资本　　D、发放员工基本福利

5. 下列各项中，可以依法成为有限责任公司股东的有(　　)。

A、政府部门　　B、企业法人　　C、社会团体　　D、自然人

6. 根据《公司法》的规定，可以提议召开有限责任公司股东会临时会议的有(　　)。

A、代表 1/10 以上表决权的股东　　B、代表 2/3 以上表决权的股东

C、1/3 以上董事　　D、监事

7. 根据《公司法》的规定，下列人员中，不得兼任有限责任公司监事的有(　　)。

A、董事　　B、经理　　C、财务负责人　　D、副经理

8. 根据《公司法》的规定，股份有限公司应当在 2 个月内召开临时股东大会的情形有(　　)。

A、公司未弥补亏损达股本总额 1/3 时

B、持有公司股份 10% 以上的股东请求时

C、董事会认为必要时

D、监事会提议召开的

9. 根据《公司法》规定，股份有限公司向(　　)发行的股票，可以为记名股票。

A、发起人　　B、国家授权投资的机构

C、法人　　D、社会公众

10. 对股份有限公司董事、监事、高级管理人员股份转让限制的情形有(　　)。

A、在任职期间每年转让的股份不得超过其所持有本公司股份总数的百分之二十五；

B、所持本公司股份自公司股票上市交易之日起一年内不得转让。

C、上述人员离职后半年内，不得转让其所持有的本公司股份。

D、持有的本公司股份，自公司成立之日起一年内不得转让。

三、案例分析题：

发达股份有限公司2011年度有关事项如下：(1)公司召开董事会通过以下决议：①根据经理丙的提议解聘财务负责人甲；②决定发行公司债券，责成董事乙准备有关发行文件报送有关部门审批。(2)该公司注册资本5000万元人民币，2011年度税后利润3000万元。公司自成立以来没有发生亏损，已提取决法公积金累积额为2600万元。公司决定不再提取法定公积金，只提取法定公益金100万元。(3)公司经理丙将其持有的发达公司全部股份转让给丁，丙还以吉兴公司代理人的身份从事与发达公司同类的业务活动，从中获得利润2万元。(4)公司以"财政部门无权对股份有限公司进行会计检查"为由，拒绝市财政局的检查。根据上述情况回答下列问题：

(1)发达公司董事会通过的两项决议是否符合我国《公司法》的规定？说明理由。

(2)发达公司不提取法定公积金的做法是否符合我国《公司法》的规定？说明理由。

(3)公司经理丙将其持有的A公司股份转让给丁是否符合我国《公司法》的规定？说明理由。

(4)公司经理丙能否以B公司代理人的身份从事与A公司业务同类的营业活动？丙从该公司营业活动中获得的收入应如何处理？

(5)发达公司拒绝市财政局对该公司会计工作检查的理由是否符合我国《会计法》的规定？为什么？

■ 情境五　证券法

学习目标

	能力目标	知识目标
容易	能够分析我国证券市场的现状	了解我国证券的立法概况
	能够判断我国有哪些证券品种	了解证券的含义和种类
适中	能够解决证券交易过程中的问题	掌握证券交易的一般规则
	能够分析运用国家的证券监管制度	掌握证券机构的职能
较难	能够解决公司股票发行中的实际问题	掌握公司股票的发行
	能够解决公司债券发行中的实际问题	掌握公司债券的发行
	能够解决上市公司股份收购中所发生的问题	了解上市公司收购的制度

能力训练项目

股份有限公司证券发行、交易的问题

联华股份有限公司（简称“联华公司”）采取发起设立方式，发起人共有 4 人，公司股本

总额为3000万元。公司成立以来，生产规模不断扩大，职工数量迅速增加，职工总数已超过300人;组织机构健全，且运行良好;经营业绩持续上升;特别是公司的财务会计报告无虚假记载，公司也无其他重大违法行为。为此，2011年3月向中国证监会申请公开发行股票。本次拟定发行股份4800万股(每股面值为1元)，由胜达证券公司承销，联华公司与胜达证券公司协商确定的每股发行价格为3元。本次发行的新股，其中有3000万股向本公司全体职工发行，另有1800万股由公司发起人认购。利信会计师事务所的注册会计师A和B为联华公司本次股票的发行出具审计报告。

2012年4月，联华公司决定发行公司债券1000万元，公司净资产3000万，累计债券余额不超过公司净资产的30%，最近2年平均可分配利润足以支付公司债券1年的利息。筹集的资金用于企业的技术改造，上马新的生产线。公司决定自行向社会发行。

能力训练步骤

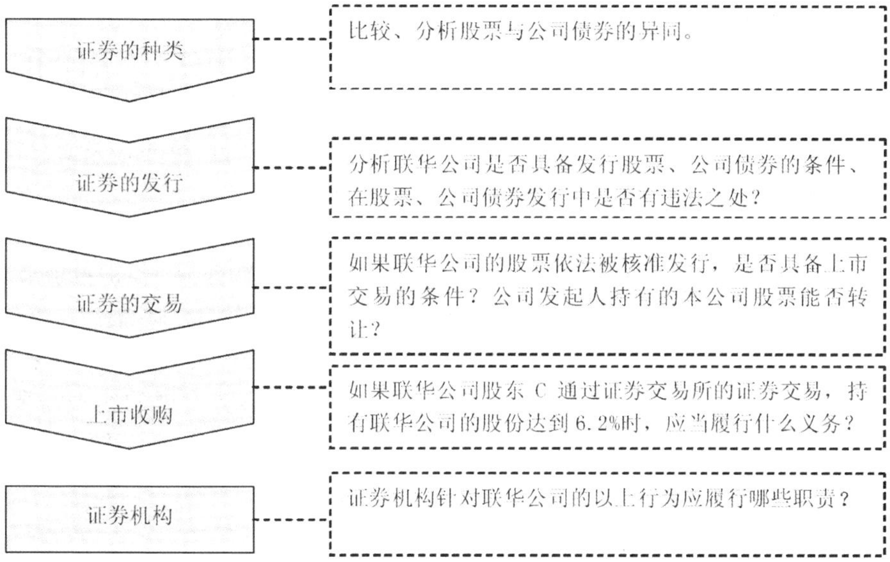

第一节　证券法的认知

一、证券及证券法的概念

(一)证券的概念与分类

证券是证明特定经济权利的凭证。广义的证券一般指财物证券(如提单、运货单等)、货币证券(如汇票、支票等)、资本证券(如股票、债券等)。狭义的证券仅指资本证券。我国证券法规定的证券为股票、公司债券和国务院依法认定的其他证券。其他证券主要指投资基金份额、国家政府债券、非公司企业债券等。

(二)证券市场

证券市场是指证券的发行和交易的场所，由发行市场和流通市场构成。

发行市场又称为一级市场，是发行新证券的市场。

流通市场又称为二级市场，它是为已发行的证券提供买卖、转让交易的场所。

证券市场的主体包括证券发行人、证券投资人、证券中介机构、证券交易场所、自律性组织(如证券交易所、证券业协会等)、证券监管机构等。证券发行人是发行证券的单位，包括公司、企业、金融机构和政府部门。证券投资人是指证券的购买者，包括个人投资者和机构投资者。证券中介机构是指为证券的发行与交易提供中介服务的单位，主要有证券经营机构、会计师事务所、资产评估机构、律师事务所等。交易场所是进行证券交易的场所，包括场内交易市场和场外交易市场两种证券。自律性组织包括证券交易所、证券业协会等。证券监督管理机构是指代表政府对证券市场进行监督管理的机构，在我国是指中国证券监督管理委员会及其派出机构。证券市场的经营对象包括证券及其衍生产品。

(三)证券法的概念

证券法是规范证券发行与交易的法律。狭义的证券法是指《中华人民共和国证券法》(简称《证券法》)，广义的证券法除《中华人民共和国证券法》外，还包括其他法律中有关证券管理的内容、国务院颁发的有关证券管理的行政法规、证券管理部门发布的有关证券管理的部门规章、地方立法部门颁布的有关证券管理的地方性法规和规章。

1998 年 12 月 29 日第九届全国人大常务委员会第六次会议通过了新中国第一部《证券法》，该法自 1999 年 7 月 1 日施行后，对于规范证券发行和交易行为，保护投资者合法权益，维护社会经济秩序，促进社会主义市场经济发展，发挥了重要作用。随着经济和金融体制改革的不断深化和社会主义市场经济不断发展，证券市场发生了很大变化，在证券发行、交易和证券监管中出现许多新情况，证券法已经不能完全适应新形势发展的客观需要。2005 年 10 月 27 日，第十届全国人大常务委员会对《证券法》作了大幅修订后重新颁布，自 2006 年 1 月 1 日起施行。

二、证券活动和证券管理的原则

根据《证券法》的规定，在证券活动和证券管理中应坚持如下原则：

(一)公开、公平、公正原则

《证券法》规定，证券的发行、交易活动，必须实行公开、公平、公正的原则。公开是指市场信息要公开，即可能影响投资者决策的信息，如公司章程、招股说明书、有关财务会计资料等都应以法律规定的形式公开，并保证公开信息的及时、完整、真实和准确。公平是指所有市场参与者在证券发行与交易中应当地位平等、机会均等、待遇相同。公正原则是指在证券发行和交易的有关事务处理上，要在坚持客观事实的基础上，对所有证券市场参与者都要给予一视同仁的对待。

(二)自愿、有偿、诚实信用原则

《证券法》规定，证券发行、交易活动的当事人具有平等的法律地位，应当遵守自愿、有偿、诚实信用的原则。自愿是指当事人有权按照自己的意愿参与证券的发行与交易活动，任何人不得把自己的意志强加给对方，也不得采取欺骗等手段影响当事人的决策。有偿是指在证券发行与交易中，一方当事人不得无偿占有他方当事人的财产和劳动。诚实信用是指要客观真实、不欺骗他人，要重诺守信。

（三）守法原则

《证券法》规定，证券的发行、交易活动，必须遵守法律、行政法规；禁止欺诈、内幕交易和操纵证券市场的行为。遵守法律、行政法规是我们在一切社会活动中都必须遵守的原则。

（四）证券业与其他金融业分业经营为主，混业经营另作规定的原则

《证券法》规定，证券业和银行业、信托业、保险业实行分业经营、分业管理，证券公司与银行、信托、保险业务机构分别设立，国家另有规定的除外。《证券法》在坚持证券业分业经营分业管理的同时，为证券业与其他金融业的混业经营预留了法律空间。

（五）政府统一监管与行业自律原则

鉴于证券市场的高风险性，各国对证券市场的监管一般都采用政府设立的监管机构监管和证券业自律性组织监管两种监管并用的模式，我国也不例外。《证券法》规定，"国务院证券监督管理机构依法对全国证券市场实行集中统一监督管理。国务院证券监督管理机构根据需要可以设立派出机构，按照授权履行监督管理职责。""在国家对证券发行、交易活动实行集中统一监督管理的前提下，依法设立证券业协会，实行自律性管理。"

（六）国家审计原则

《证券法》规定，国家审计机关依法对证券交易所、证券公司、证券登记结算机构、证券监督管理机构进行审计监督。

第二节　证券的发行

一、证券发行的一般规定

证券发行是指发行人依照法定条件和程序向社会公众或特定的人出售证券的法律行为。

按照证券发行范围的不同，《证券法》将证券发行分为公开发行和非公开发行。

（一）公开发行证券，必须符合法律、行政法规规定的条件，并依法报经国务院证券监督管理机构或者国务院授权的部门核准；未经依法核准，任何单位和个人不得公开发行证券

有下列情形之一的，为公开发行：

1. 向不特定对象发行证券的；
2. 向特定对象发行证券累计超过二百人的；
3. 法律、行政法规规定的其他发行行为。

（二）非公开发行证券，不得采用广告、公开劝诱和变相公开方式

按照《证券法》规定的证券类型的不同，证券发行分为股票发行、公司债券发行和国务院认定的其他证券的发行。

发行人申请公开发行股票、可转换为股票的公司债券，依法采取承销方式的，或者公开发行法律、行政法规规定实行保荐制度的其他证券的，应当聘请具有保荐资格的机构担任保荐人。保荐人应当遵守业务规则和行业规范，诚实守信，勤勉尽责，对发行人的申请文件和信息披露资料进行审慎核查，督导发行人规范运作。

二、证券发行的条件

证券发行条件因证券种类的不同而有所区别。这里仅对公司股票、公司债券的发行条件和程序加以介绍。

(一)股票发行的条件

1. 设立发行的条件

股份有限公司的设立有发起设立和募集设立两种。采用发起设立方式发行股票的，为非公开发行，只要符合《公司法》规定的设立条件，由发起人认购公司发行的全部股票即可。采用募集设立方式发行股票的，为公开发行。

《证券法》规定，设立股份有限公司公开发行股票，即首次申请公开发行股票，应当符合《公司法》规定的股份有限公司的设立条件和经国务院批准的国务院证券监督管理机构规定的其他条件，并向国务院证券监督管理机构报送募股申请和下列文件：

(1)公司章程；

(2)发起人协议；

(3)发起人姓名或者名称，发起人认购的股份数、出资种类及验资证明；

(4)招股说明书；

(5)代收股款银行的名称及地址；

(6)承销机构名称及有关的协议。

依照《证券法》规定聘请保荐人的，应当报送保荐人出具的发行保荐书。法律、行政法规规定设立公司必须报经批准的，还应当提交相应的批准文件。

2. 增资发行的条件

增资发行，即增发新股，包括向社会募集的公开发行方式和向原股东配售的非公开发行方式。

公司公开发行新股，应当符合下列条件：

(1)具备健全且运行良好的组织机构；

(2)具有持续盈利能力，财务状况良好；

(3)最近三年财务会计文件无虚假记载，无其他重大违法行为；

(4)经国务院批准的国务院证券监督管理机构规定的其他条件。

公司公开发行新股，应当向国务院证券监督管理机构报送募股申请和下列文件：

(1)公司营业执照；

(2)公司章程；

(3)股东大会决议；

(4)招股说明书；

(5)财务会计报告；

(6)代收股款银行的名称及地址；

(7)承销机构名称及有关的协议。

《证券法》规定聘请保荐人的，还应当报送保荐人出具的发行保荐书。

公司对公开发行股票所募集资金，必须按照招股说明书所列资金用途使用。改变招股说明书所列资金用途，必须经股东大会作出决议。擅自改变用途而未作纠正的，或者未经股东大会认可的，不得公开发行新股。

上市公司非公开发行新股，应当符合经国务院批准的国务院证券监督管理机构规定的条件，并报国务院证券监督管理机构核准。

案例分析：

甲公司为上市公司，为筹集资金而发行新股。新股上市后，有股东发现，公司将所募集资金用于建造办公大楼，而招股说明书中列明所募集资金的用途是更新设备，因此反映到董事会。董事会认为，所募资金用途变更已由董事会做出决议，且已经监事会和上级主观部门批准，是合法有效的。你认为甲公司行为是否违法？为什么？该行为对公司股票的发行有何影响？公司股东如何维护自己的权益？

（二）公司债券发行的条件

修订后的《证券法》放宽了公司债券发行主体的限制，规定所有公司只要符合下列条件，都可以发行公司债券：

1. 股份有限公司的净资产不低于人民币三千万元，有限责任公司的净资产不低于人民币六千万元；

2. 累计债券余额不超过公司净资产的百分之四十；

3. 最近三年平均可分配利润足以支付公司债券一年的利息；

4. 筹集的资金投向符合国家产业政策；

5. 债券的利率不超过国务院限定的利率水平；

6. 国务院规定的其他条件。

公开发行公司债券筹集的资金，必须用于核准的用途，不得用于弥补亏损和非生产性支出。

上市公司发行可转换为股票的公司债券，除应当符合上述规定的条件外，还应当符合《证券法》关于公开发行股票的条件，并报国务院证券监督管理机构核准。

申请公开发行公司债券，应当向国务院授权的部门或者国务院证券监督管理机构报送下列文件：

1. 公司营业执照；

2. 公司章程；

3. 公司债券募集办法；

4. 资产评估报告和验资报告；

5. 国务院授权的部门或者国务院证券监督管理机构规定的其他文件。

《证券法》规定聘请保荐人的，还应当报送保荐人出具的发行保荐书。

证券法》对再次发行公司债券的条件作出了限制性规定。公司有下列情形之一的，不得再次公开发行公司债券：

1. 前一次公开发行的公司债券尚未募足；

2. 对已公开发行的公司债券或者其他债务有违约或者延迟支付本息的事实，仍处于继续状态；

3. 违反本法规定，改变公开发行公司债券所募资金的用途。

三、证券的发行程序

（一）证券发行的申请

发行人发行证券应当依照法定程序向国务院证券监督管理机构或者国务院授权的部门报送证券发行申请文件。发行人依法申请核准发行证券所报送的申请文件的格式、报送方式，由依法负责核准的机构或者部门规定。发行人向国务院证券监督管理机构或者国务院授权的部门报送的证券发行申请文件，必须真实、准确、完整。为证券发行出具有关文件的证券服务机构和人员，必须严格履行法定职责，保证其所出具文件的真实性、准确性和完整性。

发行人申请首次公开发行股票的，在提交申请文件后，应当按照国务院证券监督管理机构的规定预先披露有关申请文件。

（二）证券发行的核准

国务院证券监督管理机构设发行审核委员会，依法审核股票发行申请。发行审核委员会由国务院证券监督管理机构的专业人员和所聘请的该机构外的有关专家组成，以投票方式对股票发行申请进行表决，提出审核意见。发行审核委员会的具体组成办法、组成人员任期、工作程序，由国务院证券监督管理机构规定。

国务院证券监督管理机构依照法定条件负责核准股票发行申请。核准程序应当公开，依法接受监督。参与审核和核准股票发行申请的人员，不得与发行申请人有利害关系，不得直接或者间接接受发行申请人的馈赠，不得持有所核准的发行申请的股票，不得私下与发行申请人进行接触。国务院授权的部门对公司债券发行申请的核准，参照上述规定执行。

国务院证券监督管理机构或者国务院授权的部门应当自受理证券发行申请文件之日起三个月内，依照法定条件和法定程序作出予以核准或者不予核准的决定，发行人根据要求补充、修改发行申请文件的时间不计算在内；不予核准的，应当说明理由。

国务院证券监督管理机构或者国务院授权的部门对已作出的核准证券发行的决定，发现不符合法定条件或者法定程序，尚未发行证券的，应当予以撤销，停止发行。已经发行尚未上市的，撤销发行核准决定，发行人应当按照发行价并加算银行同期存款利息返还证券持有人；保荐人应当与发行人承担连带责任，但是能够证明自己没有过错的除外；发行人的控股股东、实际控制人有过错的，应当与发行人承担连带责任。

（三）证券发行的信息公开

证券发行申请经核准，发行人应当依照法律、行政法规的规定，在证券公开发行前，公告公开发行募集文件，并将该文件置备于指定场所供公众查阅。发行证券的信息依法公开前，任何知情人不得公开或者泄露该信息。发行人不得在公告公开发行募集文件前发行证券。

（四）证券的承销

承销是指证券公司依照协议包销或者代销发行人向社会公开发行的证券的行为。证券承销业务采取代销或者包销方式。证券代销是指证券公司代发行人发售证券，在承销期结束时，将未售出的证券全部退还给发行人的承销方式。证券包销是指证券公司将发行人的证券按照协议全部购入或者在承销期结束时将售后剩余证券全部自行购入的承销方式。

证券公司承销证券，应当同发行人签订代销或者包销协议。向不特定对象发行的证券票面总值超过人民币五千万元的，应当由承销团承销。承销团应当由主承销和参与承销的证券公司组成。证券的代销、包销期限最长不得超过九十日。证券公司在代销、包销期内，对所代销、包销的证券应当保证先行出售给认购人，证券公司不得为本公司预留所代销的证券和预先购入并留存所包销的证券。

证券公司承销证券，应当对公开发行募集文件的真实性、准确性、完整性进行核查；发现有虚假记载、误导性陈述或者重大遗漏的，不得进行销售活动；已经销售的，必须立即停止销售活动，并采取纠正措施。

股票发行采取溢价发行的，其发行价格由发行人与承销的证券公司协商确定。股票发行采用代销方式，代销期限届满，向投资者出售的股票数量未达到拟公开发行股票数量百分之七十的，为发行失败。发行人应当按照发行价并加算银行同期存款利息返还股票认购人。

公开发行股票，代销、包销期限届满，发行人应当在规定的期限内将股票发行情况报国务院证券监督管理机构备案。

第三节　证券的交易

一、证券交易的一般规则

证券交易是指证券的买卖与转让。证券可以在市场上依法买进、卖出和转让，其价格随着市场行情的变化而变化，这是证券投资的风险所在。为了降低证券交易的风险，国家对各类证券都规定了严格的交易规则。但证券交易也存在以下共性的规则：

（一）交易的证券必须合法

这条规则包含两层意思：一是证券交易当事人依法买卖的证券，必须是依法发行并交付的证券，非依法发行的证券，不得买卖；二是依法发行的股票、公司债券及其他证券，法律对其转让期限有限制性规定的，在限定的期限内不得买卖。如《公司法》对发起人持有的本公司股份，自公司成立之日起一年内不得转让。

（二）交易的主体必须合法

为了防止出现内幕交易、操纵市场等证券欺诈行为，维护证券市场的秩序，《证券法》对证券交易的主体进行了限制。

证券交易所、证券公司和证券登记结算机构的从业人员、证券监督管理机构的工作人员以及法律、行政法规禁止参与股票交易的其他人员，在任期或者法定限期内，不得直接或者以化名、借他人名义持有、买卖股票，也不得收受他人赠送的股票。任何人在成为上述所列人员时，其原已持有的股票，必须依法转让。

为股票发行出具审计报告、资产评估报告或者法律意见书等文件的证券服务机构和人员，在该股票承销期内和期满后六个月内，不得买卖该种股票。除上述规定外，为上市公司出具审计报告、资产评估报告或者法律意见书等文件的证券服务机构和人员，自接受上市公司委托之日起至上述文件公开后五日内，不得买卖该种股票。

上市公司董事、监事、高级管理人员、持有上市公司股份百分之五以上的股东，将其持有的该公司的股票在买入后六个月内卖出，或者在卖出后六个月内又买入，由此所得收益归该公司所有，公司董事会应当收回其所得收益。但是，证券公司因包销购入售后剩余股票而持有百分之五以上股份的，卖出该股票不受六个月时间限制。公司董事会不按照上述规定执行的，股东有权要求董事会在三十日内执行。公司董事会未在上述期限内执行的，股东有权为了公司的利益以自己的名义直接向人民法院提起诉讼。公司董事会不按照上述规定执行的，负有责任的董事依法承担连带责任。

（三）交易的场所必须合法

依法公开发行的股票、公司债券及其他证券，应当在依法设立的证券交易所上市交易或者在国务院批准的其他证券交易场所转让。我国的证券交易所有上海证券交易所和深圳证券交易所。证券可以在证券交易所上市交易，也可以在国务院批准的其他证券交易场所转让。

（四）交易方式合法

证券在证券交易所上市交易，应当采用公开的集中交易方式或者国务院证券监督管理机构批准的其他方式。证券交易以现货和国务院规定的其他方式进行交易。

（五）为客户保密

证券交易所、证券公司、证券登记结算机构必须依法为客户开立的账户保密。

二、证券上市

证券上市是指公开发行的证券经批准，在证券交易所市场上进行公开、自由的买卖。申请证券上市交易，应当向证券交易所提出申请，由证券交易所依法审核同意，并由双方签订上市协议。政府债券上市交易由证券交易所根据国务院授权的部门的决定安排。

证券交易所可以依法作出对证券不予上市、暂停上市、终止上市的决定，对证券交易所的上述决定不服的，可以向证券交易所设立的复核机构申请复核。

（一）证券上市的条件

1. 股票上市交易的条件

国家鼓励符合产业政策并符合上市条件的公司股票上市交易。股份有限公司申请股票上市，应当符合下列条件：

（1）股票经国务院证券监督管理机构核准已公开发行；

（2）公司股本总额不少于人民币三千万元；

（3）公开发行的股份达到公司股份总数的百分之二十五以上；公司股本总额超过人民币四亿元的，公开发行股份的比例为百分之十以上；

（4）公司最近三年无重大违法行为，财务会计报告无虚假记载。证券交易所可以规定高于上述规定的上市条件，并报国务院证券监督管理机构批准。

2. 公司债券上市交易的条件

申请公司债券上市交易的公司必须符合下列条件：

（1）公司债券的期限为一年以上；

（2）公司债券实际发行额不少于人民币五千万元；

（3）公司申请其债券上市时仍符合法定的公司债券发行条件。

（二）证券上市的程序

1. 聘请保荐人

申请股票、可转换为股票的公司债券或者法律、行政法规规定实行保荐制度的其他证券上市交易，应当聘请具有保荐资格的机构担任保荐人。

2. 向证券交易所提出证券上市交易的申请

申请股票上市交易，应当向证券交易所报送下列文件：

(1)上市报告书；

(2)申请股票上市的股东大会决议；

(3)公司章程；

(4)公司营业执照；

(5)依法经会计师事务所审计的公司最近三年的财务会计报告；

(6)法律意见书和上市保荐书；

(7)最近一次的招股说明书；

(8)证券交易所上市规则规定的其他文件。

申请公司债券上市交易，应当向证券交易所报送下列文件：

(1)上市报告书；

(2)申请公司债券上市的董事会决议；

(3)公司章程；

(4)公司营业执照；

(5)公司债券募集办法；

(6)公司债券的实际发行数额；

(7)证券交易所上市规则规定的其他文件。

申请可转换为股票的公司债券上市交易，还应当报送保荐人出具的上市保荐书。

3. 公司发布上市公告

股票或者公司债券上市交易申请经证券交易所审核同意后，签订上市协议的公司应当在规定的期限内公告公司债券上市文件及有关文件，并将其申请文件置备于指定场所供公众查阅。

4. 挂牌交易

在上市公告书披露后，申请上市的证券将根据证券交易所的安排和上市公告披露的上市日期挂牌交易。挂牌交易是完成证券上市程序的最终标志。

(三)股票和公司债券的暂停、终止上市

1. 股票的暂停、终止上市

上市公司丧失法律规定的条件的，其股票应当依法暂停上市或者终止上市。

上市公司有下列情形之一的，由证券交易所决定暂停其股票上市交易：

(1)公司股本总额、股权分布等发生变化不再具备上市条件；

(2)公司不按照规定公开其财务状况，或者对财务会计报告作虚假记载，可能误导投资者；

(3)公司有重大违法行为；

(4)公司最近三年连续亏损；

(5)证券交易所上市规则规定的其他情形。

上市公司有下列情形之一的，由证券交易所决定终止其股票上市交易：

(1)公司股本总额、股权分布等发生变化不再具备上市条件，在证券交易所规定的期限内仍不能达到上市条件；

(2)公司不按照规定公开其财务状况，或者对财务会计报告作虚假记载，且拒绝纠正；

(3)公司最近三年连续亏损，在其后一个年度内未能恢复盈利；

(4)公司解散或者被宣告破产；

(5)证券交易所上市规则规定的其他情形。

2. 公司债券的暂停和终止上市

公司债券上市交易后，公司有下列情形之一的，由证券交易所决定暂停其公司债券上市交易：

(1)公司有重大违法行为；

(2)公司情况发生重大变化不符合公司债券上市条件；

(3)发行公司债券所募集的资金不按照核准的用途使用；

(4)未按照公司债券募集办法履行义务；

(5)公司最近二年连续亏损。

公司有上述第(1)项、第(4)项所列情形之一经查实后果严重的，或者有第(2)项、第(3)项、第(5)项所列情形之一，在限期内未能消除的，由证券交易所决定终止其公司债券上市交易。公司解散或者被宣告破产的，由证券交易所终止其公司债券上市交易。

三、持续信息公开

信息公开，即信息披露，是指公开发行证券的发行人、上市公司等应按法律要求将有关信息向证券监督管理部门、证券交易所报告，并向投资者公告的活动。发行证券时的信息公开称为初次公开，证券上市之后的信息公开称为持续公开。信息公开有利于发行对象了解发行人、上市公司的准确情况，以便于对投资风险和投资收益进行估计，进而对投资作出决断。向社会公布有关信息还有利于社会公众对证券发行人的监督，也有利于政府的监督。《证券法》规定，发行人、上市公司依法披露的信息，必须真实、准确、完整，不得有虚假记载、误导性陈述或者重大遗漏。

(一)证券发行和上市时应披露的信息

我国《证券法》规定，经国务院证券监督管理机构核准依法公开发行股票，或者经国务院授权的部门核准依法公开发行公司债券，应当公告招股说明书、公司债券募集办法。依法公开发行新股或者公司债券的，还应当公告财务会计报告。公司证券上市时应公告上市公告书。

(二)定期报告

定期报告是上市公司和公司债券上市交易的公司进行持续信息披露的主要形式之一，包括季度季度报告、半年度报告、年度报告。季度报告和半年度报告为中期报告。

1. 季度报告

从 2002 年起，所有上市公司必须编制并披露季度报告。季度报告应在会计年度的前 3 个月、9 个月结束后的 30 日内编制。季度报告注重披露公司所发生的重大事项，一般不重复已披露过的信息。

2. 半年度报告

上市公司和公司债券上市交易的公司，应当在每一会计年度的上半年结束之日起二个月内，向国务院证券监督管理机构和证券交易所报送记载以下内容的中期报告，并予公告：

(1)公司财务会计报告和经营情况；

(2)涉及公司的重大诉讼事项；

(3)已发行的股票、公司债券变动情况；

(4)提交股东大会审议的重要事项；

(5)国务院证券监督管理机构规定的其他事项。

3. 年度报告

上市公司和公司债券上市交易的公司，应当在每一会计年度结束之日起四个月内，向国务院证券监督管理机构和证券交易所报送记载以下内容的年度报告，并予公告：

(1)公司概况；

(2)公司财务会计报告和经营情况；

(3)董事、监事、高级管理人员简介及其持股情况；

(4)已发行的股票、公司债券情况，包括持有公司股份最多的前十名股东的名单和持股数额；

(5)公司的实际控制人；

(6)国务院证券监督管理机构规定的其他事项。

(三)临时报告

发生可能对上市公司股票交易价格产生较大影响的重大事件，投资者尚未得知时，上市公司应当立即将有关该重大事件的情况向国务院证券监督管理机构和证券交易所报送临时报告，并予公告，说明事件的起因、目前的状态和可能产生的法律后果。

下列重大事件应报送临时报告：

1. 公司的经营方针和经营范围的重大变化；

2. 公司的重大投资行为和重大的购置财产的决定；

3. 公司订立重要合同，可能对公司的资产、负债、权益和经营成果产生重要影响；

4. 公司发生重大债务和未能清偿到期重大债务的违约情况；

5. 公司发生重大亏损或者重大损失；

6. 公司生产经营的外部条件发生的重大变化；

7. 公司的董事、三分之一以上监事或者经理发生变动；

8. 持有公司百分之五以上股份的股东或者实际控制人，其持有股份或者控制公司的情况发生较大变化；

9. 公司减资、合并、分立、解散及申请破产的决定；

10. 涉及公司的重大诉讼，股东大会、董事会决议被依法撤销或者宣告无效；

11. 公司涉嫌犯罪被司法机关立案调查，公司董事、监事、高级管理人员涉嫌犯罪被司法机关采取强制措施；

12. 国务院证券监督管理机构规定的其他事项。

四、禁止的交易行为

(一)内幕交易行为

证券交易活动中，凡涉及公司的经营、财务或者对该公司证券的市场价格有重大影响的尚未公开的信息，为内幕信息。证券交易内幕信息的知情人员利用内幕信息进行证券交易的行为即为内幕交易。《证券法》第七十三条规定，禁止证券交易内幕信息的知情人和非法获取内幕信息的人利用内幕信息从事证券交易活动。

证券交易内幕信息的知情人包括:发行人的董事、监事、高级管理人员;持有公司百分之五以上股份的股东及其董事、监事、高级管理人员,公司的实际控制人及其董事、监事、高级管理人员;发行人控股的公司及其董事、监事、高级管理人员;由于所任公司职务可以获取公司有关内幕信息的人员;证券监督管理机构工作人员以及由于法定职责对证券的发行、交易进行管理的其他人员;保荐人、承销的证券公司、证券交易所、证券登记结算机构、证券服务机构的有关人员;国务院证券监督管理机构规定的其他人。

下列信息皆属内幕信息:《证券法》第六十七条第二款所列重大事件;公司分配股利或者增资的计划;公司股权结构的重大变化;公司债务担保的重大变更;公司营业用主要资产的抵押、出售或者报废一次超过该资产的百分之三十;公司的董事、监事、高级管理人员的行为可能依法承担重大损害赔偿责任;上市公司收购的有关方案;国务院证券监督管理机构认定的对证券交易价格有显著影响的其他重要信息。

内幕交易行为给投资者造成损失的,行为人应当依法承担赔偿责任。

(二)操纵市场行为

操纵市场是指证券交易机构或者个人以不正当手段操纵证券交易价格以获取利益或者减少损失的行为。

下列行为为操纵市场:单独或者通过合谋,集中资金优势、持股优势或者利用信息优势联合或者连续买卖,操纵证券交易价格或者证券交易量;与他人串通,以事先约定的时间、价格和方式相互进行证券交易,影响证券交易价格或者证券交易量;在自己实际控制的账户之间进行证券交易,影响证券交易价格或者证券交易量;以其他手段操纵证券市场。

操纵证券市场行为给投资者造成损失的,行为人应当依法承担赔偿责任。

(三)制造虚假信息行为

制造虚假信息包括编造、传播虚假信息和进行虚假陈述或信息误导两种情况。《证券法》规定,禁止国家工作人员、传播媒介从业人员和有关人员编造、传播虚假信息,扰乱证券市场。禁止证券交易所、证券公司、证券登记结算机构、证券服务机构及其从业人员,证券业协会、证券监督管理机构及其工作人员,在证券交易活动中作出虚假陈述或者信息误导。各种传播媒介传播证券市场信息必须真实、客观,禁止误导。

(四)欺诈客户行为

欺诈客户是指证券经营机构及其从业人员,在证券交易中诱骗投资者买卖证券以及其他违背投资者真实意愿、损害客户利益的行为。

欺诈客户行为主要有:违背客户的委托为其买卖证券;不在规定时间内向客户提供交易的书面确认文件;挪用客户所委托买卖的证券或者客户账户上的资金;未经客户的委托,擅自为客户买卖证券,或者假借客户的名义买卖证券;为牟取佣金收入,诱使客户进行不必要的证券买卖;利用传播媒介或者通过其他方式提供、传播虚假或者误导投资者的信息;其他违背客户真实意思表示,损害客户利益的行为。

欺诈客户行为给客户造成损失的,行为人应当依法承担赔偿责任。

(五)其他有关规定

《证券法》规定,依法拓宽资金入市渠道,禁止资金违规流入股市。禁止法人非法利用他人账户从事证券交易;禁止法人出借自己或者他人的证券账户。禁止任何人挪用公款买卖证券。国有企业和国有资产控股的企业买卖上市交易的股票,必须遵守国家有关规定。

证券交易所、证券公司、证券登记结算机构、证券服务机构及其从业人员对证券交易中发现的禁止的交易行为，应当及时向证券监督管理机构报告。

案例分析：

刘某为甲公司的董事。甲公司与乙公司签订一购销合同，甲公司在预先支付了数额巨大的货款后得知，乙公司已经严重亏损，资不抵债，没有任何履约能力，且甲公司的预付款已被当地银行划走抵充银行欠款。刘某得知这一消息，认为此次公司损失巨大，必定会影响本公司股票价格。他首先将自己手中的本公司股票抛售，还建议好友王某等人也抛出该股票。半月后，甲乙公司购销合同事宜通过媒体向社会公布，消息一出，甲公司股价跌落50%。问：(1)刘某的行为是什么违法行为？(2)我国法律规定的该违法行为的主体包括哪些人？(3)依据《证券法》，应对刘某如何处理？

第四节　上市公司收购

一、上市公司收购的概念和方式

上市公司收购是指收购人通过在证券交易所的股份转让活动持有一个上市公司的股份达到一定的比例，通过证券交易所股份转让活动以外的其他合法方式控制一个上市公司的股份达到一定程度，导致其获得或者可能获得对该公司的实际控制权的行为。

所谓取得对上市公司的实际控制权是指：

(一)在一个上市公司股东名册中持股数量最多，但是有相反证据的除外；

(二)能够行使、控制一个上市公司的表决权超过该公司股东名册中持股数量最多的股东；

(三)持有、控制一个上市公司股份、表决权的比例达到或者超过30%，但是有相反证据的除外；

(四)通过行使表决权能够决定一个上市公司董事会半数以上成员当选；

(五)中国证监会认定的其他情形。

我国证券法规定，投资者可以采取要约收购、协议收购及其他合法方式收购上市公司。

二、《证券法》关于上市公司收购的主要内容

(一)上市公司收购中的报告与信息披露

1. 报告与信息披露的前提

根据《证券法》规定，通过证券交易所的证券交易，投资者持有或者通过协议、其他安排与他人共同持有一个上市公司已发行的股份达到百分之五时，应当在该事实发生之日起三日内，向国务院证券监督管理机构、证券交易所作出书面报告，通知该上市公司，并予公告；在上述期限内，不得再行买卖该上市公司的股票。

投资者持有或者通过协议、其他安排与他人共同持有一个上市公司已发行的股份达到百分之五后，其所持该上市公司已发行的股份比例每增加或者减少百分之五，应当依照前述规定进行报告和公告。在报告期限内和作出报告、公告后二日内，不得再行买卖该上市公司的股票。

2. 报告与信息披露的内容

依照前述规定所作的书面报告和公告，应当包括下列内容：

(1)持股人的名称、住所；

(2)持有的股票的名称、数额；

(3)持股达到法定比例或者持股增减变化达到法定比例的日期。

(二)要约收购

要约收购，是指收购人通过向拟收购公司的管理层和股东发出购买其所持该公司股份的书面意思表示，并按照其依法公告的收购要约所规定的收购条件、价格、期限以及其他规定事项，收购该公司股份的收购方式。要约收购不需要事先征得拟收购公司管理层的同意。

《证券法》规定，通过证券交易所的证券交易，投资者持有或者通过协议、其他安排与他人共同持有一个上市公司已发行的股份达到百分之三十时，继续进行收购的，应当依法向该上市公司所有股东发出收购上市公司全部或者部分股份的要约。对于收购人来说，其要约义务是强制的。

收购上市公司部分股份的收购要约应当约定，被收购公司股东承诺出售的股份数额超过预定收购的股份数额的，收购人按比例进行收购。

要约收购的主要程序包括：收购人向国务院证券监督管理机构、证券交易所报送上市公司收购报告书；收购人在报送上市公司收购报告书之日起十五日后，公告其收购要约，收购要约约定的收购期限不得少于三十日，并不得超过六十日；受要约人承诺；股份转让；报告并公告收购结果。

在收购要约确定的承诺期限内，收购人不得撤销其收购要约，但可以变更。收购人需要变更收购要约的，必须事先向国务院证券监督管理机构及证券交易所提出报告，经批准后，予以公告。

收购要约提出的各项收购条件，适用于被收购公司的所有股东。

采取要约收购方式的，收购人在收购期限内，不得卖出被收购公司的股票，也不得采取要约规定以外的形式和超出要约的条件买入被收购公司的股票。

(三)协议收购

协议收购，是指收购人与拟收购公司的股东依照法律、行政法规的规定，以协议方式进行股份转让的收购方式。协议收购必须事先与拟收购公司股东达成书面的股份转让协议。

以协议方式收购上市公司时，达成协议后，收购人必须在三日内将该收购协议向国务院证券监督管理机构及证券交易所作出书面报告，并予公告。在公告前不得履行收购协议。

采取协议收购方式的，收购人收购或者通过协议、其他安排与他人共同收购一个上市公司已发行的股份达到百分之三十时，继续进行收购的，应当向该上市公司所有股东发出收购上市公司全部或者部分股份的要约。但是，经国务院证券监督管理机构免除发出要约的除外。收购人依照上述规定以要约方式收购上市公司股份，应当遵守《证券法》有关要约收购的规定。

(四)上市公司收购后有关事项的处理

收购期限届满，被收购公司股权分布不符合上市条件的，该上市公司的股票应当由证券交易所依法终止上市交易；其余仍持有被收购公司股票的股东，有权向收购人以收购要约的同等条件出售其股票，收购人应当收购。收购上市公司中由国家授权投资的机构持有的股份，应当按照国务院的规定，经有关主管部门批准。

收购行为完成后，被收购公司不再具备股份有限公司条件的，应当依法变更企业形式。在上市公司收购中，收购人持有的被收购的上市公司的股票，在收购行为完成后的十二个月内不得转让。

收购行为完成后，收购人与被收购公司合并，并将该公司解散的，被解散公司的原有股票由收购人依法更换。收购行为完成后，收购人应当在十五日内将收购情况报告国务院证券监督管理机构和证券交易所，并予公告。

第五节　证券经营、中介及监管机构

一、证券交易所

（一）证券交易所的概念

证券交易所是为证券集中交易提供场所和设施，组织和监督证券交易，实行自律管理的法人。证券交易所有会员制证券交易所和公司制证券交易所两种形式。会员制证券交易所是以会员协会形式成立的不以营利为目的的法人组织，其会员主要为证券商，只有会员以及有特许权的经纪人才有资格在交易所中交易。会员制证券交易所实行会员自治、自律、自我管理。目前多数国家的证券交易所都实行会员制，如日本东京证券交易所、法国巴黎证券交易所等。公司制证券交易所是以营利为目的的公司法人。公司制证券交易所是由投资者以营利为目的组建的股份有限公司，交易所对在本所内的证券交易负有担保责任。我国香港联合证券交易所、英国伦敦证券交易所等就是公司制证券交易所。

我国上海和深圳证券交易所均为会员制证券交易所，是不以营利为目的的法人。依据《证券法》规定，证券交易所可以自行支配的各项费用收入，应当首先用于保证其证券交易场所和设施的正常运行并逐步改善。实行会员制的证券交易所的财产积累归会员所有，其权益由会员共同享有，在其存续期间，不得将其财产积累分配给会员。

（二）证券交易所的设立与组织机构

证券交易所的设立和解散，由国务院决定。设立证券交易所必须制定章程。证券交易所章程的制定和修改，必须经国务院证券监督管理机构批准。

证券交易所必须在其名称中标明证券交易所字样，其他任何单位或者个人不得使用证券交易所或者近似的名称。

证券交易所设理事会，理事会是证券交易所的决策机构，目前每届任期 3 年。证券交易所设总经理一人，由国务院证券监督管理机构任免。总经理为证券交易所的法定代表人，主持证券交易所的日常管理工作。

证券交易所可根据需要设立专门委员会，如证券发行审核委员会、监察委员会等。

（三）证券交易所的法定职责

证券交易所的法定职责主要有：为组织公平的证券集中交易提供场所与设施保障；公布证券交易即时行情，并按交易日制作证券市场行情表，予以公布；制订交易规则；对证券交易实行实时监控，并按照国务院证券监督管理机构的要求，对异常的交易情况提出报告；核准证券上市申请；安排证券上市交易，办理证券暂停上市、终止上市、恢复上市；因突发性事件而影响证券交易的正常进行时，证券交易所可以采取技术性停牌的措施；因不可抗力的突发性事件或者为维护证券交易的正常秩序，证券交易所可以决定临时停市等等。

二、证券公司

证券公司是指依照《公司法》和《证券法》规定设立的经营证券业务的有限责任公司或者股份有限公司。证券公司作为特殊的公司，《证券法》对证券公司的设立、运行和业务范围等进行了特殊的规定：

（一）设立条件和程序特殊

证券公司所从事的证券经营业务本身存在很高的风险，必须实现安全运行。为了保护广大投资人的利益，维护证券市场的安全和稳定，《证券法》对设立证券公司的条件与程序作了较一般公司要严格得多的规定。《证券法》规定，设立证券公司，必须经国务院证券监督管理机构审查批准。未经国务院证券监督管理机构批准，任何单位和个人不得经营证券业务。

设立证券公司，应当具备下列条件：

1. 有符合法律、行政法规规定的公司章程；

2. 主要股东具有持续盈利能力，信誉良好，最近三年无重大违法违规记录，净资产不低于人民币二亿元；

3. 有符合本法规定的注册资本；

4. 董事、监事、高级管理人员具备任职资格，从业人员具有证券从业资格；

5. 有完善的风险管理与内部控制制度；

6. 有合格的经营场所和业务设施；

7. 法律、行政法规规定的和经国务院批准的国务院证券监督管理机构规定的其他条件。

证券公司必须在其名称中标明证券有限责任公司或者证券股份有限公司字样。

（二）业务范围特殊

证券公司是专门经营证券业务的公司。经国务院证券监督管理机构批准，证券公司可以经营下列部分或者全部业务：

1. 证券经纪；

2. 证券投资咨询；

3. 与证券交易、证券投资活动有关的财务顾问；

4. 证券承销与保荐；

5. 证券自营；

6. 证券资产管理；

7. 其他证券业务。

（三）从业人员资格特殊

证券公司的董事、监事、高级管理人员，应当正直诚实，品行良好，熟悉证券法律、行政法规，具有履行职责所需的经营管理能力，并在任职前取得国务院证券监督管理机构核准的任职资格。有《中华人民共和国公司法》第一百四十七条规定的情形或者下列情形之一的，不得担任证券公司的董事、监事、高级管理人员：

1. 因违法行为或者违纪行为被解除职务的证券交易所、证券登记结算机构的负责人或者证券公司的董事、监事、高级管理人员，自被解除职务之日起未逾五年；

2. 因违法行为或者违纪行为被撤销资格的律师、注册会计师或者投资咨询机构、财务顾问机构、资信评级机构、资产评估机构、验证机构的专业人员，自被撤销资格之日起未逾五年。

因违法行为或者违纪行为被开除的证券交易所、证券登记结算机构、证券服务机构、证券公司的从业人员和被开除的国家机关工作人员，不得招聘为证券公司的从业人员。国家机关工作人员和法律、行政法规规定的禁止在公司中兼职的其他人员，不得在证券公司中兼任职务。

（四）经营管理特殊

证券公司应当根据《公司法》和《证券法》的规定建立和完善公司法人治理结构，建立健全管理制度和内部控制与业务隔离制度，实行董事会制度、信息披露制度制度、交易风险准备金制度，自觉防范和化解经营风险。证券公司不得为其股东或者股东的关联人提供融资或者担保。

《证券法》要求国务院证券监督管理机构应当对证券公司的净资本，净资本与负债的比例，净资本与净资产的比例，净资本与自营、承销、资产管理等业务规模的比例，负债与净资产的比例，以及流动资产与流动负债的比例等风险控制指标作出规定。证券公司应当按照规定向国务院证券监督管理机构报送业务、财务等经营管理信息和资料。

三、证券登记结算机构

证券登记结算机构是为证券交易提供集中登记、存管与结算服务，不以营利为目的的法人。

设立证券登记结算机构应当具备下列条件，并经经国务院证券监督管理机构批准：自有资金不少于人民币二亿元；具有证券登记、存管和结算服务所必须的场所和设施；主要管理人员和从业人员必须具有证券从业资格；国务院证券监督管理机构规定的其他条件。

证券登记结算机构的名称中应当标明证券登记结算字样。

证券登记结算机构履行下列职能：证券账户、结算账户的设立；证券的存管和过户；证券持有人名册登记；证券交易所上市证券交易的清算和交收；受发行人的委托派发证券权益；办理与上述业务有关的查询；国务院证券监督管理机构批准的其他业务。

证券登记结算采取全国集中统一的运营方式。证券持有人持有的证券，在上市交易时，应当全部存管在证券登记结算机构。

四、证券服务机构

证券服务机构是指为证券交易提供证券投资咨询和资产评估等服务的机构，包括投资咨询机构、财务顾问机构、资信评级机构、资产评估机构、会计师事务所及律师事务所等。

证券服务机构从事证券服务业务应按照国务院证券监督管理机构和有关主管部门制定的审批管理办法审批。投资咨询机构、财务顾问机构、资信评级机构从事证券服务业务的人员，必须具备证券专业知识和从事证券业务或者证券服务业务二年以上经验。

证券服务机构为证券的发行、上市、交易等证券业务活动制作、出具审计报告、资产评估报告、财务顾问报告、资信评级报告或者法律意见书等文件，应当勤勉尽责，对所依据的文件资料内容的真实性、准确性、完整性进行核查和验证。其制作、出具的文件有虚假记载、误导性陈述或者重大遗漏，给他人造成损失的，应当与发行人、上市公司承担连带赔偿责任，但是能够证明自己没有过错的除外。

五、证券业协会

证券业协会是证券业的自律性组织，是社会团体法人。协会的宗旨是根据发展社会主义市场经济的要求，贯彻执行国家有关方针、政策和法规，发挥政府与证券经营机构之间的桥梁和纽带作用，促进证券业的开拓发展，加强证券业的自律管理，维护会员的合法权益，建立和完善具有中国特色的证券市场体系。

中国证券业协会于1991年8月28日成立，总部设在北京。证券业协会的权力机构为全体会员组成的会员大会。证券业协会章程由会员大会制定，并报国务院证券监督管理机构备案。证券业协会设理事会。理事会成员依章程的规定由选举产生。《证券法》规定，证券公司应当加入证券业协会。

证券业协会履行下列职责：教育和组织会员遵守证券法律、行政法规；依法维护会员的合法权益，向证券监督管理机构反映会员的建议和要求；收集整理证券信息，为会员提供服务；制定会员应遵守的规则，组织会员单位的从业人员的业务培训，开展会员间的业务交流；对会员之间、会员与客户之间发生的证券业务纠纷进行调解；组织会员就证券业的发展、运作及有关内容进行研究；监督、检查会员行为，对违反法律、行政法规或者协会章程的，按照规定给予纪律处分；证券业协会章程规定的其他职责。

六、证券监督管理机构

（一）证券监督管理机构的概念

《证券法》规定："国务院证券监督管理机构依法对证券市场实行监督管理，维护证券市场秩序，保障其合法运行。"这里所称国务院证券监督管理机构就是指中国证券监督管理委员会。中国证券监督管理委员会是国务院直属事业单位，是全国证券期货市场的主管部门。

（二）国务院证券监督管理机构的职责

《证券法》规定，国务院证券监督管理机构在对证券市场实施监督管理中履行下列职责：

1. 依法制定有关证券市场监督管理的规章、规则，并依法行使审批或者核准权；
2. 依法对证券的发行、上市、交易、登记、存管、结算，进行监督管理；
3. 依法对证券发行人、上市公司、证券公司、证券投资基金管理公司、证券服务机构、证券交易所、证券登记结算机构的证券业务活动，进行监督管理；
4. 依法制定从事证券业务人员的资格标准和行为准则，并监督实施；
5. 依法监督检查证券发行、上市和交易的信息公开情况；
6. 依法对证券业协会的活动进行指导和监督；
7. 依法对违反证券市场监督管理法律、行政法规的行为进行查处；
8. 法律、行政法规规定的其他职责。

国务院证券监督管理机构可以和其他国家或者地区的证券监督管理机构建立监督管理合作机制，实施跨境监督管理。

国务院证券监督管理机构依法履行职责，有权采取下列措施：

1. 对证券发行人、上市公司、证券公司、证券投资基金管理公司、证券服务机构、证券交易所、证券登记结算机构进行现场检查；
2. 进入涉嫌违法行为发生场所调查取证；
3. 询问当事人和与被调查事件有关的单位和个人，要求其对与被调查事件有关的事项作出说明；

4. 查阅、复制与被调查事件有关的财产权登记、通讯记录等资料；

5. 查阅、复制当事人和与被调查事件有关的单位和个人的证券交易记录、登记过户记录、财务会计资料及其他相关文件和资料；对可能被转移、隐匿或者毁损的文件和资料，可以予以封存；

6. 查询当事人和与被调查事件有关的单位和个人的资金账户、证券账户和银行账户；对有证据证明已经或者可能转移或者隐匿违法资金、证券等涉案财产或者隐匿、伪造、毁损重要证据的，经国务院证券监督管理机构主要负责人批准，可以冻结或者查封；

7. 在调查操纵证券市场、内幕交易等重大证券违法行为时，经国务院证券监督管理机构主要负责人批准，可以限制被调查事件当事人的证券买卖，但限制的期限不得超过十五个交易日；案情复杂的，可以延长十五个交易日。

国务院证券监督管理机构依法履行职责，进行监督检查或者调查，其监督检查、调查的人员不得少于二人，并应当出示合法证件和监督检查、调查通知书。监督检查、调查的人员少于二人或者未出示合法证件和监督检查、调查通知书的，被检查、调查的单位有权拒绝。

国务院证券监督管理机构依法履行职责，被检查、调查的单位和个人应当配合，如实提供有关文件和资料，不得拒绝、阻碍和隐瞒。国务院证券监督管理机构依法履行职责，发现证券违法行为涉嫌犯罪的，应当将案件移送司法机关处理。

（三）国务院证券监督管理机构的内部管理

国务院证券监督管理机构工作人员必须忠于职守，依法办事，公正廉洁，不得利用职务便利牟取不正当利益，不得泄露所知悉的有关单位和个人的商业秘密。国务院证券监督管理机构的人员不得在被监管的机构中任职。

国务院证券监督管理机构依法制定的规章、规则和监督管理工作制度应当公开。国务院证券监督管理机构依据调查结果，对证券违法行为作出的处罚决定，应当公开。

国务院证券监督管理机构应当与国务院其他金融监督管理机构建立监督管理信息共享机制。

第六节　违反证券法行为的法律责任

一、违法责任主体

《证券法》规定的法律责任主体主要有：证券发行人、发行人的控股股东、实际控制人、保荐人、信息披露义务人、内幕知情人员、禁止参与股票交易的人员、有证券从业资格的会计师事务所、资产评估机构、律师事务所、证券交易所、证券公司、证券登记结算机构及其从业人员、证券服务机构及其从业人员、证券监督管理机构的工作人员、证券协会的工作人员、其他国家工作人员等等。

二、主要的证券违法行为

《证券法》规定应当承担法律责任的证券违法行为主要有：

（一）发行人及上市公司的法律责任：未经法定机关核准，擅自公开或者变相公开发行证券的；发行人不符合发行条件，以欺骗手段骗取发行核准的；证券公司承销或者代理买卖未经核准擅自公开发行的证券的；证券公司承销证券进行虚假的或者误导投资者的广告或者其他宣传推介活动、以不正当竞争手段招揽承销业务、其他违反证券承销业务规定的行为；保荐人出具有虚假记载、误导性陈述或者重大遗漏的保荐书，或者不履行其他法定职责的；发行人、上市公司或者其他信息披露义务人未按照规定披露信息，或者所披露的信息有虚假记载、误导性陈述或者重大遗漏的；发行人、上市公司或者其他信息披露义务人未按照规定报送有关报告，或者报送的报告有虚假记载、误导性陈述或者重大遗漏的；发行人、上市公司擅自改变公开发行证券所募集资金的用途的；上市公司的董事、监事、高级管理人员、持有上市公司股份百分之五以上的股东，违法买卖本公司股票的。

（二）证券经营、中介及监管机构的法律责任：非法开设证券交易场所的；未经批准，擅自设立证券公司或者非法经营证券业务的；违反本法规定，聘任不具有任职资格、证券从业资格的人员的；法律、行政法规规定禁止参与股票交易的人员，直接或者以化名、借他人名义持有、买卖股票的；证券交易所、证券公司、证券登记结算机构、证券服务机构的从业人员或者证券业协会的工作人员，故意提供虚假资料，隐匿、伪造、篡改或者毁损交易记录，诱骗投资者买卖证券的；为股票的发行、上市、交易出具审计报告、资产评估报告或者法律意见书等文件的证券服务机构和人员，违法买卖股票等行为。

三、法律责任的形式与追究程序

《证券法》规定的承担法律责任的主要形式有：责令停止、责令改正、责令依法处理、责令关闭、退还资金、依法赔偿、取缔、撤销证券任职或者从业资格、暂停或者撤销相关业务许可、暂停或者撤销自营业务许可、吊销公司营业执照、警告、依治安管理处罚、没收、行政处分、刑事处分等等。其中罚款有的是在一定标准内按一定比例罚款，最高达20%；有的按一定标准的倍数罚款，最高达五倍；有的按金额罚款，最高达人民币六十万元；有的是按非法买卖证券等值以下罚款。违反《证券法》规定，构成犯罪的，依法追究刑事责任。

违反法律、行政法规或者国务院证券监督管理机构的有关规定，情节严重的，国务院证券监督管理机构可以对有关责任人员采取证券市场禁入的措施。所谓证券市场禁入，是指在一定期限内直至终身不得从事证券业务或者不得担任上市公司董事、监事、高级管理人员的制度。

违反《证券法》规定，应当承担民事赔偿责任和缴纳罚款、罚金，其财产不足以同时支付时，先承担民事赔偿责任。依法收缴的罚款和没收的违法所得，全部上缴国库。

当事人对证券监督管理机构或者国务院授权的部门的处罚决定不服的，可以依法申请行政复议，或者依法直接向人民法院提起诉讼。

基本训练

一、单项选择题

1. 为股票发行出具审计报告、资产评估报告或者法律意见书等文件的专业机构和人员，在该股票承销期内和期满后（　　）内，不得买卖该种股票。

A. 3个月　　B. 5个月　　C. 6个月　　D. 8个月

2. 根据有关法律规定，下列各项中，应当终止股票上市交易的情形是（　　）。

A. 公司股本总额为人民币5000万元

B. 持有股票面值达1000元以上的股东人数不少于1000人

C. 向社会公开发行的股份达公司股份总数的25%以上

D. 收购要约期满之后，收购人持有的被收购公司的股份数达到该公司已发行的股份总数的75%以上

3. 根据相关法律规定，以下有关公司债券的各项规定中，错误的是(　　)。

A. 公司债券的期限为1年以上

B. 公司债券实际发行额不少于人民币5000万

C. 累计债券总额不超过公司净资产额的40%

D. 公司最近3年连续亏损的，应暂停上市交易

4. 通过证券交易所的证券交易，投资者持有或者通过协议、其他安排与他人共同持有一个上市公司已发行的股份达到(　　)时，应当在该事实发生之日起(　　)日内，向国务院证券监督管理机构、证券交易所作出书面报告，通知该上市公司，并予公告；在上述期限内，不得再行买卖该上市公司的股票。(　　)

A. 5% 7　　B. 5% 3　　C. 10% 3　　D. 5% 5

5. 根据我国现行法律规定，证券交易所的总经理由下列哪个机构任免？(　　)。

A. 证券业协会　　B. 国务院证券监督管理机构

C. 证券交易所会员大会　　D. 证券交易所理事会

二、多项选择题

1. 有下列情形之一的，不得再次公开发行公司债券(　　)。

A. 前一次公开发行的公司债券尚未募足；

B. 对已公开发行的公司债券有违约或者延迟支付本息的事实，仍处于继续状态；

C. 反《中华人民共和国证券法》规定，改变公开发行公司债券所募资金的用途。

D. 董事长个人有巨额贷款

2. 上市公司有下列(　　)情形的，由国务院证券监督管理机构决定暂停其股票上市。

A. 公司的股本总额、股权分布等发生变化，不再具备上市条件

B. 公司不按规定公开其财务状况，或者对其财务会计报告作虚假记载

C. 公司有重大违法行为

3. 根据《证券法》的规定，证券业应与(　　)分业经营。

A. 信托业　　B. 银行业　　C. 保险业　　D. 房地产业

4. 根据我国《证券法》规定，属于内幕信息的有(　　)。

A. 公司股利分配　　B. 公司股权结构的重大变化

C. 收购其他公司的方案　　D. 公司一次性报废资产超过营业资产30%

5. 下列行为中，(　　)是损害客户利益的欺诈行为。

A. 向客户传播能影响证券交易的虚假信息；

B. 假借客户的名义买卖证券

C. 不在规定时间内向客户提供交易的书面确认文件

D. 违背客户的委托为其买卖证券

三、案例分析

1. A上市公司自股票上市以来连续盈利，每年向股东支付股利，且最近3年财务会计文

件无虚假记载，也没有其他重大违法行为。2012 年 6 月，A 公司拟增发新股，并决定选择 B 证券公司作为 A 公司增发新股的承销商承担承销业务。A 公司向 B 证券公司说明公司 11 位董事中有 4 位董事因反对此次新股发行而辞职，但 B 证券公司为确保新股发行工作的顺利进行，决定暂不公布该情况，并与某报记者宋成化联系，为 A 公司发行新股大做文章。宋成化撰稿报道该次发行新股的目的是为了扩大经营范围，A 公司决定向高科技领域投资生产。A 公司新股发行工作如期成功进行。B 证券公司集中资金优势连续大量购进 A 公司股票，致使 A 公司股票连续涨停，其中投资者王某通过购买 A 公司股票而持有的 A 公司已发行的股份的比重达 8%。直到年度报告披露之时，A 公司预报亏损，原来向高科技领域投资的计划子虚乌有。此时，A 公司股票价格大跌。王某在年报预亏公告前从 B 证券公司得知预亏信息，遂将自己持有的 A 公司股票全部卖出，获利颇丰，但很多中小投资者则损失惨重。

根据上述内容回答下列问题：

(1)B 证券公司购买 A 公司股票的行为是否合法？说明理由。

(2)A 公司应披露的重大事件包括哪些内容？说明理由。

(3)投资者王某的行为是否合法？说明理由。

(4)中小投资者的损失应如何处理？说明理由。

(5)记者宋成化的行为是否合法？说明理由。

2. 甲上市公司最近三年连续盈利，且每年向股东支付股利。2011 年甲公司拟增发新股，并决定选择乙证券公司作为甲公司增发新股的承销商承担承销业务。甲公司向乙公司说明公司 11 位董事中有 4 位董事因反对此次新股发行而辞职。但乙公司为确保新股发行工作的顺利进行，决定暂不公布该情况，并与某报记者赵某联系，为甲公司发行新股大做文章，报道该次发行新股的目的是为了扩大经营范围，甲公司决定向高科技领域投资生产。甲公司新股发行工作如期成功进行。

乙公司集中资金优势连续大量购进甲公司股票，致使甲公司股票连续涨停，公司股票价格从新股发行时的 10 元上升至 30 元。投资者情绪高涨，其中投资者钱某通过购买甲公司股票而持有的甲公司已发行的股份的比重达 6%。直到年报披露之时，甲公司预报亏损，原来向高科技领域投资的计划子虚乌有。此时，甲公司股票价格大跌。钱某在年报预亏公告前得知该信息并将自己持有得甲公司股票全部卖出，获利颇丰，但中小投资者则损失惨重。

要求:根据上述事实，分别回答下列问题：

(1)甲公司是否具有发行新股得条件？

(2)乙公司购买甲公司股票的行为是否合法？

(3)甲公司应披露的重大事件包括哪些内容？

(4)投资者钱某的行为是否合法？

(5)中小投资者的损失应如何处理？

(6)记者赵某的行为是否合法？

■ 情境六　破产法

学习目标

	能力目标	知识目标
容易	能够准确判定破产法的适用范围	理解破产的概念及破产法的调整对象
容易	能够对企业是否具备破产原因进行分析，认定	掌握企业的破产原因
适中	能够对实践活动中企业破产申请的提出，受理，进行分析	熟悉破产申请的主体，掌握破产申请的受理及法律后果
适中	能够准确判定管理人的职责	了解管理人的概念、任职条件及管理人的职责
较难	能够对具体企业的破产财产范围进行实际分析，对破产宣告的条件进行判定	掌握破产财产的范围，破产宣告的条件及破产程序的终结
较难	能够对债权人会议及债权人委员会的职责进行辨析	掌握债权人会议及债权人委员会的职权，破产财产的变价和分配
较难	能够正确分析、解决企业重整、和解程序中所发生的问题	了解重整、和解的概念及特点，掌握重整申请的提出主体，和解协议的执行

能力训练项目

企业破产中的法律问题

飞达有限责任公司是生产电视机的中外合资企业，于2000年5月成立。该厂在开业初的几年里年年略有盈利。2011年3月，为扩大生产规模，提高经济效益，该厂向中国工商银行某分行贷款1500万元用于开发生产电冰箱和洗衣机。2011年5月，因公司主管人员和经办人员玩忽职守，造成了1500万元贷款被骗。与该厂有业务往来的单位和个人得知此消息后，纷纷中止与该厂的业务合同，该厂的债权人也纷纷上门索取到期债权，该厂因此陷入困境，出现严重支付不能的状态，生产经营难以继续。部分债权人见索款无望，于2011年8月10日向人民法院申请宣告飞达公司破产。

人民法院经分析认为飞达公司的到期债务已超过其全部资产，达到了破产界限，于2011年8月16日了受理此案，同时指定了管理人，于2011年8月20日向电视机厂发出了通知，并在报上发表公告，要求该公司的所有债权人申报债权。

飞达公司得知自己被债权人申请破产后，对自己的经营水平、方向和前景进行了的分析，认为本厂资不抵债的主要原因在于贷款被骗，因此尚有挽救的可能。所以于2011年9月15日向人民法院提出重整的申请，同时也向债权人会议提出了和解协议草案。

法院接到飞达公司的重整申请后，认为重整申请符合法律规定，裁定债务人重整，重整计划草案经债权人会议讨论同意，经法院审查认可，飞达公司中止破产程序进行重整。

在债务人重整期间由于原材料涨价，电视机价格调整，公司领导人更换等原因，该公司的经济状况越来越恶化。债权人会议要求停止重整，宣告该厂破产，人民法院裁定终止重整程序，宣告债务人破产。

管理人接管飞达公司后，在清理其债权债务过程中，有如下事项：

(1)2010年4月，飞达公司向乙公司采购原材料而欠乙公司80万元货款未付。2011年3月，飞达公司与乙公司双方签订一份还款协议，该协议约定：飞达公司于2011年9月10日前偿还所欠乙公司货款及利息共计87万元，并以飞达公司所属一间厂房作抵押。还款协议签订后，双方办理了抵押登记。乙公司在债权申报期内就上述债权申报了债权。

(2)2010年6月，丙公司向A银行借款120万元，借款期限为1年。飞达公司以所属部分设备为丙公司提供抵押担保，并办理了抵押登记。借款到期后，丙公司未能偿还A银行贷款本息。经飞达公司、丙公司和A银行协商，飞达公司用于抵押的设备被依法变现，所得价款全部用于偿还A银行，但尚有20万元借款本息未能得到清偿。

(3)2010年7月，飞达公司与丁公司签订了一份广告代理合同，该合同约定：丁公司代理发布飞达公司产品广告；期限2年；一方违约，应当向另一方承担违约金20万元。至飞达公司破产申请被受理时，双方均各自履行了部分合同义务。

(4)2010年8月，飞达公司向李某购买一项专利，尚欠李某19万元专利转让费未付。李某之子小李创办的戊公司曾于2010年11月向飞达公司采购一批电子产品，尚欠飞达公司货款21万元未付。人民法院受理飞达公司破产申请后，李某与戊公司协商一致，戊公司在向李某支付19万元后，取得李某对飞达公司的19万元债权。戊公司向管理人主张以19万元债权抵销其所欠飞达公司相应的债务。

能力训练步骤

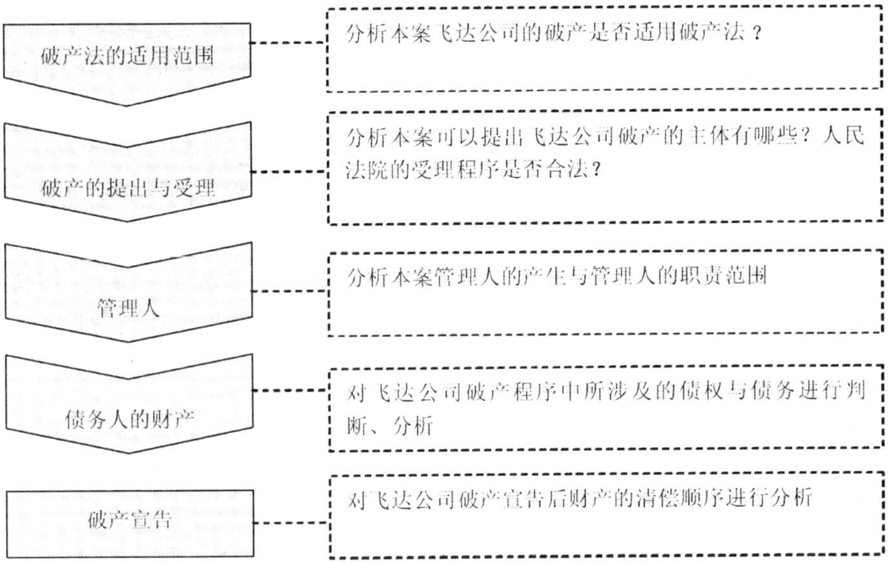

第一节 破产法概述

一、破产的概念与特征

“破产”一词，来源于拉丁文的“Falletux”，其本意为“失败”，破产制度最早源于罗马法中的债务执行制度，后在意大利的相关法中商人破产制度得以确立。

破产是指债务人不能清偿到期债务，并且资产不足以清偿其全部债务或明显缺乏偿债能力，在法院的审理与监督下，强制清算其全部财产，公平清偿全体债权人的法律制度。破产清算是破产法中的基本制度，主要具有以下特征：

（一）破产是一种特殊的偿债程序

当债务人的全部或部分债务到期，债务人不能全部清偿时，如果债务人仅为一人，债务纠纷可按普通民事诉讼程序一对一的进行解决；但如果有两个以上或者更多的债权人，这种方式就会导致混乱和不公平，是纠纷不能有效的解决。破产作为一种特殊的偿债程序表现在：第一，破产还债按照破产法规定的特定程序进行；第二，破产是以债务人的全部财产作为清偿全体债权人的物质基础，并且清偿是一次性的；第三，清偿程序结束后，债务人主体资格消灭。未偿还的债务不予偿还。

（二）破产以债务人不能清偿到期债务为前提

虽然对破产的法定原因或条件各国的规定不尽相同，但都将债务人不能清偿到期债务作为破产的基本前提。因为只有当债务人不能清偿到期债务时，才会严重影响债权人利益的实现，妨碍民事经济活动的安全。

（三）破产的目的主要是使债权人的债权得到公平清偿

在现代市场经济活动中，一个债务人往往有多个债权人，债权债务普遍存在，当债务人的财产不足以清偿多个到期债权时，债权人分别行使权利就会使同一顺序的多个债权人难以获得同等的受偿机会。破产制度将债务人的全部财产集中起来，依法定顺序和债权比例分配给各个债权人，不能清偿的部分也由各债权人共同分担损失，从而使债权人的债权得到较为公平的清偿。

（四）破产是在法院的主持和监督下依法定程序实施的债务清理程序

破产关系到债权人的利益能否公平实现和债务人"生死存亡"的大事，因此，破产必须在法院的主持和监督下依法定程序进行。为规范债务人的破产行为，维护债权人和债务人的合法权益，实行债务人破产制度的国家都制定有专门的破产法，法院在受理、主持和监督债务人破产时必须严格执行破产法的相关规定。破产程序优于一般民事执行程序。

二、我国破产法的立法概况

破产法是指债务人不能清偿到期债务，并且资产不足以抵偿其全部债务，或者明显缺乏清偿能力的情况下，在人民法院的审理与监督下，强制清算其全部财产，公平清偿全体债权人或通过和解，重整程序，避免债务人破产的法律规范的总称。

为促进我国企业法人自主经营，改善经营状况，提高经济效益，保护债权人、债务人的合法权益，全国人民代表大会分别于 1986 年 12 月和 1991 年 4 月制定了《中华人民共和国企业破产法(试行)》(以下简称旧《企业破产法》)和《中华人民共和国民事诉讼法》(以下简称《民事诉讼法》)，对我国企业法人的破产行为进行了规定。旧《破产法》的立法对象是全民所有制企业，后来《民事诉讼法》又将范围扩大到所有的法人型企业。

在现代市场经济中，各国都特别注重破产立法，德国、日本近年根据企业发展情况纷纷修改破产法，我国旧破产法律体系的存在与市场经济的发展矛盾重重，已经不能适应现代社会需要。因此，1994 年 3 月，第八届全国人大财经委员会根据第八届全国人大常委会立法规划开始组织新破产法的起草工作，在 2004 年 6 月新《破产法》草案首次提交人大常委会审议，历时两年，终于在 2006 年 8 月 27 日第十届全国人民代表大会常务委员会第二十三次会议通过，自 2007 年 6 月 1 日起施行，从而完善了我国在破产方面的立法缺陷。

三、破产法的适用范围

企业破产法适用于所有的企业法人，与原有的破产法律制度的调整范围相同，同时该法 135 条还规定:其他法律规定企业法人以外的组织的清算，属于破产清算的，参照适用本法规定的程序，扩大了破产法的适用范围，以适应社会主义市场经济调整的需要。

第二节　破产申请与受理

一、破产原因

破产原因，也称破产界限，是申请人向人民法院申请债务人破产，以及人民法院据以裁定是否受理该申请的客观标准，是启动破产程序的法律依据，在破产程序中具有重要地位。

《企业破产法》第2条规定："债务人不能清偿到期债务，并且资产不足以清偿全部债务或者明显缺乏清偿能力的，依照本法规定清理债务。"因此破产原因有两种情况，第一，债务人在不能清偿到期债务的同时资产不足以清偿全部债务，主要适用于债务人主动申请破产的情况；第二，债务人在不能清偿到期债务的同时明显缺乏清偿能力，适用于债权人申请破产的情况。对相关概念我们可以通过下表理解：

不能清偿到期债务	债务人所欠债务已到偿还期限，并未实际履行，不能清偿到期债务应是处于连续状态，而不是因一时的资金周转困难等问题暂时的、短期的不能清偿。
资产不足清偿全部债务	也称资不抵债，是指企业因经营管理不善，市场变化等原因出现亏损，导致其全部资产不足清偿全部债务。
明显缺乏清偿能力	债务人的资产状况表明其明显不具有清偿全部债务的能力，具体表现为多次拖欠他人债务长期不予归还，资产多体现为积压产品，或只能以某些实物偿付债务。

二、申请与受理

（一）破产申请的主体及管辖

申请主体	条件	申请适用的程序	管辖法院
债务人	债务人不能清偿到期债务，并且资产不足以清偿全部债务或者明显缺乏清偿能力	重整、和解和破产清算申请	债务人住所地的中级人民法院管辖
债权人	债务人不能清偿到期债务并且明显缺乏清偿能力	对债务人进行重整或破产清算申请	
依法负有清算责任的人	企业法人已解散但未清算或者未清算完毕，资产不足以清偿债务的	破产清算申请	

（二）破产申请的形式

根据《企业破产法》第8条的规定，当事人向人民法院提出破产申请，应当提交破产申请书和有关证据。破产申请书应当载明下列事项：

1. 申请人、被申请人的基本情况；
2. 申请目的；
3. 申请的事实和理由；
4. 人民法院认为应当载明的其他事项。

债务人提出申请的，还应当向人民法院提交财产状况说明、债务清册、债权清册、有关财务会计报告、职工安置预案以及职工工资的支付和社会保险费用的缴纳情况。由于债务人在破产后并没有安置职工的义务，因此负有此项义务的是地方人民政府，所以以上要求提交的职工安置预案实际上应当由地方人民政府制定。

债权人申请债务人破产亦应提供相关的材料供人民法院审查，但债权人毕竟不能详尽了解债务人的全部情况，因此，对于债权人提出破产申请一般不像对债务人那样要求详尽的材料，而只要求提供与自己债权有关的情况和相关证据。

人民法院受理破产申请前，申请人可以请求撤回申请。

（三）申请的受理

申请	债权人提出破产申请的，人民法院应当自收到申请之日起5日内通知债务人。
	债务人对申请有异议的，应当自收到人民法院的通知之日起7日内向人民法院提出。人民法院应当自异议期满之日起10日内裁定是否受理。
	除上述情形外，人民法院应当自收到破产申请之日起15日内裁定是否受理。
	有特殊情况需要延长前两款规定的裁定受理期限的，经上一级人民法院批准，可以延长15日。
受理	人民法院受理破产申请的，应当自裁定作出之日起5日内送达申请人。
	债权人提出申请的，人民法院应当自裁定作出之日起5日内送达债务人。债务人应当自裁定送达之日起15日内，向人民法院提交有关文件。
	人民法院裁定受理破产申请的，应当同时指定管理人。
	人民法院应当自裁定受理破产申请之日起25日内通知已知债权人，并予以公告。
不受理	人民法院裁定不受理破产申请的，应当自裁定作出之日起5日内送达申请人并说明理由。
	申请人对裁定不服的，可以自裁定送达之日起10日内向上一级人民法院提起上诉。
受理后驳回	人民法院受理破产申请后至破产宣告前，经审查发现债务人不符合法律规定情形的，可以裁定驳回申请。

（四）受理后的公告与债务人的义务

破产程序是债权人集中行使权利，集中受偿的程序，法院由于客观情况不能保证所有的债权人都能得到单独通知，对于一些潜在债权人（如债务人故意隐瞒负债或担保情况）的利益就很难得到保障，因此公告就可以弥补通知的不足。《企业破产法》第14条规定，人民法院受理破产申请的，应当于受理申请之日起25日内通知已知债权人，并予以公告，通知和公告应当载明下列事项：

1. 申请人、被申请人的名称或者姓名；
2. 人民法院受理破产申请的时间；
3. 申报债权的期限、地点和注意事项；
4. 管理人的名称或者姓名及其处理事务的地址；

5. 债务人的债务人或者财产持有人应当向管理人清偿债务或者交付财产的要求；

6. 第一次债权人会议召开的时间和地点；

7. 人民法院认为应当通知和公告的其他事项。

《企业破产法》第 15 条规定，自人民法院受理破产申请的裁定送达债务人之日起至破产程序终结之日，债务人的有关人员承担下列义务：

1. 妥善保管其占有和管理的财产、印章和账簿、文书等资料；

2. 根据人民法院、管理人的要求进行工作，并如实回答询问；

3. 列席债权人会议并如实回答债权人的询问；

4. 未经人民法院许可，不得离开住所地；

5. 不得新任其他企业的董事、监事、高级管理人员。

《企业破产法》对债务人在破产程序中义务的规定，是确保破产程序顺利进行的关键，这些义务在破产程序启动时产生，在整个破产程序期间都适用，由于我国破产法未规定自然人的破产能力，因此破产法关于债务人义务的规定适用于债务人的法定代表人；经人民法院决定，也可以包括企业的董事会成员，财务管理人员和其他经营管理人员。

三、债权的申报与确认

(一)债权申报的概念与期限

债权申报是指债务人的债权人在接到人民法院关于破产申请的受理裁定或看到公告后，向人民法院依破产程序申报债权并依法取得受偿地位的行为。

债权申报期限自人民法院发布受理破产申请公告之日起计算，最短不得少于30 日，最长不得超过 3 个月。在人民法院确定的债权申报期限内，债权人向管理人申报债权，债权人未申报债权的，可以在破产财产最后分配前补充申报；但是，此前已进行的分配，不再对其补充分配。为审查和确认补充申报债权的费用，由补充申报人承担 。

(二)债权申报的特殊情况

1. 职工债权，债务人所欠职工的工资和医疗、伤残补助、抚恤费用，所欠的应当划入职工个人账户的基本养老保险、基本医疗保险费用，以及法律、行政法规规定应当支付给职工的补偿金，不必申报 ，由管理人调查后列出清单并予以公示。职工对清单记载有异议的，可以要求管理人更正；管理人不予更正的，职工可以向人民法院提起诉讼。

2. 连带债权，连带债权人可以由其中一人代表全体连带债权人申报债权，也可以共同申报债权。债务人的保证人或者其他连带债务人已经代替债务人清偿债务的，以其对债务人的求偿权申报债权。债务人的保证人或者其他连带债务人尚未代替债务人清偿债务的，以其对债务人的将来求偿权申报债权。但是，债权人已经向管理人申报全部债权的除外。连带债务人数人被裁定适用《企业破产法》规定的程序的，其债权人有权就全部债权分别在各破产案件中申报债权。

3. 债权人申报债权时，应当书面说明债权的数额和有无财产担保，并提交有关证据。申报的债权是连带债权的，应当说明。

4. 未到期的债权，在破产申请受理时视为到期；附利息的债权自破产申请受理时起停止计息。

5. 附条件、附期限的债权和诉讼、仲裁未决的债权，债权人可以申报。

6. 管理人依照《企业破产法》规定解除合同的，对方当事人以因合同解除所产生的损害赔偿请求权申报债权。可申报的债权以实际损失为限，违约金不属于破产债权。

7. 债务人是委托合同的委托人，被裁定适用《企业破产法》规定的程序，受托人不知该事实，继续处理委托事务的，受托人以由此产生的请求权申报债权。

8. 债务人是票据的出票人被裁定破产，该票据的付款人继续付款或者承兑的，付款人以由此产生的请求权申报债权。

案例分析：

星光大酒店因经营管理不善，亏损严重，于2007年6月2日申请破产，法院受理其破产申请后债权人纷纷申报债权，提出如下给付请求：(1)赵某于2006年5月被该酒店保安人员殴打致伤，住院治疗8个月，要求赔偿医疗费8730元。(2)因该酒店歌舞厅提供三陪服务被查处，市公安局于2007年2月26日对其做出处罚决定：罚款1万元。(3)某旅行社与该酒店签订的合同，因酒店未按约定履行，旅行社要求赔偿由此造成的损失18000元。(4)该酒店经理以酒店名义借用某公司小轿车一辆供其亲属使用，现该公司要求返还。

请问哪些能够成为破产债权？

(三)债权的确认

管理人收到债权申报材料后，应当登记造册，对申报的债权进行审查，并编制债权表。债权表和债权申报材料由管理人保存，供利害关系人查阅。

管理人编制的债权表，应当提交第一次债权人会议核查。债务人、债权人对债权表记载的债权无异议的，列入债权表，债权表由人民法院裁定确认。债务人、债权人对债权表记载的债权有异议的，可以向受理破产申请的人民法院提起诉讼。

第三节　管理人与债务人财产

一、管理人

(一)管理人的概念

所谓管理人，是指在企业破产程序中负责债务人财产管理及其他事务的当事人。《企业破产法》规定管理人可以由有关部门、机构的人员组成的清算组或者依法设立的律师事务所、会计师事务所、破产清算事务所等社会中介机构担任。人民法院根据债务人的实际情况，可以在征询有关社会中介机构的意见后，指定该机构具备相关专业知识并取得执业资格的人员担任管理人。

(二)管理人的资格

管理人由人民法院在受理破产案件时指定。管理人依法执行职务，向人民法院报告工作，并接受债权人会议和债权人委员会的监督。

管理人应当列席债权人会议，向债权人会议报告职务执行情况，并回答询问。债权人会议认为管理人不能依法、公正执行职务或者有其他不能胜任职务情形的，可以申请人民法院予以更换。有下列情形之一的不得担任管理人：

1. 因故意犯罪受过刑事处罚；

2. 曾被吊销相关专业执业证书；

3. 与本案有利害关系；

4. 人民法院认为不宜担任管理人的其他情形。

（三）管理人的任职回避

对管理人的指定直接影响到债务人的财产管理和破产事务的处理，因此意义重大。除上述不得担任管理人的规定外，我国最高人民法院还于 2007 年 4 月 12 日颁布了《最高人民法院关于审理企业破产案件指定管理人的规定》的司法解释，对于与案件有利害关系的情形进行了规范。

根据该司法解释第二十三条规定，社会中介机构、清算组成员有下列情形之一，可能影响其忠实履行管理人职责的，人民法院可以认定为有利害关系：

1. 与债务人、债权人有未了结的债权债务关系；

2. 在人民法院受理破产申请前三年内，曾为债务人提供相对固定的中介服务；

3. 现在是或者在人民法院受理破产申请前三年内曾经是债务人、债权人的控股股东或者实际控制人；

4. 现在担任或者在人民法院受理破产申请前三年内曾经担任债务人、债权人的财务顾问、法律顾问；

5. 人民法院认为可能影响其忠实履行管理人职责的其他情形。

第二十四条还规定，清算组成员的派出人员、社会中介机构的派出人员、个人管理人有下列情形之一，可能影响其忠实履行管理人职责的，可以认定为有利害关系：

1. 具有本规定第二十三条规定情形；

2. 现在担任或者在人民法院受理破产申请前三年内曾经担任债务人、债权人的董事、监事、高级管理人员；

3. 与债权人或者债务人的控股股东、董事、监事、高级管理人员存在夫妻、直系血亲、三代以内旁系血亲或者近姻亲关系；

4. 人民法院认为可能影响其公正履行管理人职责的其他情形。

在进入指定管理人程序后，社会中介机构或者个人发现与本案有利害关系的，应主动申请回避并向人民法院书面说明情况。人民法院认为社会中介机构或者个人与本案有利害关系的，不应指定该社会中介机构或者个人为本案管理人。

社会中介机构或者个人有重大债务纠纷或者因涉嫌违法行为正被相关部门调查的，人民法院不应指定该社会中介机构或者个人为本案管理人。

（四）管理人的职责

1. 接管债务人的财产、印章和账簿、文书等资料；调查债务人财产状况，制作财产状况报告；决定债务人的内部管理事务；决定债务人的日常开支和其他必要开支；在第一次债权人会议召开之前，决定继续或者停止债务人的营业；管理债务人的财产；代表债务人参加诉讼、仲裁或者其他法律程序；提议召开债权人会议；人民法院认为管理人应当履行的其他职责。

2. 对破产申请受理前成立而债务人和对方当事人均未履行完毕的合同，有权决定是否解除或者继续履行；自人民法院裁定债务人重整之日起 6 个月内，向人民法院和债权人会议提交重整计划草案；拟订破产财产变价方案；拟订破产财产分配方案；实施对债务人财产有重大影响行为时，如不动产所有权、采矿权、土地使用权、知识产权等财产权以及全部库存或者营业的转让、借款、设定财产担保、收回担保物等，应及时报告债权人委员会，经其许可；未设债权人委员会的，应报告人民法院。在第一次债权人会议召开前，管理人有上述行为之一的，应征得法院许可。

案例分析：

2007年8月5日人民法院受理了长兴公司的破产申请同时指定了管理人，2007年9月9日该公司以董事会名义发布了《关于长兴公司债权债务情况的声明》，对此管理人表示异议，请分析此时该公司可以以董事会名义发表声明吗？

二、债务人财产

（一）债务人财产的概念

债务人的财产是指破产申请受理时属于债务人的全部财产，破产申请受理后至破产程序终结前债务人取得的财产，以及应当由债务人行使的其他财产。已经作为担保物的财产也属于破产财产。

（二）破产程序中的撤销权与无效行为

1. 撤销权

撤销权是指管理人对债务人在法院受理破产申请前一定期限内所为的有损于债务人财产从而损害破产债权人利益的行为，有权请求法院予以撤销，使其归于无效的权利。破产法中规定撤销权主要是考虑在企业失去偿债能力的情况下，债权人与债务人存在着严重的信息不对称，债务人有可能在失去清偿能力的情况下，通过形式上合法的财产处分行为，实际损害债权人的利益，法律赋予管理人对不当行为的撤销权，是对不公平行为的一种纠正。可撤销行为的种类有以下几种：

	适用范围	处理办法
撤销权	法院受理破产申请前1年内有权请求撤销的行为	（1）无偿转让财产的。 （2）以明显不合理的价格进行交易的。 （3）对没有财产担保的债务提供财产担保的。 （4）对未到期的债务提前清偿的。 （5）放弃债权的。
	法院受理破产申请前6月内有权请求撤销的行为	债务人有不能清偿到期债务，并且资产不足以清偿全部债务或者明显缺乏清偿能力，仍对个别债权人进行清偿的；但个别清偿使债务人财产受益的除外。

2. 无效行为

《企业破产法》第33条规定：涉及债务人财产的下列行为无效：为逃避债务而隐匿、转移财产的、虚构债务或者承认不真实的债务的。

3. 债务人财产的收回

（1）人民法院受理破产申请后，债务人的出资人尚未完全履行出资义务的，管理人应当要求该出资人缴纳所认缴的出资，而不受出资期限的限制。

（2）债务人的董事、监事和高级管理人员利用职权从企业获取的非正常收入和侵占企业财产，管理人应当追回。

(3)人民法院受理破产申请后，管理人可以通过清偿债务或者提供为债权人接受的担保，取回质物、留置物。

(三)取回权

取回权是指人民法院受理破产申请后，债务人占有的不属于债务人的财产，该财产的权利人不必经过破产清算程序，可以通过管理人直接取回的权利。

取回权分为一般取回权和特别取回权，一般取回权通常只限于有原物存在，则可以取回原物；原物不存在的只能享有破产债权，但可构成代位权的除外。特别取回权是指《企业破产法》第39条规定人民法院受理破产申请时，出卖人已将买卖标的物向作为买受人的债务人发运，债务人尚未收到且未付清全部价款的，出卖人可以取回在运途中的标的物。但是，管理人可以支付全部价款，请求出卖人交付标的物。

(四)抵销权

债权人在破产申请受理前对债务人负有债务的，可以向管理人主张抵销。

1.抵销权的行使应当符合下列要求：

(1)债权人对债务人负有债务，且债权人对债务人所负债务产生于破产申请受理之前。

(2)抵销必须由债权人主动向管理人提出行使，管理人不得主动主张债务抵销。

(3)抵销权必须在破产清算分配之前行使，以免延误破产程序进行。

(4)附条件的债权进行破产抵销要受到一定的限制。

案例分析：

甲公司与乙公司某年7月1日签订房屋租赁合同，约定甲公司将五间房子出租乙公司，经营期限为5年，自当年7月5日计算租期，每年租金为10万元，每年支付一次，在当年10月双方签订买卖合同，由乙公司向甲公司提供货物，乙公司为出卖方，甲公司为买方。甲公司支付货款为20万元。2008年7月13日，其他债权人申请甲公司破产，指定管理人对甲公司债权债务和财产清理与清算，乙公司向管理人申报债权时提出以其所欠甲公司某年10万元债物，以甲公司欠其10万元债务相抵销，租赁合同解除，剩余10万元货款做为债权予以申报。乙公司要求是否符合规定?

2.有下列情形之一的，不得抵销：

债务人的债务人在破产申请受理后取得他人对债务人的债权的。债权人已知债务人有不能清偿到期债务或者破产申请的事实，对债务人负担债务的；但是，债权人因为法律规定或者在破产申请1年前所发生的原因而负担债务的除外。债务人的债务人已知债务人有不能清偿到期债务或者破产申请的事实，对债务人取得债权的；但是，债务人的债务人因为法律规定或者在破产申请1年前所发生的原因而取得债权的除外。

三、破产费用和共益债务

(一)破产费用

破产费用是指人民法院受理破产申请后，为破产程序的顺利进行及在对债务人财产的管理、变价、分配过程中，必须支付的且用债务人财产优先支付的费用。破产费用必须是在破产程序开始后发生的；破产费用必须是为全体债权人的共同利益而支出的；破产费用的目的在于保障破产程序顺利进行。人民法院受理破产申请后发生的下列费用为破产费用：

1.破产案件的诉讼费用。

2. 管理、变价和分配债务人财产的费用。

3. 管理人执行职务的费用、报酬和聘用工作人员的费用。

（二）共益债务

共益债务是指人民法院受理破产申请后，管理人为全体债权人的共同利益，管理债务人财产时所负担或产生的债务，以及因债务人财产而产生的，以债务人财产优先支付的债务。人民法院受理破产申请后发生的下列债务，为共益债务：

1. 因管理人或者债务人请求对方当事人履行双方均未履行完毕的合同所产生的债务；

2. 债务人财产受无因管理所产生的债务；

3. 因债务人不当得利所产生的债务；

4. 为债务人继续营业而应支付的劳动报酬和社会保险费用以及由此产生的其他债务；

5. 管理人或者相关人员执行职务致人损害所产生的债务；

6. 债务人财产致人损害所产生的债务。

案例分析：

人民法院受理了甲企业的破产案件，受理之前，甲企业与乙企业曾签订了一项买卖合同，甲向乙购买价值50万元的货物，但双方截至人民法院受理破产案件时仍未履行，管理人接管企业后，要求乙企业继续提供货物，甲由此需要支付的50万元属于何种支出？

（三）破产费用和共益债务的清偿

破产费用和共益债务的清偿，按照下列原则进行：破产费用和共益债务由债务人财产随时清偿。债务人财产不足以清偿所有破产费用和共益债务的，先行清偿破产费用。债务人财产不足以清偿所有破产费用或者共益债务的，按照比例清偿。债务人财产不足以清偿破产费用的，管理人应当提请人民法院终结破产程序。人民法院应当自收到请求之日起15日内裁定终结破产程序，并予以公告。

第四节　债权人会议

一、债权人会议的概念和组成

（一）债权人会议的概念

债权人会议是由全体债权人组成，以保障债权人的共同利益为目的，为实现债权人的破产程序参与权，讨论决定有关破产事宜，表达债权人意志，协调债权人行为的破产议事机构。

债权人会议不是独立的民事主体，只是具有自治性质的机构；债权人会议不是常设机构，而是临时机构；债权人会议仅为决议机构，无执行功能。

（二）债权人会议的组成

《企业破产法》规定，依法申报债权的债权人为债权人会议的成员，有权参加债权人会议，享有表决权。债权尚未确定的债权人，除人民法院能够为其行使表决权而临时确定债权额的外，不得行使表决权；对债务人的特定财产享有担保权的债权人，未放弃优先受偿权利的，其对通过和解协议和破产财产的分配方案的事项不享有表决权。

债权人会议应当有债务人的职工和工会的代表参加，对有关事项发表意见，但他们没有表决权。

债权人会议设主席 1 人，由人民法院从有表决权的债权人中指定，通常是无优先权的债权人。债权人会议主席主持债权人会议。

二、债权人会议的召集与职权

（一）债权人会议的召集

第一次债权人会议由人民法院召集，自债权申报期限届满之日起 15 日内召开。以后的债权人会议，在人民法院认为必要时，或者管理人、债权人委员会、占债权总额 1/4 以上的债权人向债权人会议主席提议时召开。召开债权人会议，管理人应当提前 15 日通知已知的债权人。

（二）债权人会议的职权

债权人会议行使下列职权：

1. 核查债权。
2. 申请人民法院更换管理人，审查管理人的费用和报酬。
3. 监督管理人。
4. 选任和更换债 权人委员会成员。
5. 决定继续或者停止债务人的营业。
6. 通过重整计划。
7. 通过和解协议。
8. 通过债务人财产的管理方案。
9. 通过破产财产的 变价方案。
10. 通过破产财产的分配方案。
11. 人民法院认为应当由债权人会议行使的其他职权。

债权人会议应当对所议事项的决议作成会议记录。

债权人会议的决议，由出席会议的有表决权的债权人过半数通过，并且其所代表的债权额占无财产担保债权总额的 1/2 以上。但法律另有规定的除外。债权人会议的决议，对全体债权人均有法律约束力。债权人认为债权人会议的决议违反法律规定，损害其利益的，可以自债权人会议作出决议之日起 15 日内，请求人民法院裁定撤销该决议，责令债权人会议依法重新作出决议。

债权人会议通过债务人财产的管理方案以及破产财产的变价方案等事项时，经债权人会议表决未通过的，由人民法院裁定。债权人对人民法院作出的裁定不服的，可以自裁定宣布之日或者收到通知之日起 15 日内向该人民法院申请复议。

债权人会议通过破产财产的分配方案事项时，经债权人会议两次表决仍未通过的，由人民法院裁定。债权额占无财产担保债权总额 1/2 以上的债权人对人民法院作出的裁定不服的，可以自裁定宣布之日或者收到通知之日起 15 日内向该人民法院申请复议。

三、债权人委员会

债权人会议可以决定设立债权人委员会。债权人委员会由债权人会议选任的债权人代表和 1 名债务人的职工代表或者工会代表组成。成员不得超过 9 人。债权人委员会行使下列职权：

（一）监督债务人财产的管理和处分。

（二）监督破产财产分配。

申请时间	可以提出申请的主体
尚未进入破产程序时	债权人或债务人
受理破产清算申请后、破产宣告前	债务人、出资额占债务人注册资本 10% 以上的出资人

（三）提议召开债权人会议。

（四）债权人会议委托的其他职权。

思一思：

人民法院受理了永安公司的破产申请，债权人依法申报债权后，人民法院召集了第一次债权人会议，在这次会议上债权人选任了债权人委员会的成员，后来法院认为债权人委员会中的甲不能胜任职务，裁定将其撤换，甲对此表示异议，请问法院可以撤换债权人委员会成员吗？

《企业破产法》还规定，管理人实施的下列行为，应当及时向债权人委员会报告：

1. 涉及土地、房屋等不动产权益的转让；
2. 探矿权、采矿权、知识产权等财产权的 转让；
3. 全部库存或者营业的转让；
4. 借款；
5. 设定财产担保；
6. 债权和有价证券的转让；
7. 履行债务人和对方当事人均未履行完毕的合同；
8. 放弃权利；
9. 担保物的取回；
10. 对债权人利益有重大影响的其他财产处分行为。

第五节　重整与和解

一、重整

（一）重整的概念

重整是指当企业法人不能清偿到期债务时，不立即对其进行破产清算，而是在人民法院的主持下，由债务人与债权人达成协议，制定债务人重整计划，使债务人继续营业，并在一定期限内清偿全部或者部分债务的制度。重整通过改善企业的经营管理，使之解决无法还债的问题，对陷入困境的企业，进行从产权、资本结构到内部管理、经营战略等多方面的调整和变更，使之恢复经营，使债务人、债权人的利益得到更好的维护。

重整英文称之为 reorganization，日文称之为“更生”，它是使濒临破产的企业起死回生的重要手段，在这个过程中必须做大量的工作，及处理好各种关系，为此需要一整套制度，对于重整有的国家通过专门的立法加以规定。

（二）重整的申请与重整期间

1. 重整的申请

申请时间	可以提出申请的主体
尚未进入破产程序时	债权人或债务人
受理破产清算申请后、破产宣告前	债务人、出资额占债务人注册资本 10% 以上的出资人

2. 重整期间

自人民法院裁定债务人重整之日起至重整程序终止，为重整期间。

（1）在重整期间，经债务人申请，人民法院批准，债务人可以在管理人的监督下自行管理财产和营业事务。

（2）在重整期间，对债务人的特定财产享有的担保权暂停行使。但是，担保物有损坏或者价值明显减少的可能，足以危害担保权人权利的，担保权人可以向人民法院请求恢复行使担保权。

（3）在重整期间，债务人或者管理人为继续营业而借款的，可以为该借款设定担保 。

（4）债务人合法占有的他人财产，该财产的权利人在重整期间要求取回的，应当符合事先约定的条件。

（5）在重整期间，债务人的出资人不得请求投资收益分配。

（6）在重整期间，债务人的董事、监事、高级管理人员不得向第三人转让其持有的债务人的股权。但是，经人民法院同意的除外。

（三）重整计划的制定与批准

1. 重整计划的制定

（1）债务人自行管理财产和营业事务的，由债务人制作重整计划草案。管理人负责管理财产和营业事务的，由管理人制作重整计划草案。

（2）重整计划草案应当包括下列内容：

①债务人的经营方案；

②债权分类；

③债权调整方案；

④债权受偿方案；

⑤重整计划的执行期限；

⑥重整计划执行的监督期限；

⑦有利于债务人重整的其他方案。

（3）债务人或者管理人应当自人民法院裁定债务人重整之日起 6 个月内，同时向人民法院和债权人会议提交重整计划草案。期限届满，经债务人或者管理人请求，有正当理由的，人民法院可以裁定延期 3 个月。

(4)债务人或者管理人未按期提出重整计划草案的，人民法院应当裁定终止重整程序，并宣告债务人破产。

2. 重整计划的批准

(1)债权人参加讨论重整计划草案的，依照下列债权分类，分组对重整计划草案进行表决。

①对债务人的特定财产享有担保权的债权；

② 债务人所欠职工的工资和医疗、伤残补助、抚恤费用，所欠的应当划入职工个人账户的基本养老保险、基本医疗保险费用，以及法律、行政法规规定应当支付给职工的补偿金；

③债务人所欠税款；

④普通债权。

人民法院在必要时可以决定在普通债权组中设小额债权组对重整计划草案进行表决。

(2)重整计划不得规定减免债务人欠缴的特定的社会保险费用；该项费用的债权人不参加重整计划草案的表决。

(3)人民法院应当自收到重整计划草案之日起30日内召开债权人会议，对重整计划草案进行表决。

出席会议的同一表决组的债权人过半数同意重整计划草案，并且其所代表的债权额占该组债权总额的2/3以上的，即为该组通过重整计划草案。债务人或者管理人应当向债权人会议就重整计划草案作出说明，并回答询问。

(4)各表决组均通过重整计划草案时，重整计划即为通过。自重整计划通过之日起10日内，债务人或者管理人应当向人民法院提出批准重整计划的申请。人民法院经审查认为符合法律规定的，无恶意损害少数债权人利益等情形的，应当自收到申请之日起30日内裁定批准，终止重整程序，并予以公告。

(5)部分表决组未通过重整计划草案的，债务人或者管理人可以同未通过重整计划草案的表决组协商。该表决组可以在协商后再表决一次。双方协商的结果不得损害其他表决组的利益。

(6)未通过重整计划草案的表决组拒绝再次表决或者再次表决仍未通过重整计划草案，但重整计划草案符合特定条件的，债务人或者管理人可以申请人民法院批准重整计划草案。

(7)人民法院经审查认为重整计划草案符合规定的，应当自收到申请之日起30日内裁定批准，终止重整程序，并予以公告。

(8)重整计划草案未获得通过且未依照法律规定获得人民法院的强制批准，或者已通过的重整计划未获得批准的，人民法院应当裁定终止重整程序，并宣告债务人破产。

(四)重整计划的执行

1. 重整计划由债务人负责执行。人民法院裁定批准重整计划后，已接管财产和营业事务的管理人应当向债务人移交财产和营业事务。

2. 经人民法院裁定批准的重整计划，对债务人和全体债权人均有约束力。债权人对债务人的保证人和其他连带债务人所享有的权利，不受重整计划的影响。

3. 债务人不能执行或者不执行重整计划的，人民法院经管理人或者利害关系人请求，应当裁定终止重整计划的执行，并宣告债务人破产。

4. 人民法院裁定终止重整计划执行的，债权人在重整计划中作出的债权调整的承诺失去效力。债权人因执行重整计划所受的清偿仍然有效，债权未受清偿的部分作为破产债权。上述债权人，只有在其他同顺位债权人同自己所受的清偿达到同一比例时，才能继续接受分配。

5. 按照重整计划减免的债务，自重整计划执行完毕时起，债务人不再承担清偿责任。

（五）重整计划的监督

重整计划中应当规定监督期限。自人民法院裁定批准重整计划之日起，在重整计划规定的监督期内，由管理人监督重整计划的执行。

1. 在监督期内，债务人应当向管理人报告重整计划执行情况和债务人财务状况。

2. 监督期届满时，管理人应当向人民法院提交监督报告。自监督报告提交之日起，管理人的监督职责终止。

3. 管理人向人民法院提交的监督报告，重整计划的利害关系人有权查阅。

4. 经管理人申请，人民法院可以裁定延长重整计划执行的监督期限。

（六）重整计划的终止

重整是为了挽救企业，但并不是所有的企业通过重整都能挽救成功，在重整期间，由于一些主观或客观的原因，可能使重整没有进行下去的必要，或者进行下去不仅不能救活企业，反而给债权人的利益造成更大的损害，在重整期间，有下列情形之一的，经管理人或者利害关系人请求，人民法院应当裁定终止重整程序，并宣告债务人破产。

1. 债务人的经营状况和财产状况继续恶化，缺乏挽救的可能性；

2. 债务人有欺诈、恶意减少债务人财产或者其他显著不利于债权人的行为；

3. 由于债务人的行为致使管理人无法执行职务。

二、和解

（一）和解的概念和特征

和解是指为了避免破产宣告或破产分配，由债务人提出和解申请及和解协议草案，债权人会议讨论通过并经法院许可的，解决债权人、债务人之间的债权债务问题的制度。和解具有以下特征：

1. 和解只能由债务人一方提出。债务人以外的任何人不得提出和解程序，法院也不能依职权开始和解程序。

2. 和解的成立要以债权人会议的双重多数表决通过。

3. 债权人会议通过和解协议的，要由人民法院裁定认可。

4. 和解有优先破产清算程序的效力。在破产程序开始前债务人可直接向法院申请和解，就能够有效阻止法院宣告债务人破产，在破产程序进行中成立的和解，破产程序将中止。

5. 破产法上的和解没有强制执行力。债务人不履行和解协议时，债权人只能向法院申请终止和解协议，宣告其破产，不能要求强制执行。

（二）和解协议的提出与通过

债务人可以依法直接向人民法院申请和解；也可以在人民法院受理破产申请后、宣告债务人破产前，向人民法院申请和解。债务人申请和解，应当提出和解协议草案。

人民法院经审查认为和解申请符合规定的，应当裁定和解，予以公告，并召集债权人会议讨论和解协议草案。对债务人的特定财产享有担保权的权利人，自人民法院裁定和解之日起可以行使权利。

债权人会议通过和解协议的决议，由出席会议的有表决权的债权人过半数同意，并且其所代表的债权额占无财产担保债权总额的2/3以上。对债务人的特定财产享有担保权的债权人，对此事项没有表决权。

债权人会议通过和解协议的，由人民法院裁定认可，终止和解程序，并予以公告。和解协议草案经债权人会议表决未获得通过，或者已经债权人会议通过的和解协议未获得人民法院认可的，人民法院应当裁定终止和解程序，并宣告债务人破产。

(三)和解的效力

1. 经人民法院裁定认可的和解协议，对债务人和全体和解债权人均有约束力。

2. 和解债权人对债务人的保证人和其他连带债务人所享有的权利，不受和解协议的影响。

3. 和解协议没有强制执行的效力。债务人不履行和解协议时，债权人只能向法院申请终止和解协议，宣告其破产，而不能提起对和解协议的强制执行程序。

(四)和解协议的终止

人民法院裁定终止和解协议执行的，和解债权人在和解协议中作出的债权调整的承诺失去效力，但债务人方面为和解协议的执行提供的担保继续有效。和解债权人因执行和解协议所受的清偿仍然有效，和解债权未受清偿的部分作为破产债权。上述债权人只有在其他债权人同自己所受的清偿达到同一比例时，才能继续接受破产财产分配。

因债务人的欺诈或者其他违法行为而成立的和解协议，人民法院应当裁定无效，并宣告债务人破产。

债务人不能执行或不执行和解协议的，人民法院经和解债权人请求，应当裁定终止和解协议的执行，并宣告债务人破产。债务人不能执行或不执行和解协议的行为有：

拒不执行或迟延执行和解协议的；财务状况继续恶化，足以影响和解协议的执行的；给个别债权人和解协议以外的特殊利益的；转移、隐匿、私分财产的；非正常压价出售财产的，对原来没有财产担保的债务提供担保的，对未到期的债权提前清偿的。

第六节　破产清算程序

思一思：

赵立大学毕业后应聘到本市的热力公司工作，亲戚朋友都十分高兴，认为热力公司属于国有公用企业，是金饭碗不会存在经营不善破产倒闭的情况，请谈谈你的看法。

一、破产宣告

破产宣告是指人民法院根据当事人的申请或依法定职权裁定宣告债务人进入破产清算程序，通过该程序清理债权债务关系的活动。

根据《企业破产法》的规定，有下列情形之一的，人民法院应当以书面裁定宣告债务人进入破产清算程序：

(一)债务人不能清偿到期债务，并且资产不足以清偿全部债务或明显缺乏偿债能力的债务人可以直接向人民法院提出破产清算申请；

（二）债务人不能清偿到期债务，债权人可以向人民法院提出对债务人进行破产清算的申请；

（三）企业法人已经解散进行清算或清算完毕，资产不足以清偿债务的，依法负有清算责任的人应当向人民法院申请破产清算；

（四）在重整期间，具备法定情形的，经利害关系人申请，人民法院审理确认后，应当裁定终止重整程序，宣告债务人破产；

（五）在和解期间，具备法定情形的，人民法院应当裁定宣告债务人破产。人民法院宣告债务人破产，应当自裁定作出之日起5日内送达债务人和管理人，自裁定作出之日起10内通知已知债权人，并予以公告。但破产宣告前，有下列情形之一的，人民法院应当裁定终结破产程序，并予以公告：

1. 第三人为债务人提供足额担保或者为债务人清偿全部到期债务的。

2. 债务人已清偿全部到期债务的。

二、破产财产的变价

（一）由管理人及时拟定破产财产变价方案

根据《企业破产法》的规定，破产财产的分配以货币分配为基本方式，因此在破产宣告后，管理人应当及时拟订破产财产变价方案，提交债权人会议讨论通过。变价方案，即破产财产中的非货币财产进行变价的具体方案，破产法的立法宗旨就是通过破产程序最大程度满足各债权人的合法权益，因此破产财产的变价方案，应在最大程度上使破产财产保值增值，实现价值最大化。

（二）破产财产变价方案的执行

管理人应当按照债权人会议通过的或者人民法院裁定的破产财产变价方案，适时变价出售破产财产。

（三）破产财产变价出售的方式

由于破产财产的变价关系到其价值最大化，直接决定债权人利益的多少，因此《企业破产法》规定变价出售破产财产应当通过拍卖方式进行，拍卖是一种公平合理的出售方式，可以避免其他出售方式中可能存在的弄虚作假问题，最主要的是可以使破产财产的价值最大化。破产企业可以全部或者部分变价出售。企业变价出售时，可以将其中的无形资产和其他财产单独变价出售。

按国家规定不能拍卖或限制转让的财产，应当按照国家规定的方式处理。

二、破产财产的分配

（一）别除权

《企业破产法》条规定，对破产人的特定财产享有抵押权、质权或留置权等担保权的权利人，对该特定财产享有优先受偿的权利。此种权利在破产法理论上称为别除权。

1. 有财产担保的债权仍属于破产债权，担保物仍属于破产财产。因此，有财产担保的债权人仍应当申报债权，未依法申报者不得依照破产法规定的程序行使权利。

2. 别除权人的优先受偿权的行使不受破产清算与和解程序的限制，但在重整程序中受到限制。

3. 如果有财产担保的债权人放弃优先受偿权利的，其债权作为普通债权。如果有财产担保的债权人不放弃优先受偿权利，债权人行使优先受偿权利未能完全受偿的，其未受偿的债权作为普通债权。

4.破产人作为担保人为他人债务提供物权担保，担保债权人的债权虽然在破产程序中可以构成别除权，但在担保物价款不足以清偿担保债权额时，余债不得作为破产债权向破产人要求清偿，只能向原主债务人求偿。别除权人如放弃优先受偿权利，其债权也不能转为对破产人的破产债权，只能向原主债务人求偿。因为破产债务人承诺以特定财产担保及应以特定财产价值为限，其不足清偿部分不能再从债务人的破产财产中清偿。

（二）破产财产的清偿顺序

根据《企业破产法》113 条的规定，破产财产在优先清偿破产费用和共益债务后按下列顺序清偿：

1.劳动债权：破产人所欠职工的工资和医疗、伤残补助、抚恤费用，所欠的应当划入职工个人账户的基本养老保险、基本医疗保险费用，以及法律、行政法规规定应当支付给职工的补偿金 。

2.其他社会保险费用和所欠税款。

3.普通债权。

不足清偿同一顺序的，按照比例分配。

案例分析：

甲企业因经营管理不善，不能清偿到期债务，依法宣告破产。经查，甲企业现有现金及实物共 100 万，房地产 500 万，其中有一处 200 万元的房地产抵押给 A 银行，贷款 150 万，另有一处 100 万元的房地产抵押给 B 银行，贷款 130 万。另有两企业分别欠了甲企业 70 万、30 万，甲企业还分别欠了乙企业、丙企业、丁企业 100 万、200 万、300 万。欠国家税款 250 万，欠职工工资、劳动保险费用 50 万，破产费用 20 万。请分析甲企业的破产清偿顺序。

（三）破产财产的分配方案

1.管理人应当及时拟定破产财产的分配方案，提交债权人会议讨论通过，由人民法院裁定认可后，由管理人执行。破产财产分配方案应当载明下列事项：

（1）参加破产财产分配的债权人名称或者姓名、住所；

（2）参加破产财产分配的债权额；

（3）可供分配的破产财产数额；

（4）破产财产分配的顺序、比例及数额；

（5）实施破产财产分配的方法。

2.破产企业董事、监事和高级管理人员的工资按照该企业职工的平均工资计算。商业银行破产清算时，在支付清算费用、所欠职工工资和劳动保险费用后，应当优先支付个人储蓄存款的本金和利息。

3.破产财产的分配方案由出席会议的有表决权的债权人过半数通过，并且其所代表的债权额占无财产担保债权总额的 1/2 以上的债权人通过。有担保的债权人，未放弃优先受偿权的，对分配方案的通过不享有表决权。

4.分配方案的实施由管理人负责，管理人按照破产财产的分配方案实施多次分配的，应当公告本次分配的财产额和债权额。管理人实施最后分配的，应当在公告中指明，并载明法律规定的事项。

5. 债权人未受领的破产财产分配额，管理人应当提存。债权人自最后分配公告之日起满二个月仍不领取的，视为放弃受领分配的权利，管理人或者人民法院应当将提存的分配额分配给其他债权人。

案例分析：

某建材厂因经营不善而宣告破产，经核算后，破产财产共计40万元，破产费用花去2万元，所欠职工工资及劳动保险费用8万元，欠银行贷款10万元，欠国家税款12万元，欠其他有业务往来企业6家货款各3万元。

分析:6家企业中每家可以要回多少债权?

三、破产程序的终结

(一)破产程序的终结必须由人民法院依法作出裁定。人民法院应当自收到管理人终结破产程序的请求之日起15日内作出是否终结破产程序的裁定。裁定终结的，应当予以公告。

(二)管理人应当自破产程序终结之日起10日内，持人民法院终结破产程序的裁定，向破产人的原登记机关办理注销登记。管理人于办理注销登记完毕的次日终止执行职务。但是，存在诉讼或者仲裁未决情况的除外。

(三)在债务人财产不足以清偿破产费用、破产人无财产可供分配以及破产分配完毕情况下，自破产程序终结之日起2年内，有下列情形之一的，债权人可以请求人民法院按照破产财产分配方案进行追加分配：

(1)发现依法有可撤销行为；

(2)无效行为；

(3)债务人的董事、监事、高级管理人员利用职权从企业获取非正常收入侵占企业财产行为而应当追回的财产的；

(4)发现破产人有应当供分配的其他财产的，但财产数量不足以支付分配费用的，不再进行追加分配，由人民法院将其上交国库。

(四)发现破产人有应当供分配的其他财产，但财产数量不足以支付分配费用的，不再进行追加分配，由人民法院将其上交国库。

(五)破产人的保证人和其他连带债务人，在破产程序终结后，对债权人依照破产清算程序未受清偿的债权，依法继续承担清偿责任。

基本训练

一、单项选择题

1. 根据企业破产法律制度的规定，在人民法院受理破产申请后，下列有关破产申请受理的效力的表述中，不正确的有(　　)。

A. 债务人不得对个别债权人的债务进行清偿

B. 债务人的债务人应当向破产管理人清偿债务

C. 有关债务人财产的执行措施应当终止

D. 有关债务人的民事诉讼只能向受理破产申请的法院提起

2. 绿杨公司因严重资不抵债向法院申请破产，法院已经受理其申请。在法院已经受理破产申请、尚未宣告绿杨公司破产之时，根据企业破产法律制度的规定，下列各项中，不构成债务人财产的是（　　）。

A. 绿杨公司享有的未到期债权

B. 管理人撤销绿杨公司6个月前以明显不合理价格进行交易涉及的财产

C. 绿杨公司所有但已设定抵押的财产

D. 绿杨公司购买的正在运输途中的但尚未付清货款的货物

3. 根据企业破产法律制度的规定，下列有关债权申报的表述中，正确的是（　　）。

A. 债权人对附条件的债权可以申报

B. 连带债权人的债权必须共同申报

C. 债权人在法院确定的债权申报期限内未申报债权的，不得补充申报

D. 债权人对诉讼未决的债权不得申报

4. 下列各项中，不属于破产管理人的职责的是（　　）。

A. 接管债务人的账簿等资料

B. 决定债务人的日常开支

C. 代表债务人参加诉讼

D. 在第一次债权人会议召开后，决定继续债务人的营业

5. 某破产企业的财产为500万元，破产费用为400万元，共益债务为200万元，下列正确的清偿顺序是（　　）。

A. 优先支付破产费用，共益债务支付1/2

B. 优先支付共益债务，破产费用支付3/4

C. 破产费用和共益债务分别支付5/6

D. 优先支付所欠的职工工薪

二、多项选择题

1. 根据《企业破产法》的规定，人民法院受理破产申请前1年内，下列涉及债务人财产的行为中，属于破产管理人有权请求人民法院予以撤销的有（　　）。

A. 债务人无偿转让财产的行为

B. 债务人以明显不合理的价格进行交易的行为

C. 债务人对未到期的债务提前清偿的行为

D. 债务人为逃避债务隐匿财产的行为

2. 根据《企业破产法》的规定，下列财产中，属于债务人财产的有（　　）。

A. 破产申请受理时属于债务人的房屋

B. 破产宣告后破产人得到的银行存款利息

C. 破产申请受理时债务人用于抵押担保的财产

D. 破产申请受理后至破产程序终结前债务人取得的财产

3. 第一次债权人会议由人民法院召集主持。下列各项中，属于第一次债权人会议后应当召开债权人会议的情形有（　　）。

A. 人民法院认为必要时　　B. 破产管理人提议时

C. 债权人委员会提议时　　D. 占无财产担保债权总额1/4以上的债权人提议时

4. 根据企业破产法律制度的规定，在重整期间，有关当事人的下列行为中，不符合规定

的是（　　）。

A. 对债务人的机器设备享有抵押权的甲银行行使了抵押权

B. 管理人为继续营业向乙银行借款100万元，并以厂房为该笔借款设定了抵押担保

C. 债务人的出资人丙企业请求投资收益分配

D. 债务人的董事丁未经人民法院的同意，将其持有的债务人的股权全部转让给第三人

5. 下列属于债权人委员会可行使的职权有（　　）。

A. 监督债务人财产的管理和处分　　B. 监督破产财产分配

C. 提议召开债权人会议　　D. 债权人会议委托的其他职权

三、案例分析题

（一）2009年3月14日晚，各大航空公司突然接到关于东星航空航班将于3月15日停飞一天的紧急通知，此后，东星航空几乎所有的动态便成为各大媒体追踪的热点。作为拥有9架飞机、国内首屈一指的民营航空公司，在债务缠身和输血乏力双重压力下轰然倒塌。

而近一周，东星航空的命运趋向似乎渐显。7月26日，东星破产管理人对媒体明确表态称："综合各方面情况看，东星航空重整已失去了客观基础，重整已不可能。就实际情况看，东星航空只能走破产清算之路。"这让本来就在利益相关各方之间存有的争论更加白热化。

破产管理人、东星航空留守者以及多家破产重整申请人各执一词的"口水仗"愈演愈烈，以至于7月28日湖北省最高人民法院召开的论证会，成为一场激辩。

激辩的焦点仍然是重整还是清算。东星航空的破产管理人认为已无重整基础，且要求重整申请人进入重整程序之前即缴纳重整资金；而重整申请方中航油、新郑机场等单位明确表示，重整很有必要，并表示愿意提供东星重新起飞所需的资金，但不能够在进入重整程序之前就缴纳巨额重整资金。

重整和破产哪一个才是其应有的结局？要弄清楚这一点，必须拨开重重迷雾，先解决好两个相关问题：第一，破产管理人的产生是否合法。第二，东星航空是否有重整价值和重整希望，能否由管理人下结论，以及破产管理人是否有权反对重整。如果不能，应由谁决定。

（来源：《破产还是重整东星航空亟待破局》，2009年08月11日法制日报）

1. 东星航空公司的破产案尚未尘埃落定，但通过该新闻报道我们可以看到新破产法实施中有许多需要解决的实际问题，请同学们举实例说明企业破产法中管理人的产生与职责。

2. 请举例说明新破产法的创新内容体现在哪些方面？

3. 请分析企业符合破产条件就会被宣告破产吗？

（二）2011年1月1日，北京东方通讯设备有限公司因生产经营不善，长期亏损，不能清偿到期债务。其债权人向东方公司所在地人民法院提出破产申请，该人民法院依法通知了东方公司，东方公司无异议。法院受理后向东方公司发出破产裁定书，东方公司在1月5日收到后，于1月15日将公司的财产状况说明、债务清册、债权清册等资料交给法院。

（1）人民法院受理破产申请后同时指定了管理人，管理人经过调查，发现了以下债务人处置财产的情况：①在2009年11月，东方公司赠与山东某商场价值120万轿车一辆；②2010年2月，东方公司放弃了河北昌盛公司的50万的货款债权；③2010年8月，东方公司以不合理的低价出售通讯设备给北京的代理商。

（2）管理人还发现了以下的情况：①2010年10月，公司为了逃避债权人的追债，将自己的一台生产设备转移到自己的控股公司。②2010年11月，东方公司的前董事曾利用职权利

用公司20万的流动资金为自己购置房产一处。③2011年1月10日，东方公司偿还了对债权人兴隆公司的债务10万元。

分析：

1. 东方公司处置财产的情况，哪个行为应当由管理人申请人民法院撤销？并说明理由。

2. 东方公司将自己的生产设备转移控股公司的行为是否有效？并说明理由。

3. 对于东方公司前董事的行为，管理人应该如何处理？并说明理由。

4. 东方公司对兴隆公司的债务的偿还是否有效？并说明理由。

■ 情境七　合同法

学习目标

难度	能力目标	知识目标
容易	能够掌握合同法的适用范围	理解合同法的概念及签订合同的原则
容易	能够分辨合同的类型	掌握合同的分类
适中	能够判定合同的成立情况，用所学知识解决合同的订立问题	熟悉合同订立的程序及格式条款等特殊规定
适中	能够清楚各种有名合同的相关规则	了解具体合同的法律规则
较难	能够分辨合同是否具有效力，分析无效合同，可撤销合同及效力待定合同	掌握合同效力的含义，区分无效、效力待定及可撤销合同
较难	能够判定合同是否适当履行，灵活使用抗辩权，代位权及撤销权	掌握合同履行的基本规则，合同履行的抗辩权，代位权及撤销权的法律规则
较难	能够正确运用合同担保的知识，注意与物权法的结合	了解担保的形式，分类及法律要求

能力训练项目

企业合同的法律问题

甲塑料制品公司(以下简称“甲公司”)与乙化工机械制造公司(以下简称“乙公司”),于2012年5月18日签订了一份买卖注塑设备合同,甲公司为买方,乙公司为卖方。双方在合同中约定:

(1)由乙公司于10月30日前分二批向甲公司提供注塑设备10套,每套价格为15万元,价款总计为150万元;

(2)甲公司应向乙公司给付定金25万元;

(3)如一方迟延履行,应向另一方支付违约金20万元;

(4)因甲公司必须在2012年底前全面开工投产,为保证该合同的按时履行,由丙生物医药公司(以下简称“丙公司”)作为乙公司的保证人,在乙公司不能履行债务时,丙公司承担一般保证责任。

该买卖合同依法生效后,甲公司因故未实际向乙公司给付定金。7月1日,乙公司向甲公司交付了3套注塑设备,甲公司按合同规定支付了45万元货款。9月,该种注塑设备的市场价格因受供求关系的影响而大幅上涨,乙公司便向甲公司提出变更合同的主张,要求将剩余的7套注塑设备价格提高到每套20万元,甲公司不同意乙公司提出的涨价要求,随后乙公司于10月4日通知甲公司解除合同。11月1日,甲公司仍未收到剩余的7套注塑设备,从而严重影响了其正常的生产,并因此遭受了50万元的经济损失。于是甲公司诉至法院,要求乙公司增加违约金数额并继续履行合同;同时要求丙公司对乙公司不履行合同的行为承担连带保证责任。

能力训练步骤

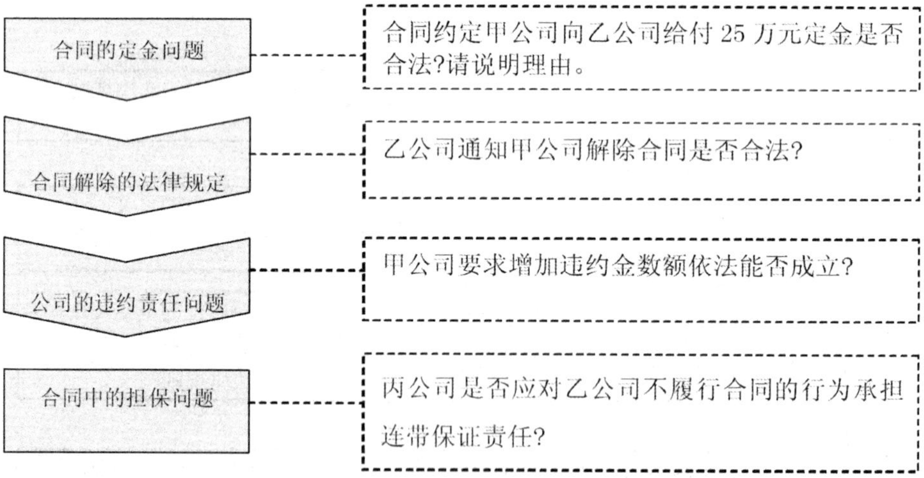

第一节 合同法的认知

一、合同与合同法

(一)合同

我国合同法中所指的合同，是平等主体的自然人、法人、其他组织之间设立、变更、终止民事权利义务关系的协议。由于合同时双方法律行为，因此合同成立不但需要当事人有意思表示，而且要求当事人之间的意思表示一致。

(二)合同法

合同法是调整平等主体之间商品交换关系的法律规范的总称。合同法具有以下特征：

1. 合同法是私法。合同法规范当事人之间因私人利益产生的合同法律关系，强调主体平等、意思自治。合同作为是当事人自由约定，协商一致的结果。

2. 合同法是自治法。合同法主要是通过任意性法律规范而不是强制性法律规范调整合同关系。

3. 合同法是财产交易法。合同法与物权法均属财产法范畴，其中物权法主要调整财产归属及利用的财产关系，是从静态角度为财产关系提供法律保护，而合同法则调整财产的流转关系，即商品交换关系，从动态角度为财产关系提供法律保护。

(三)《合同法》的适用范围

平等主体之间有关民事权利义务关系设立、变更、终止的协议均在合同法的调整范围，但根据《合同法》第二条第二款规定，婚姻、收养、监护等有关身份关系的协议，不适用《合同法》的调整。另外，在中华人民共和国境内履行的涉外合同，中外合资经营企业合同、中外合作经营企业合同、中外合作勘探开发自然资源合同，只能适用中华人民共和国法律。

(四)《合同法》的基本原则

1. 平等原则。合同当事人法律地位一律平等，一方不得将自己的意志强加给另一方，各方应在权利义务对等的基础上订立合同。

2. 意思自治原则。在不违反强制性法律规范和社会公共利益的基础上，当事人依法享有自愿订立合同的权利，任何单位和个人不得非法干涉。

3. 公平原则。任何当事人不得滥用权利，不得在合同中规定显失公平的内容，要根据公平原则确定风险与违约责任的承担。

4. 诚实信用原则。当事人行使权力、履行义务应当诚实守信，不得有欺诈等恶意行为。

5. 守法、不损害社会公共利益原则。当事人订立、履行合同，应当遵守法律、行政法规，尊重社会公德，不得扰乱社会经济秩序，损害社会公共利益。

二、合同的分类

根据不同的分类标准，可将合同分为不同的种类：

(一)有名合同与无名合同

根据合同法是否对合同规定有确定的名称与调整规则为标准，可将合同分为有名合同与无名合同。有名合同时立法上规定了确定名称与规则的合同，又称典型合同。如买卖合同、赠与合同、借款合同、租赁合同等。无名合同时立法上尚未规定有确定名称与规则的合同，又称非典型合同。

（二）单务合同与双务合同

根据合同当事人是否互负有对价义务为标准，将合同分为单务合同与双务合同。单务合同是指仅一方当事人承担义务的合同，如赠与合同。双务合同是指双方当事人互负对价义务的合同，如买卖合同。

（三）诺成合同与实践合同

根据合同成立除当事人的意思表示以外，是否还要其他现实给付为标准，可将合同分为诺成合同与实践合同。诺成合同是指当事人意思表示一致即可认定合同成立的合同。实践合同是指在当事人意思表示一致以外，尚须有实际交付标的物或其他现实给付行为才能成立的合同。

另外，合同还可以分为有偿合同与无偿合同、要式合同与不要式合同、主合同与从合同等类型。

第二节　合同的订立

一、合同的内容与形式

（一）合同的内容

1. 合同内容的基本条款

（1）当事人的名称或者姓名和住所。

（2）标的，即合同双方当事人权利义务所共同指向的对象。

（3）数量，应使用双方都能接受的国家统一的计量单位（如吨、公斤等），如果以简单的量词（如一车、一箱、一盒等）替代数量条款，通常认为是数量条款不明确。

（4）质量，当事人就质量内容没有约定或者约定不明确的，可以协议补充；不能达成补充协议的，按照合同有关条款或者交易习惯确定。依照上述履行原则仍不能确定的，按照国家标准、行业标准履行；没有国家标准、行业标准的，按照通常标准或者符合合同的特定标准履行。

（5）价款或者报酬，当事人就价款没有约定或者约定不明确的，可以协议补充；不能达成补充协议的，按照合同有关条款或者交易习惯确定。依照上述履行原则仍不能确定的，按照订立合同时履行地的市场价格履行。合同约定执行政府定价或者政府指导价的，在合同约定的交付期限内政府价格调整时，按照交付时的价格计价。逾期交付标的物的，遇价格上涨时，按照原价格执行；价格下降时，按照新价格执行。逾期提取标的物或者逾期付款的，遇价格上涨时，按照新价格执行；价格下降时，按照原价格执行。

（6）履行期限、地点和方式。履行期限不明确的，债务人可以随时履行，债权人也可以随时要求履行，但应当给对方必要的准备时间。

履行地点不明确，给付货币的，在接受货币一方所在地履行；交付不动产的，在不动产所在地履行；其他标的，在履行义务一方所在地履行。

履行方式不明确的，按照有利于实现合同目的的方式履行。履行费用的负担不明确的，由履行义务一方负担。

(7)违约责任

(8)解决争议的方法，涉外合同的当事人可以选择处理合同争议所适用的法律，但法律另有规定的除外。涉外合同的当事人对此没有选择的，适用与合同有最密切联系的国家的法律。

2. 格式条款

格式条款是指一方当事人为了与不特定多数人订立合同重复使用而单方预先拟定，并在订立合同时不允许对方协商变更的条款。格式条款的适用可以简化签约程序，加快交易速度，减少交易成本，避免道德风险，因此往往有利于交易双方当事人。

《合同法》对格式条款的效力及解释作了特别规定，以保证合同相对人的合法权益：

(1)采用格式条款订立合同的，提供格式条款的一方应当遵循公平原则确定当事人之间的权利和义务，并采取合理的方式提请对方注意免除或者限制其责任的条款，按照对方的要求，对该条款予以说明。

(2)格式条款具有《合同法》规定的合同无效和免责条款无效的情形，或者提供格式条款一方免除其责任、加重对方责任、排除对方主要权利的，该条款无效。

《合同法》规定，合同中的下列免责条款无效：造成对方人身伤害的；因故意或者重大过失造成对方财产损失的。

(3)对格式条款的理解发生争议的，应当按照通常理解予以解释。对格式条款有两种以上解释的，应当作出不利于提供格式条款一方的解释。格式条款和非格式条款不一致的，应当采用非格式条款。

(二)合同的形式

当事人订立合同，可以采取书面形式、口头形式和其他形式。

1. 书面形式

书面形式是以文字记载当事人所订立合同的形式。书面形式可以表现为合同书、信件以及数据电文。书面形式的优点是当事人权利义务明确，有据可查，发生纠纷时便于分清责任。

2. 口头形式

口头合同是当事人只用语言进行意思表示订立的合同。口头形式简便易行，在日常生活经常被采用，但不足之处是发生纠纷时难以举证。

3. 其他形式

其他形式是指以书面和口头以外的形式订立的合同，包括推定形式和默示形式。推定形式是指一方当事人只用行为向对方发出要约，对方以一定或指定行为作出承诺，合同即告成立。默示形式是指当事人以不作为进行意思表示的形式。

二、合同订立程序

当事人订立合同的一般程序包括要约、承诺两个阶段。

(一)要约

要约是指希望和他人订立合同的意思表示。要约可以向特定人发出，也可以向非特定人发出。根据《合同法》的规定，该意思表示应当符合下列规定：内容具体确定；表明经受要约人承诺，要约人即受该意思表示约束。

1. 要约邀请

要约邀请是希望他人向自己发出要约的意思表示。

寄送的价目表、拍卖公告、招标公告、招股说明书、商业广告等，性质为要约邀请。但如商业广告的内容符合要约的规定，如悬赏广告，则视为要约。商品房的销售广告和宣传资料为要约邀请，但是出卖人就商品房开发规划范围内的房屋及相关设施所作的说明和允诺具体确定，并对商品房买卖合同的订立以及房屋价格的确定有重大影响的，应当视为要约。

2. 要约的生效时间

要约到达受要约人时生效。要约到达受要约人，并不是指要约一定实际到达受要约人手中，要约只要送达到要约人通常的地址、住所或者能够控制的地方(如信箱)即为送达。

采用数据电文形式订立合同，收件人指定特定系统接收数据电文的，该数据电文进入该特定系统的时间，视为到达时间；未指定特定系统的，该数据电文进入收件人的任何系统的首次时间，视为到达时间。

3. 要约的撤回与撤销

(1)要约的撤回。撤回要约的通知应当在要约到达受要约人之前或者与要约同时到达受要约人。撤回要约是在要约尚未生效的情形下发生的，如果要约已经生效，则属于要约的撤销。

(2)要约的撤销。撤销要约的通知应当在受要约人发出承诺通知之前到达受要约人。但有下列情形之一的，要约不得撤销：

①要约人确定了承诺期限的；

②要约人以其他形式明示要约不可撤销；

③受要约人有理由认为要约是不可撤销的，并已经为履行合同作了准备工作。

注意：撤销与撤回的目的都是使要约作废，或取消要约，并且都只能在承诺做出之前实施。但两者存在一定的区别，表现在：撤回发生在要约并未到达受要约人并生效之前，而撤销则发生在要约已经到达并生效，但受要约人尚未做出承诺的期限内。

4. 要约的失效

有下列情形之一的，要约失效：

(1)拒绝要约的通知到达要约人；

(2)要约人依法撤销要约；

(3)承诺期限届满，受要约人未作出承诺；

(4)受要约人对要约的内容作出实质性变更。

(二)承诺

承诺是受要约人同意要约的意思表示。承诺应当由受要约人向要约人作出，并在要约确定的期限内到达要约人。

1. 承诺的期限

要约确定的期限称为承诺期限。要约以信件或者电报作出的，承诺期限自信件载明的日期或者电报交发之日开始计算。信件未载明日期的，自投寄该信件的邮戳日期开始计算。要约以电话、传真等快速通讯方式作出的，承诺期限自要约到达受要约人时开始计算。

要约没有确定承诺期限的，承诺应当依照下列规定到达：要约以对话方式作出的，应当即时作出承诺，但当事人另有约定的除外；要约以非对话方式作出的，承诺应当在合理期限内到达。

2. 承诺的生效时间

承诺自通知到达要约人时生效。承诺不需要通知的，自根据交易习惯或者要约的要求作出承诺的行为时生效。承诺生效时合同成立。

3. 承诺的撤回

承诺人发出承诺后反悔的，可以撤回承诺，其条件是撤回承诺的通知应当在承诺通知到达要约人之前或者与承诺通知同时到达要约人，即在承诺生效前到达要约人。

注意承诺可以撤回，但是不能撤销，即一旦承诺生效，即合同成立。

4. 承诺的迟延与迟到

受要约人超过承诺期限发出承诺的，为迟延承诺，除要约人及时通知受要约人该承诺有效的以外，迟延的承诺应视为新要约。

受要约人在承诺期限内发出承诺，按照通常情形能够及时到达要约人。但因其他原因使承诺到达要约人时超过承诺期限的，为迟到承诺，除要约人及时通知受要约人因承诺超过期限不接受该承诺的以外，迟到的承诺为有效承诺。

5. 承诺的内容

承诺的内容应当与要约的内容一致。受要约人对要约的内容作出实质性变更的，为新要约。有关合同的标的、数量、质量、价款或者报酬、履行期限、履行地点和方式、违约责任和解决争议的方法等内容的变更，是对要约内容的实质性变更。

（三）合同成立的时间与地点

1. 合同成立的时间

承诺生效时合同成立。这是大部分合同成立的时间标准。当事人采用合同书形式订立合同的，自双方当事人签字或者盖章时合同成立。当事人采用信件、数据电文等形式订立合同的，可以要求在合同成立之前签订确认书。合同在签订确认书时成立。

如果当事人未采用法律要求或者当事人约定的书面形式、合同书形式订立合同，或者当事人没有在合同书上签字盖章的，只要一方当事人履行了主要义务，对方接受的，合同仍然成立。

2. 合同成立的地点

承诺生效的地点为合同成立的地点，这是大部分合同成立的地点标准。

采用数据电文形式订立合同的，收件人的主营业地为合同成立的地点；没有主营业地的，其经常居住地为合同成立的地点。当事人另有约定的，按照其约定。当事人采用合同书形式订立合同的，双方当事人签字或者盖章的地点为合同成立的地点。如双方当事人未在同一地点签字或盖章，则以当事人中最后一方签字或盖章的地点为合同成立的地点。采用书面形式订立合同，合同约定的签订地与实际签字或者盖章地点不符的，约定的签订地为合同签订地；合同没有约定签订地，双方当事人签字或者盖章不在同一地点的，最后签字或者盖章的地点为合同签订地。

三、缔约过失责任

缔约过失责任亦称缔约过错责任，是指合同当事人在订立合同过程中，因故意或过失致使合同未成立、未生效、被撤销或无效，给他人造成损失而应承担的损害赔偿责任。

缔约过失责任与违约责任的区别：

	违约责任	缔约过失责任
时间	产生于合同成立之后	发生在合同成立之前
权利义务的规定	未履行合同规定的权利义务	违反法律规定、违背诚实信用原则，致使合同未能成立
是否要求有损失	只要违约，不论有无损失	给对方造成损失

当事人在订立合同过程中有下列情形之一，给对方造成损失的，应当承担损害赔偿责任：

1. 假借订立合同，恶意进行磋商；
2. 故意隐瞒与订立合同有关的重要事实或者提供虚假情况；
3. 当事人泄露或者不正当地使用在订立合同过程中知悉的商业秘密；
4. 有其他违背诚实信用原则的行为。

第三节　合同的效力

一、合同的生效

合同的生效，是指已依法成立的合同，发生相应的法律效力。合同的生效不同于合同的成立。合同的成立考察是否有要约和承诺；合同的生效考察合同是否合法。

根据不同类型的合同，生效的时间主要有：

一般情况	依法成立的合同，自成立时生效。
国家有规定	依照法律、行政法规规定办理批准、登记等手续后生效。
附条件	附生效(或解除)条件的合同，自条件成就时生效(或失效)。当事人为自己的利益不正当地阻止(或促成)条件成就的，视为条件已成就(或不成就)。
附期限	附生效(或终止)期限的合同，自期限届至时生效(或失效)。

(一)法律、行政法规规定应当办理批准、登记等手续生效的，在依照其规定办理批准、登记等手续后生效。法律、行政法规规定合同应当办理登记手续，但未规定登记后生效的，当事人未办理登记手续不影响合同的效力，但合同标的所有权及其他物权不能转移。根据《物权法》的规定，需要办理登记的抵押合同及商品房买卖合同均属于这类合同，即未登记不影响合同的生效，只影响物权的设立或转移。

(二)当事人对合同的效力可以附条件或者附期限。附生效条件的合同，自条件成就时生效。附解除条件的合同，自条件成就时失效。当事人为自己的利益不正当的阻止条件成就的，视为条件已成就；不正当地促成条件成就的，视为条件不成就。附生效期限的合同，自期限届至时生效。附终止期限的合同，自期限届满时失效。

二、效力待定的合同

效力待定的合同，是指合同订立后尚未生效，须经权利人追认才能生效的合同。

效力待定合同主要有以下几种类型：

(一)限制民事行为能力人签订的与其年龄、智力、精神状况不相适应的合同

限制民事行为能力人订立的合同，经法定代理人追认后，该合同有效，但纯获利益的合同或者与其年龄、智力、精神健康状况相适应而订立的合同，不必经法定代理人追认。

法定代理人的追认权性质上属于形成权。仅凭其单方面意思表示就可以使得效力待定的合同转化为有效合同。相对人可以催告法定代理人在一个月内予以追认。法定代理人未作表示的，视为拒绝追认。合同被追认之前，善意相对人有撤销的权利。撤销应当以通知的方式作出。

(二)无权代理人订立的合同

行为人没有代理权、超越代理权或者代理权终止后以被代理人名义订立的合同，未经被代理人追认，对被代理人不发生效力，由行为人承担责任。相对人可以催告被代理人在一个月内予以追认。被代理人未作表示的，视为拒绝追认。合同被追认之前，善意相对人有撤销的权利。撤销应当以通知的方式作出。

(三)无处分权人订立的合同

无处分权的人处分他人财产，经权利人追认或者无处分权的人订立合同后取得处分权的，该合同有效。

三、无效合同、可撤销合同及其法律后果

(一)无效合同

无效合同，是指不符合法律规定的生效要件的合同，不能产生合同的法律效力的合同。

无效合同自始无效。合同一旦被确认无效，就产生溯及既往的效力，即自合同成立时起不具有法律的约束力，以后也不能转化为有效合同。无论当事人已经履行，或者已经履行完毕，都不能改变合同无效的状态。无效合同是当然无效。由于无效合同是违反国家法律、行政法规和社会公共利益的合同，因而它为法律上的当然无效，即其无效，无须当事人主张即产生无效的法律后果。

下列情形的合同无效：

1. 一方以欺诈、胁迫的手段订立合同，损害国家利益；

2. 恶意串通，损害国家、集体或者第三人利益；

3. 以合法形式掩盖非法目的；

4. 损害社会公共利益；

5. 违反法律、行政法规的强制性规定。

根据《合同法解释》规定，关于合同的无效还要注意几点：

1. 合同法实施以后，人民法院确认合同无效，应当以全国人大及其常委会制定的法律和国务院制定的行政法规为依据，不得以地方性法规、行政规章为依据。

2. 当事人超越经营范围订立合同，人民法院不因此认定合同无效，但违反国家限制经营、特许经营以及法律、行政法规禁止经营规定的除外。

合同被确认无效后，合同尚未履行的，不得履行，正在履行的，应当立即终止履行。对于无效合同造成的财产争议，在民法上有两种法律后果，返还财产和赔偿损失。在订立合同中，如果当事人存在着共同故意和过失，其行为明显违法导致合同无效，依法当事人取得的财产要收归国家所有，这体现了法律对行为人故意违反法律禁止性规范的惩戒。

（二）可撤销合同

所谓可撤销合同是指合同因欠缺一定的生效要件，其有效与否，取决于有撤销权的一方当事人是否行使撤销权。可撤销合同是一种相对有效的合同，在有撤销权的一方行使撤销权之前，合同对双方当事人都是有效的。

它是一种相对无效的合同，但又不同于绝对无效的无效合同。与无效合同相比，可撤销合同在撤销前已经生效。在被撤销以前，其法律效果可以对抗除撤销权人以外的任何人。而无效合同在法律上当然无效，从一开始即不发生法律效力。而且可撤销合同的撤销，应由撤销权人以撤销行为为之，人民法院不主动干预。无效合同在内容上具有明显的违法性，故对无效合同的确认，司法机关和仲裁机构可以主动干预，宣告其无效。

可撤销合同的种类包括：

1. 因重大误解订立的合同

重大误解是指行为人因对行为的性质、对方当事人、标的物的品种、质量、规格和数量等的错误认识，使行为的后果与自己的意思相悖，并造成较大损失的行为。

重大误解订立的合同构成要件为：

（1）必须对合同主要内容发生了重大误解。如果仅仅对合同的非主要条款发生误解，并且不影响合同的目的及双方当事人的权利义务则不构成重大误解。

（2）行为人因为误解作出了意思表示，即行为人的误解与其意思表示之间具有因果关系。

（3）误解是由行为人自己的过错造成的，主观上并非故意。

2. 因显失公平订立的合同

显失公平，是指一方在紧迫或缺乏经验的情况下而订立的如果履行对其有重大不利的合同。显失公平订立的合同构成要件为：

（1）合同的履行对一方当事人有重大不利或明显不公平，主要表现在一方要承担更多的义务而享受极少的权利，或者在经济利益上要遭受重大损失。而另一方则以较少的代价获得较大的利益，承担极少的义务而获得更多的权利。

（2）一方获得的利益超过了法律所允许的限度。

（3）受损失的一方是在轻率、缺乏经验或紧迫的情况下实施的民事行为。

3. 因欺诈订立的合同

欺诈，是指一方当事人故意告知对方虚假情况，或者故意隐瞒虚假情况，诱使对方作出错误意思表示的行为。欺诈订立的合同构成要件为：

（1）必须有欺诈的故意，即行为人明知自己告知对方的情况是虚假的，且会使对方陷入错误意思表示，而希望或者放任这种结果发生的心理态度。

（2）必须实施了欺诈的行为，即行为人将其欺诈故意表示于外部的行为。

（3）受欺诈人因欺诈而陷入错误，并基于错误而为意思表示。

4. 因胁迫订立的合同

胁迫，是指因他人的威胁和强迫而陷入恐惧作出的不真实意思表示的行为。胁迫订立的合同构成要件为：

（1）须胁迫人有胁迫的行为。

（2）胁迫人须有胁迫的故意。

（3）胁迫的本质在于对表意人的自由意思加以干涉。

(4)须相对人受胁迫而陷入恐惧状态。

(5)须相对人受胁迫而为意思表示，即表意人陷入恐惧或无法反抗的境地，与意思表示之间有因果关系。

5. 因乘人之危订立的合同

乘人之危，是指行为人利用对方当事人的急迫需要或危难处境，迫使其作出违背本意而接受于其非常不利的条件的意思表示。乘人之危订立的合同构成要件为：

(1)须有表意人在客观上正处于急迫需要或紧急危难的境地。

(2)须有行为人乘人之危的故意，即相对人明知表意人正处于急迫需要或紧急危难的境地，却故意加以利用，使表意人因此而被迫作出对行为人有利的意思表示。

(3)须有相对人实施了足以使表意人为意思表示的行为。

(4)须相对人的行为与表意人的意思表示之间有因果关系。

(5)表意人因其意思表示而蒙受重大不利。

撤销权的行使必须是享有撤销权的当事人向人民法院或者仲裁机构提起撤销权之诉，而不能单方面直接向对方行使。如果具有下列情形，撤销权消灭：

(1)具有撤销权的当事人自知道或者应当知道撤销事由之日起一年内没有行使撤销权；

(2)具有撤销权的当事人知道撤销事由后明确表示或者以自己的行为放弃撤销权。

合同被撤销后，因该合同取得的财产，应当予以返还；不能返还或者没有必要返还的，应当折价补偿。有过错的一方应当赔偿对方因此所受到的损失，双方都有过错的，应当各自承担相应的责任。

第四节　合同的履行

一、合同的履行原则

(一)向第三人履行和由第三人履行

合同虽然是特定主体之间的法律行为，但是合同作为一种交易关系，往往是连续交易关系中的一个环节，因此在合同的履行中常常会涉及到第三人。为保障涉及第三人的合同履行中各方当事人的正当权益，《合同法》规定，当事人约定由债务人向第三人履行债务的，债务人未向第三人履行债务或者履行债务不符合约定的，应当向债权人承担违约责任。当事人约定由第三人向债权人履行债务的，第三人不履行债务或者履行债务不符合约定的，债务人应当向债权人承担违约责任。

(二)中止履行、提前履行与部分履行

中止履行。债权人分立、合并或者变更住所没有通知债务人，致使履行债务发生困难的，债务人可以中止履行或将标的物提存。

提前履行。债权人可以拒绝债务人提前履行债务，但提前履行不损害债权人利益的除外。债务人提前履行债务给债权人增加的费用，由债务人负担。

债权人可以拒绝债务人部分履行债务，但部分履行不损害债权人利益的除外。债务人部分履行债务给债权人增加的费用，由债务人负担。

二、同时履行抗辩权

双务合同中的双方当事人互为债权人和债务人，双方的履行给付具有牵连性，为了体现双方权利义务的对等及保护交易安全，《合同法》为双务合同的债务人规定了同时履行抗辩权，先履行抗辩权和不安抗辩权三种履行抗辩权，使得债务人可以在法律规定的情况下保留给付以对抗相对人的请求权。

同时履行抗辩权，是指双务合同的当事人互负债务，没有先后履行顺序的，应同时履行义务，一方在对方未履行前，有拒绝对方请求自己履行合同的权利。

三、先履行抗辩权

先履行抗辩权，是指双务合同中当事人互负债务，有先后履行顺序，应先履行义务的一方当事人未履行时，后履行一方有拒绝对方请求履行的权利。先履行一方履行债务不符合约定的，后履行一方有权拒绝其相应的履行要求。

四、不安抗辩权

不安抗辩权，是指双务合同中应先履行义务的一方当事人，有确切证据证明对方当事人不能或可能不能履行合同义务时，在对方当事人未履行合同或就合同履行提供担保之前，有暂时中止履行合同的权利。

（一）应当先履行债务的当事人，有确切证据证明对方有下列情形之一的，可以中止履行：

1. 经营状况严重恶化；
2. 转移财产、抽逃资金，以逃避债务；
3. 丧失商业信誉；
4. 有丧失或者可能丧失履行债务能力的其他情形。

（二）当事人行使不安抗辩权中止履行的，应当及时通知对方。对方提供适当担保时，应当恢复履行。中止履行后，对方在合理期限内未恢复履行能力并且未提供适当担保的，中止履行的一方可以解除合同。当事人没有确切证据中止履行的，应当承担违约责任。

当事人一方行使解除权，或依照《合同法》规定主张解除合同的，应当通知对方。合同自通知到达对方时解除。对方有异议的，可以请求人民法院或者仲裁机构确认解除合同的效力。当事人解除合同，法律、行政法规规定应当办理批准、登记等手续的，应依照其规定办理。

五、合同的保全

合同的保全是合同的一般担保，是指为了保护一般债权人不因债务人不因债务人的财产不当减少而受有损害，允许债权人干预债务人处分自己财产行为的法律制度。合同保全主要有代位权与撤销权。

（一）代位权

代位权，是指债务人怠于行使其对第三人（次债务人）享有的到期债权，危及债权人债权实现时，债权人为保障自己的债权，可以自己的名义代位行使债务人对次债务人的债权的权利。

1. 代位权行使的条件

（1）债权人对债务人的债权合法。

(2)债务人的债权已到期;债权人在主张代位权时，要求债权人的债权已经到期。

(3)债务人怠于行使其到期债权，对债权人造成损害。

(4)债务人的债权不是专属于债务人自身的债权。所谓专属于债务人自身的债权，是指基于扶养关系、抚养关系、赡养关系、继承关系产生的给付请求权和劳动报酬、退休金、养老金、抚恤金、安置费、人寿保险、人身伤害赔偿请求权等权利。

2. 代位权诉讼中的主体及管辖

根据《合同法解释》，在代位权诉讼中，债权人是原告，次债务人是被告，债务人为诉讼上的第三人。在代位权诉讼中，次债务人对债务人的抗辩，可以向债权人主张。

3. 代位权行使的法律效果

债权人向次债务人提起的代位权诉讼经人民法院审理后认定代位权成立的，由次债务人向债权人履行清偿义务，债权人与债务人、债务人与次债务人之间相应的债权债务关系消灭。

(二)撤销权

撤销权，是指债务人实施了减少财产行为，危及债权人债权实现时，债权人为保障自己的债权请求人民法院撤销债务人处分行为的权利。撤销权的行使必须依一定的诉讼程序进行，故又称为废罢诉权。债权人行使撤销权，可请求受益人返还财产，恢复债务人责任财产的原状，因此撤销权兼有请求权和形成权的特点。

1. 撤销权的成立要件

(1)债权人须以自己的名义行使撤销权。

(2)债权人对债务人存在有效债权。债权人对债务人的债权可以到期，也可以不到期。

(3)债务人实施了减少财产的处分行为。其中债务人减少财产的处分行为有:放弃到期债权，对债权人造成损害;无偿转让财产，对债权人造成损害;以明显不合理的低价转让财产，对债权人造成损害，并且受让人知道该情形。

(4)债务人的处分行为有害于债权人债权的实现。撤销权的行使范围以债权人的债权为限。

2. 撤销权的行使期限

撤销权自债权人知道或者应当知道撤销事由之日起一年内行使。自债务人的行为发生之日起五年内没有行使撤销权的，该撤销权消灭。上述规定的 5 年期间为除斥期间，不适用诉讼时效中止、中断或延长的规定。

3. 行使撤销权的法律效果

一旦人民法院确认债权人的撤销权成立，债务人的处分行为即归于无效。债务人的处分行为无效的法律后果则是双方返还，即受益人应当返还从债务人获得的财产。

4. 撤销权诉讼中的主体与管辖

撤销权的行使必须通过诉讼程序。撤销权诉讼由被告住所地人民法院管辖。债权人行使撤销权所支付的律师代理费、差旅费等必要费用，由债务人负担;第三人有过错的，应当适当分担。

第五节　合同的担保

一、合同担保的基本理论

（一）担保的特征

担保是指法律规定或者当事人约定的保证合同履行、保障债权人利益实现的法律措施。担保具有以下法律特征：

1. 从属性。担保合同是从属于主合同的从合同，主合同无效，担保合同无效。从属性也有例外：

（1）最高额抵押和最高额质押允许为将来存在的债权预先设定保证或者抵押权。

（2）允许“担保合同另有约定的，按照约定”。

2. 补充性。担保对债权人权利的实现仅具有补充作用，在主债关系因适当履行而正常终止时，担保人并不实际履行担保义务。

（二）担保方式

合同的担保方式一般有五种：即保证、抵押、质押、留置和定金。

1. 保证、抵押、质押和定金，都是依据当事人的合同而设立，称为约定担保。

2. 留置是直接依据法律的规定而设立，无须当事人之间特别约定，称为法定担保。

3. 保证是以保证人的财产和信用为担保的基础，属于人的担保。

4. 抵押、质押、留置，是以一定的财产为担保的基础，属于物的担保。

5. 定金是以一定的金钱为担保的基础，称为金钱担保。

为了换取担保人提供保证、抵押或质押等担保方式，担保人可以要求债务人为担保人的担保提供担保。这种由债务人或第三人向该担保人提供的担保，相对于原担保而言被称为反担保。并非上述五种担保方式均可作为反担保方式。

二、保证

（一）保证与保证合同

1. 保证的概念

保证是指第三人和债权人约定，当债务人不履行债务时，该第三人按照约定履行债务或者承担责任的行为。“第三人”被称作保证人，“债权人”既是主债的债权人，也是保证合同中的债权人。保证是保证人与债权人之间的合同关系。

保证的方式有两种，即一般保证（又称补充责任保证）和连带责任保证。

2. 保证合同

保证合同是指保证人与债权人订立的在主债务人不履行其债务时，由保证人承担保证债务的协议。

（1）保证合同必须采用书面形式。

（2）保证合同为从合同。主合同有效成立或将要成立，保证合同才发生效力。故主合同无效，保证合同无效。但保证合同无效，并不必然导致主合同无效。

（3）保证人在债权人与被保证人签订的订有保证条款的主合同上，以保证人身份签字或者盖章的，保证合同成立。第三人单方以书面形式向债权人出具担保书，债权人接受且未提出异议的，保证合同成立。主合同中虽然没有保证条款，但保证人在主合同上以保证人的身份签字或者盖章的，保证合同成立。

（二）保证人

保证合同当事人为保证人和债权人。自然人、法人或者其他组织均可以为保证人，保证人也可以为两人以上。

法律对保证人有相应的限制：

1. 主债务人不得同时为保证人。如果主债务人同时为保证人，意味着其责任财产未增加，保证的目的落空。

2. 国家机关原则上不得为保证人（经国务院批准除外）。

3. 学校、幼儿园、医院等以公益为目的的事业单位、社会团体不得作保证人。但从事经营活动的事业单位、社会团体，可以担任保证人。

4. 企业法人的职能部门不得担任保证人。

5. 企业法人的分支机构原则上不得担任保证人，但企业法人的分支机构有法人书面授权的，可以在授权范围内提供保证。

6. 保证人必须有代为清偿债务的能力。但不具有完全代偿能力的主体，只要以保证人身份订立保证合同后，就应当承担保证责任。

（三）保证方式

1. 一般保证和连带责任保证

（1）一般保证，是指当事人在保证合同中约定，债务人不能履行债务时，由保证人承担保证责任的保证。

（2）连带责任保证，是指当事人在保证合同中约定保证人与债务人对债务承担连带责任的保证。如果当事人在保证合同中对保证方式没有约定或者约定不明确的，按照连带责任保证承担保证责任。

两种保证之间最大的区别在于保证人是否享有先诉抗辩权，一般保证的保证人享有先诉抗辩权，连带责任保证的保证人则不享有。所谓先诉抗辩权，是指在主合同纠纷未经审判或仲裁，并就债务人财产依法强制执行用于清偿债务前，对债权人可拒绝承担保证责任。但有下列情形之一的，保证人不得行使先诉抗辩权：

（1）债务人住所变更，致使债权人要求其履行债务发生重大困难的，如债务人下落不明，移居境外，且无财产可供执行；

（2）人民法院受理债务人破产案件，中止执行程序的；

（3）保证人以书面形式放弃先诉抗辩权的。

一般保证的保证人在主债权履行期间届满后，向债权人提供了债务人可供执行财产的真实情况的，债权人放弃或怠于行使权利致使该财产不能被执行，保证人可以请求法院在其提供可供执行财产的实际价值范围内免除保证责任。

2. 单独保证和共同保证

（1）单独保证是指只有一个保证人担保同一债权的保证。

（2）共同保证是指数个保证人担保同一债权的保证。共同保证既可以在数个共同保证人与债权人签订一个保证合同时成立，也可以在数个保证人与债权人签订数个保证合同，但担保同一债权时成立。连带共同保证的“连带”是保证人之间的连带，而非保证人与主债务人之间的连带。故称之为“连带共同保证”，而非“连带责任保证”。

按照保证人是否约定各自承担的担保份额，可以将共同保证分为按份共同保证和连带共同保证。

①按份共同保证是保证人与债权人约定按份额对主债务承担保证义务的共同保证；

②连带共同保证是:第一，各保证人约定均对全部主债务承担保证义务;第二，保证人与债权人之间没有约定所承担保证份额的共同保证。

连带共同保证的债务人在主合同规定的债务履行期届满没有履行债务的，债权人可以要求债务人履行债务，也可以要求任何一个保证人承担全部保证责任。已经承担保证责任的保证人，有权向债务人追偿，或者要求承担连带责任的其他保证人清偿其应当承担的份额。

(四)保证期间

保证期间是指保证人承担保证责任的存续时间。《担保法》规定，一般保证的保证人与债权人未约定保证期间的，保证期间为主债务履行期满之日起6个月。在合同规定的保证期间和上述规定的保证期间，债权人未对债务人提起诉讼或者申请仲裁的，保证期间适用诉讼时效中断的规定。连带责任保证的保证人与债权人未约定保证期间的，债权人有权自主债务履行期满之日起6个月内，要求保证人承担保证责任。在合同约定的保证期间和上述规定的保证期间，债权人未要求保证人承担保证责任的，保证人免除保证责任。

(五)保证责任

1. 保证责任的范围

保证担保的责任范围包括主债权及利息、违约金、损害赔偿金和实现债权的费用。保证合同对责任范围另有约定的，按照约定执行。当事人对保证担保的范围没有约定或者约定不明确的，保证人应当对全部债务承担责任。

2. 主合同变更与保证责任承担

(1)保证期间，债权人依法将主债权转让给第三人，保证债权同时转让，保证人在原保证担保的范围内对受让人承担保证责任。但是保证人与债权人事先约定仅对特定的债权人承担保证责任或者禁止债权转让的，保证人不再承担保证责任。

(2)保证期间债权人许可债务人转让债务的，应当取得保证人书面同意，保证人对未经其同意转让的债务部分，不再承担保证责任。

(3)保证期间债权人与债务人协议变更主合同的，应当取得保证人书面同意。未经保证人同意的主合同变更：

如果减轻债务人的债务的，保证人仍应当对变更后的合同承担保证责任;如果加重债务人的债务的，保证人对加重的部分不承担保证责任;债权人与债务人对主合同履行期限作了变动，未经保证人书面同意的，保证期间为原合同约定的或者法律规定的期间;债权人与债务人协议变动主合同内容，但并未实际履行的，保证人仍应当承担保证责任。

(4)主合同当事人双方协议以新贷偿还旧贷，除保证人知道或者应当知道者外，保证人不承担民事责任，但是新贷与旧贷系同一保证人的除外。

三、抵押

(一)抵押的概念与特征

抵押是指债务人或者第三人不转移对财产的占有，将该财产作为债权的担保。债务人不履行债务时，债权人有权依法以该财产折价或者以拍卖、变卖该财产的价款优先受偿。抵押中提供财产担保的债务人或者第三人为抵押人，债权人为抵押权人，提供担保的财产为抵押物。

抵押权作为担保物权的一种，具有从属性、不可分性和物上代位性。由于抵押权的设定不需要移转占有，因此，抵押权的设定不能采用占有移转的公示方法，而必须采用登记或其他方法公示。

（二）抵押权的设定

抵押权的取得，主要通过法律行为获得，但抵押权也可以基于法律行为以外的法律事实获得，如基于继承或者善意取得制度取得抵押权。基于法律行为取得抵押权的，就是抵押权的设定，抵押权的设定是由双方当事人签订抵押合同，抵押合同应当采用书面形式。抵押当事人包括抵押人和抵押权人，其中抵押权人就是债权人，抵押人即抵押财产的所有人，既可能是债务人，也可能是第三人。设定抵押权属于处分财产的行为，因此，抵押人必须对设定抵押的财产享有所有权或处分权。

在债务履行期届满前，抵押权人不得与抵押人约定债务人不履行到期债务时抵押财产归债权人所有。如果双方当事人的抵押合同有这样的条款，该条款（流押条款）无效。流押条款的无效不影响抵押合同其他条款的效力。

抵押物又称为抵押财产，是指抵押人用以设定抵押权的财产。抵押物是抵押权的标的物。

下列财产不得抵押的：

1. 土地所有权。在我国，土地归国家所有和集体所有，不能成为私人财产。

2. 耕地、宅基地、自留地、自留山等集体所有的土地使用权，但是法律规定可以抵押的除外。“法律规定的例外”主要有两种情形：一是以招标、拍卖、公开协商等方式取得的荒地等土地承包经营权可以抵押。二是乡镇、村企业的建设用地使用权不得单独抵押。

3. 学校、幼儿园、医院等以公益为目的的事业单位、社会团体的教育设施、医疗卫生设施和其他社会公益设施。

4. 所有权、使用权不明或者争议的财产。

5. 依法被查封、扣押、监管的财产。但是已经设定抵押的财产被采取查封、扣押等财产保全或者执行措施的，不影响抵押权的效力。

6. 法律、行政法规规定不得抵押的其他财产。

（三）抵押权的效力

1. 抵押人的权利

（1）抵押物的占有权。抵押设定以后，除法律和合同另有约定以外，抵押人有权继续占有抵押物，并有权取得抵押物的孳息。但是，抵押财产被人民法院依法扣押除外。债务人不履行到期债务或者发生当事人约定的实现抵押权的情形，致使抵押财产被人民法院依法扣押的，自扣押之日起抵押权人有权收取该抵押财产的天然孳息或者法定孳息，但抵押权人未通知应当清偿法定孳息的义务人的除外。

（2）抵押物的收益权。抵押权设定以后，由于抵押物仍然归抵押人占有，因此抵押人有权将抵押物出租。这里需要注意抵押权与出租之间的关系：第一，如果抵押权设定在先，出租在后，抵押权实现后，租赁合同对受让人不具有约束力。第二，抵押权设立后抵押财产出租的，该租赁关系不得对抗已经登记的抵押权。

（3）抵押物的处分权。抵押设定后，抵押人并不丧失对抵押物的所有权，抵押人有权将抵押物转让给他人，但抵押人处分财产的权利受到一定的限制：抵押期间，抵押人经抵押权人同意转让抵押财产的，应当将转让所得的价款向抵押权人提前清偿债务或者提存。抵押人未经抵押权人同意，不得转让抵押财产，但受让人代为清偿债务消灭抵押权的除外。

（4）设定多项抵押的权利。抵押人可以就同一抵押物设定多个抵押权。

2. 抵押权人的权利

（1）保全抵押物。如果抵押物受到抵押人或第三人的侵害，抵押权人有权要求停止侵害、恢复原状、赔偿损失。如果因抵押人的行为使抵押物价值减少，抵押权人有权要求抵押人恢复抵押物的价值，或者提供与减少的价值相当的担保。

（2）放弃抵押权或者变更抵押权的顺位。抵押权的变更，未经其他抵押权人书面同意，不得对其他抵押权人产生不利影响。债务人以自己的财产设定抵押，抵押权人放弃该抵押权、抵押权顺位或者变更抵押权的，其他担保人在抵押权人丧失优先受偿权益的范围内免除担保责任，但其他担保人承诺仍然提供担保的除外。

（3）优先受偿权。在债务人不履行债务时，抵押权人有权以抵押财产折价或者以拍卖、变卖抵押物的价款优先于普通债权人受偿。抵押物折价或者拍卖、变卖该抵押物的价款不足清偿债权的，不足清偿的部分由债务人按普通债权清偿。

（四）抵押权的实现

如果债务人不履行到期债务或者发生当事人约定的实现抵押权的情形，抵押权人可以与抵押人协议以抵押财产折价或者以拍卖、变卖该抵押财产所得的价款优先受偿。抵押物折价或者拍卖、变卖所得的价款，清偿顺序如下：

1. 实现抵押权的费用；
2. 主债权的利息；
3. 主债权。

抵押物不足清偿的债权由债务人清偿。

四、质押

（一）质押概述

所谓质押，指债务人或者第三人将其动产或权利移交债权人占有，将该财产作为债的担保，当债务人不履行债务或者发生当事人约定的实现抵押权的情形时，债权人有权依法以该财产变价所得优先受偿。

质押权是一种担保物权，因此同样具备担保物权的特征，即从属性、不可分性、物上代位性。与抵押权相比，有一定的区别：

1. 质押的标的物可以是动产或者权利，但不能是不动产；抵押的标的物既可以是动产也可以是不动产。

2. 质权的设定必须移转质物的占有；抵押权的设定不要求移转抵押物的占有。

3. 由于抵押权设定不移转占有，因此抵押人可以继续对抵押物占有、使用、收益；由于质押移转标的物的占有，因此质押人虽然享有对标的物的所有权，但是不能直接对质押物进行占有、使用、收益。

（二）动产质押

1. 动产质押的设定

设定动产质押，出质人和质权人应当以书面形式订立质押合同。质押合同是诺成合同，原则上自双方当事人意思表示一致时成立。质物占有的移转不是合同的生效要件。

(1)质权自质物移交给质权人占有时设立。因此，只有出质人将出质的动产移交以债权人占有，债权人才能取得质权。出质人以间接占有的财产出质的，书面通知送达占有人时视为移交。

(2)和抵押合同一样，质权人在债务履行期届满前，不得与出质人约定债务人不履行到期债务时质押财产归债权人所有。如果违反该规定，则约定的“流质条款”无效，但不影响质押合同其他部分的效力。

(3)出质人与质权人可以协议设立最高额质权。最高额质权除适用动产质押的有关规定外，参照最高额抵押权的规定。

2. 动产质押的标的物

在动产上设定动产质押是对财产的处分行为，因此，要求出质人对财产有处分权。但出质人以其不具有所有权但合法占有的动产出质的，法律保护善意质权人的权利。善意质权人行使质权给动产所有人造成损失的，由出质人承担赔偿责任。

动产质权的效力及于质物的从物。但是从物未随同质物移交质权人占有的，质权的效力不及于从物。

3. 动产质押的效力

动产质押设立后，在主债务清偿以前，质权人有权占有质物，并有权收取质物所生的孳息。质权人收取孳息，并非取得孳息所有权，而是将孳息作为质押标的。

质权人在质权存续期间，为担保自己的债务，经出质人同意，以其所占有的质物为第三人设定质权的，应当在原质权所担保的债权范围之内，超过的部分不具有优先受偿的效力。转质权的效力优于原质权。

质权人在质权存续期间，未经出质人同意转质，造成质押财产毁损、灭失的，应当向出质人承担赔偿责任。

（三）权利质押

权利质押指以可转让的权利为标的物的质权。法律将权利质押与动产质押共同规定在质押中，仅就权利质押作了一些特殊规定，对于权利质押的一般问题，法律规定直接适用动产质押的有关规定。

1. 有价证券的质押

以汇票、支票、本票、债券、存款单、仓单、提单出质的，当事人应当订立书面合同。质权自权利凭证交付质权人时设立。没有权利凭证的，质权自有关部门办理出质登记时设立。以票据、债券、存款单、仓单、提单出质的，质权人再转让或者质押的无效。如果汇票、支票、本票、债券、存款单、仓单、提单的兑现日期或者提货日期先于主债权到期的，质权人可以兑现或者提货，并与出质人协议将兑现的价款或者提取的货物提前清偿债务或者提存。

2. 可以转让的基金份额、股权的质押

以基金份额、股权出质的，当事人应当订立书面合同。以基金份额、证券登记结算机构登记的股权出质的，质权自证券登记结算机构办理出质登记时设立；以其他股权出质的，质权自工商行政管理部门办理出质登记时设立。基金份额、股权出质后，不得转让，但经出质人与质权人协商同意的除外。出质人转让基金份额、股权所得的价款，应当向质权人提前清偿债务或者提存。

3. 知识产权的质押

依法可以转让的商标专用权、专利权、著作权中的财产权可以作为质押的客体。对于这类权利质押，注意几点：

(1)以知识产权中的人身权设定质押无效；

(2)设定质权后，未经质权人同意不得转让或者许可他人使用；

(3)应当向有关管理部门办理出质登记，才能使得质权生效。

4. 应收账款的质押

以应收账款出质的，当事人应当订立书面合同。质权自信贷征信机构办理出质登记时设立。应收账款出质后，不得转让，但经出质人与质权人协商同意的除外。出质人转让应收账款所得的价款，应当向质权人提前清偿债务或者提存。

5. 依法可以质押的其他权利

五、留置

(一)留置权概述

留置权是指债权人合法占有债务人的动产，在债务人不履行到期债务时，债权人有权依法留置该财产，并有权就该财产享有优先受偿的权利。

留置权具有如下特征：

1. 留置权属于担保物权，因此具有担保物权的从属性、不可分性和物上代位性等特征。

2. 留置权属于法定的担保物权。

留置权的产生不是依据当事人之间的约定，而是在符合法律规定的条件时产生。但当事人可以通过合同约定排除留置权的适用。

(二)留置权的成立条件

1. 债权人合法占有债务人的动产。债权人的占有必须合法，因此，动产如果是因侵权行为而占有的，不能产生留置权。留置权可以善意取得，即如果债权人合法占有债务人交付的动产时，不知债务人无处分该动产的权利，债权人仍可以行使留置权。

2. 占有的动产与债权属于同一法律关系。对于企业之间的留置权的行使，可以不以同一债权债务关系为要件。

3. 债务已届清偿期且债务人未按规定期限履行义务。

(三)留置权的效力

1. 留置权人在占有留置物期间内，除了留置物本身以外，留置权的效力还及于从物、孳息和代位物。

2. 留置的财产为可分物的，留置物的价值应当相当于债务的金额。留置物为不可分物的，留置权人可以就其留置物的全部行使留置权。

3. 留置权的效力分两个层次：

(1)留置标的物

债权人在其债权没有得到清偿时，有权留置债务人的财产，并给债务人确定一个履行期限。没有约定的，该履行期限应当为两个月以上。自留置开始之时起，留置权人就享有收取留置物孳息的权利。

(2)优先受偿

债务人超过规定的期限仍不履行其债务时，留置权人可依法以留置物折价或拍卖、变卖所得价款优先受偿。留置财产折价或者拍卖、变卖后，其价款超过债权数额的部分归债务人所有，不足部分由债务人清偿。同一动产上已设立抵押权或者质权，该动产又被留置的，留置权人优先受偿。

六、定金

(一)定金的概念及种类

定金是以确保合同的履行为目的，由当事人一方在合同订立前后，合同履行前预先交付于另一方的金钱或者其他代替物的法律制度。定金可分为立约定金、成约定金、解约定金、违约定金。《担保法》规定的定金原则上属于违约定金。

(二)定金的生效与法律效力

1. 定金应当以书面形式约定。当事人在定金合同中应当约定交付定金的期限。定金合同从实际交付定金之日起生效。

2. 定金的效力表现为以下几个方面：

(1)定金一旦交付，定金所有权发生移转。

(2)给付定金一方不履行约定的债务的，无权要求返还定金；收受定金的一方不履行约定的债务的，应当双倍返还定金。当事人一方不完全履行合同的，应当按照未履行部分所占合同约定内容的比例，适用定金罚则。

(3)在迟延履行或者有其他违约行为时，并不能当然适用定金罚则。只有因当事人一方迟延履行或者其他违约行为，致使合同目的不能实现，才可以适用定金罚则。法律另有规定或者当事人另有约定的除外。

(4)当事人约定的定金数额不得超过主合同标的额的20%。如果超过20%的，超过部分无效。

(5)因不可抗力、意外事件致使主合同不能履行的，不适用定金罚则。因合同关系以外第三人的过错，致使主合同不能履行的，适用定金罚则。受定金处罚的一方当事人，可以依法向第三人追偿。

(6)如果在同一合同中，如果当事人既约定违约金，又约定定金的，在一方违约时，当事人只能选择适用违约金条款或者定金条款，不能同时要求适用两个条款。

第六节　合同的变更、转让和终止

一、合同的变更

《合同法》所称合同的变更是指合同内容的变更，不包括合同主体的变更。合同主体的变更属于合同的转让。

经当事人协商一致，可以变更合同。当事人对合同变更的内容约定不明确的，推定为未变更。除双方通过合意变更合同以外，还存在法定变更的情形，即一方当事人单方通知对方变更合同的权利。合同的变更，仅对变更后未履行的部分有效，对已履行的部分无溯及力。

二、债权转让

合同的转让是指合同主体的变更，合同的转让分为债权的转让、债务的承担及债权债务的概括移转。

（一）债权转让的条件

债权转让是指债权人将合同的权利全部或者部分转让给第三人的法律制度。其中债权人是转让人，第三人是受让人。《合同法》规定，债权人转让权利的，无须债务人同意，但应当通知债务人。未经通知，该转让对债务人不发生效力。

（二）禁止债权转让的情形

1. 根据合同性质不得转让。主要指基于当事人特定身份而订立的合同，如出版合同、赠与合同、委托合同、雇用合同等；

2. 按照当事人约定不得转让；

3. 依照法律规定不得转让。

（三）债权转让的效力

1. 对债权人而言，在全部转让的情形，原债权人脱离债权债务关系，受让人取代债权人地位。在部分转让情形，原债权人就转让部分丧失债权。

2. 对受让人而言，债权人转让权利的，受让人取得与债权有关的从权利，如抵押权，但该从权利专属于债权人自身的除外。

3. 对债务人而言，债权人权利的转让，不得损害债务人的利益，不应影响债务人的权利：

（1）债务人接到债权转让通知后，债务人对让与人的抗辩可以向受让人主张，如提出债权无效、诉讼时效已过等事由的抗辩。

（2）债务人接到债权转让通知时，债务人对让与人享有债权，并且其债权先于转让的债权到期或者同时到期的，债务人可以向受让人主张抵销。

三、债务承担

债务人将合同义务的全部或者部分转移给第三人的，应当经债权人同意。

债务人转移义务的，新债务人可以主张原债务人对债权人的抗辩。新债务人应当承担与主债务有关的从债务，但该从债务专属于原债务人自身的除外。债务承担除了《合同法》规定的免责的债务承担以外，还有并存的债务承担，即第三人以担保为目的加入债的关系，与原债务人共同承担同一债务。由于并存的债务承担并不使得原债务人脱离债的关系，因此原则上不以债权人的同意为必要。

四、合同债权债务的概括移转

合同权利义务的概括移转，是指合同一方当事人将自己在合同中的权利义务一并转让的法律制度。

当事人订立合同后合并的，由合并后的法人或者其他组织行使合同权利，履行合同义务。当事人订立合同后分立的，除债权人和债务人另有约定的以外，由分立的法人或者其他组织对合同的权利和义务享有连带债权，承担连带债务。

五、合同终止的基本理论

(一)合同终止的概念

合同的终止，是指因发生法律规定或当事人约定的情况，使当事人之间的权利义务关系消灭，而使合同终止法律效力。合同消灭的效力，除当事人之间的权利义务终止外，从属于主债的权利义务，也随之消灭。

合同作为一种民事法律关系，必须因一定的法律事实才能终止，引起合同终止的法律事实，主要有：

1. 债务已经按照约定履行；
2. 合同解除；
3. 债务相互抵消；
4. 债务人依法将标的物提存；
5. 债权人免除债务；
6. 债权债务同归于一人，即混同；
7. 法律规定的或者当事人约定终止的其他情形。

合同的权利义务终止后，有时当事人还负有后合同义务，应当遵循诚实信用原则，根据交易习惯履行通知、协助、保密等义务。

(二)清偿

清偿，又叫履行，是指为了实现合同目的，满足债权，合同债务人依照合同的约定圆满完成约定义务的行为和终局状态。它是合同消灭的最主要和最常见的原因。

债务人直接向债权人清偿债务，当然引起债的消灭。债务人向债权人的代理人、破产企业的清算组织、收据持有人、行使代位权的债权人、债权人与债务人约定的受领清偿的第三人清偿债务的，合同权利义务也因此而消灭。清偿一般应由债务人本人为之。债务人的代理人、第三人代为清偿的，也可以发生清偿的效力，但合同约定或依合同性质不能由第三人代为清偿的除外。第三人在代为清偿后，可代位行使债权人的权利。

债务人清偿债务应当按合同标的清偿，但经债权人同意并受领替代物清偿的，也能产生清偿效果。债务人的给付不足以清偿其对同一债权人所负的数笔相同种类的全部债务，应当优先抵充已到期的债务；几项债务均到期的，优先抵充对债权人缺乏担保或者担保数额最少的债务；担保数额相同的，优先抵充债务负担较重的债务；负担相同的，按照债务到期的先后顺序抵充；到期时间相同的，按比例抵充。但是，债权人与债务人对清偿的债务或者清偿抵充顺序有约定的除外。债务人除主债务之外还应当支付利息和费用，当其给付不足以清偿全部债务时，并且当事人没有约定的，人民法院应当按照下列顺序抵充：

1. 实现债权的有关费用；
2. 利息；
3. 主债务。

六、解除

合同的解除，是指已成立生效的合同因发生法律规定或当事人约定的情况，或经当事人协商一致，而使合同关系终止。

(一)合意解除

合意解除是指根据当事人事先约定的情况或经当事人协商一致而解除合同。在订立合同时，当事人可以约定一方解除合同的条件。合同订立后，经当事人协商一致，也可以解除合同。

(二)法定解除

法定解除是指根据法律规定而解除合同。有下列情形之一的，当事人可以解除合同：

1. 因不可抗力致使不能实现合同目的；

2. 在履行期限届满之前，当事人一方明确表示或者以自己的行为表明不履行主要债务；

3. 当事人一方迟延履行主要债务，经催告后在合理期限内仍未履行；

4. 当事人一方迟延履行债务或者有其他违约行为致使不能实现合同目的；

5. 法律规定的其他情形。包括：在承揽合同中，定作人可以随时解除承揽合同；在货运合同中，托运人有单方解除权；委托合同中委托人与受托人均可以随时解除委托合同。

合同解除后，尚未履行的，终止履行；已经履行的，根据履行情况和合同性质，当事人可以要求恢复原状、采取其他补救措施，并有权要求赔偿损失。

七、抵消

抵消是双方当事人互负债务时，一方通知对方以其债权充当债务的清偿或者双方协商以债权充当债务的清偿，使得双方的债务在对等额度内消灭的行为。

(一)法定抵消

当事人互负到期债务，该债务的标的物种类、品质相同的，任何一方可以将自己的债务与对方的债务抵消，但依照法律规定或者按照合同性质不得抵消的除外。

1.《合同法》规定的法定抵消须具备以下条件：

(1)须双方互负有债务，互享有债权

抵消是在对等额内使双方债权消灭为目的，故以双方债权的存在为必要前提。抵消权的产生，在于当事人对于对方既负有债务，同时又享有债权。只有债务而无债权或者只有债权而无债务，均不发生抵消问题。效力不完全的债权不能作为主动债权而主张抵消，如诉讼时效完成后的债权，债权人不得主张抵消，但作为被动债权，对方以其债权主张抵消的，应当允许。

(2)须双方债务的给付为同一种类

所谓给付种类相同，合同法称为标的物种类、品质相同，是指可以一方的给付清偿对方的债权。正因为如此，抵消通常在金钱债务或代替物债务以及其他种类物的债务中适用较多。双方当事人的给付物的种类虽然相同，但品质不同时，例如甲级刀鱼和乙级刀鱼，原则上不允许抵消，但允许以甲级刀鱼的给付抵消乙级刀鱼的给付。

(3)须双方的债务均届清偿期

因债权人通常仅在清偿期届至时，才可以现实地请求清偿。若未届清偿期也允许抵消的话，就等于在清偿期前强制债务人清偿，牺牲其期限利益，显属不合理。

2. 下列债务均不可抵消：

法律规定不得抵消的债务。如因故意侵权行为而产生的债务；合同性质不能抵消的债务。如提供劳务的债务、不作为的债务等；当事人约定不得抵消的债务。本条规定的抵消双方当事人都可以主张。

3. 当事人主张抵消的，应当通知对方。通知自到达对方时生效。

4. 抵消不得附条件或者附期限。

(二)约定抵消

当事人互负债务，标的物种类、品质不相同的，经双方协商一致，也可以抵消。

法定抵消与约定抵消的区别：

1. 抵消的根据不同。法定抵消是基于法律规定，只要具备法定条件，任何一方可以将自己的债务与对方的债务抵消；约定抵消，双方必须协商一致，不能由单方决定抵消。

2. 对抵消的债务的要求不同。法定抵消要求标的物的种类、品质相同；约定抵消标的物的种类、品质可以不同。比如可以约定以煤炭抵消运输费，以二级大米抵消一级大米。

八、提存

提存是指非因可归责于债务人的原因，导致债务人无法履行债务或者难以履行债务的情况下，债务人将标的物交由提存机关保存，以终止合同权利义务关系的行为。

(一)提存的原因

《合同法》规定，有下列情形之一，难以履行债务的，债务人可以将标的物提存：

1. 债权人无正当理由拒绝受领；

2. 债权人下落不明；

3. 债权人死亡未确定继承人或者丧失民事行为能力未确定监护人；

4. 法律规定的其他情形。

(二)提存的法律效果

1. 标的物提存后，毁损、灭失的风险由债权人承担。

提存期间，标的物的孳息归债权人所有。提存费用由债权人负担。标的物不适于提存或者提存费用过高的(如水果、海鲜)，债务人依法可以拍卖或者变卖标的物，提存所得的价款。

2. 债权人可以随时领取提存物，但债权人对债务人负有到期债务的，在债权人未履行债务或者提供担保之前，提存部门根据债务人的要求应当拒绝其领取提存物。债权人领取提存物的权利，自提存之日起 5 年内不行使则消灭，提存物扣除提存费用后归国家所有。此处规定的“5 年” 时效为不变期间，不适用诉讼时效中止、中断或者延长的规定。

3. 标的物提存后，除债权人下落不明的以外，债务人应当及时通知债权人或者债权人的继承人、监护人。

九、免除与混同

(一)债权人免除债务人部分或者全部债务的，合同的权利义务部分或者全部终止。

(二)债权和债务同归于一人，即债权债务混同时，合同的权利义务终止，但涉及第三人利益的除外。

第七节　违约责任

一、违约责任的基本原理

违约责任也称为违反合同的民事责任，是指合同当事人因违反合同义务所承担的责任。违约责任具有以下特点：

(一)违约责任以合同的有效存在为前提。

(二)违约责任是合同当事人不履行合同义务所产生的责任。如果当事人违反的不是合同义务，而是法律规定的其他义务，则应负其他责任。

(三)违约责任具有相对性。即违约责任只能在特定的当事人之间即合同关系的当事人之间发生。

只要合同当事人有违约行为存在，无论导致违约的原因是什么，除了法定或者约定的免责事由以外，均不得主张免责。

二、违约形态

根据合同当事人违反义务的性质，特点的不同，《合同法》将违约行为区分为预期违约和届期违约两种类型。

(一)预期违约

预期违约是指在履行期限到来之前一方无正当理由而明确表示其在履行期到来后将不履行合同，或者其行为表明其在履行期到来以后将不可能履行合同。预期违约分为明示的预期违约和默示的预期违约两种，区别在于违约的合同当事人是否通过意思表示明确表达自己不再履行合同的意愿。

(二)届期违约

在履行期限到来以后，当事人不履行或不完全履行合同义务的，将构成届期违约。届期违约可以分为不履行和不适当履行两类。

另外，《合同法》规定，因当事人一方的违约行为，侵害对方人身、财产权益的，受损害方有权选择依照《合同法》规定要求其承担违约责任或者依照其他法律要求其承担侵权责任。

三、承担违约责任的方式

承担违约责任的方式主要有：继续履行、补救措施、损害赔偿三种方式。

(一)继续履行

继续履行，又称实际履行，是指债权人在债务人不履行合同义务时，可请求人民法院或者仲裁机构强制债务人实际履行合同义务。

1. 当事人一方未支付价款或者报酬的，对方可以要求其支付价款或者报酬。

2. 当事人一方不履行非金钱债务或者履行非金钱债务不符合约定的，对方可以要求履行，但有下列情形之一的除外：法律上或者事实上不能履行；债务的标的不适于强制履行或者履行费用过高；债权人在合理期限内未要求履行。

(二)补救措施

当事人履行合同义务，质量不符合约定的，应当按照当事人的约定承担违约责任。对违约责任没有约定或者约定不明确，受损害方根据标的的性质以及损失的大小，可以合理选择要求对方承担修理、更换、重作、退货、减少价款或者报酬等违约责任。

（三）损害赔偿

当事人一方不履行合同义务或者履行合同义务不符合约定的，在履行义务或者采取补救措施后，对方还有其他损失的，应当承担损害赔偿责任。

1. 赔偿损失

（1）损失赔偿额应当相当于因违约所造成的损失，包括合同履行后可以获得的利益，但不得超过违反合同一方订立合同时预见到或者应当预见到的因违反合同可能造成的损失。当事人可以在合同中约定因违约产生的损失赔偿额的计算方法。

（2）经营者对消费者提供商品或者服务有欺诈行为的，依照《中华人民共和国消费者权益保护法》的规定承担损害赔偿责任，即按照购买商品的价款或者接受服务的费用承担双倍赔偿责任。

（3）当事人一方违约后，对方应当采取适当措施防止损失的扩大；没有采取适当措施致使损失扩大的，不得就扩大的损失要求赔偿。当事人因防止损失扩大而支出的合理费用由违约方承担。

2. 支付违约金

（1）违约金是按照当事人约定或者法律规定，一方当事人违约时应当根据违约情况向对方支付的一定数额的货币。

（2）约定的违约金低于造成的损失的，当事人可以请求人民法院或者仲裁机构予以增加；约定的违约金过分高于造成的损失的，当事人可以请求人民法院或者仲裁机构予以适当减少。

（3）当事人在合同中既约定违约金，又约定定金的，一方违约时，对方可以选择适用违约金或者定金条款，但两者不可同时并用。

四、免责事由

（一）不可抗力

合同法规定的法定的免责事由仅限于不可抗力。《合同法》规定，不可抗力“是指不能预见、不能避免并不能克服的客观情况”。

1. 不可抗力并非当然免责。《合同法》规定，因不可抗力不能履行合同的，根据不可抗力的影响，部分或者全部免除责任。

2. 当事人迟延履行后发生不可抗力的，不能免除责任。

3. 不可抗力事件发生后，主张不可抗力一方要履行两个义务：一是及时通报合同不能履行或者需要迟延履行、部分履行的事由；二是取得有关不可抗力的证明。

（二）情势变更

在合同成立以后，如果客观情况发生了当事人在订立合同时无法预见的、非不可抗力造成的不属于商业风险的重大变化，继续履行合同对于一方当事人明显不公平或者不能实现合同目的，当事人请求人民法院变更或者解除合同的，人民法院应当根据公平原则，并结合案件的实际情况确定是否变更或者解除。

第八节　具体合同

一、转移财产权利的合同

（一）买卖合同

买卖合同是出卖人转移标的物的所有权于买受人，买受人支付价款的合同。买卖合同是最基本、最典型的有偿合同，故《合同法》规定，其他有偿合同，法律有规定的，依照其规定；没有规定的，则参照买卖合同的有关规定执行。

双方当事人的权利义务：

1. 交付标的物

（1）出卖人应当按照约定的期限交付标的物。当事人约定交付期间的，出卖人可以在该交付期间内的任何时间交付。当事人没有约定标的物的交付期限或者约定不明确的，依照法律规定执行。标的物在订立合同之前已为买受人占有的，合同生效的时间为交付时间。

（2）出卖人应当按照约定的地点交付标的物，当事人没有约定交付地点或者约定不明确，依照《合同法》有关规定仍不能确定的适用下列规定：标的物需要运输的，出卖人应当将标的物交付给第一承运人以运交给买受人；标的物不需要运输，出卖人和买受人订立合同时知道标的物在某一地点的，出卖人应当在该地点交付标的物；不知道标的物在某一地点的，应当在出卖人订立合同时的营业地交付标的物。

2. 转移标的物的所有权

（1）出卖人应当履行向买受人交付标的物或者交付提取标的物的单证，并转移标的物的所有权的义务。故交付标的物时，标的物必须是属于出卖人所有或者出卖人有权处分的物。法律、行政法规禁止或者限制转让的标的物，不得随意转让，应依照有关规定执行。

（2）出卖人就交付的标的物，负有保证第三人不得向买受人主张任何权利的义务，但买受人订立合同时知道或者应当知道第三人对买卖的标的物享有权利的，或法律另有其他规定的除外。买受人有确切证据证明第三人可能就标的物主张权利的，可以中止支付相应的价款，但出卖人提供适当担保的除外。

（3）标的物的所有权自标的物交付时起转移，但法律另有规定或者当事人另有约定的除外。当事人可以在买卖合同中约定买受人未履行支付价款或者其他义务的，标的物的所有权属于出卖人，即订立所有权保留条款，避免标的物因交付而转移所有权后发生钱、货两空。

3. 标的物的风险承担

所谓风险，是指在买卖合同生效后，由于不可归责于双方当事人的事由导致标的物遭受毁损、灭失的情形。标的物的风险负担就是指，在非因可归责于双方当事人的原因导致标的物发生毁损、灭失的情形，谁负担由此导致的损失。

（1）标的物毁损、灭失的风险，在标的物交付之前由出卖人承担，交付之后由买受人承担，但法律另有规定或者当事人另有约定的除外。

（2）因买受人的原因致使标的物不能按照约定的期限交付的，买受人应当自违反约定之日起承担标的物毁损、灭失的风险。

（3）出卖人出卖交由承运人运输的在途标的物，除当事人另有约定的以外，毁损、灭失的风险自合同成立时起由买受人承担。

(4)当事人没有约定交付地点或者约定不明确，标的物需要运输的，出卖人将标的物交付给第一承运人后，标的物毁损、灭失的风险由买受人承担。

(5)出卖人按照约定或者依照《合同法》有关规定将标的物置于交付地点，买受人违反约定没有收取的，标的物毁损、灭失的风险自违反约定之日起由买受人承担。

(6)出卖人未按照约定交付有关标的物的单证和资料的，不影响标的物毁损、灭失风险的转移。

(7)因标的物不符合质量要求，致使不能实现合同目的的，买受人可以拒绝接受标的物或者解除合同。买受人拒绝接受标的物或者解除合同的，标的物毁损、灭失的风险由出卖人承担。

(8)标的物毁损、灭失的风险由买受人承担的，不影响因出卖人履行债务不符合约定，买受人要求其承担违约责任的权利。

4. 价款支付

(1)买受人应当按照约定的数额支付价款。对价款没有约定或者约定不明确的，适用《合同法》的有关规定确定。

(2)买受人应当按照约定的地点支付价款。对支付地点没有约定或者约定不明确，依照《合同法》有关规定仍不能确定的，买受人应当在出卖人的营业地支付，但约定支付价款以交付标的物或者交付提取标的物单证为条件的，在交付标的物或者交付提取标的物单证的所在地支付。

(3)买受人应当按照约定的时间支付价款。对支付时间没有约定或者约定不明确，依照《合同法》有关规定仍不能确定的，买受人应当在收到标的物或者提取标的物单证的同时支付。

(二)赠与合同

1. 赠与合同的概念

赠与合同是赠与人将自己的财产无偿给予受赠人，受赠人表示接受赠与的合同。赠与合同属诺成合同，当事人意思表示一致，合同即告成立。赠与的财产依法需要办理登记等手续的，应当办理有关手续。赠与可以附义务。赠与附义务的，受赠人应当按照约定履行义务。附义务的赠与，赠与的财产有瑕疵的，赠与人在附义务的限度内承担与出卖人相同的责任。赠与人故意不告知瑕疵或者保证无瑕疵，造成受赠人损失的，应当承担损害赔偿责任。

2. 赠与合同的撤销

赠与合同的撤销分为任意撤销和法定撤销。

任意撤销，是指赠与人在赠与财产的权利转移之前可以撤销赠与。但具有救灾、扶贫等社会公益、道德义务性质的赠与合同或者经过公证的赠与合同，不得撤销赠与。

法定撤销，是指当受赠人有忘恩行为时，无论赠与财产的权利是否转移，赠与是否具有救灾、扶贫等社会公益、道德义务性质或者经过公证，赠与人或者赠与人的继承人、法定代理人可以撤销赠与的情形。

有下列情形之一的，赠与人可以行使撤销权：

(1)严重侵害赠与人或者赠与人的近亲属；

(2)对赠与人有扶养义务而不履行；

(3)不履行赠与合同约定的义务。

赠与人的撤销权自知道或者应当知道撤销原因之日起1年内行使。因受赠人的违法行为致使赠与人死亡或者丧失民事行为能力的，赠与人的继承人或者法定代理人可以撤销赠与。赠与人的继承人或者法定代理人的撤销权，自知道或者应当知道撤销原因之日起6个月内行使。

（三）借款合同

借款合同是借款人向贷款人借款，到期返还借款并支付利息的合同。金融机构贷款的借款合同自双方意思表示一致时成立，自然人之间的借款合同自贷款人提供借款时生效。

贷款人未按照约定的日期、数额提供借款，造成借款人损失的，应当赔偿损失。借款人未按照约定的日期、数额收取借款的，应当按照约定的日期、数额支付利息。

借款人未按照约定的借款用途使用借款的，贷款人可以停止发放借款、提前收回借款或者解除合同。借款的利息不得预先在本金中扣除，利息预先在本金中扣除的，应当按照实际借款数额返还借款并计算利息。

借款人应当按照约定的期限支付利息。对支付利息的期限没有约定或者约定不明确，依照《合同法》有关规定仍不能确定的，借款期间不满一年的，应当在返还借款时一并支付；借款期间一年以上的，应当在每届满一年时支付，剩余期间不满一年的，应当在返还借款时一并支付。

借款人应当按照约定的期限返还借款。借款人提前偿还借款的，除当事人另有约定的以外，应当按照实际借款的期间计算利息。借款人可以在还款期限届满之前向贷款人申请展期。贷款人同意的，可以展期。

自然人之间的借款合同对支付利息没有约定或者约定不明确的，视为不支付利息。自然人之间的借款合同约定支付利息的，不得超过银行同期贷款利率的四倍。超过时，超过部分无效。

（四）租赁合同

1. 租赁合同概述

租赁合同是出租人将租赁物交付承租人使用、收益，承租人支付租金的合同。租赁期限不得超过20年。超过20年的，超过部分无效。租赁期间届满，当事人可以续订租赁合同，但约定的租赁期限自续订之日起仍不得超过20年。

不定期租赁包括：租赁期限6个月以上的，合同应当采用书面形式。当事人未采用书面形式的，视为不定期租赁；当事人对租赁期限没有约定或者约定不明确，依照《合同法》有关规定仍不能确定的，视为不定期租赁；租赁期届满，承租人继续使用租赁物，出租人没有提出异议的，原租赁合同继续有效，但租赁期限为不定期。

对于不定期租赁，双方当事人均可以随时解除合同，但出租人解除合同应当在合理期限之前通知承租人。

2. 双方当事人的权利义务

承租人按照约定的方法或者租赁物的性质使用租赁物，致使租赁物受到损耗的，不承担损害赔偿责任。出租人应当履行租赁物的维修义务，但当事人另有约定的除外。出租人未履行维修义务的，承租人可以自行维修，维修费用由出租人负担。因维修租赁物影响承租人使用的，应当相应减少租金或者延长租期。

承租人经出租人同意，可以对租赁物进行改善或者增设他物。承租人未经出租人同意，对租赁物进行改善或者增设他物的，出租人可以要求承租人恢复原状或者赔偿损失。承租人经出租人同意，可以将租赁物转租给第三人。承租人转租的，承租人与出租人之间的租赁合同继续有效，第三人对租赁物造成损失的，承租人应当赔偿损失。承租人未经出租人同意转租的，出租人可以解除合同。

在租赁期间因占有、使用租赁物获得的收益，归承租人所有，但当事人另有约定的除外。承租人应当按照约定的期限支付租金。对支付期限没有约定或者约定不明确，依照《合同法》有关规定仍不能确定的，租赁期间不满一年的，应当在租赁期间届满时支付；租赁期间一年以上的，应当在每届满一年时支付，剩余期间不满一年的，应当在租赁期间届满时支付。承租人无正当理由未支付或者迟延支付租金的，出租人可以要求承租人在合理期限内支付。承租人逾期不支付的，出租人可以解除合同。

因第三人主张权利，致使承租人不能对租赁物使用、收益的，承租人可以要求减少租金或者不支付租金。第三人主张权利的，承租人应当及时通知出租人。租赁物在租赁期间发生所有权变动的，不影响租赁合同的效力。学理上称为“买卖不破租赁”，但在掌握时要注意，所有的所有权让与均不破租赁，并非局限于买卖。

3. 租赁合同的解除与延期

因不可归责于承租人的事由，致使租赁物部分或者全部毁损、灭失的，承租人可以要求减少租金或者不支付租金；因租赁物部分或者全部毁损、灭失，致使不能实现合同目的的，承租人可以解除合同。

4. 房屋租赁合同

房屋租赁的无效与处理：

(1) 出租人就未取得建设工程规划许可证或者未按照建设工程规划许可证的规定建设的房屋，与承租人订立的租赁合同无效。

(2) 出租人就未经批准或者未按照批准内容建设的临时建筑，与承租人订立的租赁合同无效。

(3) 租赁期限超过临时建筑的使用期限，超过部分无效。

房屋租赁中承租人的优先权。出租人出卖租赁房屋的，应当在出卖之前的合理期限内通知承租人，承租人享有以同等条件优先购买的权利。其他标的物租赁并不适用优先购买权。

具有下列情形之一，承租人主张优先购买房屋的，人民法院不予支持：房屋共有人行使优先购买权的；出租人将房屋出卖给近亲属，包括配偶、父母、子女、兄弟姐妹、祖父母、外祖父母、孙子女、外孙子女的；出租人履行通知义务后，承租人在十五日内未明确表示购买的；第三人善意购买租赁房屋并已经办理登记手续的。

房屋租赁中同住人的权利，承租人在房屋租赁期间死亡的，与其生前共同居住的人可以按照原租赁合同租赁该房屋。

(五) 融资租赁合同

1. 融资租赁合同概述

融资租赁合同是出租人根据承租人对出卖人、租赁物的选择，向出卖人购买租赁物，提供给承租人使用，承租人支付租金的合同。典型的融资租赁关系涉及三方当事人，即出租人、承租人和出卖人，内容涉及租赁和买卖两个方面。融资租赁合同应当采用书面形式。

在融资租赁合同中，承租人解除合同的权利应受到一定限制，在合同有效期内，无正当、充分的理由不得解除合同。出租人根据承租人对出卖人、租赁物的选择与出卖人订立买卖合同，出卖人按照约定向承租人交付标的物，承租人享有与受领标的物有关的买受人的权利。承租人检验标的物合格后出具验收合格通知书，并与出租人订立融资租赁合同，出租人据此向出卖人付款。出租人享有租赁物的所有权。承租人破产的，租赁物不属于破产财产。

2. 双方当事人的权利义务

租赁物不符合租赁合同约定或者不符合使用目的的，出租人不承担责任，但承租人依赖出租人的技能确定租赁物或者出租人干预选择租赁物的除外。出租人应当保证承租人对租赁物的占有和使用。承租人占有租赁物期间，租赁物造成第三人的人身伤害或者财产损害的，出租人不承担责任。

承租人应当妥善保管、使用租赁物。承租人应当履行占有租赁物期间的维修义务。承租人应当按照约定支付租金。承租人经催告后在合理期限内仍不支付租金的，出租人可以要求支付全部租金；也可以解除合同，收回租赁物。

出租人和承租人可以约定租赁期间届满租赁物的归属。对租赁物的归属没有约定或者约定不明确，依照《合同法》有关规定仍不能确定的，租赁物的所有权归出租人。

当事人约定租赁期间届满租赁物归承租人所有，承租人已经支付大部分租金，但无力支付剩余租金，出租人因此解除合同收回租赁物的，收回的租赁物的价值超过承租人欠付的租金以及其他费用的，承租人可以要求部分返还。

二、交付工作成果的合同

（一）承揽合同

承揽合同是承揽人按照定作人的要求完成工作，交付工作成果，定作人给付报酬的合同。承揽人可为多人，除当事人另有约定，共同承揽人对定作人承担连带责任。

双方当事人的权利义务：

1. 承揽人应当以自己的设备、技术和劳力，完成主要工作，但当事人另有约定的除外。

（1）承揽人将其承揽的主要工作交由第三人完成的，应当就该第三人完成的工作成果向定作人负责；未经定作人同意的，定作人也可以解除合同。

（2）承揽人可以将其承揽的辅助工作交由第三人完成，并就该第三人完成的工作成果向定作人负责。

2. 合同约定由承揽人提供材料的，承揽人应当按照约定选用材料，并接受定作人检验。合同约定由定作人提供材料的，定作人应当按照约定提供材料。承揽人对定作人提供的材料，应当及时检验，发现不符合约定时，应当及时通知定作人更换、补齐或者采取其他补救措施。承揽人不得擅自更换定作人提供的材料，不得更换不需要修理的零部件。

3. 定作人可以随时解除承揽合同。但定作人因此造成承揽人损失的，应当赔偿损失。

（二）建设工程合同

1. 概念及特点

建设工程合同是承包人进行工程建设，发包人支付价款的合同。建设工程合同包括工程勘察、设计、施工合同。

建设工程的特点包括：

（1）对建设工程合同没有规定的部分，可适用承揽合同的有关规定。

（2）建设工程合同应当采用书面形式，应以招标的方式订立。

(3)当事人就同一建设工程另行订立的建设工程施工合同与经过备案的中标合同实质性内容不一致的，应当以备案的中标合同作为结算工程价款的根据。

2. 建设工程合同的无效

建设工程施工合同具有下列情形之一的，属于无效合同：

(1)承包人未取得建筑施工企业资质或者超越资质等级的；

(2)没有资质的实际施工人借用有资质的建筑施工企业名义的；

(3)建设工程必须进行招标而未招标或者中标无效的。

承包人超越资质等级许可的业务范围签订建设工程施工合同，在建设工程竣工前取得相应资质等级，不按照无效合同处理。

3. 双方当事人的权利义务

承包人具有下列情形之一，发包人可以请求解除建设工程施工合同：

(1)明确表示或者以行为表明不履行合同主要义务的；

(2)合同约定的期限内没有完工，且在发包人催告的合理期限内仍未完工的；

(3)已经完成的建设工程质量不合格，并拒绝修复的；

(4)将承包的建设工程非法转包、违法分包的。

发包人具有下列情形之一，致使承包人无法施工，且在催告的合理期限内仍未履行相应义务，承包人可以请求解除建设工程施工合同：

(1)未按约定支付工程价款的；

(2)提供的主要建筑材料、建筑构配件和设备不符合强制性标准的；

(3)不履行合同约定的协助义务的。

建设工程竣工经验收合格后，方可交付使用；未经验收或者验收不合格的，不得交付使用。

发包人未按照约定支付价款的，承包人可以催告发包人在合理期限内支付价款。发包人逾期不支付的，除按照建设工程的性质不宜折价、拍卖的以外，承包人可以与发包人协议将该工程折价，也可以申请人民法院将该工程依法拍卖。建设工程的价款就该工程折价或者拍卖的价款优先受偿。

(1)上述优先受偿权优于抵押权和其他债权。

(2)消费者交付购买商品房的全部或者大部分款项后，承包人就该商品房享有的工程价款优先受偿权不得对抗买受人。

(3)建设工程承包人行使优先权的期限为6个月，自建设工程竣工之日或者建设工程合同约定的竣工之日起计算。

当事人对欠付工程价款利息计付标准有约定的，按照约定处理；没有约定的，按照中国人民银行发布的同期同类贷款利率计息。

利息从应付工程价款之日计付。当事人对付款时间没有约定或者约定不明的，下列时间视为应付款时间：

(1)建设工程已实际交付的，为交付之日；

(2)建设工程没有交付的，为提交竣工结算文件之日；

(3)建设工程未交付，工程价款也未结算的，为当事人起诉之日。

4. 当事人的其他义务

三、提供劳务的合同

(一)运输合同

运输合同是承运人将旅客或者货物从起运地点运输到约定地点，旅客、托运人或者收货人支付票款或者运输费用的合同。运输合同分为客运合同、货运合同和多式联运合同。

1. 客运合同

客运合同自承运人向旅客交付客票时成立，但当事人另有约定或者另有交易习惯的除外。

2. 货运合同

托运人享有运输合同的变更与解除权利。在承运人将货物交付收货人之前，托运人可以要求承运人中止运输、返还货物、变更到达地或者将货物交给其他收货人，但应当赔偿承运人因此受到的损失。

承运人对运输过程中货物的毁损、灭失承担损害赔偿责任，但承运人证明货物的毁损、灭失是因不可抗力、货物本身的自然性质或者合理损耗以及托运人、收货人的过错造成的，不承担损害赔偿责任。

货物在运输过程中因不可抗力灭失，未收取运费的，承运人不得要求支付运费;已收取运费的，托运人可以要求返还。

两个以上承运人以同一运输方式联运的，与托运人订立合同的承运人应当对全程运输承担责任。损失发生在某一运输区段的，与托运人订立合同的承运人和该区段的承运人承担连带责任。

3. 多式联运合同

多式联运经营人负责履行或者组织履行多式联运合同，对全程运输享有承运人的权利并承担其义务。

(二)保管合同和仓储合同

1. 保管合同

保管合同是保管人保管寄存人交付的保管物，并返还该物的合同。保管合同一般为实践合同，自保管物交付时成立。但当事人另有特别约定的，保管合同可自当事人约定的时间成立，为诺成合同。

2. 仓储合同

仓储合同是保管人储存存货人交付的仓储物，存货人支付仓储费的合同。仓储合同自成立时生效。存货人交付仓储物的，保管人应当给付仓单。存货人或者仓单持有人在仓单上背书并经保管人签字或者盖章的，可以转让提取仓储物的权利。

储存期间，因保管人保管不善造成仓储物毁损、灭失的，保管人应当承担损害赔偿责任。因仓储物的性质、包装不符合约定或者超过有效储存期造成仓储物变质、损坏的，保管人不承担损害赔偿责任。

(三)委托合同

委托合同是委托人和受托人约定，由受托人处理委托人事务的合同。委托只涉及委托人和受托人之间的关系，不涉及与第三人的关系。委托分为特别委托与概括委托。具有人身属性的事项，如结婚、离婚、收养子女等，不适用于委托合同。

1. 委托事务的处理

受托人应当按照委托人的指示处理委托事务；受托人应当亲自处理委托事务。经委托人同意，受托人可以转委托。

2. 隐名代理

受托人以自己的名义，在委托人的授权范围内与第三人订立的合同，第三人在订立合同时知道受托人与委托人之间的代理关系的，该合同直接约束委托人和第三人（法律后果同一般代理），但有确切证据证明该合同只约束受托人和第三人的除外。受托人以自己的名义与第三人订立合同时，第三人不知道受托人与委托人之间的代理关系的：

（1）受托人因第三人的原因对委托人不履行义务，受托人应当向委托人披露第三人，委托人因此可以行使受托人对第三人的权利，但第三人如果知道该委托人存在，就不会与受托人订立合同的除外。

（2）受托人因委托人的原因对第三人不履行义务，受托人应当向第三人披露委托人，第三人因此可以选择受托人或者委托人作为相对人主张其权利，但第三人不得变更选定的相对人。

委托人行使受托人对第三人的权利的，第三人可以向委托人主张其对受托人的抗辩。第三人选定委托人作为其相对人的，委托人可以向第三人主张其对受托人的抗辩以及受托人对第三人的抗辩。

3. 费用与报酬

委托人应当预付处理委托事务的费用。受托人为处理委托事务垫付的必要费用，委托人应当偿还该费用及其利息。受托人完成委托事务的，委托人应当向其支付报酬。因不可归责于受托人的事由，委托合同解除或者委托事务不能完成的，委托人应当向受托人支付相应的报酬。当事人另有约定的，按照其约定。

4. 损失赔偿

有偿的委托合同，因受托人的过错给委托人造成损失的，委托人可以要求赔偿损失。无偿的委托合同，因受托人的故意或者重大过失给委托人造成损失的，委托人可以要求赔偿损失。受托人超越权限给委托人造成损失的，应当赔偿损失。

受托人处理委托事务时，因不可归责于自己的事由受到损失的，可以向委托人要求赔偿损失。委托人经受托人同意，可以在受托人之外委托第三人处理委托事务。因此给受托人造成损失的，受托人可以向委托人要求赔偿损失。

两个以上的受托人共同处理委托事务的，对委托人承担连带责任。

基本训练

一、单项选择题

1. 甲乙订立买卖合同约定：甲向乙交付200吨铜材，货款为200万元；乙向甲支付定金20万元；如任何一方不履行合同应支付违约金30万元。甲因将铜材卖给丙而无法向乙交货。在乙向法院起诉时，既能最大限度保护自己的利益，又能获得法院支持的诉讼请求是（　　）。

A. 请求甲双倍返还定金40万元

B. 请求甲支付违约金30万元

C. 请求甲支付违约金30万元，同时请求甲双倍返还定金40万元

D. 请求甲支付违约金30万元，同时请求返还定金20万元

2. 2012年4月30日，甲以手机短信形式向乙发出购买一台笔记本电脑的要约，乙于当日回短信同意要约。但由于“五一”期间短信系统繁忙，甲于5月3日才收到乙的短信，并因个人原因于5月8日才阅读乙的短信，后于9日回复乙“短信收到”。甲乙之间买卖合同的成立时间是(　　)。

A. 2012年4月30日　　B. 2012年5且3日

C. 2012年5月8日　　D. 2012年5月9日

3. 甲公司7月1日通过报纸发布广告，称其有某型号的电脑出售，每台售价8000元，随到随购，数量不限，广告有效期至7月30日。乙公司委托王某携带金额16万元的支票于7月28日到甲公司购买电脑，但甲公司称广告所述电脑已全部售完。乙公司为此受到一定的经济损失。根据合同法律制度的规定，下列表述正确的是(　　)。

A. 甲公司的广告构成要约，乙公司的行为构成承诺，甲公司不承担违约责任

B. 甲公司的广告构成要约，乙公司的行为构成承诺，甲公司应当承担违约责任

C. 甲公司的广告不构成要约，乙公司的行为不构成承诺，甲公司不承担民事责任

D. 甲公司的广告构成要约，乙公司的行为不构成承诺，甲公司不承担民事责任

4. 甲向乙发出要约，乙于3月8日发出承诺信函，3月10日承诺信函寄至甲，但甲的法定代表人当日去赈灾，3月11日才知悉该函内容，遂于3月12日致函告知乙收到承诺，该承诺的生效时间是(　　)。

A. 3月8日　　B. 3月10日　　C. 3月11日　　D. 3月12日

5. 甲于2月14日向乙发出签订合同的要约，乙于2月28日承诺同意，甲、乙双方在3月13日签订合同，合同中约定该合同于3月25生效。根据《合同法》的规定，该合同的成立时间是(　　)。

A. 2月14日　　B. 2月28日　　C. 3月13日　　D. 3月25日

6. 甲公司与乙公司订立的买卖合同约定：甲公司向乙公司购买西服价款总值为9万元，甲公司于8月1日前向乙公司预先支付货款6万元，余款于10月15日在乙公司交付西服后2日内一次付清。甲公司以资金周转困难为由未按合同约定预先支付货款6万元。10月15日，甲公司要求乙公司交付西服。根据合同法律制度的规定，乙公司可以行使的权利是(　　)。

A. 同时履行抗辩权　　B. 后履行抗辩权　　C. 不安抗辩权　　D. 撤销权

7. 根据担保法律制度的规定，下列各项中，可以作为合同债务人的债务履行作保证人的是(　　)。

A. 学校　　B. 医院　　C. 企业　　D. 残疾人联合会

8. 根据合同法律制度的规定，由于债权人的原因，债务人无法向债权人交付合同标的物时，可以将该标的物交给提存部门，从而消灭债务，在标的物提存后，标的物毁损、灭失风险责任的承担者是(　　)。

A. 债权人　　B. 债务人　　C. 债权人和债务人　　D. 提存部门

9. 根据合同法律制度的规定，下列情形中，要约没有发生法律效力的是(　　)。

A. 撤回要约的通知与要约同时到达受要约人

B. 撤销要约的通知在受要约人发出承诺通知之前到达

C. 同意要约的通知到达要约人

D. 受要约人对要约的内容作出实质性变更

10. 甲对乙享有10万元的合同债权，该债权具有可转让性，甲将其债权转让给丙。根据合同法律制度的规定，下列表述中，正确的是(　　)。

A. 如果甲未取得乙的同意，甲与丙之间的债权转让协议无效

B. 如果甲未通知乙，甲与丙之间的债权转让协议无效

C. 如果甲未通知乙，甲与丙之间的债权转让协议有效，但对乙不发生效力

D. 如果甲未通知乙，甲与丙之间的债权转让协议有效，该协议对甲乙丙均发生效力

二、多项选择题

1. 乙向甲购买10台新型计算机，双方订立了合同。下列关于该合同项下计算机所有权转移的表述中，正确的有(　　)。

A. 如果双方没有特别约定，计算机的所有权自买卖合同生效时起转移

B. 如果双方没有特别约定，计算机的所有权自甲方交付时起转移

C. 如果双方没有特别约定，计算机的所有权自乙方付清全部价款时起转移

D. 如果双方约定，甲方先行交付计算机，在乙方付清全部价款之前，其所有权仍属于甲方，该约定有效

2. 育红学校欲组建电脑教室，分别向几个电脑商发函，称"我学校急需电脑50台，如你公司有货，请速告知"华夏公司第二日即派人将电脑50台送到学校，而育红学校此时已决定购买另一电脑商的电脑，故拒绝接受华夏公司的电脑，由此发生纠纷。关于本案的下列表述中，正确的有(　　)。

A. 育红学校的发函属于要约邀请

B. 育红学校的发函属于要约

C. 育红学校拒绝接受华夏公司电脑属于违约行为

D. 育红学校拒绝接受华夏公司电脑不属于违约行为

3. 根据合同法律制度的规定，下列各项中，属于无效合同的有(　　)。

A. 恶意串通损害国家利益的合同　　B. 损害社会公共利益的合同

C. 显失公平的合同　　D. 以合法形式掩盖非法目的的合同

4. 根据《中华人民共和国担保法》的规定，下列各项中，属于留置担保范围的有(　　)。

A. 主债权的利息　　B. 违约金　　C. 留置物保管费用　　D. 实现留置权的费用

5. 根据《中华人民共和国合同法》的规定，下列合同中，根据合同性质债权人不得将合同的权利全部或者部分转让给第三人的有(　　)。

A. 借款合同　　B. 赠与合同　　C. 委托合同　　D. 雇用合同

6. 根据《合同法》的规定，下列各项中，属于要约失效的情形有(　　)。

A. 要约人依法撤回要约　　B. 要约人依法撤销要约

C. 承诺期限届满，受要约人未做出承诺　　D. 受要约人对要约内容做出实质性变更

7. 根据合同法律制度的规定，属于无效格式条款有(　　)。

A. 有两种以上解释的格式条款　　B. 恶意串通损害国家利益的格式条款

C. 损害社会公共利益的格式条款　　D. 违反法律强制性规定的格式条款

8. 甲、乙公司签订了100万元的买卖合同。合同规定，甲公司应当在8月30日向乙公司交付一批货物，8月中旬，甲公司把货物运送到乙公司。根据合同法律制度的规定，乙公司的下列做法中，符合规定的是(　　)。

A. 拒绝接收货物

B. 不接收货物并要求对方承担违约责任

C. 接收货物并要求对方承担违约责任

D. 接收货物并要求对方支付增加的费用

9. 债权人甲认为债务人乙怠于行使其债权给自己造成损害，欲提起代位权诉讼。下列各项债权中，不得提起代位权诉讼的有(　　)。

A. 安置费给付请求权　　B. 劳动报酬请求权

C. 人身伤害赔偿请求权　　D. 因继承关系产生的给付请求权

10. 某热电厂从某煤矿购煤200吨，约定交货期限为2012年9月30日，付款期限为2012年10月31日。9月30日，煤矿交付200吨煤，热电厂经检验发现煤的含硫量远远超过约定标准，根据政府规定不能在该厂区燃烧。基于上述情况，热电厂的下列主张中，有法律依据的是(　　)。

A. 行使先履行抗辩权　　B. 要求煤矿承担违约责任

C. 行使不安抗辩权　　D. 解除合同

三、判断题

1. 当事人对保证方式没有约定或者约定不明确的，按照连带责任保证承担保证责任。(　　)

2. 对合同格式条款的理解发生争议的，应当按照通常理解予以解释。对格式条款有两种以上解释的，应当作出不利于提供格式条款一方的解释。(　　)

3. 主合同有效而担保合同无效，债权人无过错的，担保人与债务人对主合同债权人的经济损失，应当承担连带赔偿责任。(　　)

4. 要约是只能向特定的人发出的，邀请他们与自己订立合同的意思表示。(　　)

5. 甲以欺诈手段订立合同，损害国家利益。该合同应属于无效合同，而不是可撤销合同。(　　)

6. 合同约定由债务人甲向第三人乙履行交货义务，甲在所交货物的质量不符合合同约定时，应当向乙承担违约责任。(　　)

7. 买卖合同的出卖人将收取价款的权利转让给第三人，无须得到买受人的同意，但是应当通知买受人。(　　)

■ 情境八　工业产权法

学习目标

	能力目标	知识目标
容易	能够准确判定商标权法的适用范围	理解商标权的概念及商标权法的调整对象
容易	能够准确判定专利权法的适用范围	理解专利权的概念及专利权法的调整对象
适中	能够对实践活动中注册商标申请的提出，受理，进行分析	熟悉注册商标申请的主体，掌握注册商标申请的受理程序
适中	能够对实践活动中专利申请的提出，受理，进行分析	熟悉专利申请的主体，掌握专利申请的受理程序
较难	能够对具体注册商标撤销、转让进行实际分析，对撤销、转让产生的权利义务进行分析	掌握注册商标的撤销，转让及许可使用
较难	能够对具体专利实施、转让、许可、法定限制进行实际分析	掌握专利权独占实施权、转让权、许可权、专利权限制等内容
较难	能够对侵犯商标权、专利权的实际情况进行认定，确定确定侵权人法律责任承担	了解侵权行为的认定，掌握侵权人应当承担的民事责任、行政责任、刑事责任

能力训练项目

专利权保护中的法律问题

1995年7月1日，宁波市江东机芯总厂获得了中国专利局授予的“机芯奏鸣装置音板的成键方法及其设备”发明专利权，专利号为92102458.4，并于1995年8月9日公告。

该发明专利的独立权利要求是：一种机械奏鸣装置音板成键加工设备，它包括有在平板型金属盲板上切割出梳状缝隙的割刀和将被加工的金属盲板夹持的固定装置，被控侵权产品也是生产机械奏鸣装置的设备，与专利技术相比，缺少金属盲板被夹持在开有梳缝的导向板上的技术特征，它的盲板没有被夹持在开有梳缝的与专利技术中形式结构相同的限位装置上，换言之，它的限位装置不是在盲板下，而是位于磨轮一侧。

2000年，宁波市江东机芯总厂起诉江阴五金制品有限公司，认为江阴五金制品有限公司的产品，侵犯了宁波市江东机芯总厂的专利权。

由于专利说明书中已明确将盲板不固定在导向板上而是呈悬臂状腾空地接受旋转刀片的割入加工排除在权利要求之外。所以，被控侵权产品是否落入专利权保护范围，江阴五金制品有限公司是否侵犯机芯总厂的专利权，需要进一步分析。

江阴五金制品有限公司产品的情况：

1. 就形式结构而言，机芯总厂的专利权利要求书中书载的导向板与被控江阴五金制品有限公司侵权产品中的限位装置相同；

2. 被控侵权产品的限位装置与专利技术的导向板虽然在形式结构上相同，但由于限位装置缺乏专利技术导向板能固定盲板的必要技术特征，改变了其在设备中的位置及其与其他部件的结合关系，从而使切割方法也不同，并因此导致其在使用目的、作用、效果上的不同。故被控侵权产品中的限位装置与专利技术的导向板不属于等同技术的替代。

经双方当事人协商同意，法院委托中国科技法学会专家评价委员会组织有关专业技术人员和法律专家对本案所涉及的专业技术问题进行鉴定。即通过对本案被控侵权产品的技术特征与专利权利要求记载的必要技术特征的异同及其功能、效果进行比较，特别是对(1)被控侵权产品中的限位装置与专利权利要求书记载的导向板，和(2)被控侵权产品中的盲板固定方式与专利权利要求书记载的盲板固定方式的异同及其功能、效果进行比较，提出二者在技术特征上的不同点是否属于等同物替换的意见。

在确定专利权的保护范围时，既不能将专利权保护范围仅限于权利要求书严格的字面含义上，也不能将权利要求书作为一种可以随意发挥的技术指导。确定专利权的保护范围，应当以权利要求书的实质内容为基准，在权利要求书不清楚时，可以借助说明书和附图予以澄清，对专利权的保护可以延伸到本领域普通技术人员在阅读了专利说明书和附图后，无需要经过创造性劳动即能联想到的等同特征的范围。既要明确受保护的专利技术方案，又要明确社会公众可以自由利用技术进行发明创造的空间，把对专利权人提供合理的保护和对社会公众提供足够的法律确定性结合起来。

根据这一原则，发明或者实用新型专利权的保护范围不仅包括权利要求书中明确记载的必要技术特征所确定的范围，而且也包括与该必要技术特征相等同的特征所确定的范围，即某一特征与权利要求中的相应技术特征相比，以基本相同的手段，实现基本相同的功能，达到基本相同的效果，对于本领域的普通技术人员来说无需经过创造性的劳动就能联想到的。

能力训练步骤

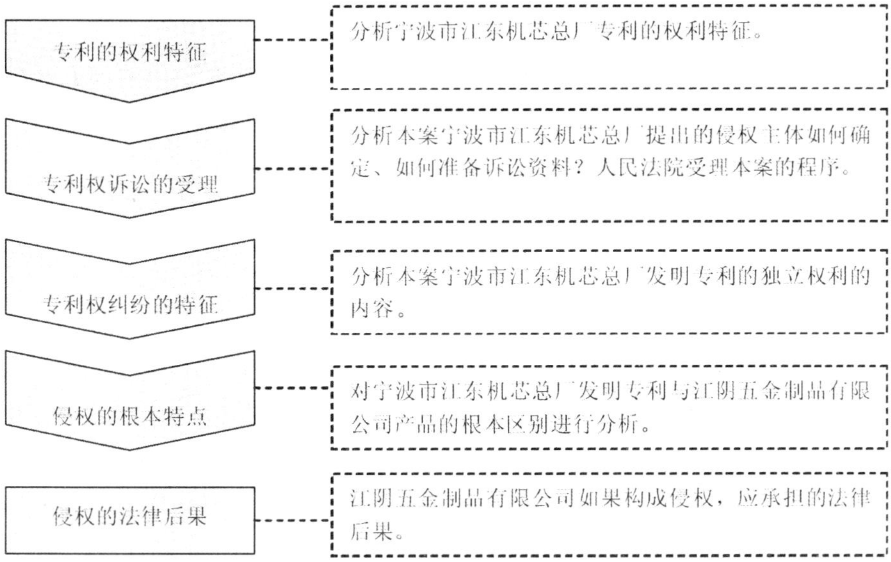

第一节　商标法

一、商标权与商标法概述

商标俗称牌子，是生产经营者在其商品或服务场所使用的，由文字、图形或其组合构成的，具有显著性，便于识别商品或服务来源的专用标记。

商标权是指商标注册人在法定期限内对其注册商标所享有的各种权利，包括对注册商标的专用权、续展权、转让权、许可使用权等具体内容。那么，调整在商标注册、使用、管理和保护商标专用权过程中所发生的社会关系的法律规范，就是商标法。

我国于 1982 年颁布了《商标法》，这部法律对于促进商品经济的发展发挥了重要作用。1993 年 2 月、2001 年 10 月我国两次修订商标法，修订后的商标法自 2001 年 12 月 1 日正式施行。作为《商标法》的配套法规，《商标法实施条例》由国务院于 2002 年 8 月颁布，自 2002 年 9 月 15 日正式施行。

二、商标权的客体

《商标法》规定，商标注册采用“自愿注册”与“强制注册”相结合的原则。除关乎到居民的生命健康，必须使用注册商标，禁止未使用注册商标的烟草和人用药品在市场上销售。其他商品由生产经营者自愿申请注册，可以使用未注册商标。

未注册商标不受商标法保护，他人使用相同或近似商标，不构成商标侵权行为，但可以依照反不正当竞争法获得一定的保护；另外，使用未注册商标不得与他人的注册商标相混同，即不得在同种或者类似商品上，使用与他人注册商标相同或者近似的商标，否则构成商标侵权行为。

三、注册商标应具备的条件

(一)注册商标应具备的积极条件

我国《商标法》第8条规定：任何能够将自然人、法人或者其他组织的商品与他人的商品区别开的可视性标志，包括文字、图形、字母、数字、三维标志和颜色组合，以及上述要素的组合，均可以作为商标申请注册。

由此，我们得出申请注册商标须具备两个积极条件，一是可视性，二是显著性。

(二)注册商标的消极条件

1. 绝对禁止标志

根据《商标法》第10条规定，下列标志不得作为商标使用：

(1)同中华人民共和国的国家名称、国旗、国徽、军旗、勋章相同或者近似的，以及同中央国家机关所在地特定地点的名称或者标志性建筑物的名称、图形相同的；

(2)同外国的国家名称、国旗、国徽、军旗相同或者近似的，但该国政府同意的除外；

(3)同政府间国际组织的名称、旗帜、徽记相同或者近似的，但经该组织同意或者不易误导公众的除外；

(4)与表明实施控制、予以保证的官方标志、检验印记相同或者近似的，但经授权的除外；

(5)同“红十字”、“红新月”的名称、标志相同或者近似的；

(6)带有民族歧视性的；

(7)夸大宣传并带有欺骗性的；

(8)有害于社会主义道德风尚或者有其他不良影响的。

此外，县级以上行政区划的地名或者公众知晓的外国地名，不得作为商标。但是，地名具有其他含义或者作为集体商标、证明商标组成部分的除外；已经注册的使用地名的商标继续有效。

以上属于绝对禁止的标志，除了特别指出的例外情形，上述标志不得作为商标使用，更不能作为商标申请注册。

2. 相对禁止标志

《商标法》第11条还规定了相对禁止的标志，所谓相对禁止，是指一般不能作为注册商标使用，但具备一定条件也可以申请商标注册。具体包括以下几种情形：

(1)仅有本商品的通用名称、图形、型号的；

(2)仅仅直接表示商品的质量、主要原料、功能、用途、重量、数量及其他特点的；

(3)缺乏显著特征的。

以上所列标志经过使用取得显著特征，并便于识别的，可以作为商标注册。

四、商标注册的申请

(一)商标注册的申请人

《商标法》第4条规定：“企业、事业单位和个体工商业者，对其生产、制造、加工、拣选或者经销的商品，需要取得商标专用权的，应当向商标局申请商品商标注册。企业、事业单位和个体工商业者，对其提供的服务项目，需要取得商标专用权的，应当向商标局申请服务商标注册。”

《商标法实施细则》第2条明确解释了商标注册申请人的范围:“商标注册申请人，必须是依法成立的企业、事业单位、社会团体、个体工商户、个人合伙以及符合《商标法》第9条规定的外国人或者外国企业。”

我国国内商标注册，实行商标代理与当事人直接办理的双轨制，当事人可自愿委托国家工商行政管理局认可的商标代理组织代理，也可自己直接办理。外国人申请商标注册，可在中国委托有条件的从事涉外代理业务的中国商标代理组织代理。

(二)商标注册中的先申请原则

我国对于商标权的授予，是采用“申请在先”和“使用在先”相结合的原则。

我国《商标法》第29条规定:“两个或者两个以上的商标注册申请人，在同一种商品或者类似商品上，以相同或者近似的商标申请注册的，初步审定并公告申请在先的商标;同一天申请的，初步审定并公告使用在先的商标，驳回其他人的申请，不予公告。”

如果同日使用的，应根据《商标法实施条例》的规定，此时应由各申请人自收到商标局通知之日起30日自行协商，并将书面协议报送商标局;不愿协商或者协商不成的，商标局通知各申请人以抽签的方式确定一个申请人，驳回其他人的注册申请。

(三)商标注册中的单一性原则

我国商标注册和管理实行分类申请原则，即一类商品一件商标一份申请的原则。申请注册商标，必须按照商品国际分类表进行分类，指定注册商标使用于何种产品之上。

根据我国《商标法》，商标注册申请人在不同类别的商品上申请注册同一商标的，应当按商品分类表分别提出注册申请;注册商标需要在同一类的其他商品上使用的，应当另行提出注册申请。

(四)商标注册申请文件

申请商标注册，应向商标局提交下列文件:

1. 商标注册申请书。

2. 商标图样十份及黑白墨稿一份。

3. 申请人用药或烟草制品商标注册的，还应附送卫生行政部门发给的证明文件或国家烟草主管机关批准生产的证明文件。申请国家规定必须使用注册商标的其他商品的注册商标，应当附送有关部门的批准证明文件。

4. 如果委托商标代理机构办理商标注册申请，则应提交按商标局统一制定的书式填写的商标代理人委托书。

(五)关于联合商标注册

在同一种或类似商品上注册一个或一个以上与已注册商标(正商标)近似的商标，这种商标在商标法理论上称为联合商标。

注册联合商标的目的，相对于正商标而言，是为了防止自己的正商标(一般为名牌商标)被他人影射仿冒。例如娃哈哈集团公司为了防止“娃哈哈”商标被他人影射和仿冒，该公司先后申请注册了“哈哈娃”、“哈娃娃”、“娃娃哈”等几个商标。

五、注册商标申请的审批

(一)内容审查

经审查，对于符合规定的商标，商标局予以初步审定并予以公告。如果商标局认为申请注册的商标违反标准，则发给《商标驳回通知书》。商标局如果认为商标注册申请书内容可以修正，则发给《审查意见书》，限其在收到通知之日起15天内予以修正；未作修正、超过期限修正或修正后仍不符合商标法有关规定的，驳回申请，发给申请人《驳回通知书》。申请人对商标局驳回申请、不予公告的决定不服的，可以在收到通知15天内申请复审，由商标评审委员会作出终局决定。

（二）商标注册的异议

《商标法》第19条规定，“对初步审定的商标，自公告之日起3个月内，任何人均可以提出异议。无异议或者经裁定异议不能成立的，始予核准注册，发给商标证，并予公告；经裁定异议成立的，不予核准注册。”

（三）商标的核准注册

对初步审定并公告的商标，公告期满无异议或异议不成立，当事人又不提请复审或复审理由不成立的，由商标局核准注册，发给注册证并予以公告。如果经裁定异议成立，则不予核准注册。

六、注册商标的撤销

商标一经获得注册，其使用人不得进行随意改变，因为商标往往表示着某种商品的质量，某个企业的信誉，对消费者起着导购作用。

根据《商标法》第44条之规定：“使用注册商标，有下列行为之一的，由商标局责令限期改正或者撤销其注册商标：

（一）自行改变注册商标的；

（二）自行改变注册商标的注册人名义、地址或者其他注册事项的；

（三）自行转让注册商标的；

（四）连续三年停止使用的。”

七、注册商标的转让和许可使用

（一）注册商标的许可使用

我国《商标法》第40条规定了注册商标的使用许可制度。“商标注册人可以通过签订商标使用许可合同，许可他人使用其注册商标”，这就是商标使用许可制度的法律表述形式。

实践中，通常有独占许可、独家许可与普通许可三种许可形式。

1. 在独占许可情况下，商标权人通过许可合同的形式允许他人独占使用其注册商标，许可人不得再与任何第三方签订许可合同，并且，许可人自己也不得使用该商标。

2. 在独家许可的情况下，许可人自己可以使用同一商标。

3. 在普通许可的情况下，许可人在许可被许可人使用其商标的同时，自己也可以使用同一商标，并且还可再以同样的条件许可第三人使用同一商标。

在商标许可使用合同中，许可人最主要的权利是获取许可使用费，主要的义务是允许被许可人使用注册商标。同时《商标法》还规定了法定义务，即许可人应当监督被许可人使用其注册商标的商品质量。被许可人应当保证使用该注册商标的商品质量。经许可使用他人注册商标的，必须在使用该注册商标的商品上标明被许可人的名称和商品产地。之所以做出这样的规定，主要是为了维护消费者的利益。

（二）注册商标的转让

《商标法》第 39 条规定：转让注册商标的，转让人和受让人应当签订转让协议，并共同向商标局提出申请。受让人应当保证使用该注册商标的商品质量。转让注册商标经核准后，予以公告。受让人自公告之日起享有商标专用权。

八、侵犯注册商标行为的认定及侵权责任的承担

（一）侵犯注册商标行为的认定

经过注册后的商标，商标权人享有注册商标专用权。根据商标法第 52 条的规定，下列行为之均属侵犯注册商标专用权：

1. 未经商标注册人的许可，在同一种商品或者类似商品上使用与其注册商标相同或者近似的商标的；
2. 销售侵犯注册商标专用权的商品的；
3. 伪造、擅自制造他人注册商标标识或者销售伪造、擅自制造的注册商标标识的；
4. 未经商标注册人同意，更换其注册商标并将该更换商标的商品又投入市场的；
5. 给他人的注册商标专用权造成其他损害的。

（二）侵权责任的承担

对于商标侵权行为，根据《商标法》第 53 条的规定，可以首先由当事人协商解决；不愿协商或者协商不成的，商标注册人或者利害关系人可以向人民法院起诉，也可以请求工商行政管理部门处理。

工商行政管理部门处理时，认定侵权行为成立的，责令立即停止侵权行为，没收、销毁侵权商品和专门用于制造侵权商品、伪造注册商标标识的工具，并可处以罚款。当事人对处理决定不服的，可以自收到处理通知之日起十五日内依照《行政诉讼法》向人民法院起诉；侵权人期满不起诉又不履行的，工商行政管理部门可以申请人民法院强制执行。进行处理的工商行政管理部门根据当事人的请求，可以就侵犯商标专用权的赔偿数额进行调解；调解不成的，当事人可以依照《民事诉讼法》向人民法院起诉。

此外对侵犯注册商标专用权的行为涉嫌犯罪的，工商行政管理部门应当及时移送司法机关依法处理。

九、驰名商标的特殊保护

（一）驰名商标的认定

所谓驰名商标，是指在市场上享有较高声誉并为公众所熟悉的商标。依照法律规定，下列商标可以被认定为驰名商标：

1. 已在国家商标局申请注册并符合法律规定条件的商标；
2. 虽然未在国家商标局申请注册，但经过使用后符合法律规定条件的国内外商标。

根据《商标法》第 14 条的规定，商标局或者人民法院在认定驰名商标时，应当考虑下列因素：

（1）相关公众对该商标的知晓程度；

（2）该商标使用的持续时间；

（3）该商标的任何宣传工作的持续时间、程度和地理范围；

（4）该商标作为驰名商标受保护的记录；

(5)该商标驰名的其他因素。需要注意的是，各国认定驰名商标的标准不尽相同。

(二)驰名商标的保护

驰名商标保护的主题是扩大保护范围。驰名商标所有人的禁止权，不限于类似商标上的近似使用，而是扩展至非类似商标的使用，并有权禁止非商标商业标志的使用。

驰名商标所有人有权禁止第三人将驰名商标注册为企业名称、域名或作为商品名称使用，成为特别保护的内容之一。

此外，对驰名商标的保护还体现在商标注册程序、商标无效程序和商标使用几个方面。

根据《商标法》第 13 条的规定，就相同或者类似商品申请注册的商标，是复制、摹仿或者翻译他人未在中国注册的驰名商标，容易导致混淆的，不予注册并禁止使用；就不相同或者不相类似商品申请注册的商标，是复制、摹仿或者翻译他人已经在中国注册的驰名商标，误导公众，致使该驰名商标注册人的利益可能受到损害的，不予注册并禁止使用。已经注册的，驰名商标所有人可以请求商标评审委员会裁定撤销该注册商标。对恶意注册的不受 5 年的时间限制。

将与驰名商标相同或近似的文字作为企业名称一部分使用且可能引起公众误认的，工商行政管理机关不予登记；已经登记的，驰名商标所有人可以自知道或者应当知道之日起两年内，请求工商行政管理机关予以撤销。

十、注册商标的有效期

《商标法》第 37 条规定，注册商标的有效期为十年，自核准注册之日起计算。第 38 条规定：注册商标有效期满，需要继续使用的，应当在期满前六个月内申请续展注册；在此期间未能提出申请的，可以给予六个月的宽展期。宽展期满仍未提出申请的，注销其注册商标。每次续展注册的有效期为十年。续展注册经核准后，予以公告。

我国《商标法》对于续展的次数并无限制，也就是说商标权人可以不断申请续展，持续地、永久地拥有注册商标专用权，法律之所以如此规定，是因为商标主要是一个品牌，本身并不是技术方案，长期拥有并不会造成事实上的垄断，相反可以造就更多的知名商标、百年品牌，对于促进产品质量也是大有裨益。

第二节　专利法

一、专利权与专利法概述

专利权是指国家专利机关依照专利法的规定，授予发明人、设计人或者其所在单位对其发明创造在法定期间内享有的专有权。

专利制度是国际上通行的一种利用法律和经济的手段来保护、鼓励发明创造，促进技术进步的管理制度。

其基本内容是依据专利法，对申请专利的发明创造，经过审查和批准，授予专利权，同时把申请专利的发明创造的技术内容公诸于世，使发明创造者享有独占实施该发明创造的权利，以此来保护发明创造者的利益和促进发明创造的信息交流。

我国《专利法》于 1985 年 4 月 1 日正式施行，专利法的颁布和施行是我国专利制度建立并开始运作的重要里程碑，标志着中国专利制度建设进入一个新的时期。1992年、2000年对《专利法》进行了两次修订，这在我国立法史上是不多见的。《专利法》以及国务院《专利法实施细则》是当前我国调整专利权的确认、转让、利用、保护等社会关系的主要法律依据。

二、专利权的主体

专利权主体是专利权人，根据专利法的规定，专利权人分为两种：一种是作为我国全民所有制单位或集体所有制单位或我国公民个人的“专利权人”；另一种是中国境内的外商独资企业、中外合资、中外合作企业或这些企业中个人的“专利权人”，以及作为境外外国企业或个人的“专利权人”。

三、专利法的客体

根据我国《专利法》第2条的规定，可以申请专利的发明创造包括发明、实用新型、外观设计。

（一）发明

《专利法实施细则》第2条第1款规定，专利法所称发明，是指对产品、方法或者其改进所提出的新的技术方案。由此可见，发明包括产品发明、方法发明以及产品和方法的改进发明。那么，具备什么条件才能称作发明呢?

1. 发明应当是创新。

如果仅仅重复现有技术，甚至将现有技术变劣的方案，不能被称作专利法意义上的发明。

2. 发明必须利用自然规律或自然现象。

比如，财务结算办法、体育比赛规则、逻辑推理法则以及数学运算方法等，由于没有利用自然规律和自然现象，故而不应视为专利法所称的发明。另外，违背自然规律的创造，以及自然规律本身也不是发明。尽管日常生活中常常将“科学发现”与“技术发明”混为一谈，但事实上这是两个截然不同的概念。“发现”的对象是自然规律或者自然现象，而发明的对象则是技术方案。比如，科学家发现行星、恒星、发现历史古迹等，都不能成为发明，只能叫做发现。

3. 发明是具体的技术方案。

所谓具体，是指发明必须能够实施，达到一定效果并具有可重复性。如果仅仅停留在思想，无法在现实的技术应用中付诸实施，也不能称之为发明。

我国专利法之所以将发明划分为产品发明和方法发明，是因为产品和方法在授予专利后，其权利效力范围有所不同。依照我国专利法，若专利权是产品专利的，则专利权人有权禁止他人未经其许可为商业目的制造、使用、许诺销售、销售以及进口专利产品；若专利权是方法专利的，则专利权人有权禁止他人未经其许可为商业目的使用其专利方法以及使用、许诺销售、销售或者进口用该专利方法直接获得的产品。

（二）实用新型

《专利法实施细则》第2条第2款规定：“专利法所称实用新型，是指对产品的形状、构造或者其结合所提出的适于实用的新的技术方案。”这种新的技术方案能够在产业上制造出具有使用价值和实际用途的产品。习惯上将实用新型称之为小发明。

实用新型同发明一样，也是一种解决技术问题的新方案，但二者存在较大的区别：

1. 二者技术方案的范围不同。

这一点由二者的定义可以看出。发明是对产品、方法或者其改进所提出的新的技术方案，对于符合要求的各种新产品和新方法都可以授予发明专利；而实用新型只适用于定形产品，不适用于不定形产品（如气体、液体、粉末状的产品），更不适用于方法。

2. 二者创新水平的要求不同。

实用新型技术创新水平的要求比发明低，如《专利法》对发明专利的创新要求是“有突出的实质性特点和显著的进步”，而对于实用新型专利则只要求“有实质性特点和进步”即可。

3. 审查程序不同。

对发明专利申请采用延迟的实质审查制度，而对实用新型专利申请实行形式审查制度。申请发明专利所花费的时间比实用新型多，难度也比实用新型大的多。

4. 保护期限不同。

对发明专利的保护期限为20年，而实用新型的保护期仅有10年。

所以，对于发明创造人来讲，如果一件产品的发明创造申请发明专利较为勉强或者出于时间、经济的成本考虑，可以退而求其次申请实用新型专利，这样能够节约成本，有利于及时推广技术以获得效益，当然付出的代价就是实用新型专利的保护期限只有10年。

（三）外观设计

《专利法实施细则》第2条第2款规定：“专利法所称外观设计，是指对产品的形状、图案或者其结合以及色彩与形状、图案的结合所做出的富有美感并适于工业应用的新设计。”从外观设计的概念可以分析出外观设计的特点：

1. 外观设计必须以产品为依托，离开具体的工业产品不能构成专利法所称的外观设计。

2. 外观设计以产品的形状、图案和色彩等为构成要素，以视觉美感为目的，而不去追求实用功能。

另外根据《专利法》第25条规定，以下各项智力成果不授予专利权：

（1）科学发现；

（2）智力活动的规则和方法；

（3）疾病的诊断和治疗方法；

（4）动植物品种（动植物品种的生产、培育方法可获得专利，植物新品种可以通过行政方式获得植物新品种权）；

（5）用原子核变换方法获得的物质。

四、获得专利权的实质要件

（一）发明、实用新型获得专利权的实质要件

根据《专利法》第22条的规定，授予专利权的发明和实用新型，应当具备新颖性、创造性和实用性。

1. 新颖性

这是指在申请日以前没有同样的发明或者实用新型在国内外出版物上公开发表过、在国内公开使用过或者以其他方式为公众所知，也没有同样的发明或者实用新型由他人向国务院专利行政部门提出过申请并且记载在申请日以后公布的专利申请文件中。但是，根据《专利法》第24条的规定，申请专利的发明创造在申请日以前六个月内，即便已经公开，但有下列情形之一的，不丧失新颖性：

（1）在中国政府主办或者承认的国际展览会上首次展出的；

（2）在规定的学术会议或者技术会议上首次发表的；

（3）他人未经申请人同意而泄露其内容的。

2. 创造性

这是指同申请日以前已有的技术相比，该发明有突出的实质性特点和显著的进步，该实用新型有实质性特点和进步。至于有无创造性的认定，则根据该专利申请所涉技术领域的中等专业技术水平的人员的水平来判断。

3. 实用性

实用性是指发明或者实用新型能够制造或者使用，并且能够产生积极的效果。也就是说，一项发明或者实用新型要获得专利权，必须能够在工业实践中反复再现地应用，且能产生积极的效果。

以下几种情况不具有实用性：

（1）申请专利的发明或者实用新型不具有再现性。再现性，是指申请专利发明或者实用新型所属技术领域的技术人员，能够根据专利申请文件所公开的技术内容，重复实施专利申请中所采用的技术方案；

（2）申请专利的技术方案违背自然规律；

（3）利用独一无二的自然条件完成的技术方案；

（4）申请专利的发明或者实用新型缺乏技术手段；

（5）申请专利的技术方案不能产生积极效果，即实施这样的技术方案可能造成环境污染，能源或者资源的严重浪费、损害人体健康等，不具有实用性。

（二）外观设计获得专利权的实质要件

根据专利法第23条，授予专利权的外观设计，应当同申请日以前在国内外出版物上公开发表过或者国内公开使用过的外观设计不相同和不相近似，并不得与他人在先取得的合法权利相冲突。实际上，外观设计获得专利权的实质要件主要是要求具备新颖性和独创性。

五、专利的申请与审批

（一）专利申请权

专利申请权，是指公民、法人或者其他组织依据法律规定或者合同约定享有的就发明创造向国家专利行政部门提出专利申请的权利。

1. 专利申请权的确定

一项发明创造的专利申请权归谁所有，分为以下两种情形：

（1）由法律直接规定。

如我国《专利法》第6条规定：职务发明创造的专利申请权属于该单位，非职务发明创造的专利申请权属于完成该发明创造的发明人或者设计人。

职务发明创造，是指发明人或者设计人为执行本单位的任务或者主要是利用本单位的物质技术条件所完成的发明创造。执行本单位任务所完成的职务发明创造是指：

①在本职工作中作出的发明创造；

②履行本单位交付的本职工作之外的任务而作出的发明创造；

③退职、退休或者调动工作一年内所作出的与其在原单位承担的本职工作或原单位交付

的任务有关的发明创造。

本单位物质条件，是指本单位的资金、设备、零部件、原材料或者不对外公开的技术资料等。

非职务发明创造，是指发明人或者设计人利用自己时间、资金、设备等物质技术条件完成的发明创造。

（2）依合同约定的情形。

《专利法》第6条第3款规定，利用本单位的物质技术条件所完成的发明创造，单位与发明人或者设计人订有合同，对申请专利的权利和专利权的归属作出约定的，从其约定。

《专利法》第8条规定，两个以上单位或者个人合作完成的发明创造、一个单位或者个人接受其他单位或者个人委托所完成的发明创造，当事人双方可以就专利申请权的归属在合同中约定。如果当事人双方在合同中没有约定或者约定不明确，专利申请权属于完成或者共同完成的单位或者个人。

2. 专利申请权的转让

根据《专利法》规定，专利申请权可以转让。专利申请权转让的结果为专利申请人丧失专利申请权，而受让人获得相应的专利申请权。专利申请权的转让既可发生在专利申请人提出专利申请以前，也可发生在提出专利申请后、授予专利权以前。

转让专利申请权的，当事人应当订立书面合同。受让人就此向国务院专利行政部门提出专利申请的，除了提交法律规定的专利申请文件外，还应当提交双方签名或盖章并经公证机关公证的专利申请权转让合同。另外，专利申请权转让应向国务院专利行政部门登记，由国务院专利行政部门予以公告。专利申请权的转让自登记之日起生效。

（二）专利申请的基本原则

1. 单一性原则

单一性原则又称“一申请一发明”原则，是指一份专利申请文件只能就一项发明创造提出专利申请。

《专利法实施细则》第35条对专利申请的“单一性”作了进一步的规定，即“依照专利法第31条第1款的规定，可以作为一件专利申请提出的属于一个总的发明构思的两项以上的发明或者实用新型，应当在技术上相互关联，包含一个或多个相同或相应的特定技术特征。其中特定技术特征是指每一项发明或者实用新型作为整体考虑，对现有技术作出贡献的技术特征。”

《专利法实施细则》第35条第2款规定，下列各项可以在一件发明专利申请中作为属于一个总的发明构思的多项发明：

（1）不能包括在一项权利要求内的两项以上产品或方法的同类独立权利要求；

（2）产品和专用于制造该产品的方法的独立权利要求；

（3）产品和该产品用途的独立权利要求；

（4）产品、专用于制造该产品的方法和该产品的用途的独立权利要求；

（5）产品和专用于制造该产品的方法和为实施该方法而专门设计的设备的独立权利要求；

（6）方法和为实施该方法而专门设计的设备的独立权利要求。

2. 书面原则

《专利法实施细则》第3条规定：“专利法和本细则规定的各种手续，应当以书面形式办理。”此处的书面形式即书面原则，这一原则是指在专利申请的过程中，专利申请人及其代理人在办理各种手续时都应当采用书面形式。

3. 先申请原则

专利权是一种排他性的专有权，在同一法域内，相同主题的发明创造只能被授予一项专利权，而且已经获得专利权的发明创造不能被再次授予专利权。

为了解决这个问题，《专利法》规定，两个以上的人分别就同样的发明创造申请专利的，专利权授予最先申请人。这就是先申请原则。这里所说的“最先申请人”，是指申请日或者优先权日最早的人。

（三）专利申请人

1. 专利申请人的概念

专利申请人，是指对某项发明创造依法律规定或者合同约定享有专利申请权的公民、法人或者其他组织。

外国人要在我国申请专利，必须符合下列条件：

（1）在中国有经常居所或者营业场所；

（2）在中国没有居所或者营业场所的，应当依照其所属国同中国签订的协议或者共同参加的国际条约，或者依照互惠原则，按我国专利法规定办理申请手续。

2. 专利申请人的权利

专利申请人依法提出的专利申请被国家专利行政部门受理后，即享有下列权利：

（1）有权依据其申请要求优先权；

（2）就其后由他人以同样的发明创造向国家专利行政部门提出的专利申请而言，该申请人取得了在先申请人的地位；

（3）申请专利的发明将得到临时保护；

（4）在专利申请被批准为专利、被驳回、被撤回或者被视为撤回以前，专利申请人可以转让其专利申请权；

（5）在专利申请的审查过程中，专利申请人还享有撤回权、修改权、修改请求权、实质审查请求权以及放弃权等项权利。

（四）专利申请文件

1. 发明或者实用新型专利申请文件

发明或者实用新型专利申请人应当向国家专利行政部门提交以下申请文件：

（1）请求书。它包括发明或者实用新型的名称，发明人或者设计人的姓名，申请人的姓名或者名称、地址、国籍等。

（2）说明书。说明书的内容包括发明或者实用新型的名称和所属的技术领域，与发明或实用新型相关的背景技术，发明或实用新型所要解决的技术问题或者发明的目的、技术方案及其实施例，与已有技术相比所具有的有益效果或进步和附图等。

（3）说明书摘要。摘要是对说明书公开内容的简明文摘，它仅是一种技术情报，不具有法律效力。

（4）权利要求书。权利要求书记载发明或实用新型所必须的技术特征，清楚并简要地表述请求专利保护的范围。

2. 外观设计专利申请文件

申请人就外观设计向国务院专利行政部门提出专利申请的，应当提交请求书以及该外观设计的图片或者照片等文件，并且写明使用该外观设计的产品及其所属的类别，必要时还应当写明对外观设计的简要说明。

就立体外观设计产品而言，应当提交正投影六面视图和立体图或者照片；就平面观设计产品而言，应当提交该产品的两面视图。

（五）专利申请日

1. 专利申请日的概念

专利申请日，也称关键日，它是国务院专利行政部门或者由其指定的专利申请受理代办处收到完整专利申请文件的日期。

确定专利申请日时应当注意以下问题：

（1）如果专利申请文件是通过邮局邮寄的，则以寄出的邮戳日为申请日；

（2）专利申请人享有优先权的，以优先权日为申请日。

2. 优先权制度

专利申请人就其发明创造第一次提出专利申请后，在法定期限内又就相同主题的发明创造提出专利申请的，法律规定其在后申请以第一次申请的日期作为其申请日。专利申请人依法享有的这种权力就是优先权。优先权可分为外国优先权和本国优先权。

（1）本国优先权

《专利法》第 29 条第 2 款规定，申请人自发明或者实用新型在中国第一次提出专利申请之日起 12 个月内，又向国务院专利行政部门就相同主题提出专利申请的，可以享有优先权，这种在国内的申请优先权即本国优先权。

《专利法实施细则》第 33 第 2 款规定，在先申请和要求优先权的在后申请应当符合下列规定：

①在先申请只能是发明或者实用新型专利申请，且不属于分案申请；

②在先申请没有要求过外国优先权或者本国优先权；

③对于在先申请，专利局尚未发出授予专利的通知；

④要求优先权的后一申请是在先申请的申请日起 12 个月内提出的。

申请人要求本国优先权的，应当在向专利行政部门提出专利申请的同时提出要求优先权的声明。未按时提出声明的，视为未要求优先权。

（2）外国优先权

外国优先权，是指申请人就其发明创造第一次在某国提出专利申请后，在法定期限内，就相同主题的发明创造向另一国提出专利申请的，依照有关国家法律的规定而享有的优先权。

《专利法》第 29 条规定，申请人自发明或者实用新型在外国第一次提出专利申请之日起 12 个月内，或者自外观设计第一次提出专利申请之日起 6 个月内，又在中国就相同主题提出专利申请的，依照该外国同中国签订的协议或者共同参加的国际条约，或者依照相互承认优先权的原则，可以享有优先权。

《专利法》第 30 条规定，申请人要求外国优先权的，应当在向中国专利行政部门提交专利申请的时候提出书面声明。此外，专利法还要求申请人在提出专利申请之日起的 3 个月内提交第一次专利申请文件的副本。该副本应由受理该申请的外国专利局制作并予以证明。

根据《专利法实施细则》第 34 条的规定，如果要求外国优先权的申请人在中国没有经常居所或者营业场所，必要时，国务院专利行政部门可以要求其提供下列文件：

①国籍证明；

②申请人是企业或者其他组织的，其营业场所或者总部所在地的证明文件；

③外国人、外国企业及其他组织的所属国承认中国公民和单位可以按照该国国民的同等条件，在该国享有专利权、优先权和其他与专利有关的权利的证明。

申请人要求优先权后，可以撤回优先权要求。申请要求多项优先权的，可以撤回全部优先权要求，也可以撤回其中的一项或者几项优先权要求。

（六）专利申请的审查与批准

1. 发明专利申请的审批

（1）初步审查

初步审查是指国家专利行政部门受理发明专利申请后，对其是否符合专利法及其实施细则规定的形式要求以及是否存在明显的实质性缺陷进行审查。

形式审查主要审查申请人提交的申请文件是否齐备，是否使用了规定的格式，文件撰写是否符合规定的形式等。

实质性缺陷的审查，主要是审查专利申请的内容是否明显不符合专利法的有关规定。这一部分虽然涉及专利申请的实质内容，但并不对其新颖性、创造性和实用性进行评价。

（2）早期公开

早期公开，又称公布专利申请。《专利法》第 34 条规定，国务院专利行政部门收到发明专利申请后，经初步审查认为符合本法要求的，自申请日起满 18 个月，即行公布。专利行政部门可以根据申请人的请求早日公布其申请。

（3）实质审查

实质审查是国务院专利行政部门对发明专利申请是否符合授予专利权的实质性条件即发明的新颖性、创造性和实用性等依法进行的审查。

对发明专利申请进行实质审查的主要内容有：

①申请专利的发明是否违反国家法律、社会公德或者妨害公共利益；

② 申请专利的发明是否符合发明的定义；

③申请文件是否符合单一性原则；

④要求优先权的，优先权是否成立；

⑤申请专利的发明是否具有新颖性、创造性和实用性；

⑥申请人是否具备合格的资格，是否为最先申请人；

⑦说明书、权利要求书是否符合法律规定；

⑧如果申请人对申请文件的进行了修改，是否超过了原说明书和权利要求书记载的范围。

申请不符合有关规定的，国务院专利行政部门通知申请人在指定的期限内陈述意见或者对其申请进行修改。申请人在接到通知后，无正当理由逾期不答复的，该申请被视为撤回。发明专利申请经申请人陈述意见或者进行修改后，国务院专利行政部门仍然认为不符合规定的，则将作出驳回该发明专利申请的决定。

（4）授予专利权

发明专利经实质审查没有发现驳回理由的，由国务院专利行政部门作出授予专利权的决定，发给发明专利证书，同时予以登记和公告。发明专利权自公告之日起生效。

实质审查程序通常是由专利申请人提出实质审查请求启动的。

自申请日起三年内，专利申请人可随时提出实质审查请求，无正当理由逾期不提出请求的，其申请被视作撤回。国家专利行政部门认为必要的，也可自行对发明专利申请进行实质审查。

2. 实用新型或者外观设计专利申请的审批

实用新型和外观设计专利的审查程序则相对简单。专利局在受理申请案后便进行初步审查。审查的内容与前面发明专利的初审内容和程序大致相同。对于符合要求的申请案授予专利权并予以公告。

发明、实用新型和外观设计专利的申请人对国务院专利行政部门驳回其申请的决定不服的，可以自收到驳回通知之日起3个月内，向专利复审委员会提出复审请求。专利复审委员会复审后，作出决定，并通知申请人。专利申请人对专利复委员会作出的复审决定不服的，可以自收到通知之日起3个月内向人民法院起诉。

六、专利权的内容

（一）专利权人的权利

1. 独占实施权

独占实施权包括两方面：

（1）专利权人自己实施其专利的权利，即专利权人对其专利产品依法享有的进行制造、使用、销售、允许销售的专有权利，或者专利权人对其专利方法依法享有的专有使用权以及对依照该专利方法直接获得的产品的专有使用权和销售权；

（2）专利权人禁止他人实施其专利的特权。除专利法另有规定的以外，发明和实用新型专利权人有权禁止任何单位或者个人未经其许可实施其专利，即为生产经营目的制造、使用、销售、允许销售、进口其专利产品，或者使用其专利方法以及使用、销售、允许销售、进口依照该专利方法直接获得的产品；外观设计专利权人有权禁止任何单位或者个人未经其许可实施其专利，即为生产经营目的制造、销售、进口其外观设计专利产品。

2. 转让权

是指专利权人将其获得的专利所有权转让给他人的权利。

3. 许可实施权

许可实施权是指专利权人通过实施许可合同的方式，许可他人实施其专利并收取专利使用费的权利。

4. 标记权

标记权即专利权人有权自行决定是否在其专利产品或者该产品的包装上标明专利标记和专利号。

5. 请求保护权

请求保护权是专利权人认为其专利权受到侵犯时，有权向人民法院起诉或请求专利管理部门处理以保护其专利权的权利。

6. 放弃权

专利权人可以在专利权保护期限届满前的任何时候，以书面形式声明或以不缴纳年费的方式自动放弃其专利权。

7. 质押权

根据物权法，专利权人还享有将其专利权中的财产权进行出质的权利。

（二）专利权人的义务

依据专利法和相关国际条约的规定，专利权人应履行的义务包括：

1. 按规定缴纳专利年费的义务。

专利年费又叫专利维持费。专利法规定，专利权人应当自被授予专利权的当年开始交纳年费。

2. 不得滥用专利权的义务。

不得滥用专利权是指专利权人应当在法律所允许的范围内选择其利用专利权的方式并适度行使自己的权利，不得损害他人的知识产权和其他合法权益。

七、专利权的保护期限、终止和无效宣告

（一）专利权的保护期限

通过行政授权，专利权人获得了对专利技术垄断使用的权利，并因此而获得物质和精神上的利益，但是如果允许该项技术由专利权人个人永久垄断，则不利于社会的整体利益，因此在赋予专利权人专有权的同时，法律规定了专利权的保护期限。

现行《专利法》规定发明专利保护期为 20 年，实用新型和外观设计专利的保护期为 10 年，均自申请日起算，期满以后不得申请续展。

（二）专利权的终止

专利权终止，是指专利权因某种法律事实的发生而导致其效力消灭的情形。专利权的终止有两种情形：

1. 因保护期限届满而终止。即专利因其保护期限届满而终止其效力。

2. 专利权在保护期限届满前终止。具体又包括以下两种情形：

（1）在专利权保护期限届满前，专利权人以书面形式向国务院专利行政部门声明放弃专利权。专利法规定，专利权人以书面形式声明放弃专利权的，专利权在期限届满前终止；

（2）在专利权的保护期限内，专利权人没有按照法律的规定交纳年费。专利法规定，没有按照法律规定交纳年费的，专利权在期限届满前终止。

专利权在期限届满前终止的，由国务院专利行政部门在专利登记簿和专利公报上登记和公告。专利权终止日应为上一年度期满日。

（三）专利权无效宣告

专利权无效宣告，是指自国务院专利行政部门公告授予专利权之日起，任何单位或个人认为该专利的授予不符合专利法规定条件的，可以向专利复审委员会提出宣告该专利无效的请求。专利复审委员会应对这种请求进行审查，作出维持专利权或宣告专利权无效的决定。

1. 根据专利法及其实施细则的规定，请求宣告专利权无效的理由有如下几种：

（1）授予专利权的发明创造违反国家法律、社会公德或者妨害公共利益；

（2）授予专利的发明或者实用新型不具备新颖性、创造性和实用性；授予专利的外观设计不具备新颖性；

（3）授予专利权的发明或者实用新型的专利说明书没有作出清楚完整的说明致使所属技术领域的普通技术人员不能实施或者权利要求书得不到说明书的支持；

（4）发明或者实用新型专利申请文件的修改超出了原说明书和权利要求书记载的范围，

外观设计专利申请文件的修改超出了原图片或者照片表示的范围；

(5)授予专利权的发明或者实用新型属于不授予专利权的对象；

(6)授予专利权的发明创造不符合发明、实用新型或者外观设计的定义性规定；

(7)授予专利权的发明创造不符合被以同样的发明创造重复授权；

(8)申请人主体不合格。

2. 专利权无效宣告的程序

(1)宣告专利权无效的请求时间

自国家专利行政部门公告授予专利权之日起就可以提出宣告专利权无效的请求。

(2)请求宣告专利权无效的当事人

请求宣告专利权无效的当事人即请求人和被请求人。

(3)宣告专利权无效案件的审理

专利复审委员会收到宣告专利权无效的请求书(包括请求的理由、范围和证据)之后，便进入审查阶段，审理过程包括形式审查、合议审理和作出决定三个阶段。

形式审查主要是对提出无效宣告请求的有效性进行审查。经过审查，对于符合条件的无效宣告请求应予受理并发出受理通知书;无效宣告请求书需要补正或陈述意见的，请求人应限期补正或陈述意见，逾期不补正或陈述意见之后仍然不符合要求的，专利复审委员会将不予受理并发出不予受理的通知书。

合议审理是在形式审查合格的基础上，专利复审委员会指定成立合议组对案件进行审理，合议组可根据案件实际情况，或进行书面审理，或以书面审理和口头审理相结合的形式进行。

经过审理，专利复审委员会作出决定，其结果有三种情况:无效宣告请求理由成立，宣告专利权无效;无效宣告请求理由部分成立，维持专利权部分有效，宣告专利权部分无效;驳回无效宣告请求，维持专利权继续有效。

3. 专利权无效宣告产生法律效力后，会发生下述法律后果:

(1)专利复审委员会或者人民法院作出宣告专利全部无效或者部分无效的决定或判决生效后，被宣告无效的专利权的全部或者部分视为自始即不存在;

(2)专利复审委员会作出维持专利权的决定而当事人服从或逾期不起诉或者当事人在法定期间内起诉并经人民法院作出判决而产生法律效力后，任何人不得以同样的理由再对该项专利权提出无效宣告请求;

(3)专利复审委员会或者人民法院作出的宣告专利权全部无效或者部分无效的决定或者判决发生法律效力后，不仅对双方当事人具有法律约束力，而且对任何第三人和一般公众都具有约束力。

八、专利权的限制

(一)不视为侵犯专利权的行为

根据《专利法》第63条规定，“不视为侵犯专利权的行为”包括以下几种情形:

1. 专利权用尽后的使用或销售

是指专利权人制造、进口或者经专利权人许可而制造、进口的专利产品或者依照专利方法直接获得的产品售出后，使用、许诺销售或者销售该产品的。

2. 先用权人的实施行为

是指在专利申请日前已经制造相同产品、使用相同方法或者已经作好制造、使用的必要准备，并且仅在原有范围内继续制造、使用的。

3. 运输工具临时过境的使用

是指临时通过中国领陆、领水、领空的外国运输工具，依照其所属国同中国签订的协议或者共同参加的国际条约，或者依照互惠原则，为运输工具自身需要而在其装置和设备中使用有关专利的。

4. 专为科学研究和实验而使用有关专利的

此外，《专利法》第63条还规定：为生产经营目的使用或者销售不知道是未经专利权人许可而制造并售出的专利产品或者依照专利方法直接获得的产品，能证明其产品合法来源的，不承担赔偿责任。

（二）强制许可

所谓"强制许可"，是指国务院专利行政部门依照法律规定，可以不经专利权人的同意，直接允许申请人实施专利权人的发明或实施新型专利的一种行政措施。"强制许可"包括以下三种情形：

1. 未能获得专利权人许可时的强制许可

是指具备实施条件的单位以合理的条件请求发明或者实用新型专利权人许可实施其专利，而未能在合理长的时间内获得这种许可时，国务院专利行政部门根据该单位的申请，可以给予实施该发明专利或者实用新型专利的强制许可。

2. 为公共利益颁发的强制许可

是指在国家出现紧急状态或者非常情况时，或者为了公共利益的目的，国务院专利行政部门可以给予实施发明专利或者实用新型专利的强制许可。

3. 从属专利的强制许可

是指一项取得专利权的发明或者实用新型比前已经取得专利权的发明或者实用新型具有显著经济意义的重大技术进步，其实施又有赖于前一发明或者实用新型的实施的，国务院专利行政部门根据后一专利权人的申请，可以给予实施前一发明或者实用新型的强制许可。

（三）取得强制许可的单位和个人应承担的义务及双方争议的解决

1. 取得实施强制许可的单位或者个人不享有独占的实施权，并且无权允许他人实施。

2. 取得实施强制许可的单位或者个人应当付给专利权人合理的使用费，其数额由双方协商；双方不能达成协议的，由国务院专利行政部门裁决。

3. 专利权人对国务院专利行政部门关于实施强制许可的决定不服的，专利权人和取得实施强制许可的单位或者个人对国务院专利行政部门关于实施强制许可的使用费的裁决不服的，可以自收到通知之日起三个月内向人民法院起诉。

九、专利侵权行为及其法律责任

专利侵权行为，也称侵犯专利权的行为，是指在专利权的有效期限内，任何他人在未经专利权人许可，也没有其他法定事由的情况下，擅自以营利为目的实施专利的行为。

（一）专利侵权行为主要有以下几种类型：

1. 制造专利产品的行为；

2. 故意使用发明或实用新型专利产品的行为；

3. 许诺销售、销售专利产品的行为；

4. 使用专利方法以及使用、许诺销售、销售依照专利方法直接获得的产品的行为；

5. 进口专利产品或进口依照专利方法直接得的产品的行为；

6. 假冒他人专利的行为；

7. 冒充专利的行为。

（二）专利侵权行为的判定

1. 相同侵权的判定

被指控侵权的产品或方法包含了专利独立权利要求中的全部必要技术特征，则可判为相同侵权。

2. 等同侵权的判定

（1）等价替换。

侵权人以基本相同的方式或手段（等价手段）替换属于专利保护的部分必要技术特征，完成相同的功能，产生实质上相同的效果，构成侵权。

（2）省略权利要求中的个别技术特征。

被指控侵权的产品或方法中缺少权利要求书中记载的某个技术特征时，就要进一步分析该被省略的技术特征，在权利要求中是否为必要技术特征。

（3）增加权利要求中的技术特征。

第三者为了逃避侵权责任，在原专利技术的基础上增加一个或几个无足轻重的技术特征。

3. 外观设计专利侵权判定

根据专利法规定，外观设计专利保护范围是以表示在图片或者照片中的该产品的造型、图案、色彩或者其结合。判定外观设计专利侵权应以其保护范围为准。

4. 由于实用新型专利权是未经实质审查就授权的，因此在判定实用新型专利侵权时，必须注意下面两个问题：

（1）同一发明创造被重复授权

由于对实用新型专利申请不进行实质审查，因此有可能发生多个专利权人拥有一项申请内容相同的专利权的情况，即所谓重复授权。在这种情况下，应当首先根据专利法的“先申请原则”，通过无效宣告程序，由专利复审委员会解决重复授权问题，然后再恢复侵权诉讼。

（2）权利要求的保护范围过宽

由于实用新型的授权没有经过实质审查，有可能被授权的权利要求书要求的保护范围过宽。在这种情况下，被控侵权方应当通过无效宣告程序，请求专利复审委员会重新划定专利的保护范围。

（三）侵权行为人的法律责任

根据专利法及其有关法律的规定，侵权行为人应当承担的法律责任包括民事责任、行政责任与刑事责任。

1. 行政责任

对专利侵权行为，管理专利工作的部门有权责令侵权行为人停止侵权行为、责令改正、罚款等，管理专利工作的部门应当事人的请求，还可以就侵犯专利权的赔偿数额进行调解。

2. 民事责任

包括以下责任承担方式：

（1）停止侵权。专利侵权行为人应当根据管理专利工作的部门的处理决定或者人民法院的裁判，立即停止正在实施的专利侵权行为。

（2）赔偿损失。侵犯专利权的赔偿数额，按照专利权人因被侵权所受到的损失或者侵权人获得的利益确定；被侵权人所受到的损失或侵权人获得的利益难以确定的，可以参照该专利许可使用费的倍数合理确定。

（3）消除影响。在侵权行为人实施侵权行为给专利产品在市场上的商誉造成损害时，侵权行为人就应当采用适当的方式承担消除影响的法律责任，承认自己的侵权行为，以达到消除对专利产品造成的不良影响。

3. 刑事责任

依照专利法和刑法的规定，假冒他人专利，情节严重的，应对直接责任人员追究刑事责任。

案例分析：

2004 年 6 月 1 日，张三与李四签订《技术转让合同》，双方约定，张三将获得的专利号为 ZL01249753.3 的专利技术在专利有效期内独家转让给李四，李四独家组织生产、销售、使用该项专利技术；张三在专利技术转让期限内自己不再组织生产、使用和销售，也不得再将该专利技术转让给任何人；在实施技术转让过程中，无论哪一方在原项目技术基础上改进、有价值的经验，属于双方共同所有，各占 50%；张三按时足额收取技术转让费；李四按时交纳专利年费，维持转让专利技术的有效性；李四第一年向张三支付人民币 10 万元，于合同生效之日立即支付，第二年对应日支付 10 万元。合同签订后，于同日张三在邵阳市向李四交付了专利技术资料，李四向张三支付了首期 10 万元。之后李四未按照约定交纳专利年费致使该专利于 2005 年 9 月 22 日终止，对应给付的另 10 万元专利转让费亦未支付，试分析是否存在违约行为，转让行为是否有效。

基本训练

一、单项选择题

1. 根据专利法的规定，（　　），是指同申请日以前已有的技术相比，该发明有突出的实质性特点和显著的进步，该实用新型有实质性特点和进步。

A. 新颖性　　B. 创造性　　C. 实用性　　D. 美观性

2. 专利权人将专利实施权转让给他人后，受让人（　　）。

A. 享有专利权

B. 享有专利实施权

C. 可将实施权再次转让

D. 既拥有专利权，又拥有专利实施权

3. 我国专利法明确规定，对实用新型和外观设计专利申请进行（　　）。

A. 实质审查

B. 形式审查

C. 形式审查和实质审查

D. 形式审查或实质审查

4. 两个以上的专利申请人分别就同样的发明创造在中国申请专利的，专利权授予(　　)。

A. 最先申请人　　　　B. 最先发明人

C. 所有的申请人　　　D. 所有的发明人

5. 甲以独占许可证形式将专利实施权转让给乙，则甲（　　）。

A. 甲可以将专利实施权再转让他人，同时自己也不可实施专利

B. 甲不可以将专利实施权再转让他人，同时自己也不可实施专利

C. 甲可以将专利实施权再转让他人，但自己也可实施专利

D. 甲可以将专利实施权再转让他人，但自己不可以实施专利

6. 在我国，两个以上的人同日、就同样的商标申请商标权的，商标权应授予(　　)的人。

A. 最先使用　　　　B. 最先设计

C. 最先申请　　　　D. 最先申请和使用

7. 根据《商标法》的规定，申请注册的商标应当具有(　　)。

A. 具有创造性

B. 富有美感

C. 具有显著特征、便于识别

D. 实用性

8. 某企业生产的羊毛衫上标有“纯羊毛标志”，则该标志(　　)。

A. 专属于该企业

B. 可用于其他企业产品

C. 属于其他组织

D. 不可用于其他企业产品

9. 杭州娃哈哈(集团)股份有限公司注册了“娃哈哈”、“娃娃哈”、“娃哈娃”和“哈哈娃”等商标，这有利于其驰名商标“娃哈哈”得到有效保护。此四件商标构成(　　)。

A. 防御商标　　　　B. 集体商标

C. 联合商标　　　　D. 组合商标

10. 根据我国商标法规定，除特殊情况外，商品生产者、经营者或者服务提供者在其生产、经营的商品上或者提供的服务上(　　)。

A. 必须使用注册商标

B. 必须使用商标

C. 可以自由决定是否使用商标及是否将其商标申请注册

D. 不得使用未注册商标

11. 根据我国《专利法》的规定，实用新型专利权的保护范围(　　)。

A. 以专利证书记载的技术领域为准

B. 以说明书记载的技术方案为准

C. 以权利要求的内容为准，说明书及附图可以用于解释权利要求

D. 以权利要求书、说明书和说明书摘要记载的范围为准

12. 我国《商标法》规定的商标构成要素有(　　)。

A. 文字、图形、字母、数字、颜色组合、三维标志

B. 文字、图形、字母、数字、音乐、三维标志

C. 文字、图形、字母、数字、气味、三维标志

D. 文字、图形、字母、数字、自然声响、三维标志

13. 根据我国《商标法》的规定，注册商标专用权的有效期为(　)。

A. 10 年，期满后终止

B. 10 年，期满可以续展，续展次数不限

C. 20 年，期满后终止

D. 20 年，期满可以续展，续展次数不限

14. 商业秘密是指不为公众所知悉、能为权利人带来经济利益、具有实用性并经权利人采取保密措施的技术信息和经营信息。以下属于"不为公众所知悉"的情况是(　)。

A. 该信息必须通过有偿付酬才能获得

B. 该信息以合同方式加以保密

C. 该信息在民间广为流传但从没有文字记载

D. 该信息为相关行业内的人普遍知晓但从未在出版物上公开发表

15. 下列权利中，不属于专利权内容的是(　)。

A. 独占实施权　　B. 转让权

C. 许可权　　D. 发表权

二、多项选择题

1. 授予专利权的实用新型必须具备(　)。

A. 独创性　　B. 新颖性

C. 创造性　　D. 实用性

2. 对于(　)，不授予专利权。

A. 能制造伪钞的复印机

B. 疾病的治疗方法

C. 动物品种的生产方法

D. 智力活动的规则

3. 申请发明、实用新型专利应提交的必不可少的文件有(　)。

A. 请求书　　B. 说明书

C. 权利要求书　　D. 摘要

4. 外观设计专利权被授予后，任何单位或者个人未经专利权人许可，都不得为生产经营目的(　)其外观设计专利产品。

A. 制造　　B. 许诺销售

C. 销售　　D. 使用

5. 我国商标法规定的商标的类型有(　)。

A. 文字商标　　B. 图形商标

C. 立体商标　　D. 音乐商标

6. 下列哪些商标注册的目的不是为了注册人使用(　)。

A. 集体商标　　B. 证明商标

C. 联合商标　　　　　　　D. 防御商标

7. 某工程师申请了一件发明专利，按照我国《专利法》的规定，对该发明专利申请的审查程序包括(　)。

A. 初步审查后公布

B. 初步审查后直接授权

C. 进行国际检索公告

D. 实质审查

8. 下列选项中，可以作为专利申请人的有(　)。

A. 公司法人　　　　　　　B. 事业法人

C. 社团法人　　　　　　　D. 自然人

9. 依照我国《专利法》规定，专利实施强制许可的理由包括(　)。

A. 为了公共健康目的的使用

B. 国家出现紧急状态或者非常情况时的使用

C. 为出口专利产品的使用

D. 为教学科研目的的使用

10. 下列使用注册商标的行为中，由商标局责令限期改正或者撤销其注册商标的有(　)。

A. 自行改变注册商标的

B. 自行转让注册商标的

C. 连续三年停止使用的

D. 没有注明“注册商标”标记的

三、案例分析

1. 1985 年初，甲大学环境科研所环境化学研究室副主任 A，应某市环保局邀请，同意帮助研究有关印染污水处理技术。A 一直从事微量元素与健康研究工作，当时分管后勤工作。同年寒假，A 在甲大学实验室内利用废旧原料、工具及试纸，对有关厂家提供的印染污水进行实验和测试，完成了“印染污水处理方法及工艺”的发明创造。此后，甲大学就该项发明创造向中国专利局申请了职务发明专利，并于 1989 年 11 月 1 日获得专利权。而 A 认为该发明专利权归属有误，于 1990 年 10 月向某市中级人民法院提起诉讼，请求判令该发明专利为非职务发明。

问题分析:(1)什么是职务发明?(2)该发明的主体是个人还是单位?(3)A 完成的“印染污水处理方法及工艺”发明创造是职务发明还是非职务发明，如何判断?

2. 李某经过多年研究，配制出一种抗猪瘟的液态物质，命名为“猪瘟净”。李某与某生物制品厂签订一份技术开发合同。合同规定，由制品厂提供全部资金和场所，李某提供技术和药物制品，共同开发“猪瘟净”系列防止猪瘟的药品。实验分三批进行，第一批实验结果有效率为 80%，但第二批和第三批的有效率只有 10% ~20%。问:

(1)发明专利的条件有哪些?

(2)“猪瘟净”能否获得发明专利?

(3)“猪瘟净”能否申请为实用新型?

3. 2004 年 6 月 24 日，作为福建省当地服装生产商的柒牌公司以商标侵权为由，将当地某涂料公司和福州个体户陈某销售者告上了法庭，要求被告停止侵权，赔偿损失。在服装商柒牌公司看来，自己的商标是驰名商标，被告在油漆产品上使用这个商标也同样构成侵权。两被告称柒牌公司是生产服装的，其注册商标在第二十五类服装商品上使用，而被告生产的油漆使用的“柒牌”商标，注册在第二类“颜料，清漆，漆等商品商品上使用，而另一被告则销售了这一品牌的油漆。被告认为商标的使用商品不同类，性质也不同，不构成侵权。

试分析回答以下问题：

(1)什么是驰名商标？驰名商标的条件是什么？

(2)驰名商标的使用范围？注册商标的使用范围是什么？

(3)简述驰名商标保护范围与注册商标保护范围的区别。

(4)服装生产商柒牌公司能否胜诉？为什么？

■ 情境九　反不正当竞争法

学习目标

	能力目标	知识目标
容易	能够准确判定反不正当竞争法的适用范围	理解不正当竞争行为的概念及特征
	能够对侵权行为属于何种不正当竞争行为进行分析	掌握不正当竞争行为的种类及性质
适中	能够对实践活动中具体的不正当竞争行为进行认定	熟悉行为主体的类型，掌握具体侵权行为的性质
	能够准确判定不正当竞争侵权人应承担的法律责任	了解侵权人的行为目的及应承担的法律责任
较难	能够对具体的各种不正当竞争行为进行实际分析，对侵权行为进行综合判定	掌握侵权行为的构成要件，正确区分责任主体及法律后果
	能够对不正当竞争行为之间产生的竞合进行辨析	掌握不正当竞争行为中可能产生的竞合，确定具体的侵权类型
	能够正确分析、解决不正当竞争行为所产生的实际问题，提出相应的解决方案	了解如何通过非诉手段，减少不正当竞争侵权所造成的各种损害

能力训练项目

反不正当竞争中的法律问题

红霞集团有限公司原名为为清华红霞（集团）总公司，2005 年 6 月 13 日变更为现名称。

1999 年 1 月 21 日，红霞集团有限公司获准取得第 1241181 号《商标注册证》，该商标经续展后的注册有效期至 2019 年 1 月 20 日。2001 年 3 月 14 日，红霞集团有限公司获准取得第 1538466 号《商标注册证》，注册有效期限至 2011 年 3 月 13 日。嘉实通公司是由王华明、朱世红、刘伟三个自然人共同出资 50 万元，于 2005 年 5 月 20 日成立的有限责任公司，王华明是公司法定代表人，力多片产品是由嘉实通公司生产。

北京清华红霞医药有限责任公司（简称红霞医药公司）于 2008 年 1 月 31 日名称变更为北京红霞军创药业有限公司（简称红霞军创公司）。红霞军创公司的股东中红霞集团有限公司出资 800 万元，嘉实通公司出资 305 万元。

2007 年 9 月 18 日，嘉实通公司与红霞医药公司签订产品代理协议，协议有效期自 2007 年 9 月 14 日至 2008 年 9 月 13 日止。协议约定：嘉实通公司授权红霞医药公司作为嘉实通公司产品力多片的全国唯一推广商，由嘉实通公司向红霞医药公司提供用于产品销售、促销、推广、广告所需的文件、资料及素材；销售过程中产生的债权、债务与嘉实通公司无关，该协议已于 2008 年 9 月 13 日终止。

2008 年 3 月 1 日，红霞医药公司作为甲方与乙方张鹏签订合作协议，约定由乙方担任甲方招商部总经理，招商部的产品由甲方提供，其中包括力多片产品；乙方负责产品的全国招商工作；甲方负责市场推广费。协议期限暂定为一年。

2008 年 5 月 9 日，红霞军创公司作为甲方与乙方张鹏签订协议，确认乙方负责的招商部已被甲方解散，约定力多片招商市场的所有遗留问题，甲方将分阶段分批解决，乙方无偿协助处理；甲方库存力多片乙方将积极协助销售出去。

红霞集团有限公司认为嘉实通公司冒用红霞医药公司名义宣传、销售力多片产品。依据为，嘉实通公司工作人员冒用红霞医药公司名义进行力多片产品的销售。并且，红霞集团有限公司提出在保健食品广告审查表中嘉实通公司加盖了公章，内容是嘉实通公司申请的文宣广告；在红霞集团有限公司公证的网页上，嘉实通公司突出使用了红霞集团有限公司的注册商标，在公司介绍中，虚假宣传，制造混淆，使公众误认为力多片产品为清华红霞品牌。

根据国家食品药品监督管理局制定的《保健食品广告审查暂行规定》第三条的规定：发布保健食品广告的申请人必须是保健食品批准证明文件的持有者或者其委托的公民、法人和其他组织。嘉实通公司是力多片的产品批准文件的持有者，故在没有委托的情况下，只有嘉实通公司可以作为保健品广告的合法申请人。

红霞集团认为，红霞集团有限公司依法享有第 1241181 号和第 1538466 号注册商标专用权，应当依法予以保护，其有权禁止他人在相同或类似商品上使用相同或近似商标。嘉实通公司、王华明实施了不正当竞争行为。试讨论三者之间的法律关系，是否构成不正当竞争关系，如果构成不正当竞争关系，应为何种具体类型。

能力训练步骤

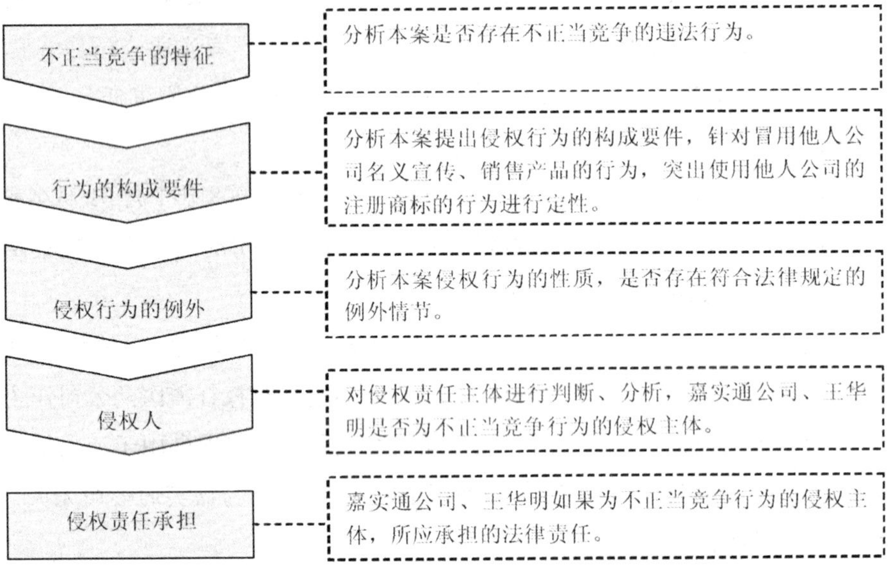

第一节 反不正当竞争法的认知

一、不正当竞争行为概述

（一）不正当竞争行为的定义和特征

所谓不正当竞争行为，是指经营者违反法律规定，损害其他经营者的合法权益，扰乱社会经济秩序的行为。由于我国的特殊情况，反不正当竞争法亦调整政府及其经营者之间产生的与竞争有牵涉的关系。

从上述定义可以看出，不正当竞争行为有以下特征：

1. 经营者是实施不正当竞争行为的主要主体。
2. 不正当竞争行为是违反《反不正当竞争法》的行为。
3. 不正当竞争行为是损害其他经营者合法权益的行为。
4. 不正当竞争行为是扰乱社会经济秩序的行为。
5. 不正当竞争行为是损害消费者合法权益的行为。

（二）不正当竞争行为的种类

概括来讲，我国《反不正当竞争法》主要规范以下 11 种不正当竞争行为：

1. 假冒仿冒行为；
2. 商业贿赂行为；
3. 虚假的广告宣传行为；
4. 侵犯商业秘密行为；
5. 倾销行为；

6. 搭售或附加不合理条件行为；
7. 违反法律规定的有奖销售行为；
8. 商业诽谤行为；
9. 串通投标行为；
10. 公用企业及其他依法具有独占地位的经营者限制竞争行为；
11. 政府部门限制竞争行为。

二、反不正当竞争法的定义

反不正当竞争法是指调整国家在制止不正当竞争行为过程所发生的社会关系的法律规范的总称。

反不正当竞争法通过对不正当竞争行为的调整和规范，确立竞争规则，从而保护和促进正当竞争，维护市场经济秩序。

三、我国反不正当竞争法的立法概况

《中华人民共和国反不正当竞争法》于 1993 年 9 月 2 日颁布，1993 年 12 月 1 日起实施。

国家工商行政管理总局针对几种特殊的不正当竞争行为，发布了《关于禁止公用企业限制竞争行为的若干规定》、《关于禁止有奖销售活动中不正当竞争行为的若干规定》、《关于禁止仿冒知名商品特有名称、包装、装潢的不正当竞争行为的若干规定》、《关于禁止侵犯商业秘密行为的若干规定》、《关于禁止商业贿赂行为的暂行规定》。

此外，在其他法规中，也有涉及竞争规范的内容，如商标法、专利法、著作权法、价格法、招标投标法等。

第二节　不正当竞争行为

一、假冒仿冒行为

（一）假冒仿冒行为的概念及特征

假冒仿冒行为又称商业混同行为，它是指经营者在市场经营活动中，以种种不实手法对自己的商品或服务作虚假表示、说明或承诺，或不当利用他人的智力劳动成果推销自己的商品或服务，使用户或者消费者产生误解，扰乱市场秩序、损害同业竞争者利益或者消费者利益的不正当竞争行为。

假冒仿冒行为具有以下几个特征：

1. 以竞争为目的。假冒行为针对的对象是特定的市场经营者以及这些经营者的产品或服务，行为人在主观上希望客户或消费者产生混淆和误解，以此获得竞争优势 。

2. 对他人的标志或标识的非法利用。假冒仿冒者针对的主要是他人的商品或服务标志，如商标、商品名称、包装、装潢以及企业名称、产地名称、质量标志等。

3. 具有欺骗性。假冒仿冒者搭名牌产品的便车，不正当地掠夺他人的商品信誉和商业信誉，欺骗与之交易的消费者和经营者。

（二）假冒仿冒行为的种类

1. 假冒他人注册商标的行为。

根据我国《商标法》、《反不正当竞争法》有关的内容，假冒行为包括以下几种行为：

（1）未经注册商标所有人的许可，在同一种商品上使用与他人注册商标相同或相近似的商标；

（2）销售明知是仿冒注册商标的商标；

（3）伪造、擅自制造他人注册商标标识。

注册商标权是知识产权的重要权利之一。商标法对注册商标权的内容，行使方式，保护范围作了专门规定。反不正当竞争法将假冒他人的注册商标作为不正当竞争行为予以禁止，其立法意图是编织更严密的法网，使这种行为受到来自商标法和反不正当竞争法两方面的防范和制裁。

2. 仿冒知名商品特有的名称、包装、装潢的行为。

根据《反不正当竞争法》第5条规定，擅自使用知名商品特有的名称、包装、装潢，或者使用与知名商品近似的名称、包装、装潢，造成和他人的知名商品相混淆，使购买者误认为是该知名商品的，构成不正当竞争行为。

国家工商行政管理总局发布《关于禁止仿冒知名商品特有的名称、包装、装潢的不正当竞争行为的若干规定》，对保护知名商品做出了全面细致的规定。

所谓“知名商品”，是指在市场上具有一定知名度，为相关公众所知悉的商品。所谓知名商品特有的名称，是指知名商品独有的与通用名称有显著区别的商品名称。

（三）对假冒仿冒行为的认定

1. 行为人具有主观故意。

假冒仿冒行为一般都是对质量好、知名度高、市场销售量大的商品进行假冒仿冒，它的实质就是掠夺他人的经营优势，侵害他人长期形成的无形资产。因此，假冒仿冒行为是一种故意的不正当竞争行为。市场上不存在无意识的假冒仿冒，主观故意就成为假冒仿冒行为的法律特征之一。

2. 行为具有特定性。

由于假冒仿冒行为是对市场中经营优势的掠夺，因此，假冒仿冒行为总是发生在特定的具有市场优势的经营者身上及其特定的商品上。行为人通过对这些特定商品的商标、包装、企业名称等的非法使用或模仿，造成市场上用户和消费者受到混淆的后果。因此，认定该行为首先是确定被仿冒的特定经营者和特定商品。

对假冒商标和企业名称的行为来说，只要发生假冒行为，被假冒的对象是立即可以确定的，因为这些权利是经过登记和注册的。

对于仿冒知名企业和知名商品的其他外部标识的行为，则应该要有确认的条件。在我国实施《反不正当竞争法》过程中，国家工商行政管理总局对仿冒知名商品特有的名称、包装、装潢，引人误认为是他人的商品的行为提出了认定的一般标准。

3. 行为具有误导性。

行为人都不希望以自己的真实身份从事市场交易活动，其从事该违法行为的目就是在于使交易对方对其提供的商品或服务产生混淆或误解，从而接受其商品或服务，以此获得竞争优势。

因此，如何理解“引人误解”是判断该行为的关键。按照大多数国家的法律规定，对假冒仿冒行为是否构成误解以“一般购买者施以普通注意力会发生误认”等综合分析进行认定。

二、商业贿赂行为

（一）商业贿赂的概念和特征

商业贿赂是指经营者为争取交易机会，暗中给予交易对方有关人员和能够影响交易的其他相关人员以财物或其他好处的行为。

《反不正当竞争法》第8条规定，经营者不得采用财物或者其他手段进行贿赂以销售或者购买商品。在账外暗中给予对方单位或者个人回扣的，以行贿论处；对方单位或者个人在账外暗中收受回扣的，以受贿论处。经营者销售或者购买商品，可以以明示方式给对方折扣，可以给中间人佣金。经营者给对方折扣、给中间人佣金的，必须如实入账。接受折扣、佣金的经营者必须如实入账。

商业贿赂具有以下几个特征：

1. 商业贿赂的主体是从事市场交易的经营者，既可以是卖方，也可以是买方。

2. 商业贿赂是经营者主观上出于故意和自愿进行的行为，其目的是为了排挤竞争对手。

3. 商业贿赂在客观方面表现为违反国家有关财务、会计及廉政等方面的法律、法规的规定，秘密给付财物或其他报偿，具有很大的隐蔽性。

4. 商业贿赂的形式除了金钱回扣之外，还有提供免费度假、旅游、高档宴席、色情服务、赠送昂贵物品、房屋装修以及解决亲属入学、就业等多种方式。

5. 商业贿赂在后果上侵犯了同业竞争者的公平竞争权，扰乱了社会经济秩序。

（二）商业贿赂与折扣、佣金的区别

在商业贿赂的学习和研究中，一定要注意商业贿赂与折扣、与佣金的不同。

折扣即价格折扣，亦称让利，它是指在商品购销活动中经营者在所成交的价款上给对方以一定比例的减让而返还给对方的一种交易上的优惠。折扣和非法回扣的显著区别在于，折扣以明示的方式给付对方，给付方和收受方要如实入账。

佣金是指在市场交易活动中，具有独立地位的中间人为他人提供服务、介绍、撮合交易或代买、代卖商品而得到的报酬。

（三）商业贿赂行为的行为要件

1. 行为的主体是经营者和受经营者指使的人（包括其职工）；其他主体可能构成贿赂行为，但不是商业贿赂。

2. 行为的目的是争取市场交易机会，而非其他目的（如政治目的、提职、获取职称等）。

3. 有私下暗中给予他人财物和其他好处的行为，且达到一定数额。

4. 该行为由行贿与受贿两方面构成。一方行贿，另一方不接受，不构成商业贿赂；一方索贿，另一方不给付，也不构成商业贿赂。

三、虚假宣传行为

（一）虚假宣传的概念及特征

虚假宣传是指经营者为获取市场竞争优势和不正当利益，利用广告或者其他方法，对产品或者提供的服务、商品的质量、制作成分、性能、用途、生产者、有效期限、产地等作虚假广告或其他形式的引人误解的宣传行为。

虚假宣传具有以下几个特征：

1. 行为的违法性。虚假宣传行为违反了我国的《广告法》、《消费者权益保护法》和《反不

正当竞争法》等法律的有关规定，违背了公序良俗，损害了消费者或者其他生产经营者的合法权益，具有一定程度的社会危害性。

2. 内容的不真实性。虚假宣传行为之所以虚假，根本在于宣传的内容未能真实客观地介绍有关商品或服务的情况，即宣传内容与实际商品或服务情况明显不符。

3. 手段的欺骗性。虚假宣传采取虚构事实、隐瞒真相等手段，故意欺骗或误导消费者，使其产生错误的认识，进而购买其宣传的商品或接受其宣传的服务。

4. 主体的复杂性。虚假宣传的主体既包括宣传行为人，也包括经营者，还包括发布者。

（二）虚假宣传的种类

引人误解的虚假宣传，既包括虚假宣传，也包括引人误解的宣传。

1. 虚假宣传。是指商品宣传的内容与商品的实际情况不相符合，如将国产商品宣传为进口商品等。

2. 引人误解的宣传。是指就一般的社会公众的合理判断而言，宣传的内容会使接受宣传的人或受宣传影响的人对被宣传的商品产生错误的认识，从而影响其购买决策的宣传。

（三）几种特殊的虚假宣传行为

1. “对商品作片面的宣传或者对比”的行为。

因片面宣传或者对比而误导购买者的，可以认定为引人误解的虚假宣传行为。如果因此而损害竞争对手的商业信誉或者商品声誉，还会与反不正当竞争法规定的商业诋毁行为构成竞合。

2. “将科学上未定论的观点、现象等当作定论的事实用于商品宣传”的行为。

因在商品宣传中使相关公众将未定论的东西误认为定论的东西，而对商品质量等产生误解，就可以构成虚假宣传行为。

3. “以歧义性语言或者其他引人误解的方式进行商品宣传”的行为。

故意以模棱两可、含含糊糊等歧义性词语宣传商品，足以使相关公众产生误解的，可以构成虚假宣传行为。

四、侵犯商业秘密行为

（一）商业秘密的概念与特征

商业秘密是指不为公众所知悉，能为权利人带来经济利益，具有实用性并经权利人采取保密措施的技术信息和经营信息。

可见，商业秘密是一类特殊的知识产权客体，既不同于专利、版权等一般知识产权，也不同于个人隐私等一般秘密。因此具备以下基本特征：

1. 秘密性

秘密性又称非公开性，它是商业秘密最核心的特征，是指该种信息不为公众所知悉，处于保密状态，一般人不易通过正当途径获得或探明。由于专利或版权是通过技术公开、牺牲其保密性来换取法律的直接保护，以在有限的时期内维持其价值的存续。因此商业秘密需要通过权利人采取适当的保密措施，并辅之以法律进行保护。

2. 管理性

商业秘密持有人必须具有保密的主观愿望，并辅助以采取合理的保密措施。如保密合同的订立，限制进入工场和设备附近或与商业秘密有关的现场，对秘密文件进行特殊保护、禁止秘密材料的散发等措施。一般情况下，只要企业采取了这些措施，就可以认为是形成了商业秘密。

3. 经济性

商业秘密的经济性是指商业秘密的使用可以为权利人带来经济上的利益，使权利人拥有比不知晓或不使用该商业秘密的同行业竞争者更有利的地位和竞争优势，从而能在竞争中领先取胜，获得包括现实的经济利益和将来使用而可能体现出来的潜在经济利益。商业秘密的经济性正体现了保护商业秘密的内在原因。

4. 实用性

商业秘密的实用性是指商业秘密能在工农业生产和经营中应用，这使得商业秘密区别于一般的生产技术和经营管理的理论成果。

一般来讲，实用性包括现实的实用性和潜在的实用性，即并不要求商业秘密已经被实际使用。必须指出的是，商业秘密的实用性只是指那些客观上有用的具体方案或信息能够运用到一定经营活动中去的特性。

（二）侵害商业秘密行为的形式

商业秘密作为一种信息，具有无形资产的特征，其权利人不像物的所有权人那样对物容易控制和占有，其权利人极易为人所侵害。

我国在立法中吸收了世界各国的经验，把侵犯商业秘密的行为以列举的方式作下具体的规定。

1. 以不正当手段获取他人商业秘密

这是指出于竞争目的，以各种非正当手段获取他人商业秘密的行为。禁止以不正当手段获取他人商业秘密，实际上是规定了“获取”行为本身的违法性，而不必等到公开使用时才算违法。

我国的这一规定，在国际上关于商业秘密保护的立法中是较为领先的。传统理论认为商业秘密保护仅仅是相对特定人之间因合同的保密关系而产生的权利义务关系，因而商业秘密权仅对特定义务承担者有效。在实践中，如果合同义务以外的人员以不正当手段获取了商业秘密，要追究其责任则十分困难。

我国《反不正当竞争法》对“不正当手段”具体规定为“以盗窃、利诱、胁迫或者其他不正当手段”。事实上，不正当手段是不可能列举穷尽的，因此，在具体的案件审理中还需对个案进行分析，只要侵权人不是以正当手段获得，如从独立发明、反向工程，或从公开的出版物中得知此商业秘密，并有足够的证据证明其获得手段的违法性，就可以认定为是以不正当手段获得。

认定以不正当手段获取商业秘密的法律规定的意义在于有效保护权利人的商业秘密，尤其在我国竞争秩序尚未完善的情况下，更显得意义重大。

2. 恶意披露、使用或允许他人使用以违法行为获得的商业秘密

这是行为人获取商业秘密后的继续行为。非法获取他人的商业秘密的行为人将其所获取的商业秘密转告第三人或利用各种方式将其公布于众，自己使用或允许他人使用该商业秘密，这些都会使权利人受到的损害进一步扩大，使后果更加严重。

我国《反不正当竞争法》对此明确规定，“披露、使用或者允许他人使用以前项手段获取的权利人的商业秘密”是侵犯商业秘密的行为。一般来讲，既然是恶意取得他人的商业秘

密，其目的就是要利用该商业秘密或扩散该商业秘密，以获取利益。

商业秘密也只有掌握在一定的使用者手中，并加以实施才有效益，因此，商业秘密的获取者必然要自己使用或允许他人使用该商业秘密。

3. 违反约定或者违反权利人的要求，披露、使用或允许他人使用商业秘密的行为

这是侵害他人商业秘密的最常见的行为，也是早期对商业秘密的保护规定。尽管侵权人是以正当的手段获得该项商业秘密，但由于对权利人有明示或默示的义务，因而不得披露、使用或者允许他人使用该商业秘密，否则，被认为是侵权行为。

我国《反不正当竞争法》对此也做了规定，禁止“违反约定或者违反权利人有关保守商业秘密的要求，披露、使用或者允许他人使用其所掌握的商业秘密”。

由于商业秘密具有实用性，因此因正常业务或相互信任等关系而获得商业秘密的情况是存在的。如因业务需要在本单位职工中进行交流；因市场经营需要被产品的销售者、原材料的供应者、设备的修理者所知晓；因技术开发、转让、咨询、服务业务而为技术合同的对方所了解等等。但由于这些合同的特殊前提，商业秘密的获得者就对权利人负有明示或默示的保密义务。

4. 第三人侵犯商业秘密的行为

这是指第三人明知或应知转让人获得该商业秘密为不当取得，或未经授权取得后披露、使用或者准许他人使用，仍予以受让或泄漏的行为。显然，这里的第三人有侵权的主观恶意。

我国《反不正当竞争法》规定，“第三人明知或者应知前款所列违法行为，获取、使用或者披露他人的商业秘密，视为侵犯商业秘密”。

将第三人的恶意行为作为侵权行为进行制裁，追究第三人的责任具有重要的理论价值和实践意义。虽然，第三人并非直接以不正当手段获得他人的商业秘密，但是，这种类似于“销赃”的行为对于商业秘密权的侵害以及对公平竞争秩序的危害与上述三种行为是同样的，正因为有了转让的市场，才促使侵权人去实施上述行为。因此，将其列入侵权行为，有利于制止违法的行为。

（三）侵犯商业秘密行为的行为要件

1. 认定是否构成侵权，必须首先依法确认商业秘密确实存在。

2. 行为主体可以是经营者，也可以是其他人。反不正当竞争法规范的各种不正当竞争行为的实施者，绝大多数要求其具有经营者的身份，而侵犯商业秘密的人则不受该限制。

3. 客观上，行为主体实施了侵犯他人商业秘密的行为。实施的方式有盗窃、利诱、胁迫或不当披露、使用等。

4. 以非法手段获取、披露和使用他人商业秘密的行为已经或可能给权利人带来损害后果。

五、倾销行为

（一）倾销行为的概念及特征

倾销是指经营者以排挤竞争对手为目的，以低于成本的价格销售商品的行为。低价倾销违背企业生存原理及价值规律，在市场竞争中往往引发价格大战，中小企业纷纷倒闭等恶性竞争事件，甚至导致全行业萎缩的严重后果。

倾销具有以下几个特征：

1. 行为的主体是在市场交易中处于销售地位的经营者；

2. 实施该行为在主观上是故意的；

3. 实施了以低于成本的价格销售商品的行为。

(二) 倾销之例外

原则上，经营者不得为排挤竞争对手或独占市场，以低于成本的价格倾销，扰乱正常的生产经营秩序。但是，如果因特殊原因而低于成本价格销售商品，则不构成低价倾销行为。以下为不构成低价倾销行为的例外：

1. 销售鲜活商品的；

2. 处理有效期限即将到期或者其他积压的商品的；

3. 季节性降价的；

4. 因清偿债务、转产、歇业降价销售商品的。

(三) 构成低价倾销的行为要件

1. 行为的主体是经营者，而且在绝大多数情况下，是大型企业或在特定市场上具有经营优势地位的企业。

2. 经营者客观上实施了低价倾销行为。这里的低价倾销，如上所述，是指低于成本价格销售商品。在国际贸易中，构成倾销不以低于成本价为条件，这一点不同于我国的反不正当竞争法的规定。

3. 经营者实施该行为在主观上是故意的，低价倾销行为的目的是排挤竞争对手，以便独占市场。因此，并非一时就某一种商品低于成本价格销售，而是较长时间以较大的市场投放量低价倾销。

六、搭售与附加不合理条件的行为

(一) 搭售与附加不合理条件行为的概念及特征

所谓搭售商品或附加其他不合理条件是指经营者利用其经济优势，违背购买者的意愿，在销售一种商品或提供一种服务时，要求购买者以购买另一种商品或接受另一种服务为条件，或者就商品或服务的价格、销售对象、销售地区等附加不合理的条件。

搭售与附加不合理条件行为有以下几个特征：

1. 实施的主体是具有经济优势地位的经营者，他们有独占的经营条件，离开这些他们就无法搭售或附加其他不合理条件。

2. 从主观上来看，违背了购买者的意愿。

3. 实施了搭售或附加不合理条件的具体行为。

(二) 搭售与附加不合理条件行为的性质

搭售或附加不合理交易条件行为是经营者依靠经济优势来实现的，如果经营者以贿赂、强制等手段来实施搭售或附加不合理条件，则可能会构成商业贿赂或强制性交易等不正当竞争行为。

(三) 搭售或附加其他不合理条件的行为要件

判断交易行为中是否存在搭售，应从以下四个方面进行判断：

1. 搭售行为的主体必须是经营者，如果是其他主体(如国家行政机关，有一定行政职能的事业单位等)则可能构成其他限制竞争行为而非搭售行为；

2. 搭售行为是违背购买者的意愿的，它限制了购买者的自主选择权；

3. 实施搭售的经营者凭借的是自身经营优势，若没有经营优势，商品本身可替代性很强的话，购买者可能转向其他供货方，搭售不可能实行；

4. 搭售行为不当阻碍甚至剥夺了同行业竞争对手相关产品的交易机会。

七、违反法律规定的有奖销售行为

（一）有奖销售的含义

有奖销售是指经营者以提供奖品或奖金的手段进行推销的行为，主要包括附赠式有奖销售和抽奖式有奖销售两种形式。

法律并不禁止所有的有奖销售行为，而仅仅对可能造成不良后果、破坏竞争规则的有奖销售加以禁止。

（二）违反法律规定的有奖销售行为

不正当有奖销售是指经营者在销售商品或提供服务时，以欺骗或其他不正当手段，附带提供给用户和消费者金钱、实物或其他好处，作为对交易的奖励。

根据《反不正当竞争法》、《关于禁止有奖销售活动中不正当竞争行为的若干规定》等规范性文件，我国法律禁止以下列方式进行有奖销售：

1. 谎称有奖销售或对所设奖的种类，中奖概率，最高奖金额，总金额，奖品种类、数量、质量、提供方法等作虚假不实的表示；

2. 采取不正当手段故意让内定人员中奖；

3. 故意将设有中奖标志的商品、奖券不投放市场或不与商品、奖券同时投放，或者故意将带有不同奖金金额或奖品标志的商品、奖券按不同时间投放市场；

4. 抽奖式的有奖销售，最高奖的金额超过5000元（以非现金的物品或者其他经济利益作为奖励的，按照同期市场同类商品或者服务的正常价格折算其金额）；

5. 利用有奖销售手段推销质次价高的商品；

6. 其他欺骗性有奖销售行为。

八、商业诽谤行为（诋毁商誉行为）

（一）商业诽谤行为的概念

商业诽谤行为也称诋毁竞争对手的行为，是指经营者自己或利用他人，通过捏造、散布虚伪事实等手段，对竞争对手的商业信誉进行恶意的诋毁、贬低，以削弱其市场竞争能力，并为自己谋取不正当利益的行为。

商誉是社会公众对市场经营主体名誉的综合性积极评价。它是经营者长期努力追求、刻意创造、并投入一定的金钱、时间及精力才取得的。良好的商誉本身就是一笔巨大的无形财富。

《反不正当竞争法》第14条规定，经营者不得捏造、散布虚伪事实，损害竞争对手的商业信誉、商品声誉。由此可见，诋毁商誉行为应发生在市场竞争中，是经营者之间为争夺市场和顾客，排挤竞争对手采取的一种非法行为。

（二）商业诽谤的具体表现

根据商业诽谤具体手段的不同，可以将商业诽谤归纳为以下几类：

1. 产品附属资料中的商业诽谤；

2. 产品交易中的商业诽谤；

3. 新闻、广告中的商业诽谤；

4. 直接在公众中散布谣言；

5. 组织、唆使、利用他人进行商业诽谤。

（三）商业诽谤的行为要件

1. 行为的主体是市场经营活动中的经营者，其他经营者如果受其指使从事诋毁商誉行为的，可构成共同侵权人。

2. 经营者实施了诋毁商誉行为，如通过广告、新闻发布会等形式捏造、散布虚假事实，使用户、消费者不明真相产生怀疑心理，不敢或不再与受诋毁的经营者进行交易活动。

3. 诋毁行为是针对一个或多个特定竞争对手的。如果捏造、散布的虚假事实不能与特定的经营者相联系，商誉主体的权利便不会受到侵害。应注意的是，对比性广告通常以同行业所有其他经营者为竞争对手而进行贬低宣传，此时应认定为商业诋毁行为。

4. 经营者对其他竞争者进行诋毁，其目的是败坏对方的商誉，其主观心态出于故意是显而易见。

九、违反法律规定的招投标行为

（一）违反法律规定招投标行为的概念

违反法律规定的招标投标行为是指投标者相互串通投标，投标者和招标者相互勾结，排挤竞争对手的公平竞争的行为。

《反不正当竞争法》第 15 条规定：投标者不得串通投标，抬高标价或者压低标价。投标者和招标者不得相互勾结，以排挤竞争对手的公平竞争。

（二）违反法律规定招投标行为的表现

1. 投标者串通投标，抬高标价或压低标价的行为。

这类行为的行为主体是投标者，而且是所有参加投标的投标人共同实施的，其目的是为了避免相互间竞争，或协议轮流在类似项目中中标，共同损害招标人的利益。这类行为的表现形式主要有：

（1）投标者之间相互串通，一致抬高标价；

（2）投标者相互串通，一致压低标价；

（3）投标者相互串通，轮流以高价位或低价位中标；

（4）投标者相互间就标价以外的其他事项串通。

2. 投标者和招标者相互勾结，以排挤竞争对手的行为。

这类不正当竞争行为的主体是招标者和特定的投标者共同实施的，其目的是为了排挤该投标者的竞争对手，所造成的后果则是招标投标流于形式，损害其他投标人的利益。这类行为的表现形式有：

（1）招标者在开标前，私下开启投标者的投标条件，并泄密给内定投标者；

（2）招标者在审查评选标书时，对不同的投标者实施差别对待；

（3）投标者和招标者相互勾结，投标者在公平投标时压低标价，中标后再给招标者以额外补偿；

（4）招标者向特定的投标者泄露其标底。

（三）违反法律规定招投标行为的构成要件

依照前述法律规定，招标投标中的限制竞争行为可分为两类：投标者之间串通投标，抬高标价或压低标价；投标者和招标者相互勾结排挤竞争对手。

1. 投标者之间串通投标，抬高标价或压低标价的认定：

(1)行为主体是投标者，既可能是投标者中的一部分，也可能是全体投标者；

(2)在客观方面，投标者之间实施了串通行为，其方式如进行联络、进行私下协议、做出共同安排等；

(3)串通的目的是通过某种安排排挤其他投标者或使招标者得不到竞争利益，即理想的价位及其他合同条件。

2. 投标者和招标者相互勾结排挤竞争对手的认定：

(1)行为主体包含两方，既招标者和投标者；

(2)在客观方面，招标者和投标者之间有共谋行为；

(3)行为目的是为了让参与共谋的投标者中标，以排挤其他的投标者。

十、公用企业及其他依法具有独占地位的经营者所实施的限制竞争行为

(一)该项限制竞争行为的含义

公用企业或其他依法具有独占位的经营者，限定他人购买其指定的经营者的商品，排挤其他经营者的公平竞争行为即是限制竞争行为。

根据《反不正当竞争法》第6条的规定：公用企业或者其他依法具有独占地位的经营者，不得限定他人购买其指定的经营者的商品，以排挤其他经营者的公平竞争。

由于公用企业和依法具有独占地位的企业，在市场交易中实施了限制竞争的行为，且这类行为限制了用户、消费者的自主选择权，将生产同种商品的其他经营者完全排斥在特定的市场之外，妨碍了市场的公平竞争机制，故为我国《反不正当竞争法》所禁止。

(二)该项限制竞争行为种类

1. 限定用户、消费者只能购买和使用其附带提供的相关产品，而不得购买和使用其他经营者提供的符合技术标准要求的同类商品；

2. 限定用户、消费者只能购买和使用其指定的经营者生产或者经销的商品，而不得购买和使用其他经营者提供的符合技术标准要求的同类商品；

3. 强制用户、消费者购买其提供的不必要的商品及配件；

4. 强制用户、消费者购买其指定的经营者提供的不必要的商品；

5. 以检验商品质量、性能等为借口，阻碍用户、消费者 购买、使用其他经营者提供的符合技术标准 要求的其他商品；

6. 对不接受其不合理条件的用户、消费者拒绝、中断或者削减供应相关商品，或者滥收费用；

7. 其他限制竞争的行为。

(三)该项限制竞争行为的构成要件

根据上述规定，公用企业 或者其他依法具有独占地位的企业限制竞争，行为的构成要件有三：

1. 主体具有特殊性，即必须是公用企业或者依法具有独占地 位的企业；

2. 行为的特定性，即主体利用自己优势地位实施了法律、行政法规明文禁止的限制竞争行为；

3. 行为具有现实或潜在社会危害性，表现在一方面排挤了其他经营者的公平竞争，另一

方面损害了消费者和用户的合法权益。

十一、政府部门的限制竞争行为

(一)政府部门限制竞争行为的含义

政府部门限制竞争行为是指政府及其所属部门滥用行政权力，限定他人购买其指定的经营者的商品，限制其他经营者正当的经营活动，限制外地商品进入本地市场，或者本地商品流向外地市场的行为。

根据《反不正当竞争法》第7条的规定，政府及其所属部门不得滥用行政权力，限定他人购买其指定的经营者的商品，限制其他经营者正当的经营活动。政府及其所属部门不得滥用行政权力，限制外地商品进入本地市场，或者本地商品流向外地市场。该条是对政府及其所属部门不得滥用行政权力，限制竞争行为的禁止性规定。其中第1款禁止其实施行政性强制经营行为。第2款禁止其实施地区封锁行为。

(二)政府部门限制竞争行为的表现

行政性强制经营行为是指以政府及其所属部门的行政权力为根据，对市场经营活动进行非法干涉的前提下所发生的经营活动。

这种行为违反了民法关于主体平等，交易自由，等价有偿，诚实信用的基本原则。同时，由于这种行为是政府及其所属部门所为，又滋生着官商结合、权钱交易等腐败因素，其危害性极大。

地区封锁行为，是指地方政府及其所属部门以行政权力为后盾，无法律依据地限制商品在本地和外地之间正常流通，以牟取地方利益的行为。

这种行为破坏社会主义市场经济体系结构的统一和完善，人为地分割市场，以损害全国大局为代价牟取地方局部利益，干扰正常市场竞争秩序，妨碍国民经济的持续稳定发展。

(三)政府部门限制竞争行为的构成要件

认定政府及其所属部门滥用行政权力限制竞争行为，应把握的要点有三:

1. 行为主体限于政府及其所属部门。

2. 政府及其所属部门，实施了法律、行政法规禁止的限制竞争行为，亦即客观上有滥用行政权力的事实。

3. 政府及其所属部门滥用行政权力实施限制竞争的行为，其目的在于保护本部门、本地区的利益，从而损害外地经营者和本地消费者的合法权益。

第三节　违反反不正当竞争法的法律责任

《反不正当竞争法》第四章专章规定了违反该法的法律责任，包括民事责任，行政责任，刑事责任三种。

一、民事责任

为保护合法经营者的正当竞争权利，《反不正当竞争法》第20条规定:经营者违反本法规定，对被侵害的经营者造成损害的，应承担损害赔偿责任;并且应承担被侵害的经营者因调查该经营者侵害其合法权益的不正当竞争行为所支付的合理费用。此条规定，适用于《反不正当竞争法》禁止的所有违法行为造成的损失。

《反不正当竞争法》还设有民事行为无效的规定。例如，第27条中的“中标无效”，就是专门针对招标投标中的不正当竞争行为而设置的。

二、行政责任

各级工商行政管理部门是《反不正当竞争法》规定的监督检查部门，具有行政执法职能。因此，《反不正当竞争法》几乎对每一种不正当竞争行为都规定了制裁措施。这些行政制裁措施归纳起来是：

责令停止违法行为；消除影响；没收违法所得；罚款；吊销营业执照；责令改正；给予行政处分。

需要注意的是：

第一，《反不正当竞争法》列举的不正当竞争行为中，有三种行为在法律责任一章中未被提及，即第11条低价倾销行为，第12条搭售或附加不合理条件的行为，第14条诋毁商誉行为。对此，被侵害的经营者可以依照《反不正当竞争法》第20条的规定要求赔偿，还可以依照相关法律的规定保护自己的权利。

第二，对政府及其所属部门的限制竞争行为，仅适用上述六种行政责任中的第五种，即由上级行政机关责令改正。

三、刑事责任

对情节严重的不正当竞争行为，给予刑事处罚，是各国反不正当竞争法的通行做法。我国《反不正当竞争法》对下列三种行为，即商标侵权行为，销售伪劣商品的行为，商业贿赂行为可以追究刑事责任。

案例分析：

沈阳小土豆餐饮公司是一家全国特许经营的大型连锁企业。1997年4月14日经国家工商局商标局核准注册取得“小土豆”服务商标，并在企业名称中使用。“小土豆”商标先后被沈阳市和辽宁省工商局评为“著名商标”。1998年11月5日，经北京北方亚事无形资产评估事务所评估，“小土豆”商标无形资产社会公允价值为1.5673亿元。2000年沈阳小土豆餐饮公司成为“中国连锁经营协会”正式会员单位后，已有102家连锁店覆盖了全国十省区、两直辖市（北京、天津）和深圳特区。

目前，沈阳小土豆餐饮公司在北京开办了5家分店，年上缴税金达数十万元。北京东北小土豆餐饮有限公司法定代表人张在和于1998年末至1999年初，曾二次与沈阳小土豆餐饮公司洽谈连锁加盟事宜，因种种原因洽谈未果。

在这种情况下，张在和擅自在北京开办了“北京东北小土豆餐饮有限公司”，使用与沈阳小土豆餐饮公司注册服务商标相类似的商号，并且使用类似于沈阳小土豆餐饮公司的装潢和招牌。根据我国《反不正当竞争法》以及《商标法》的有关规定，针对北京东北小土豆餐饮有限公司利用“小土豆”注册服务商标及使用类似装潢、招牌的行为，进行分析。

基本训练

一、单项选择题：

1.《反不正当竞争法》中的“经营者”指(　　)。

A. 从事商品经营或营利性服务的法人，其他经济组织、个人

B. 某些经济组织

C. 公民个人

D. 各种法人

2. 我国《反不正当竞争法》规定，抽奖式有奖销售最高奖金的金额不得超过人民币(　　)元。

A. 3000　　B. 5000　　C. 7000　　D. 10000

3. 违背相对交易人的意愿的搭售行为是侵害了购买者的(　　)权。

A. 自主选择　　B. 知悉真情　　C. 维护尊严　　D. 依法求偿

4. 商业秘密的两大特征是(　　)。

A. 新颖性和保密性　　B. 商业性和秘密性

C. 创造性和专有性　　D. 实用性和专有性

5. 在《反不正当竞争法》中商业贿赂主要指(　　)。

A. 回扣　　B. 让利　　C. 折扣　　D. 佣金

6. 实施滥用行政权力不正当竞争行为的主体是(　　)。

A. 具有独占地位的经营者

B. 公用企业

C. 专卖企业

D. 政府及其所属部门

7. 擅自使用他人的企业名称或者姓名，引人误认为是他人的商品的行为属于(　　)。

A. 采用欺骗性标志交易行为

B. 虚假宣传行为

C. 侵犯商业秘密行为

D. 诋毁商誉行为

8. 抽奖式的有奖销售，最高的金额不得超过(　　)元。

A. 3000　　B. 5000　　C. 10000　　D. 50000

9. 监督检查部门工作人员监督检查不正当竞争行为时(　　)。

A. 可出示检查证件　　B. 应出示检查证件

C. 可不出示检查证件　　D. 在某些场合应出示检查证件

10. 经营者的不正当竞争行为给被侵害的经营者造成的损失难以计算，赔偿额为(　　)。

A. 受害人在被侵权其间所获得的利润

B. 侵权人在侵权其间所获得的利润

C. 侵权人在侵权其间因侵权所获得的利润

D. 侵权人在侵权其间所获得的利润的一倍半

11. 为排挤竞争对手，某商店在销售中向海信购买电冰箱的顾客赠送一套餐具。对此，下列说法正确的是哪项？(　　)

A. 如果电冰箱的价格减去餐具的价值小于电冰箱的成本价则商店构成不正当竞争

B. 商店的行为构成违法搭售的不正当竞争

C. 如果赠送餐具违背顾客意愿则构成不正当竞争，否则不构成

D. 如果餐具质量不合格则构成不正当竞争，否则不构成

12. 甲期货交易所章程规定，对日交易量超过一百手的客户，可以将手续费的2%作为折加费退还给他们，并完整的财务手续。其他交易所对此规定提出的异议。下列说法正确的是哪一项？(　　)

A. 甲交易所的行为构成不正当竞争

B. 甲交易所的行为构成行贿

C. 甲交易所的行为既构成行贿又构成不正当竞争

D. 甲交易所的行为不构成不正当竞争

13. 某市技术监督局在抽查本市市场上的饮料时发现，除三种名牌饮料外，其余饮料均不合格，该局对此结果在当地新闻媒体上作了详细介绍，导致一些厂家生产的饮料销量急剧下降。下列说法中正确的是哪项？(　　)

A. 市技术监督局的抽查行为是履行职责的正常管理行为，但在新闻媒介上公布的抽查结果是限制其他经营者的不正当竞争行为

B. 市技术监督局抽查行为的背后是以排挤其他经营者为动机，故抽查行为与公布行为均构成不正当竞争

C. 市技术监督局的行为不构成不正当竞争

D. 市技术监督局的行为虽有排挤其他经营者的意图，但并未指定消费者购买某种饮料，尚不构成不正当竞争

14. 依《中华人民共和国招标投标法》，下列哪个行为能够使招标行为发生法律效力，一旦有一方违约，应承担违约责任？(　　)

A. 招标人与中标人签订书面合同

B. 招标人向中标人发出中标通知书

C. 招标投标的项目进入实施阶段

D. 评标委员会在投标人中选出中标者

15. 依据《中华人民共和国招标投标法》某地公路部门就建设高速公路项目招标，则该项目的评标工作由谁来完成？(　　)

A. 该公路部门的领导

B. 该公路部门的上级主管部门

C. 当地的政府部门

D. 该公路部门依法组建的评标委员会

二、多项选择题：

1. 反不正当竞争法的基本原则主要有(　　)。

A. 自愿原则　　B. 等价有偿原则　　C. 平等原则

D. 公平原则　　E. 诚实信用原则

2.《反不正当竞争法》的主体——经营者可以是(　　)。

A. 从事生产的法人　　B. 从事销售的个人　　C. 从事营利性服务的个人

D. 从事商品服务的个人　E. 从事营利性服务的法人

3. 我国《反不正当竞争法》严加禁止的不正当竞争行为有(　　)。

A. 以格式合同对消费者作出不合法律规定的行为

B. 侵犯消费者的人身权行为

C. 产品无中文标明的产品名称行为

D. 降价排挤行为

E. 通谋投标行为

4. 滥用行政权力行为主要表现有(　　)。

A. 限定他人购买其指定的经营者的商品

B. 违背交易相对的人的意愿提出附加的不合理条件

C. 限制其他经营者的正当的经营活动

D. 限制外地商品进入本地市场

5. 下列有奖销售行为中属于不正当有奖销售行为的有(　　)。

A. 谎称有奖进行有奖销售

B. 故意让内定人员中奖进行有奖销售

C. 利用有奖销售的手段推销质次价高的商品

D. 抽奖式有奖销售的奖品为 5000 元的实物

6. 下列以低于成本的价格销售商品情形中不属于不正当竞争行为的有(　　)。

A. 销售鲜活商品

B. 季节性降价

C. 处理有效期限即将到期的商品

D. 处理积压商品

7. 监督检查部门在对不正当竞争行为进行监督检查时，享有的职权有(　　)。

A. 处罚权　　　　　B. 责令赔偿权

C. 检查权　　　　　D. 询问权

8. 我国依法有权对不正当竞争行为进行监督检查的机关包括(　　)。

A. 监察部　　　　　B. 建设部

C. 文化部　　　　　D. 化工部

9. 有下列情形之一的，不属不正当竞争行为(　　)。

A. 最高奖的金额为 3 千元的抽奖式有奖销售

B. 以低于成本的价格销售鲜活商品

C. 擅自使用某个体工商户的商号

D. 在级别低的名优产品上使用级别高的名优标志

10. 政府及其所属部门，不得滥用行政权力(　　)。

A. 限定他人购买其指定的经营者的商品

B. 限制其他经营者的正当的经营活动

C. 限制外地商品进入本地市场

D. 限制本地商品流向外地市场

11. 在商品上伪造冒使用(　　)，对商品质量作引人误解的虚假表示，是不正当竞争行为。

A. 认证标志　　　　　　B. 名优标志

C. 产地　　　　　　　　D. 非注册商标

12. 监督检查部门在监督检查不正当竞争行为时，(　　)应当如实提供有关资料或情况。

A. 被检查的经营者　　　B. 利害关系人

C. 证明人　　　　　　　D. 国家机关

13. 广告的经营者，在明知或应知的情况下，代理、设计、制作、发布虚假广告的监督检查部门应当(　　)。

A. 责令停止违法行为　　B. 赔偿损失

C. 没收非法所得　　　　D. 依法处以罚款

14. 经营者给(　　)的，必须如实入账，接受折扣、佣金的经营者必须如实入账。

A. 对方折扣　　　　　　B. 对方佣金

C. 中间人折扣　　　　　D. 中间人佣金

15. 下列以低于成本价格销售商品的不属于不正当竞争行为的有(　　)。

A. 销售鲜活商品

B. 因清偿债务，转产，歇业降低销售商品

C. 季节性降价

D. 处理有效期即将到期的商品或其他积压的商品

三、案例分析题：

1. 甲乙两旅行社都是享有盛名的国家承办境外旅游客到国内观光的经济组织。1992 年，两旅行社均接待海外游客 20 万人次，经济效益不相上下。1995 年上半年，甲旅行社以高薪为条件，致使乙旅行社海外部 15 名工作人员全部辞职，转入甲旅行社工作。甲旅行社为此成立海外旅行二部，该 15 名原乙旅行社的工作人员在转入甲旅行社时将自己的业务资料、海外业务单位名单都带入甲旅行社。1995 年上半年，两旅行社的业务均发生很大的变化，甲旅行社的海外游客骤然上升，效益大增，而乙旅行社业务受到极大影响，造成了较大的经济损失。

试分析：

(1) 甲旅行社的行为是否构成不正当竞争？如是，应属哪种不正当竞争行为？为什么？

(2) 对甲旅行社是否应进行法律制裁？如何制裁？

2. A 单位经过介绍人 B 向 C 服装厂订购工作服 500 套，双方在合同中订明，C 服装厂给 A 单位 10% 的折扣优惠。A 单位依照合同通过银行转账支付了 450 套的货款。C 服装厂提款后一个月交货给 A 单位。同时服装厂为了酬谢介绍人 B，支付介绍费 1000 元。

试分析：

(1) C 服装厂与 A 单位的交易行为中有无不合法的？为什么？

(2) 介绍人 B 收取服装厂的 1000 元是否合法？

■ 情境十　票据法

学习目标

	能力目标	知识目标
容易	能够准确判定票据法的适用范围	理解票据的概念及票据法的调整对象
容易	能够对票据关系、非票据关系进行分析，认定	掌握与票据有关的法律关系
适中	能够对票据行为进行分析，认定	熟悉票据行为的实质要件和形式要件
适中	能够准确判定票据当事人的权利	了解票据权利、利益偿还请求权及票据抗辩权
较难	能够在票据丧失后，采取有效的补救措施，并能通过行使诉讼权利，维护自身利益	掌握票据的丧失与补救，熟悉票据诉讼的全部程序
较难	能够运用汇票的出票、背书、承兑、保证、付款、追索等票据权利	掌握并熟练运用汇票的各项票据权利
较难	能够正确分析、运用本票和支票的全部票据权利	了解本票、汇票的概念及特点，掌握汇票、本票、支票之间的异同

能力训练项目

票据法中的法律问题

2005年下半年期间，金泰公司向浩吉公司购买了总价款1198000元的钢材。金泰公司陆续向浩吉公司开出了五张转账支票，出票总金额1198000元。因浩吉公司应支付其他单位和个人的货款，故金泰公司按浩吉公司要求将上述支票分别开给了重庆万朋商贸有限公司(42万元)、重庆市九龙坡区同月机械加工厂(40万元)、重庆市润发物资有限公司(8.8万元)、个体户罗建清(29万元)。

这四家单位和个人将上述支票进行后，均因金泰公司账户存款不足而被银行退票。这四家单位和个人将上述支票退回给浩吉公司，浩吉公司另行支付了这四家单位和个人货款。浩吉公司以金泰公司出具空头支票涉嫌诈骗，于2006年10月向重庆市沙坪坝区公安分局经侦支队报案。

经立案侦查，金泰公司确认该账户是为其业务负责人牟长春在重庆开展业务而专设的，是合法有效的，且金泰公司有能力履行付款义务。故公安机关告知浩吉公司向法院起诉。

浩吉公司向法院起诉金泰公司违背诚实信用原则，导致提供的支票不能实现，损害了浩吉公司的利益。并请求依法判令金泰公司立即向浩吉公司返还票据利益1198000元及资金利息(自2006年6月10日起至付清本金时止，按照中国人民银行规定的同期商业银行贷款利率计付)，承担本案的诉讼费。

因出票人签发空头支票，支票出票人应当依法承担民事责任。牟长春经金泰公司同意，以金泰公司名义从事经营活动，给他人造成经济损失的，金泰公司应当承担民事责任。牟长春以金泰公司名义向浩吉公司购买钢材，并签发金泰公司的空头支票付款，给浩吉公司造成1198000元的货款损失，金泰公司应当予以偿付，并应赔偿浩吉公司的资金利息损失。

金泰公司在公安机关委托鉴定时提供的财务专用章印文与其在银行预留的财务专用章印文不一致的情况，应是金泰公司的内部管理问题，金泰公司不能以此免除其对外的法律责任。浩吉公司要求金泰公司返还1198000元及资金利息的请求证据充分，理由合法，法院应予以支持。

依照《中华人民共和国票据法》、《最高人民法院关于审理票据纠纷案件若干问题的规定》、《中华人民共和国民事诉讼法》的规定，人民法院判决重庆市大足县金泰建筑工程有限公司偿付重庆浩吉物资有限公司1198000元;偿付重庆浩吉物资有限公司资金利息损失(自2006年6月10日起至付清本金时止，以1198000元为本金，按照中国人民银行规定的同期同档次贷款基准利率计付)。

能力训练步骤

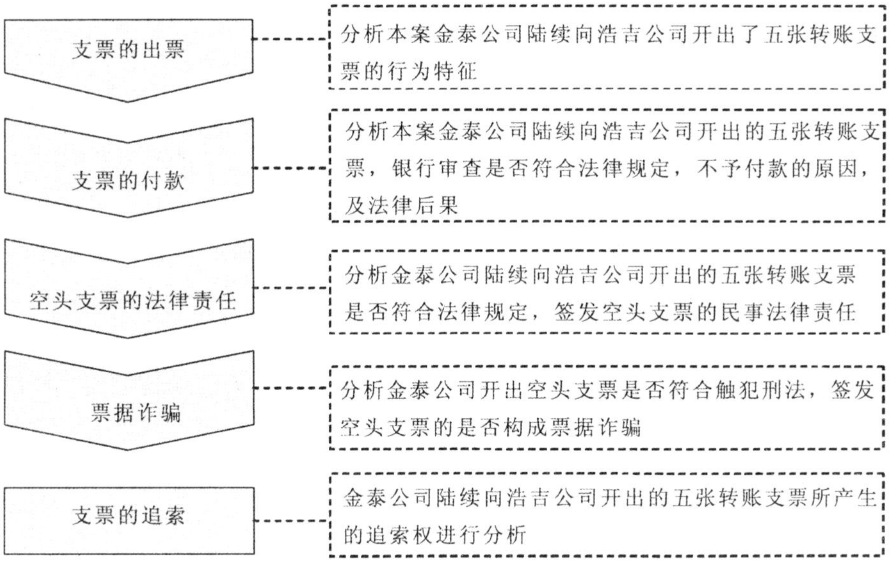

第一节　票据法的认知

一、票据概述

（一）票据的概念

票据一词有广狭二义。广义上的票据，指各种表彰财产权的书面凭证，包括钞票、发票、提单、仓单、保单、车票、船票、机票、债券、股票、借据、汇票、本票、支票等。狭义上的票据，仅指以无条件支付一定金额为内容，且由《票据法》规范的有价证券。《票据法》所称之票据均指狭义上的票据。

《中华人民共和国票据法》第 2 条第 2 款规定："本法所称票据，是指汇票、本票和支票。"

可见，我国《票据法》中所称的票据，是指出票人依票据法签发的，约定由本人或本人委托的人在见票时或者在票载日期到来时无条件支付确定的金额给收款人或持票人的有价证券，为汇票、本票、支票。

（二）票据的特征

1. 票据是完全有价证券

票据权利的产生以作成票据为必要；票据权利的转移以交付票据为必要；票据权利的行使以持有并提示票据为必要。

2. 票据是金钱债权证券

票据的持票人享有向票据上的债务人请求支付票载金额的请求权及追索权，这种付款请求权和追索权本质上都是债权，而且这种债权的内容就是请求支付一定的金额，因而票据是一种金钱债权证券。

3. 票据是无因证券

票据只要符合《票据法》规定的形式要件，票据权利就产生，其效力原则上不受产生票据的原因关系的影响。

4. 票据是要式证券

票据是依《票据法》签发的有价证券，其制作、转让、保证及承兑的方式等，《票据法》都有明确的规定，票据行为必须严格按照票据法规定的要素和款式作成，才能产生票据法上的效力。

5. 票据是文义证券

票据上的一切权利义务，只能按照票据上记载的文义来确定，票载文义之外的任何理由、任何事项都不得作为确定票据权利义务的根据。

6. 票据为流通证券

流通是票据的重要特征，是票据所采取之最高原则，票据法的一切制度，均以此原则为出发点。

(二)票据的作用

1. 支付作用

票据的支付作用，是票据具有代表定额货币代替现金支付的功能。汇票、本票、支票都具有这一功能，支票是单纯的支付工具。

2. 汇兑作用

票据的汇兑作用，是指票据具有异地输送资金的作用。本票、支票都具有这一作用，在我国，票据的汇兑作用主要是通过汇票来实现的。

3. 信用作用

票据的信用作用，是指票据的出票人可以使用未来可取得的资金签发票据，即将未来可取得资金的信用能力转变为当前的支付能力。票据的这一信用作用主要体现在远期票据上。

4. 融资作用

票据的融资作用，是指票据当事人可以通过票据转让或贴现来筹集资金的作用。票据当事人可以利用票据调度资金，这一功能主要通过票据的转让和贴现来实现。

5. 结算作用

票据的结算作用，是指以票据进行债务抵销。使用票据进行结算，其手续既方便又安全。简单的结算，是由互有债权债务的双方当事人互相签发本票给对方，双方之间的债务即可抵销。复杂的结算，则可通过票据交换制度来完成。

二、票据法概述

(一)票据法的概念

票据法是指调整票据关系以及与票据关系有关的其他社会关系的法律规范的总称。

(二)我国票据立法的发展

《中华人民共和国票据法》于1995年5月10日，由第八届全国人民代表大会常务委员会第13次会议通过，并于1996年1月1日起实施，中华人民共和国第一部票据法由此诞生。根据我国《票据法》的授权，中国人民银行又发布了《票据管理实施办法》、《支付结算办法》等规范性文件，完善了票据法规范性文件的制定工作。

三、与票据有关的法律关系

（一）票据关系

1. 票据关系的概念

票据关系，是指票据当事人基于票据行为所直接发生的票据上的债权债务关系。

2. 票据关系的当事人

票据关系的当事人，是指参与票据关系，享受票据权利和承担票据义务以及与票据权利义务有密切关系的法律主体。根据不同的标准，可对票据当事人作出不同的分类。

（1）基本当事人与非基本当事人

凡随出票行为直接出现的当事人，称为基本当事人；非基本当事人是指不随票据出票行为出现，而是随着出票行为以外的其他票据行为出现的当事人。

（2）权利主体、义务主体和关系主体

持有票据者，享有票据权利，为权利主体。在票据上进行票据行为并签章的人，负有相应的票据义务，是票据的义务主体。票据中的关系主体是指虽然票据上记载有某一主体的名称或姓名，但他既不享有票据权利也不负有绝对付款的票据义务，他的存在与票据权利义务有密切关系的法律主体。

（二）非票据关系

非票据关系，是指与票据有密切关系，又不是基于票据行为而产生的法律关系。它包括票据法上的非票据关系和民法上的非票据关系两大类，后者也称为票据关系的基础关系。

1. 票据法上的非票据关系

票据法上的非票据关系，是指票据法中规定的，与票据有密切关系，而非由票据行为产生的法律关系。票据法上的非票据关系主要有以下几种：

（1）汇票回单签发关系，即持票人将汇票交给付款人时，有权要求付款人签发收到汇票的回单，以证明持票人因提示承兑而向付款人交付了票据。

（2）票据返还关系，即票据债务人履行票据义务后请求持票人返还票据，以消灭票据关系或据以行使追索权的权利义务关系等权利义务关系。

（3）利益偿还关系，即持票人因未在票据权利时效之内主张权利或因手续的欠缺而使票据权利消灭的，请求出票人或承兑人在其实际所受利益限度之内予以偿还的权利义务关系。

（4）损害赔偿关系，即票据当事人因违反票据法的规定致他人损失，受害人请求赔偿的权利义务关系。

2. 民法上的非票据关系

票据关系的基础关系，是指票据关系赖以产生的民事基础法律关系，因而也称为民法上的非票据关系。票据关系的基础关系包括三种：

（1）票据的原因关系，指存在于票据直接当事人之间授受票据的理由。

（2）票据的资金关系，指付款人与出票人或者其他资金义务人之间的委托付款法律关系。

（3）票据的预约关系，指票据的直接当事人之间就授受票据所达成的合意。

四、票据行为

(一)票据行为的概念

票据行为有广义与狭义之分。狭义的票据行为，是指能产生票据债权债务关系的要式法律行为，主要包括出票、背书、承兑、参加承兑、保证和保付等六种。广义的票据行为，是指以票据关系的发生、变更或消灭为目的而为的法律行为，除了包括上述狭义的票据行为外，还包括付款、参加付款、见票、划线、涂销等。

(二)票据行为有效成立的要件

1. 票据行为的实质有效要件

(1)票据行为人具有完全的票据权利能力和票据行为能力。

(2)票据行为人的意思表示真实。

(3)票据行为具有合法性。

2. 票据行为的形式要件

(1)票据须以书面形式作成。

(2)票据行为人必须在票据上签章。

(3)票据行为必须符合法定的款式。

(4)票据行为人必须交付票据。

五、票据当事人的权利

(一)票据权利

1. 票据权利的概念

所谓票据权利，是指持票人向票据债务人或关系人请求支付一定金额的权利，包括付款请求权和追索权。

2. 票据权利的种类

(1)付款请求权，即持票人向票据第一债务人或者关系人请求支付票据金额的权利。

(2)追索权，即票据到期得不到付款，或者在到期日前得不到承兑，或者在到期日前发生其他法定原因使票据可能得不到承兑或者付款时，持票人在保全票据权利的基础上，向其前手请求支付票据金额及其他法定款项的权利。

3. 票据权利的取得

持票人取得票据权利必须同时具备以下三个条件：

(1)持票人取得票据必须给付对价，法律另有规定者除外。

(2)持票人取得票据的手段必须合法。

(3)持票人取得票据时必须具备主观上的善意。

4. 票据权利的行使和保全

所谓票据权利的行使，是指票据权利人请求票据义务人履行票据义务的行为。所谓票据权利的保全，是指票据权利人为防止票据权利的丧失而进行的一切行为。

持票人行使或者保全票据权利，应当在当事人的营业时间内、在票据当事人的营业场所进行；票据当事人无营业场所的，则在其住所进行。

5. 票据权利的消灭

票据权利的消灭，是指由于一定事实的出现，使票据权利失去法律效力。这些事实主要有付款、被追索人清偿、时效期间经过、保全手续欠缺等。

（二）利益偿还请求权

1. 利益偿还请求权的概念

所谓利益偿还请求权，是指当票据权利因时效届满或者手续欠缺而消灭时，票据的持票人享有的，请求票据的出票人或者承兑人在其所受利益限度内予以偿还的权利。

2. 利益偿还请求权的行使

持票人即可行使利益偿还请求权，不以持有票据并提示票据为必要，但应提供证明自己能够行使该权利的所有事实。利益偿还请求权的诉讼时效适用《中华人民共和国民法通则》的一般规定。

（三）票据抗辩权

1. 票据抗辩权的概念

所谓票据抗辩权，是指票据债务人享有的，依法对票据的持票人拒绝履行票据债务的权利。

2. 行使票据抗辩权的法定事由

票据债务人行使票据抗辩权的法定事由，也称为票据抗辩原因，是指法律规定票据债务人可以对票据的持票人进行抗辩的情事，可以分为物的抗辩原因和人的抗辩原因两大类。

（1）物的抗辩

第一，任何票据债务人可以对任何持票人行使的抗辩原因。主要有：票据因欠缺票据法规定的形式要件而无效；持票人不依票据文义提出请求；票据债权已消灭或已失效。

第二，特定的票据债务人可以对任何持票人行使的抗辩原因。主要有：票据行为不能有效成立；票据债务人因持票人欠缺权利保全手续而解除了票据责任；持票人的票据权利因超过时效而消灭，票据债务人因而解除了被追索的票据义务；票据上记载的票据债务人已实际丧失负担票据义务的能力。

（2）人的抗辩

第一，任何票据债务人可以对特定持票人行使的抗辩原因：主要有：特定持票人欠缺实质上的受领票据金额的资格；特定持票人欠缺形式上的受领资格。

第二，特定票据债务人可以向特定持票人行使的抗辩原因。主要有：票据原因关系无效；票据原因关系欠缺；票据当事人违反了彼此之间的特别约定。

3. 票据抗辩权行使的限制

（1）票据抗辩权行使限制的理论

所谓票据抗辩权行使的限制，是指票据法对票据债务人不得对特定的持票人行使抗辩权的规定。在票据抗辩中，物的抗辩是客观的、绝对的，是基于票据自身或票据上记载的债务人自身的原因而发生的，不存在对物的抗辩进行限制的问题。票据抗辩权的行使限制主要是指对人的抗辩的限制。

（2）票据抗辩权行使限制的内容

票据债务人不得以自己与出票人之间的抗辩事由对抗持票人；票据债务人不得以自己与持票人的前手之间的抗辩事由对抗持票人。

4. 票据抗辩权行使限制的例外

我国《票据法》第13条在规定行使票据抗辩权行使的限制内容的同时，又规定："持票人明知存在抗辩事由而取得票据的除外"。据此，持票人在取得票据的当时，明确知道票据债务人与出票人或与自己的前手之间存在抗辩事由，即不受前述抗辩限制的保护。

六、票据的更改、伪造、变造与涂销

(一)票据的更改

1.票据更改的概念

票据的更改，是指依票据法规定有更改权限的人，对票据上可以更改的记载事项按法定方式加以改变的行为。

2.票据更改的效力

有更改权限的人依法对票据法规定可以更改的记载事项进行更改后，更改后的记载事项代替原记载事项。票据更改前的签章人依票据更改前的记载事项承担票据义务；票据更改后的签章人依票据更改后的记载事项承担票据义务。

(二)票据的伪造

1.票据伪造的概念

我国票据法中所讲的票据伪造，是指假冒他人的名义或虚构他人名义在票据上进行票据行为并签章的行为。

2.票据伪造的法律后果

(1)票据伪造人没有在票据上签自己的姓名，因而其不承担票据义务，但承担其他法律责任。

(2)由于被伪造人自己并没有在票据上签章，也不承担任何票据责任。

(3)当票据上既有伪造的签章又有其他真实的签章时，伪造的签章不影响真实的签章的效力，真实的签章人应对自己所为的票据行为承担票据义务。

(4)付款人或代理付款人在付款时，只要按照法律规定对票据上的签章及各项记载事项进行了通常的审查，不存在恶意及重大过失的情形，那么，即使其未能辩认出票据上有伪造的签章而付了款，这一付款行为也是有效的。

(三)票据的变造

1.票据变造的概念

票据变造，是指没有合法变更权限的人，变更票据上除签章以外的其他记载事项的行为。

2.票据变造的法律后果

(1)如果票据的变造人本来就是票据上的行为人，在票据上有其签章，那么该变造人应当按其变造后的票据记载事项承担票据义务，并承担变造票据的刑事责任、民事责任及行政责任；如果票据的变造人在票据上没有签章，则不负有票据上的义务，但应当承担刑事责任、民事责任及行政责任。

(2)在变造之前签章的人，对原记载事项负责；在变造之后签章的人，对变造后的记载事项负责；不能辨别是在票据被变造之前或之后签章的，视为在变造之前签章。

(3)票据变造对票据的付款人的法律后果与票据伪造对票据付款人的法律后果基本相同。

(四)票据的涂销

1.票据涂销的概念

票据的涂销，是指有涂销权的人故意采用某些方法，涂抹或消除票据上的记载事项的行为。

2. 票据涂销的效力

根据票据法的规定，有涂销权的人故意涂销的，被涂销部分的记载事项失去票据记载效力，被涂销部分的票据权利自然消灭。

七、票据的丧失与补救

(一)票据丧失与补救概述

1. 票据丧失的概念

所谓票据的丧失，是指持票人并非出于自己的本意而丧失对票据的占有，简称失票。

2. 票据丧失的补救方法

我国票据丧失的补救措施有挂失止付、申请公示催告和提起诉讼三种。

其中，挂失止付为票据丧失补救方法中的一种临时性措施，而公示催告与提起诉讼则是失票人保护票据权利的法定必经程序，失票人即使进行了挂失止付，也还必须通过公示催告或者诉讼程序才能行使自己的票据权利。

(二)挂失止付

1. 挂失止付的概念

挂失止付是指在票据丧失时，失票人将丧失票据的情况通知付款人，并请求付款人停止付款，接受挂失止付的付款人在票据款项未被他人取得的情况下，决定暂停支付的一种失票补救措施。

2. 挂失止付的适用范围

《支付结算办法》及相关文件中规定:“已承兑的商业汇票、支票、填明现金字样和代理付款人的银行汇票以及填明现金字样的银行本票丧失，可以由失票人通知付款人或者代理付款人挂失止付。未填明现金字样和代理付款人的银行汇票以及未填明现金字样的银行本票丧失，不得挂失止付。”

3. 挂失止付的程序

(1)失票人应当及时向票据的付款人或代理付款人发出书面通知，并要求通知书记载相关事项。

(2)接受挂失止付通知的付款人或者代理付款人在收到挂失止付通知书后，应当进行核查。如果查明该票据确未付款，应当立即停止付款。如果该票据在此之前已经付款，付款人或代理付款人不再接受挂失止付。但付款人或者代理付款人以恶意或者重大过失付款的除外。

4. 挂失止付的效力

票据的付款人或者代理付款人接受了失票人提交的挂失止付通知后，应当立即停止付款。无论任何持票人在挂失止付有效期内请求付款，都不得支付，否则责任自负。

如果付款人或代理付款人在收到挂失止付通知书之日起 12 日内没有收到人民法院的止付通知书，自第 13 日起，挂失止付通知失效，付款人或代理付款人向持票人付款，不再承担责任。

(三)公示催告

1. 公示催告的概念

公示催告是指在票据丧失后，失票人向人民法院提出申请，请求人民法院依法定程序作出宣告票据无效的判决，从而使票据权利与票据本身相分离，失票人可以依据法院判决请求票据付款人止付票据金额的一种权利救济制度。

2. 公示催告的程序

(1)由失票人向有票据支付地的基层法院提出公示催告的申请。

(2)人民法院依法对公示催告申请从形式要件、实质要件(包括申请人有无申请权、票据是否丧失等)两个方面审查。

(3)人民法院决定受理公示催告申请，应当同时通知付款人或者代理付款人停止支付，并自立案之日起 3 日内发出公告。国内票据自公告发布之日起六十日，涉外票据可根据具体情况适当延长，但最长不得超过九十日。在公示催告期间，票据不得质押、贴现或转让。

(4)人民法院发出公告，催促利害关系人向人民法院申报权利，人民法院将按照法律规定对利害关系人的申报进行处置。

(5)公告期间届满，没有人申报权利，或者申报被驳回的，公示催告申请人应自申报权利期间届满的次日起一个月内申请人民法院作出判决。逾期不申请的，终结公示催告程序。法院应根据申请人申请，作出票据无效的判决，称为除权判决。除权判决应当明确宣告票据无效，使票据权利与票据相分离。

(四)票据诉讼

1. 票据诉讼的概念

所谓票据诉讼，是指票据丧失后，失票人在票据权利时效届满以前，提供了相应的担保，请求出票人补发票据或者请求债务人付款遭到拒绝，而向人民法院提起的，请求法院责令出票人补发票据或者责令债务人付款的诉讼。

2. 票据诉讼的程序

(1)票据丧失后，在票据权利时效期间届满以前，失票人可以向出票人提供担保，请求其补发票据;如果出票人拒绝补发，失票人则可以出票人为被告，向出票人住所地或者票据支付地的基层人民法院提起诉讼。

(2)票据丧失后，在票据权利时效期间届满以前，失票人也可以向票据的付款人或者承兑人提供担保，请求其付款;如果票据的付款人或者承兑人拒绝付款，则失票人可以付款人或承兑人为被告，向付款人或者承兑人住所地或者票据支付地的基层人民法院提起诉讼。

第二节　汇　票

一、汇票概论

(一)汇票的概念

汇票是指由出票人签发的，委托付款人在见票时或者在指定日期无条件支付确定金额给收款人或者持票人的票据。

(二)我国票据法中的汇票种类

1. 银行汇票

银行汇票是出票银行签发的，由其在见票时按照实际结算金额无条件支付给收款人或者持票人的票据。根据银行汇票的用途，可将银行汇票分为现金银行汇票和转账银行汇票两种。

2. 商业汇票

商业汇票是由出票人签发的，委托付款人在指定日期无条件支付确定的金额给收款人或者持票人的票据。根据承兑人的不同，商业汇票可以分为银行承兑汇票和商业承兑汇票，由银行承兑的商业汇票，称为银行承兑汇票；由付款人承兑的商业汇票，称为商业承兑汇票。

二、汇票的出票

（一）汇票出票的概念

出票是指出票人签发票据并将其交付给收款人的票据行为。这一概念有三层含义：汇票的出票是出票人创设汇票的基本票据行为；汇票出票的内容表现为一种无条件支付的委托；汇票的出票由作成汇票和交付汇票两部分构成。

（二）汇票出票的款式

汇票出票的款式，也称为汇票出票的格式，是指汇票的出票人按照票据法的规定，在汇票上应为的各种记载。

1. 绝对必要记载事项

汇票出票的绝对必要记载事项，是指出票时必须在汇票上进行记载，如有欠缺，汇票无效的事项。我国《票据法》规定了七项绝对必要记载事项，分别是：表明汇票的字样；无条件支付的委托；确定的金额；付款人名称；收款人名称；出票日期；出票人签章。

2. 相对必要记载事项

汇票的相对必要记载事项，是指出票人应当在汇票上记载，但是如果没有记载，也不影响汇票的效力，而是按照票据法的规定推定其内容的事项。主要包括付款日期、付款地和出票地三项。

3. 可以记载事项

可以记载事项，又称为任意记载事项或得记载事项，它是指法律允许当事人自由选择记载，不记载并不影响汇票的效力，但一经记载，即发生票据法上的效力的事项。我国《票据法》主要规定了以下两项：禁止转让文句和有关汇票支付货币种类的约定条款。

4. 记载不产生票据法上效力的事项

出票人除了记载上述应当记载的事项和任意记载的事项外，还可以记载其他出票事项，但是这类记载不能产生票据法上的效力，在符合其他法律规定时，当然能够产生其他法律效力。

5. 记载本身无效的事项

记载本身无效的事项，也称为无益记载事项，这类事项的记载，不仅不能产生票据法上的效力，而且不产生任何法律效力，在票据法上视为无记载。

6. 记载使汇票无效的事项

记载使汇票无效的事项，又称为有害记载事项、不得记载事项或禁止记载事项，是指记载违反票据法的有关规定，导致汇票无效的事项。

（三）汇票出票的效力

1. 汇票出票对出票人的效力

汇票的出票使出票人成为汇票上的义务人，其义务的内容是对其签发的汇票能够获得承兑和付款承担担保责任，当汇票不获承兑或者付款时承担清偿责任。

2. 汇票出票对收款人的效力

出票人作成汇票并将汇票实际交付给收款人后，收款人便取得了汇票上的权利，包括付款请求权和追索权。

3. 汇票出票对付款人的效力

即期汇票的出票，使付款人成为汇票的债务人，负有对汇票付款的义务。而在远期汇票，情况则大不相同。付款人仅因出票而取得一种地位或资格，即取得对汇票进行承兑和付款的资格。

三、汇票的背书

（一）背书的概念

所谓背书，是指持票人以转让汇票权利或者将一定的汇票权利授予他人行使为目的，在汇票背面或者粘单上记载有关事项并签章，然后将汇票交付被背书人的一种附属的票据行为。

（二）背书的种类

1. 转让背书

转让背书，是指持票人以转让汇票权利为目的而为的背书，主要有一般转让背书和特殊转让背书两种。

所谓一般转让背书，是指持票人为转让汇票权利，按照票据法的规定进行背书行为，无论在背书人方面，背书的记载事项方面，还是在被背书人方面都不存在任何特殊情况，一经作成即产生背书法律效力的背书。

所谓特殊转让背书，是指持票人为转让汇票权利而为的，在某些方面存在特殊情形的背书。存在特殊情形的转让背书，主要有限制背书、回头背书和期后背书三种。限制背书，是指背书人在背书有关事项的记载中，对转让的票据权利给予一定限制的背书；回头背书，是指背书人以汇票上的原债务人为被背书人的背书；期后背书，是指在一定期限或期日后所为的背书。

2. 非转让背书

非转让背书，是指持票人为了将汇票上的一定权利授予他人行使而为的背书。非转让背书主要有委托收款背书与质押背书两种。

委托收款背书，又称为委托取款背书、委任背书或代理背书，是指以委托他人代理收款为目的而为的背书；质押背书，是指为担保债务履行而在汇票上设定质权而为的背书。

（三）背书的效力

1. 一般转让背书的效力

一般转让背书有效成立后，在票据法上产生权利转移、权利担保、权利证明及切断抗辩四个方面的效力。

（1）权利转移效力，是指一般转让背书以票据权利转让为目的，当背书行为有效成立以后，即发生票据权利转移的效力，被背书人取得票据权利。

（2）权利担保效力，是指背书人对其所有后手均承担担保承兑和担保付款的责任。当其后手所持汇票不获承兑或者不获付款时，背书人应根据其要求予以偿还。

（3）权利证明效力，是指持票人所持票据上的背书，只要具有形式上的连续性，法律就推定他为正当的票据权利人。

(4)切断抗辩的效力，是指被背书人经背书受让汇票权利后，原则上不承受背书人在汇票权利上存在的瑕疵。

2. 特殊转让背书的效力

(1)限制背书的效力

我国票据法中的限制背书，主要是指禁止转让背书，背书人在背书时记载了“不得转让”字样，被背书人再次为转让背书，转让有效，产生权利转移的效力，后一次转让的被背书人取得票据权利;但是在背书时记载了“不得转让”字样的背书人，对其被背书人的后手不承担保证承兑和付款的责任。

(2)期后背书的效力

我国票据法对于期后背书的效力规定为:“汇票被拒绝承兑、被拒绝付款或者超过付款提示期限的，不得背书转让;背书转让的，背书人应当承担汇票责任。”

3. 非转让背书的效力

(1)委托收款背书的效力

委托收款背书，是委托他人代替自己行使票据权利，收取汇票金额的背书。

(2)质押背书的效力

质押背书，是以提供债务担保为目的而在汇票上设定质权的背书。其中，背书人是出质人，被背书人是质权人。

四、汇票的承兑

(一)承兑的概念

承兑是指远期汇票的付款人承诺在汇票到期日将无条件支付汇票金额，并将这一意思表示记载于汇票正面并签章的一种附属的票据行为。

(二)承兑的程序

1. 持票人提示承兑

提示承兑，是指持票人依法向付款人实际出示和交付汇票，并请求付款人在汇票上记载其愿意在汇票到期日无条件付款的意思的行为。提示承兑行为的提示人，是汇票的持有人;被提示人是汇票上记载的付款人。

定日付款或者出票后定期付款的汇票，持票人应当在汇票到期日前向付款人提示承兑，见票后定期付款的汇票，持票人应当自出票日后 1 个月内向付款人提示承兑。如果持票人未在上述期间内提示承兑，持票人将丧失对前手的追索权。

2. 付款人承兑汇票

汇票的持票人在法律规定的提示承兑期间内提示承兑后，付款人应当在法定时间内作出承兑或者拒绝承兑的决定。对汇票承兑的，必须按票据法规定的款式进行记载，在汇票的正面记载“承兑”字样并签章。

3. 付款人交还汇票

当承兑期间届满，无论付款人是否承兑，均应将汇票交还给持票人。

(三)付款人拒绝承兑

付款人拒绝承兑，是指在收到持票人提示承兑的汇票后，在法定期间内付款人不同意到期付款并出具拒绝承兑证书的意思表示。付款人有权利拒绝承兑。但必须出具拒绝证明，未出具拒绝证明的，应当承担由此产生的民事责任。

(四)承兑的效力

1. 承兑对付款人的效力

汇票的付款人一经承兑，即由汇票的关系人变成汇票的债务人，而且是汇票上的第一债务人，承担汇票到期无条件付款的义务。

2. 承兑对持票人的效力

对汇票的持票人来说，承兑具有确认和保全其票据权利的效力，使持票人所享有的票据权利由期待权转变为现实权。

3. 承兑对出票人和背书人的效力

付款人一经承兑，出票人和背书人均免于受由于汇票被拒绝承兑而引起的期前追索。

五、汇票的保证

(一)保证的概念

汇票的保证，是指票据债务人以外的人，为担保特定票据债务人票据债务的履行，以负担与其同一内容的票据债务为目的，在汇票上记载有关事项并签章，然后将汇票交付请求保证的人的一种附属的票据行为。

(二)保证的效力

1. 对汇票保证人的效力

(1)保证人以保证债务存在，为保证责任产生的前提;其种类和范围取决于被保证债务的种类和范围。被保证债务因偿还、付款或者抵消、免除等原因而消灭时，保证责任也消灭，且时效期间与被保证人责任的时效期间相同，当被保证人的责任因时效届满而消灭时，保证人的责任也消灭。

(2)保证人在承担了保证责任后取得的票据上的权利，即可以行使持票人对被保证人及其前手的追索权。

2. 对汇票持票人的效力

汇票的保证依法成立后，汇票持票人的票据权利又多了一层担保关系。如果被保证人是承兑人，汇票到期时，持票人可以直接向保证人请求付款;如果被保证人是汇票的出票人或者背书人，持票人在汇票到期不获付款时，则可以直接向保证人行使追索权。

3. 对汇票的被保证人及其前手、后手的效力

保证行为本身并不能免除任何票据债务人的票据责任。一旦保证人承担了保证责任，履行了付款或清偿义务，则被保证人的后手即可免责;而保证人因为承担了保证责任而取得了持票人的资格，对被保证人及其前手则享有追索权，所以，被保证人及其前手仍负有对保证人清偿的义务，且不得以自己与汇票原持票人之间存在的抗辩事由对抗保证人。

六、汇票的付款

(一)汇票付款的概念

所谓汇票的付款，是指汇票上记载的付款人或者代理付款人根据持票人的提示请求，依法向持票人支付汇票金额，以消灭汇票关系的行为。

(二)汇票付款的程序

1. 持票人提示付款

持票人提示付款应当在提示付款期间内进行。见票即付的汇票，自出票日起 1 个月内向付款人提示付款；定日付款、出票后定期付款或者见票后定期付款的汇票，自到期日起 10 日内向承兑人提示付款。持票人未按前款规定期限提示付款的，在作出说明后，承兑人或者付款人仍应当继续对持票人承担付款责任。

对于汇票的持票人来说，首先，提示付款是其行使付款请求权的必要条件；其次，提示付款使持票人对背书人的追索权得以保全；对于汇票的付款人来说，只要持票人依照法定期限和地点向其提示了合法有效的票据，付款人就有义务在法律规定的时间内足额付款，否则，将发生迟延付款的民事责任。

2. 付款人审查

形式审查包括两方面，一是对票据进行形式审查，即从外观上审查票据格式是否合法，记载事项是否完备，有无伪造、变造情形等；二是对持票人进行形式审查，这主要是指审查汇票背书的连续性，只有连续背书的最后的被背书人才能成为形式上合法的持票人。

3. 付款人付款

(1)付款的时间

持票人直接向付款人提示付款的，必须在当日足额付款；对于商业承兑汇票的持票人通过委托收款银行以邮寄提示方式异地委托收款的，付款人的开户银行应通知付款人，付款人应在接到通知的当日通知银行付款；付款人在接到通知之日起 3 日内未通知银行付款，银行于第 4 日支付票款。

(2)付款的标的

汇票是一种金钱证券，付款的标的只能是票面金额。依我国票据法的规定，付款人付款时，以支付人民币为原则，以支付外币为例外。付款人付款时必须是足额付款，即全部付款，不允许部分付款。

(3)付款的程序

付款人付款时，首先有权要求持票人在汇票上记载“收讫”字样并签章，以证明付款人已经向持票人履行了付款义务；其次，付款人付款时有权要求持票人交出汇票，以防止该汇票被善意第三人取得而导致付款人再次付款的情形发生。

(三)汇票付款的效力

合法有效的付款行为主要发生以下两方面的效力：汇票法律关系消灭；付款人取得向出票人求偿的权利。

七、汇票的追索权

(一)汇票追索权的概念

所谓汇票追索权，是指汇票到期不获付款或期前不获承兑或有其他法定原因使持票人无法行使票据兑付请求权时，持票人在依法履行了保全手续以后，向汇票上的所有票据债务人请求偿还汇票金额、利息及其他法定款项的一种票据上的权利。

(二)汇票追索权的行使要件

1. 追索权行使的实质要件

行使追索权的持票人，是汇票的最后持票人(最初追索权)或清偿了相应债务的持票人(再追索权)。

我国《票据法》第61条规定了汇票追索权的行使原因：汇票到期被拒绝付款的，持票人可以对背书人、出票人以及汇票的其他债务人行使追索权。汇票到期日前，有下列情形之一的，持票人也可以行使追索权：

(1)汇票被拒绝承兑的；

(2)承兑人或者付款人死亡、逃匿的；

(3)承兑人或者付款人被依法宣告破产的或者因违法被责令终止业务活动的。

2. 追索权行使的形式要件

依据票据法的规定，汇票持票人的追索权的行使，以持票人在法定提示期间内依法向付款人进行了承兑提示或者付款提示为要件，否则，将丧失对偿还义务人的追索权。

依据我国《票据法》的规定，持票人在法定提示期间依法进行承兑提示或者付款提示而不获承兑或付款，还必须进一步取得其兑付请求权被拒绝或不能实现的相关证明，才能行使追索权。

持票人应当取得的相关证明主要有以下五种：

(1)拒绝证明。

(2)退票理由书。

(3)人民法院的司法文书。

(4)有关行政主管部门的处罚决定。

(5)其他证明。

(三)汇票追索权的行使程序

1. 拒绝事实的通知

依据我国《票据法》的规定，持票人应当在收到拒绝承兑或者拒绝付款的证明或者有关证明之日起3日内，将被拒绝的事由通知其前手；这一通知必须以书面形式进行。

2. 确定追索对象

依照我国《票据法》的规定，“汇票的出票人、背书人、承兑人和保证人对持票人承担连带责任。持票人可以不按照汇票债务人的先后顺序，对其中任何一人、数人或者全体行使追索权。持票人对汇票债务人中的一人或者数人已经进行追索的，对其他汇票债务人仍可以行使追索权。被追索人清偿债务后，与持票人享有同一权利。”

3. 被追索人清偿

最初追索权的追索金额包括：

(1)被拒绝付款的汇票金额；

(2)汇票金额自到期日或者提示付款日起至清偿日止，按中国人民银行规定的利率计算的利息；

(3)取得有关拒绝证明和发出通知书的费用。

被追索人清偿后，行使再追索权的追索金额包括：

(1)已清偿的全部金额；

(2)已清偿的全部金额自清偿日起至再追索清偿日止，按中国人民银行规定的利率计算的利息；

(3)发出通知书的费用。

4. 追索权人受领

追索权人在受领追索金额时，负有交出汇票、拒绝证明及出具收据的义务，这也是被追索人的一项权利。

5. 汇票追索权行使的效力

对追索权人而言，追索权人因行使追索权而受清偿后，其票据权利消灭。但汇票上的权利并不一定绝对消灭，而可能产生被追索人的代位权；对被追索人而言，被追索人对追索人履行清偿义务后，其票据债务消灭，同时基于清偿取得汇票，与持票人享有同一权利，可以行使再追索权。

（四）汇票追索权的丧失

汇票追索权的丧失，是指因法律规定的事由发生，使持票人的追索权归于消灭。丧失追索权的法定事由主要有持票人未在法定期限内行使和保全汇票权利和时效期间届满两种事由。

第三节　本　票

一、本票概论

（一）本票的概念

本票是出票人签发的，承诺自己在见票时无条件支付确定的金额给收款人或者持票人的票据。我国票据法中所称的本票，特指银行本票，是银行签发的，承诺自己在见票时无条件支付确定的金额给收款人或者持票人的票据。

（二）我国票据法中本票的分类

1. 定额银行本票与不定额银行本票

这是以本票上记载的金额是否固定为标准对银行本票所作的分类。定额银行本票的金额，已由本票的印制部门事先印制于本票正面，签发时不必再另行填写；不定额银行本票则并未印有本票金额，而是由出票银行根据当事人的约定在出票时按规定填写。

2. 现金本票与转账本票

这是以付款方式为标准对银行本票所作的分类。用于转账的，是转账银行本票；用于支取现金的，是现金银行本票。

二、本票不同于汇票的法律规定

（一）本票的出票

1. 本票出票的概念

本票的出票，是指出票银行根据企业或者个人的申请，依法签发本票并将其交付给收款人的票据行为。

2. 本票出票的款式

（1）绝对应当记载的事项

我国《票据法》第 76 条规定了 6 项绝对应当记载的事项。分别是：

①表明“本票”的字样，即本票文句。

②无条件支付的承诺，即支付文句。

③确定的金额。

④收款人名称。

⑤出票日期。

⑥出票人签章。

(2)相对应当记载的事项

我国《票据法》第77条规定了付款地与出票地二项相对应当记载的事项。

(3)可以记载的事项

出票人可以在本票上记载“不得转让”字样，记载有这一内容的本票不得转让。

(4)记载不生票据法上效力的事项

这是由出票人记载的票据法规定以外的事项，依票据法规定，这些事项不发生票据法上的效力，但若符合其他法律的规定，则可生其他法上的效力。这类事项的记载适用票据法对汇票的规定。

(5)不得记载事项

这是指依票据法规定，行为人不应当记载在票据上的事项，包括记载本身无效的事项和记载使票据无效的事项。记载本身无效的事项，也称为无益记载事项，是指票据法规定不得记载，当事人仍予以记载，则该记载本身无效，但并不因此影响票据或票据上其他票据行为的效力。记载使票据无效的事项，也称为禁止记载事项或有害记载事项，是指法律规定不得记载的、与票据的必要记载事项内容相抵触的事项，此类事项一旦记载，将导致票据无效。

3. 本票出票的效力

(1)对出票人的效力

本票出票的效力在于，使出票人成为本票的付款人或者主债务人，负有无条件支付本票金额的绝对付款义务，这一义务只能因时效届满而消灭，在时效期限内，出票人的付款义务始终存在，即使持票人未在法定提示付款期限内进行提示，也不影响出票人的付款义务。

(2)对收款人的效力

本票的出票行为成立后，使本票上记载的收款人取得本票的付款请求权和追索权。

(二)本票的付款

1. 本票的付款人

本票为自付证券，出票人就是付款人，不存在另外的付款人。因此，本票的持票人只能向出票人或其代理付款人进行付款提示，而不能向其他银行提示付款。

2. 本票的付款期限

《票据法》第79条规定：“本票自出票日起，付款期限最长不得超过2个月。”出票人不在此期限内提示付款，则丧失对出票人以外的前手的追索权。

三、本票准用汇票的法律规定

我国《票据法》第81条规定：“本票的背书、保证、付款行为和追索权的行使，除本章有规定外，适用本法第二章有关汇票的规定。本票的出票行为，除本章规定外，适用本法第二十四条关于汇票的规定。”

第四节 支 票

一、支票概述

(一)支票的概念

支票是出票人签发的，委托办理支票存款业务的银行或者其他金融机构在见票时无条件支付确定的金额给收款人或者持票人的票据。

(二)我国票据法中的支票分类

我国票据法根据支付方式的不同，将支票分为普通支票、现金支票、转账支票与划线支票四种。

所谓普通支票，是指支票上未印制“现金”或“转账”字样，持票人依法可以请求付款人以现金方式付款，也可以请求付款人以转账方式付款的支票。

所谓现金支票，是指支票上印制有“现金”字样，持票人依法只能请求付款人以现金方式付款的支票；所谓转账支票，是指支票上印制有“转账”字样，持票人依法只能请求付款人以转账方式付款的支票。

二、支票不同于汇票的制度

(一)支票的出票

1. 支票出票的概念

所谓支票的出票，是指由出票人作成支票并将其交付给收款人的行为。

2. 支票出票的款式

(1)绝对应当记载的事项

有支票字样、支票文句、确定的金额、付款人名称、出票日期和出票人签章6项，缺少其中任何一项，支票无效。

(2)相对应当记载的事项

主要有支票的相对应当记载的事项有付款地和出票地两项。

(3)可以记载的事项

例如，出票人可以在支票上记载“不得转让”字样，则支票不得转让；出票人可以依双方约定在支票上记载支付的货币种类，则付款时应以支票上记载的货币支付。

(4)记载不生票据法上效力的事项

支票的记载不生票据法上效力的事项适用对汇票的法律规定。

(5)不得记载事项

这是指依票据法规定，行为人不应当记载在票据上的事项，包括记载本身无效的事项和记载使票据无效的事项。记载本身无效的事项，也称为无益记载事项，是指票据法规定不得记载，当事人仍予以记载，则该记载本身无效，但并不因此影响票据或票据上其他票据行为的效力。

3. 支票出票人与付款人之间的资金关系

支票与汇票同属于委托票据，但是支票与汇票不同的是，支票的出票人必须与其委托的付款人之间存在一定的资金关系。也正是由于这种资金关系的存在，才使付款人不必经过承兑而负有付款义务。

我国《票据法》第 88 条规定：“支票的出票人所签发的支票金额不得超过其付款时在付款人处实有的存款金额。出票人签发的支票金额超过其付款时在付款人处实有的存款金额的，为空头支票。禁止签发空头支票。”

4. 支票出票的效力

（1）对出票人的效力

支票出票对出票人而言，使其承担了担保支票付款的义务。

（2）对付款人的效力

支票的出票，对付款人而言，使其承担见票付款的义务。

（3）对收款人或持票人的效力

支票出票后，收款人或持票人取得票据权利，有权在法定提示付款期间内向付款人请求付款并受领支票金额；如果付款人拒绝付款，则依法取得追索权；收款人或持票人也有权依法对支票进行转让。

（二）支票的付款

1. 支票的付款提示期限

我国《票据法》第 92 条第 1 款规定了支票的提示付款期间：“支票的持票人应当自出票日起 10 内提示付款。异地使用的支票，其提示付款期限由中国人民银行另行规定。”

2. 支票付款的程序

支票付款人对支票的审查，有两点与汇票、本票不同，一是审查出票人在支票上的签章是否与其预留银行的签章相符，银行与出票人约定使用支付密码的，同时应当审查支付密码是否正确。二是付款人在付款时应当审查支票是否为空头支票，只有出票人在付款人处的存款足以支付支票金额时，付款人才于持票人提示付款的当日足额付款。

三、支票准用汇票的制度

我国《票据法》第 94 条规定：“支票的背书、付款行为和追索权的行使，除本章有规定外，适用本法第二章有关汇票的规定。支票的出票行为，除本章规定外，适用本法第二十四条、第二十六条关于汇票的规定。”

案例分析：

2004 年 5 月 12 日凌晨，广潮公司的业务员陈志雄在广州市仲恺路与江湾路的交界处被抢去一个挂包，该挂包内有空白支票一张，该支票号码为 08436442，已盖了广潮公司的公章和银行印鉴，但陈志雄并没有立即向公安机关报案。

2004 年 5 月 17 日上午，广潮公司发现该公司账户的 638000 元被划入阮德钊在广州市商业银行晓港支行开设的账户（账号名称为广州市海珠区东友文化用品经营部，留行印鉴为广州市海珠区东友文化用品经营部财务专用章及阮德钊的私章）内，广潮公司随即向广州市海珠区公安分局素社派出所报案，并由该所查封了上述款项。

在公安机关侦查期间，阮德钊确认其与广潮公司没有业务往来，是冯伟光于 2004 年 5 月 13 日要将一笔生意上的钱划到其账户上。故阮德钊与冯伟光一起在 2004 年 5 月 14 日在广州市商业银行晓港支行凭上述支票请求提款，提款时该支票的基本情况是：出票人为广潮公司，出票日期为2004年5月14日，收款人为雅铭公司，金额为638000元，款项用途为货款，该支票并记载由雅铭公司将票据权利背书给广州市海珠区东友文化用品经营部，经营部负责人盖的是阮德钊的私章。后因该款被公安机关冻结而没有提取现金。

结合本案的实际，在广潮公司向公安机关报案支票被盗抢，同时公安机关又作了相应侦查活动的前提下，依法可以认定本案讼争的支票系被盗抢而遗失。因此，如果持票人雅铭公司认为其作为第一持票人持有票据的行为合法。

对于冯伟光是否应返还支票项下的款项问题，广州市海珠区东友文化用品经营部作为文义上支票后手持票人，而东友经营部作为广州市海珠区东友文化用品经营部权利义务的承受者，享有票据利益。

冯伟光作为实际的持票人，为表明其实际持有支票的合法性，应当承担举证证实其持票合法性的责任，如果冯伟光并不能提供充分的证据证明，应由其承担举证不能的法律后果。

如果冯伟光无法证实其合法持有讼争支票，而其又自认是讼争支票项下款项的真正所有人，依法应当返还相应的票据款项给出票人广潮公司。

试分析利益返还请求权的特征，及其权利主张的程序。

基本训练

一、单项选择题

1. 我国《票据法》不包含的票据是(　　)。

A. 汇票　　B. 本票　　C. 支票　　D. 股票

2. 有关票据债权人的说法中，不准确的是(　　)。

A. 它与持票人是同一概念

B. 它可以分为现实债权人和潜在债权人

C. 它是与票据债务人相对的概念

D. 它是根据票据关系可以享有票据权利的人

3. 根据我国票据法的规定，不享有票据权利的是(　　)。

A. 因发行而取得票据者

B. 因背书转让而取得票据者

C. 因拾得而取得票据者

D. 因清偿债务而取得票据者

4. 根据背书连续性的要求，第一次背书的背书人应当是(　　)。

A. 付款人　　B. 收款人　　C. 出票人　　D. 承兑人

5. 汇票未记载付款地，该汇票的付款地是(　　)。

A. 出票人的营业场所、住所或者经常居住地

B. 持票人的营业场所、住所或者经常居住地

C. 付款人的营业场所、住所或者经常居住地

D. 出票行为发生地

6. 背书人金中公司依法向追索权人清偿后，可以向其前手行使(　　)。

A. 付款请求权

B. 代位求偿权

C. 基础关系中的债权

D. 再追索权

7. 付款人承兑时在汇票上记载“收款人交货并验收合格后付款”。依我国票据法，此记载的后果是(　　)。

A. 视为拒绝承兑，承兑人不负付款责任

B. 持票人只能在满足上述条件的情况下才可以请求付款

C. 该记载只约束收款人，经背书转让取得汇票者，其票据权利不受该记载影响

D. 视为没有记载，票据到期日付款人仍应无条件付款

8. 甲将汇票无偿背书转让给乙并约定甲不担保该汇票可以获得付款。在我国(　　)。

A. 此约定有效，乙不能向甲追索

B. 此约定无效，乙对甲仍享有追索权

C. 由于是无偿转让，所以甲无担保后手汇票权利实现的义务

D. 这是附条件背书，背书无效

9. 承兑制度的适用范围是(　　)。

A. 适用于所有票据

B. 仅适用于汇票和支票

C. 仅适用于汇票

D. 不仅适用于所有的票据还适用于其他仓单和借据

10. 不属于付款人应当审查的事项的是(　　)。

A. 背书是否连续

B. 背书人签章的真伪

C. 票据金额是否被改动

D. 票据记载是否完全

11. 乙以欺诈手段骗得甲与之订立合同，甲因而签发汇票一份给乙。乙将汇票背书转让给丙。汇票到期前，乙的骗术暴露，甲向法院申请撤销与乙的合同。如果合同撤销(　　)。

A. 汇票效力不受影响

B. 汇票效力随之撤销

C. 汇票无效

D. 乙和丙不享有汇票权利

12. 关于票据金额更改的说法正确的是(　　)。

A. 票据金额更改后，更改以前签章的人，对更改以前的金额承担责任，更改以后签章的人，对更改以后的金额承担责任

B. 票据金额更改后，更改前的金额不再发生效力，各票据债务人均以新金额承担责任

C. 票据金额不得更改，金额更改的，票据无效

D. 票据金额不得更改，金额更改的，仍以原金额为准

13. 根据我国票据法，说法正确的是(　　)。

A. 商业承兑汇票可以见票后定期付款

B. 银行承兑汇票的付款日期只能是定日付款

C. 银行汇票是出票后定期付款汇票

D. 银行本票须出票 2 个月后付款

14. 甲为一汇票的出票人，乙为收款人，后手受让人依次为丙、丁、戊、丙。票据到期，如丙向承兑人提示付款被拒绝，则(　　)。

A. 丙没有追索权，只能向承兑人主张付款请求权

B. 丙只能向乙、甲主张追索权

C. 丙只能向戊、丁主张追索权

D. 丙可以向戊、丁、乙、甲中任何人主张追索权

15. 银行票据和商业票据的划分标准是(　　)。

A. 使用人　　B. 出票人　　C. 收款人　　D. 付款人

二、多项选择题

1. 票据权利包括(　　)。

A. 支付请求权　　B. 追索权　　C. 利益返还请求权

D. 票据抗辩权　　E. 损害赔偿请求权

2. 对承兑的说法不正确的有(　　)。

A. 付款人有承兑的义务

B. 可以只对部分金额作出承兑

C. 除法律规定应当提示承兑的票据外，持票人可以不提示承兑

D. 承兑人应当在收到提示承兑的票据之日起 3 日内作出承兑，否则，就视为拒绝承兑

E. 承兑不得附有条件，否则视为拒绝承兑

3. 票据伪造和票据无权代理的区别在于(　　)。

A. 票据无权代理侵犯了被代理人利益，票据伪造没有侵犯他人利益，只是扰乱了经济秩序

B. 票据无权代理须披露被代理人，票据伪造行为人对外号称自己就是签章人

C. 票据无权代理是冒用他人名义，票据伪造是虚构他人名义

D. 票据无权代理是民事违法行为，票据伪造一律为刑事犯罪行为

E. 票据无权代理须显示代理关系，票据伪造行为人不以代理人身份出现

4. 一份银行承兑汇票的出票人是 A，收款人是 B，承兑人是 H 银行。汇票发生数次转让，B 转让给 C，C 转让给 D，D 转让给 E。票据到期日是 2000 年 9 月 18 日，E 由于工作人员失误直至 2003 年 5 月才发现此汇票未兑付。由于汇票长期无人提示付款，H 银行把收取的承兑保证金已退还给 A。对此，说法正确的有(　　)。

A. E 的票据权利消灭

B. E 对 A、B、C、D 和 H 银行不享有任何权利

C. E 可以以基础关系向 D 主张权利

D. E 对 A 有利益返还请求权

E. E 对 H 银行有利益返还请求权

5. 付款人对持票人进行抗辩时，属于票据法上物的抗辩的事由有(　　)。

A. 票据背书不连续

B. 出票人在票据上注明“合同生效后票据生效”

C. 票据未到期

D. 票据金额大小写不一致

E. 出票人签章与预留银行的签章样本不一致

三、案例分析题

1. 张某因负有对刘某的10000元的到期债务未还，刘某便要张某以其持有的一张金额为18000元的票据抵偿债务，否则要将张某告上法庭，还扬言要举报张某的偷税漏税行为。张某十分害怕，便勉强同意，履行了转让手续。

(1)刘某取得票据的行为是否合法？为什么？

(2)刘某能否取得票据权利？为什么？

(3)若刘某又将汇票转让给并不知情的债权人赵某，刘某的行为是否影响赵某取得票据权利？为什么？

2. 2002年10月，甲公司和乙公司签订购销合同，需方乙公司向甲开出40万元的银行承兑汇票作为预付款，其余货款待货物全部验收后结算，并在合同中约定票据不得转让。承兑银行为A银行，到期日为2003年4月1日。2003年2月1日丙公司向甲公司催要货款，甲公司将该汇票背书转让给丙公司，丙公司随后将汇票向B银行贴现。后乙公司发现甲公司产品缺少合格证和质检证明而拒绝提货，至2003年3月29日双方协商未果，乙公司行使单方解除权解除合同，并要求A银行不得支付该汇票金额。汇票到期日B银行向A银行提示付款，A银行以乙公司通知不得付款为由拒绝支付。

(1)甲将汇票背书转让给丙公司的行为是否有效？为什么？

(2)A银行的拒付理由是否成立？为什么？

(3)如果B银行未能从A银行获得票据金额，可以采取什么救济措施？

3. 金山公司与大华公司进行交易，签发银行承兑汇票时因疏忽将收款人大华公司写成了太华公司。大华公司将该汇票背书转让给其子公司大宇公司，大宇公司为社会公益事业捐款，将该票据背书转让给有关部门。各背书人和被背书人均未发现收款人名称上的错误。

(1)接受捐款的有关部门向承兑行提示付款时，承兑行能否拒绝付款，理由何在？

(2)如果接受捐款的有关部门未能获得付款其能否向大宇公司追索？

(3)如果金山公司另以正式公文向承兑行说明对收款人记载错误，承兑行应否向持票人付款？为什么？

(4)如果金山公司亲自在汇票上将收款人太华公司改成大华公司，承兑银行是否应当付款？

■ 情景十一　会计法律制度及会计职业道德

学习目标

	能力目标	知识目标
容易	能够准确判定会计法律制度的适用范围	理解会计的概念及会计法的管理体制
	能够准确判定会计职业道德的适用范围	理解会计职业道德的调整范围
适中	能够对实践活动中企业会计核算，会计监督进行分析	熟悉会计凭证、会计账簿、会计报告及三位一体的监督制度
	能够准确判定违反会计职业道德的行为	了解会计职业道德的概念及特征
较难	能够对具体企业的会计工作进行实际分析，对机构设置、人员组成的条件进行判定	掌握会计机构的设置、人员任职条件及岗位责任
	能够对会计职业道德与会计法律制度进行辨析	掌握两者的性质、表现形式、作用范围、实施保障机制中的异同
	能够正确分析会计岗位的法律责任、职业道德规范中所发生的问题	了解易产生的会计职业道德风险，掌握会计法律制度中的责任规定

能力训练项目

会计法律制度中的法律问题

2012 年 3 月，某市财政局派出检查组对市属某国有企业的会计工作进行检查。检查中了解到以下情况：

（1）2011 年 10 月，公司领导调换，新的负责人林总上任后，将其儿子林青调入该厂会计科任出纳，兼管会计档案保管工作。林青没有会计从业资格证书。

（2）2011 年 11 月，会计张某申请调离该厂，厂人事部门在其没有办清会计工作交接手续的情况下，即为其办理了调动手续。

（3）2012 年 1 月 6 日，该厂档案科会同会计科编制会计档案销毁清册，经厂长签字后，按规定程序进行了监销。经查实，销毁的会计档案中有一些是保管期满但未结清的债权债务原始凭证。

要求：请指出上述情况中哪些行为不符合法律规定，并说明理由。

财政局检查组的调查意见：

（1）林总将其儿子林青调入该公司担任出纳一职，兼管会计档案保管工作的行为不符合规定。根据《会计法》和《会计从业资格管理办法》的规定，各单位从事会计工作的人员必须取得会计从业资格，持有会计从业资格证书。此外，根据《会计工作规范》的规定，出纳人员不得兼管稽核、会计档案保管和收入、费用、债权债务账目的登记工作。

（2）会计张某没有办清会计工作交接手续即办理调动手续的行为不符合规定。根据《会计法》的规定，会计人员工作调动或者因故离职，必须将本人所经管的会计工作全部移交接管人员；没有办理交接手续的，不得调动或者离职。

（3）销毁保管期满但未结清债权、债务的原始凭证的行为不符合规定。根据《会计档案管理办法》的规定，对于保管期满但未结清债权债务的原始凭证和涉及其他未了事项的原始凭证，不得销毁；而应当单独抽出立卷，保管到未了事项完结时为止。

能力训练步骤

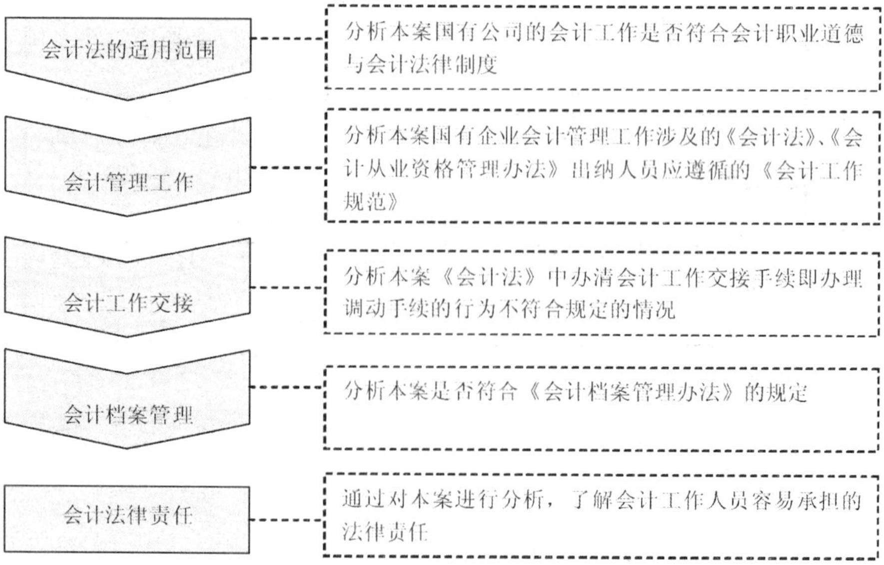

第一节 会计法律制度

一、会计法律制度的构成

(一)会计法律制度的概念

会计法律制度是指国家权力机关和行政机关制定的各种会计规范性文件的总称，包括会计法律、会计行政法规、国家统一的会计制度。它是调整会计关系的法律规范。

(二)会计法律制度的构成

会计法律制度的构成是指国家权力机关或其他授权机构制定的，用来规范会计核算实务、会计基础工作、会计主体和相关会计人员职责，以便及时调整经济活动中各种会计关系的规范性文件的总和。它们构成了我国会计从业人员必须遵守的职业纪律和规范。

目前，我国的会计法律制度基本形成了以《会计法》为主体的比较完整的会计法规体系，主要包括会计法律、会计行政法规、国家统一的会计制度。其基本构成如下：

1. 会计法律

会计法律是指由全国人民代表大会及其常委会经过一定立法程序制定的有关会计工作的法律。

根据《会计法》第一章第一条的规定，为了规范会计行为，保证会计资料真实、完整，加强经济管理和财务管理，提高经济效益，维护社会主义市场经济秩序，制定本法。

2. 会计行政法规

会计行政法规是指由国务院制定并发布或者国务院有关部门拟订并经国务院批准发布，调整经济生活中某些方面会计关系的法律规范。

主要包括:《企业财务会计报告条例》、《总会计师条例》等规范性文件。

3. 国家统一的会计制度

国家统一的会计制度是指国务院财政部门根据《会计法》制定的关于会计核算、会计监督、会计机构和会计人员以及会计工作管理的制度，包括会计部门规章和会计规范性文件。

(1)会计部门规章

会计部门规章是根据《中华人民共和国立法法》规定的程序，由财政部制定，并由财政部部长签署命令予以公布的制度办法。主要包括:《会计从业资格管理办法》、《财政部门实施会计监督办法》、《企业会计准则——基本准则》等规范性文件。

(2)会计规范性文件

会计规范性文件指主管全国会计工作的国务院财政部门以文件形式印发的制度办法。主要包括《企业会计制度》、《金融企业会计制度》、《小企业会计制度》、《企业会计准则第1号——存货》等38项具体准则、《企业会计准则——应用指南》、《会计基础工作规范》，以及财政部与国家档案局联合发布的《会计档案管理办法》等规范性文件。

二、会计工作管理体制

会计工作管理体制是指国家划分管理会计工作职责权限关系的制度，具体包括会计工作管理组织形式、管理权限划分、管理机构设置等内容。

我国的会计工作管理体制主要有：会计工作主管部门、国家统一的会计制度的制定权限、会计人员管理体制、会计工作的监督管理部门和范围等。

《会计法》第三十三条第一款规定：财政、审计、税务、人民银行、证券监管、保险监管等部门应当依照有关法律、行政法规规定的职责，对有关单位的会计资料实时监督检查。

《会计法》第七条规定，“国务院财政部门主管全国的会计工作。县级以上地方各级人民政府财政部门管理本行政区域内的会计工作”。

（一）会计工作的行政管理

财政部门履行的会计行政管理职能有：

1. 会计制度的制定权限

会计制度包括会计管理、会计核算、会计监督、会计人员、会计档案等方面的规范性文件。其中，军队制定会计制度具体办法的主体是中国人民解放军总后勤部。报国务院财政部门备案，不需要经审核批准即可执行。

2. 会计市场管理。包括会计市场准入，会计鉴证，市场管理和市场退出。

3. 会计专业人才评价。

4. 会计监督检查。

（二）会计工作的自律管理

1. 中国注册会计师协会

中国注册会计师协会是依据《注册会计师法》和《社会团体登记条例》的有关规定设立的社会团体法人，是中国注册会计师行业管理组织，成立于1988年11月。

主要职责：审批和管理本会会员，指导地方注册会计师协会办理注册会计师注册；拟订注册会计师执业准则、规则，监督、检查实施情况；组织对注册会计师的任职资格、注册会计师和会计师事务所的执业情况进行年度检查；制定行业自律管理规范，对违反行业自律管理规范的行为予以惩戒；组织实施注册会计师全国统一考试等有关工作。

2. 中国会计学会

中国会计学会创建于1980年，是财政部所属由全国会计领域各类专业组织，以及会计理论界、实务界会计工作者自愿结成的学术性、专业性、非营利性社会组织。

中国会计学会的业务范围是：组织协调全国会计科研力量，开展会计理论研究和学术交流，促进科研成果的推广和运用；总结我国会计工作和会计教育经验，研究和推动会计专业的教育改革；编辑出版会计刊物、专著、资料等符合学会宗旨的业务活动。

（三）单位会计工作管理

1. 单位负责人要组织、管理好本单位的会计工作

单位负责人是指单位法定代表人或者法律、行政法规规定代表单位行使职权的主要负责人。

单位负责人主要包括两类人员：一类是依法代表法人单位行使职权的法定代表人，如国有工业企业的厂长（经理）、公司制企业的董事长、国有机关的最高行政官员等；一类是按照法律、行政法规的规定代表非法人单位行使职权的负责人，如代表合伙企业执行合伙子企业事务的合伙人、个人独资企业的投资人等。

单位负责人指导本单位会计工作的内容：

（1）单位负责人对本单位的会计工作和会计资料的真实性、完整性负责；

（2）应当保证财务会计报告真实、完整；

（3）应当保证会计机构和会计人员依法履行职责，不得授意、指使、强令会计机构和会计人员违法办理会计事项。

2. 单位会计工作具有相对的独立性

《会计法》第五条第二款规定："任何单位或者个人不得以任何方式授意、指使会计机构、会计人员伪造、变造会计凭证、会计账簿和其他会计资料，提供虚假财务会计报告"。

会计机构、会计人员依法进行会计核算和会计监督，需要单位负责人、单位的其他人员和有关人员的支持和配合，但是相关人员不能阻碍会计人员行使这一职权，不能对会计人员依法行使职权进行干预。

第二节　会计核算

一、会计核算的总体要求

（一）会计核算依据

会计核算必须以实际发生的经济业务事项为依据。以虚假的经济业务事项或资料进行会计核算，是一种严重的违法行为。

（二）对会计资料的基本要求

会计资料是在会计核算过程中形成的，记录和反映实际发生的经济业务事项的资料。包括会计凭证、会计账簿、财务会计报告和其他会计资料。

会计资料的内容要求和要求必须符合国家统一的会计制度的规定，保证会计资料的真实性和完整性，不得伪造、变造会计凭证和会计账簿，不得提供虚假的财务会计报告。

会计记录必须正确使用记录文字。应当使用中文，可以同时使用一种外文或少数民族文字。

二、会计凭证的规定

会计凭证是记录经济业务事项的发生和完成情况，明确经济责任，并作为记账依据的书面证明，是会计核算的重要会计资料。会计凭证按照填制程序和用途的不同分为原始凭证和记账凭证。

（一）原始凭证

原始凭证是在经济业务事项发生时由经办人员直接取得或者填制、用以表明某项经济业务事项已经发生或完成情况、明确有关经济责任的一种原始凭据。

1. 原始凭证的内容：

（1）原始凭证名称；

（2）填制原始凭证的日期；

（3）接受原始凭证的单位名称；

（4）经济业务内容（含数量、单价、金额等）；

（5）填制单位签章；

（6）有关人员签章；

（7）凭证附件。

2. 原始凭证的填制和取得

根据《会计法》和《会计基础工作规范》规定，各单位填制和取得原始凭证时，要求做到内容完整、手续齐全、填制规范、书写清楚、送交及时。

原始凭证填制的基本要求是：

（1）原始凭证的内容必须具备：凭证的名称；填制凭证的日期；填制凭证单位名称或者填制人姓名；经办人员的签名或者盖章；接受凭证单位名称；经济业务内容；数量、单价和金额。

（2）从外单位取得的原始凭证，必须盖有填制单位的公章；从个人取得的原始凭证，必须有填制人员的签名或者盖章。自制原始凭证必须有经办单位领导人或者其指定的人员签名或者盖章。对外开出的原始凭证，必须加盖本单位公章。

（3）凡填有大写和小写金额的原始凭证，大写与小写金额必须相符。购买实物的原始凭证，必须有验收证明。支付款项的原始凭证，必须有收款单位和收款人的收款证明。

（4）一式几联的原始凭证，应当注明各联的用途，只能以一联作为报销凭证。一式几联的发票和收据，必须用双面复写纸（发票和收据本身具备复写纸功能的除外）套写，并连续编号。作废时应当加盖“作废”戳记，连同存根一起保存，不得撕毁。

（5）发生销货退回的，除填制退货发票外，还必须有退货验收证明；退款时，必须取得对方的收款收据或者汇款银行的凭证，不得以退货发票代替收据。

（6）职工借款凭据，必须附在记账凭证之后。收回借款时，应当另开收据或者退还借据副本，不得退还原借款收据。

（7）经上级有关部门批准的经济业务，应当将批准文件作为原始凭证附件：如果批准文件需要单独归档的，应当在凭证上注明批准机关名称、日期和文件字号。

3. 原始凭证的审核。

（1）会计机构、会计人员必须按照法定职责审核原始凭证。

（2）会计机构、会计人员审核原始凭证应当按照国家统一的会计制度的规定进行。

（3）会计机构、会计人员对不真实、不合法的原始凭证，有权不予受理，并向单位负责人报告，请求查明原因，追究有关当事人的责任；对记载不准确、不完整的原始凭证予以退回，并要求经办人员按照国家统一会计制度的规定进行更正、补充。

4. 原始凭证错误的更正。

（1）原始凭证所记载的各项内容均不得涂改。

（2）原始凭证记载的内容有错误的，应当由开具单位重开或更正，更正工作须由原始凭证出具单位进行，并在更正处加盖出具单位印章。

（3）原始凭证金额出现错误的不得更正，只能由原始凭证开具单位重新开具。

（4）原始凭证开具单位应当依法开具准确无误的原始凭证，对于填制有误的原始凭证，负有更正和重新开具的法律义务，不得拒绝。

（二）记账凭证

记账凭证是对经济业务事项按其性质加以归类、确定会计分录，并据以登记会计账簿的凭证。

记账凭证的编制要求：

1. 记账凭证编制必须以原始凭证及有关资料为依据；

2. 作为记账凭证编制依据的必须是经过审核无误的原始凭证和有关资料。

三、会计账簿的规定

会计账簿，是指以会计凭证为依据，由一定格式、相互联系的账页所组成，对全部经济业务进行全面、系统、连续、分类地记录和核算的簿记。是会计资料的重要组成部分。

（一）依法建账

1. 法律依据

既包括《会计法》和《会计基础工作规范》，也包括《税收征收管理法》、《公司法》等其他法律和行政法规。

2. 各单位应依法设置的会计账簿：

（1）总账。总账使用订本账。

（2）明细账。明细账一般采用活页式。

（3）日记账。日记账是一种特殊的序时明细账，它是按照经济业务事项发生的时间先后顺序，逐日逐笔地进行登记的账簿。包括现金日记账和银行存款日记账。日记账采用订本式。

（4）其他辅助账簿。其他辅助账簿也称备查账簿，是为备忘查询而设置的。在实际会计实务中，主要包括各种租借设备、物资的辅助登记或有关应收、应付款项的备查簿，担保、抵押备查簿等。

（二）登记会计账簿的规定

1. 根据经过审核无误的会计凭证登记会计账簿。

2. 按照记账规则登记会计账簿。会计账簿应当按照连续编号的页码顺序登记；会计账簿记录发生错误或隔页、缺号、跳行的，应当按照会计制度规定的方法更正，并由会计人员和会计机构负责人（会计主管人员）在更正处盖章，以明确责任等等。

3. 实行会计电算化的单位，其会计账簿的登记、更正，也应当符合国家统一的会计制度的规定。

4. 禁止账外设账。各单位发生的各项经济业务事项应当在依法设置的会计账簿上统一登记、核算，不得私设账外账。

（三）登记会计账簿的基本要求

1. 登记会计账簿时，应当将会计凭证日期、编号、业务内容摘要、金额和其他有关资料逐项记入账内；做到数字准确、摘要清楚、登记及时、字迹工整。

2. 登记完毕后，要在记账凭证上签名或者盖章，并注明已经登账的符号，表示已经记账。

3. 账簿中书写的文字和数字上面要留有适当，不要写满格；一般应占格距的二分之一。

4. 登记账簿要用蓝黑墨水或者碳素墨水书写，不得使用圆珠笔（银行的复写账簿除外）或者铅笔书写。

5. 用红色墨水记账的情况：按照红字冲账的记账凭证，冲销错误记录；在不设借贷等栏的多栏式账页中，登记减少数；在三栏式账户的余额栏前，如未印明余额方面的，在余额栏内登记负数余额；根据国家统一会计制度的规定可以用红字登记的其他会计记录。

6. 各种账簿按页次顺序连续登记，不得跳行、隔页。如果发生跳行、隔页，应当将空行、空页划线注销，或者注明“此行空白”、“此页空白”字样，并由记账人员签名或者盖章。

7. 凡需要结出余额的账户，结出余额后。应当在“借或贷”等栏内写明“借”或者“贷”

等字样。没有余额的账户，应当在“借或贷”等栏内写“平”字，并在余额栏内用“0”表示。

8. 每一账页登记完毕结转下页时，应当结出本页合计数及余额，写在本页最后一行和下页第一行有关栏内，并在摘要栏内注明“过次页”和“承前页”字样；也可以将本页合计数及金额只写在下页第一行有关栏内，并在摘要栏内注明。

四、财务会计报告的规定

财务会计报告是企业和其他单位向有关各方面及国家有关部门提供其在某一特定日期财务状况和某一会计期间经营成果、现金流量的文件。

（一）会计报表

会计报表主要包括：资产负债表、利润表、现金流量表、所有者权益变动表。其中：

1. 资产负债表主要反映公司、企业在某一特定日期的财务状况。

2. 利润表主要反映公司、企业在一定会计期间的经营业绩，即利润和亏损情况。

3. 现金流量表主要反映公司、企业在一定会计期间现金和现金等价物流入和流出的情况。

4. 所有者权益变动表反映企业一定会计期间构成所有者权益的各个组成部分当期的增减变动情况。

（二）会计报表附注

会计报表附注是对会计报表的补充说明，也是财务会计报告的重要组成部分。

会计报表附注主要包括两项内容：一是对会计报表各要素的补充说明；二是对那些会计报表中无法描述的其他财务信息的补充说明。

（三）财务情况说明书

财务情况说明书是对单位一定会计期间内财务、成本等情况进行分析总结的书面文字报告，也是财务会计报告的重要组成部分。

五、会计档案管理的规定

（一）会计档案包括会计凭证、会计账簿、财务会计报告以及其他会计资料等会计核算的专业材料

1. 会计凭证类：原始凭证、记账凭证、汇总凭证，其他会计凭证；

2. 会计账簿类：总账、明细账、日记账、固定资产卡片账、辅助账簿，其他会计账簿；

3. 财务报告类：月度、季度、年度财务报告，包括会计报表、附表、附注及文字说明，其他财务报告；

4. 其他类：银行存款余额调节表、银行对账单、应当保存的会计核算专业资料，会计档案移交清册，会计档案保管清册，会计档案销毁清册。

（二）应当妥善保管

会计档案由单位会计机构负责整理归档并保管一年期满后，移交单位的会计档案管理机构或指定专人继续保管；单位会计档案不得借出，如有特殊需要，经本单位负责人批准后可以提供查阅或者复制原件。

采用电子计算机进行会计核算的单位，应当保存打印出的纸质会计档案。

（三）保管的期限

会计档案保管期限分为永久和定期两类，定期保管期限分为 3 年、5 年、10 年、15 年和 25 年五类，保管期限从会计年度终了后第一天算起。

1. 现金日记账和银行存款日记账保管25年。

2. 其余凭证、账是15年。

3. 银行存款余额调节表、银行对账单5年。

4. 月、季报3年。

5. 年度财务报告(决算)、会计档案保管清册、会计档案销毁清册，永久保存。

(四)会计档案应当按规定程序销毁

保管期满的会计档案，应由单位档案管理机构提出销毁意见，会同会计机构共同鉴定，报单位负责人批准后，由单位档案管理机构和会计机构共同派员监销；

各级主管部门销毁会计档案时，应由同级财政、审计部门派人监销；各级财政部门销毁会计档案时，应当由同级审计部门派人监销。

保管期满但未结清的债权债务原始凭证及其他未了事项的原始凭证，不得销毁，应当单独抽出立卷，保管到未了事项完结时为止；

正在项目建设期间的建设单位，其保管期满的会计档案不得销毁。

六、其他相关规定

(一)会计年度的规定

《中华人民共和国会计法》规定会计年度自公历1月1日起至12月31日止。

会计期间分为:月度、季度、半年度、年度。

我国的会计年度所以采用公历制。

(二)记账本位币的规定

《会计法》规定，会计核算以人民币为记账本位币。

业务收支以人民币以外的货币为主的单位，可以选定其中一种货币作为记账本位币，但是编报的财务会计报告应当折算为人民币。

(三)会计文字记录的规定

1. 会计记录文字应当使用中文。

《会计法》规定，会计记录的文字应当使用中文。

根据这一规定，在我国境内所有国家机关、社会团体、公司企业、事业单位和其他组织的会计记录都必须使用中文。

2. 民族自治地方和在我国境内的外国组织可以同时使用另外一种文字。

使用中文是强制性的，使用其他通用文字是备选性的，不能理解为可以使用中文，也可以使用其他通用文字。

(四)财产清查的规定

财产清查制度是通过定期或不定期、全面或部分地对各项财产物资进行实地盘点和对库存现金、银行存款、债权债务进行清查核实的一种制度。

年度报告前，必须进行财产清查，并对清查不符等问题根据国家统一的会计制度的规定进行处理。

第三节　会计监督

我国已形成了三位一体的会计监督体系，包括单位内部监督、以注册会计师为主体的社会监督和以政府财政部门为主体的政府监督。

一、单位内部会计监督

（一）单位内部会计监督的主体和对象

单位内部会计监督是指为了保护单位资产的安全、完整，保证其经营活动符合国家法律、法规和内部有关管理制度，提高经营管理水平和效率，而在单位内部采取的一系列相互制约、相互监督的制度和方法。其本质是一种内部控制制度。

1. 内部会计监督的主体是各单位的会计机构、会计人员，并非审计人员。

2. 内部会计监督的对象是单位的经济活动。

根据《会计法》的规定，单位负责人负责单位内部会计监督制度的组织实施，对本单位内部会计监督制度的建立及有效实施承担最终责任。

（二）单位内部会计监督制度的基本要求

1. 记账人员与经济业务或会计事项的审批人员、经办人员、财物保管人员的职责权限应当明确，并相互分离、相互制约。

2. 重大对外投资、资产处置、资金调度和其他重要经济业务，应当明确其决策和执行程序，并体现相互监督、相互制约的要求。

3. 财产清查的范围、期限和组织程序应当明确。

4. 对会计资料定期进行内部审计的办法和程序应当明确。

（三）会计机构和会计人员在单位内部会计监督中的职权

1. 对违反《中华人民共和国会计法》和国家统一的会计制度规定的会计事项，有权拒绝办理或者按照职权予以纠正。

2. 发现会计账簿记录与实物、款项及有关资料不相符的，按照国家统一的会计制度规定有权自行处理的，应当及时处理；无权处理的，应当立即向单位负责人报告，请求查明原因，做出处理。

单位内部控制制度的方法主要有：不相容职务相互分离控制；授权批准控制；会计系统控制；预算控制；财产保全控制（接近控制，定期盘点）；风险控制；内部报告控制；电子信息技术控制。

二、会计工作的政府监督

（一）会计工作的政府监督的概念

会计工作的政府监督主要是指财政部门代表国家对单位和单位中相关人员的会计行为实施的监督检查，以及对发现的违法会计行为实施的行政处罚，是一种外部监督。

国务院财政部门主管全国的会计工作。县级以上地方各级人民政府财政部门管理本行政区域内的会计工作。

财政部门是《中华人民共和国会计法》的执法主体，是会计工作的政府监督实施主体。

审计、税务、人民银行、证券监管、保险监管等部门依照有关法律、行政法规规定的职责和权限，可以对有关单位的会计资料实施监督检查。

（二）财政部门实施会计监督的主要内容

1. 各单位是否依法设置会计账簿。

2. 各单位的会计凭证、会计账簿、财务会计报告和其他会计资料是否真实、完整。

3. 各单位的会计核算是否符合《中华人民共和国会计法》和国家统一的会计制度的规定。

4. 各单位从事会计工作的人员是否具备从业资格。

5. 对会计师事务所出具的审计报告的程序和内容的检查。

三、会计工作的社会监督

（一）会计工作的社会监督的概念

会计工作的社会监督主要是指由注册会计师及其所在的会计师事务所依法对委托单位的经济活动进行的审计、鉴证的一种监督制度。

（二）注册会计师审计与内部审计的区别

1. 两者的审计目标不同。

内部审计主要是对内部控制的有效性、财务信息的真实性和完整性以及经营活动的效率和效果所开展的一种评价活动；注册会计师审计主要对被审计单位财务报表的真实性（或合法性）和公允性进行审计。

2. 两者独立性不同。

内部审计为组织内部服务，接受总经理或董事会的领导，独立性较弱。注册会计师审计为需要可靠信息的第三方提供服务，不受被审计单位管理层的领导和制约，独立性较强。

3. 两者接受审计的自愿程度不同。

内部审计是代表总经理或董事会实施的组织内部监督，是内部控制制度的重要组成部分，单位内部的组织必须接受内部审计人员的监督。注册会计师审计是以独立的第三方对被审计单位进行的审计，委托人可自由选择会计师事务所。

4. 两者遵循的审计标准不同。

内部审计人员遵循的是内部审计准则；而注册会计师遵循的是注册会计师审计准则。

5. 两者审计的时间不同。

内部审计通常对单位内部组织采用定期或不定期审计，时间安排比较灵活；而注册会计师审计通常是定期审计，每年对被审计单位的财务报表审计一次。

（三）注册会计师审计与内部审计密切联系的重要性

注册会计师审计与内部审计尽管存在很大的差别，但是，注册会计师审计作为一种外部审计，在工作中要利用内部审计的工作成果。任何一种外部审计在对一个单位进行审计时，都要对其内部审计的情况进行了解并考虑是否利用其工作成果。这是由于：

1. 内部审计是单位内部控制的一部分。

内部审计作为单位内部的经济监督机构，虽然不参与单位的经营管理活动，但主要对各项经营管理活动是否达到预定目标，是否遵循了单位的规章制度等进行监督，属于单位内部控制体系的一个组成部分。外部审计人员在对被审计单位进行审计时，要对内部控制制度进行测评，就须了解内部审计的设置和工作情况。

2. 内部审计和外部审计在工作上具有一致性。

内部审计在审计内容、审计方法等方面都和外部审计有许多一致之处。例如，在进行财务审计时，两者在方法上都要评价内控制度、检查凭证、账册，核对账表一致性等，这就为外部审计利用内部审计工作的成果创造了条件。

3. 利用内部审计工作成果可以提高审计效率，节约审计费用。

外部审计人员在对内部审计工作进行评价以后，利用其全部或部分工作成果，可以减少现场测试的工作量，提高工作效率，从而节约被审计单位的审计费用。

第四节　会计机构和会计人员

一、会计机构的设置

（一）单位会计机构的设置

各单位是否设置会计机构，应当根据会计业务的需要来决定，即各单位可以根据本单位会计业务的繁简情况决定是否设置会计机构。

考虑如下因素：

1. 单位规模的大小；

2. 经济业务和财务收支的繁简；

3. 经营管理的要求。

（二）会计机构负责人（会计主管人员）的任职资格

会计机构负责人（会计主管人员）是在一个单位内具体负责会计工作的中层领导人员，在单位会计工作中承担着重要角色。

设置机构：根据《会计法》规定，设置会计机构，应当配备会计机构负责人。

不设置机构：不单独设置会计机构，而在有关机构配备专职会计人员的，应当在专职会计人员中指定会计主管人员，行使会计机构负责人的职权。指定为会计主管人员的人就是负责人。

担任单位会计机构负责人（会计主管人员）的，除取得会计从业资格证书外，还应当具备会计师以上专业技术职务资格或者从事会计工作 3 年以上经历。

二、会计人员的任职资格及管理

（一）会计从业资格的取得及管理

1. 会计从业资格的取得

会计从业资格证书的取得实行考试制度。

会计从业资格申请人符合基本报名条件且具备国家教育行政主管部门认可的中专以上会计类专业学历（或学位）的，自毕业之日起 2 年内（含 2 年），免试会计基础、初级会计电算化（或者珠算五级）。

被吊销从业资格证书的人员自被吊销之日起 5 年内不得参加会计从业资格考试；因提供虚假财务会计报告，作假账，隐匿或者故意销毁会计凭证、会计账簿、财务会计报告，贪污、挪用公款，职务侵占等与会计职务有关的违法行为，被依法追究刑事责任的人员，不得参加会计从业资格考试，不得重新取得会计从业资格证书。用假学历获得免试考试科目的撤销资格，3 年内不得再次参加考试。

2. 会计从业资格证书管理

（1）上岗注册登记。持证人员从事会计工作，应当自从事会计工作之日起 90 日内，填写注册登记表，并持会计从业资格证书和所在单位出具的从事会计工作的证明，向单位所在地或所属部门、系统的会计从业资格管理机构办理注册登记。

（2）离岗备案。持证人员离开会计工作岗位超过 6 个月的，应当填写注册登记表，并持会计从业资格证书，向原注册登记的会计从业资格管理机构备案。

（3）调转登记。持证人员调转工作单位，且继续从事会计工作的，应当按规定要求办理调转登记。

（4）变更登记。持证人员的学历或学位、会计专业技术职务资格等发生变更的，应向所属会计从业资格管理机构办理从业档案信息变更登记。

（二）会计专业技术资格的取得及管理

会计专业技术资格分为初级资格、中级资格和高级资格三个级别。

初级、中级会计资格的取得实行全国统一考试制度；高级会计师资格实行考试与评审相结合制度。

初级、中级会计资格是一种通过考试确认担任会计专业职务任职资格的制度。

凡申请参加高级会计师资格评审的人员，须经考试合格后，方可参加评审。

三、会计工作岗位设置

（一）设置会计工作岗位的基本原则

1. 根据本单位会计业务的需要设置会计工作岗位。

2. 符合内部牵制制度的要求。根据规定，会计工作岗位可以一人一岗、一人多岗或者一岗多人，但出纳人员不得兼稽核、会计档案保管和收入、费用、债权债务账目的登记工作。

3. 对会计人员的工作岗位要有计划地进行轮岗，以促进会计人员全面熟悉业务和不断提高业务素质。

4. 要建立岗位责任制。

（二）主要会计岗位

会计岗位一般分为：总会计师，会计机构负责人，出纳，稽核，核算，总账，财务会计报告编制，会计电算化和会计档案管理。

第五节　会计法律责任

一、法律责任概述

法律责任，是指违反法律规定的行为应当承担的法律后果，也就是对违法者的制裁。

（一）行政责任

行政责任是指行政法律关系主体在国家行政管理活动中因违反了行政法律规范，不履行行政上的义务而产生的责任。

行政责任主要有行政处罚和行政处分两种方式。

1. 行政处罚

行政处罚是指特定的行政主体基于一般行政管理职权，对其认为其违反行政法上的强制性义务、违反行政管理程序的行政管理相对人所实施的一种行政制裁措施。

(1)行政处罚主要分为六种:警告;罚款;没收违法所得、没收非法财物;责令停产停业;暂扣或者吊销许可证、暂扣或者吊销执照;行政拘留。此外还有法律、行政法规规定的其他行政处罚。

(2)行政处罚由违法行为发生地县级以上地方人民政府具有行政处罚权的行政机关实施;行政机关实施行政处罚时，应当责令当事人改正或者限期改正违法行为。

(3)当事人主动消除或者减轻违法行为危害后果，或者是受他人胁迫有违法行为，或者配合行政机关查处违法行为有立功表现的，应当依法从轻或者减轻行政处罚。

2. 行政处分

行政处分是国家工作人员违反行政法律规范所应承担的一种行政法律责任，是行政机关对国家工作人员故意或者过失侵犯行政相对人的合法权益所实施的法律制裁。

行政处分的形式有:警告;记过;记大过;降级;撤职;开除等。

(二)刑事责任

刑事责任是指犯罪行为应当承担的法律责任。我国刑法规定的刑罚主要包括:

1. 主刑

主刑是对犯罪分子适用的主要刑罚方法，只能独立适用，不能附加适用，对犯罪分子只能判处一种主刑。主刑分为管制、拘役、有期徒刑、无期徒刑和死刑。

2. 附加刑

附加刑是既可独立适用又可以附加适用的刑罚方法。也就是说，对同一犯罪行为既可以在主刑之后判处一个或两个以上的附加刑，也可以独立判处一个或两个以上的附加刑。

附加刑分为罚金、剥夺政治权利、没收财产。对犯罪的外国人，也可以独立或附加适用驱除出境。

二、违反会计制度规定应承担法律责任

(一)承担法律责任的违法会计行为

根据《中华人民共和国会计法》规定，应承担法律责任的违法会计行为包括:

1. 不依法设置会计账簿的行为。
2. 私设会计账簿的行为。
3. 未按照规定填制、取得原始凭证或者填制、取得的原始凭证不符合规定的行为。
4. 以未经审核的会计凭证为依据登记会计账簿或者登记会计账簿不符合规定的行为。
5. 随意变更会计处理方法的行为。
6. 向不同的会计资料使用者提供的财务会计报告编制依据不一致的行为。
7. 未按照规定使用会计记录文字或者记账本位币的行为。
8. 未按照规定保管会计资料，致使会计资料毁损、灭失的行为。
9. 未按照规定建立并实施单位内部会计监督制度，或者拒绝依法实施的监督，或者不如实提供有关会计资料及有关情况的行为。
10. 任用会计人员不符合本法规定的行为。

（二）违反会计制度规定行为应承担的法律责任

根据《中华人民共和国会计法》规定，上述各种违法行为应承担以下法律责任：

1. 责令限期改正

所谓责令限期改正，是指要求违法行为人在一定期限内停止违法行为并将其违法行为恢复到合法状态。

2. 罚款

县级以上人民政府财政部门根据违法行为人的违法性质、情节及危害程度，在责令限期改正的同时，有权对单位并处3 000元以上5万元以下的罚款，对其直接负责的主管人员和其他直接责任人员，处2 000元以上2万元以下的罚款。

3. 给予行政处分

违法行为直接负责的主管人员和其他直接责任人员中的国家工作人员，视情节轻重，由其所在单位或者其上级单位或者行政监察部门给予警告、记过、记大过、降级、降职、撤职、留用察看和开除等行政处分。

4. 吊销会计从业资格证书

会计工作人员有上述所列行为之一情节严重的，由县级以上人民政府财政部门吊销会计从业资格证书。

因有提供虚假财务会计报告，做假账，隐匿或者故意销毁会计凭证、会计账簿、财务会计报告，贪污，挪用公款，职务侵占等与会计职务有关的违法行为被依法追究刑事责任的人员，不得取得或者重新取得会计从业资格证书。

除前款规定的人员外，因违法违纪行为被吊销会计从业资格证书的人员，自被吊销会计从业资格证书之日起五年内，不得重新取得会计从业资格证书。

5. 依法追究刑事责任。

（三）其他会计违法行为的法律责任

1. 伪造、变造会计凭证、会计账簿，编制虚假财务会计报告构成犯罪的，依法追究刑事责任。

尚不构成犯罪的，可以对单位并处5 000元以上10万元以下的罚款；对其直接负责的主管人员和其他直接责任人员，可以处3 000元以上5万元以下的罚款；属于国家工作人员的，还应当由其所在单位或者有关单位给予撤职直至开除的行政处分；对其中的会计人员，并由县级以上人民政府财政部门吊销会计从业资格证书。

2. 隐匿或者故意销毁依法应当保存的会计凭证、会计账簿、财务会计报告构成犯罪的，依法追究刑事责任。

尚不构成犯罪的，由县级以上人民政府财政部门予以通报，可以对单位并处5千元以上10万元以下的罚款；对其直接负责的主管人员和其他直接责任人员，可以处3千元以上5万元以下的罚款；属于国家工作人员的，还应当由其所在单位或者有关单位依法给予撤职直至开除的行政处分；对其中的会计人员，并由县级以上人民政府财政部门吊销会计从业资格证书。

3. 授意、指使、强令会计机构、会计人员及其他人员伪造、变造会计凭证、会计账簿，编制假财务会计报告或者隐匿、故意销毁依法应当保存的会计凭证、会计账簿、财务会计报告，的，依法追究刑事责任。

尚不构成犯罪的，可以处5千元以上5万元以下的罚款；属于国家工作人员的，还应当由其所在单位或者有关单位依法给予降级、撤职、开除的行政处分。

第六节　会计职业道德

一、会计职业道德概述

（一）会计职业道德的概念与本质

会计职业道德是指在会计职业活动中应当遵循的、体现会计职业特征的、调整会计职业关系的职业行为准则和规范。其含义包括以下几个方面：

1. 会计职业道德是调整会计职业活动中各种利益关系的手段。

2. 会计职业道德具有相对稳定性。会计必须遵循内在的经济规律的要求。

3. 会计职业道德具有广泛的社会性。会计服务的对象是社会大众，会计信息是公共信息。

（二）会计法律制度与会计职业道德

1. 会计职业道德与会计法律制度的联系

会计职业道德与会计法律制度有着共同的目标、相同的调整对象，承担着同样的职责，两者联系密切。

2. 会计职业道德与会计法律制度的区别

（1）两者的性质不同

会计法律制度反映统治者的意志和愿望，通过国家机器强制执行，具有很强的他律性。会计职业道德依靠会计从业人员的自觉性，自愿地执行，是非强制执行的，具有很强的自律性。

（2）两者的作用范围不同

会计法律制度侧重于调整会计人员的外在行为和结果的合法化，具有较强的客观性。会计职业道德不仅要求调整会计人员的外在行为，还要调整会计人员内在的精神世界，其调节的范围远比法律广泛。

（3）两者的表现形式不同

会计法律制度是通过一定的程序由国家部门制定和颁布的，具体的成文条款。而会计职业道德源自会计人员的职业生活和实践，既有明确成文的规定，也有不成文的意识和信念。

（4）实施保障机制不同

会计法律制度由国家强制力保障实施；会计职业道德既有国家法律的相应要求，又需要会计人员的自觉遵守。

二、会计职业道德规范的主要内容

（一）爱岗敬业

爱岗敬业指的是忠于职守的事业精神，这是会计职业道德的基础。爱岗就是会计人员应该热爱自己的本职工作，安心于本职岗位。敬业就是会计人员应该充分认识本职工作在社会经济活动中的地位和作用，具有会计职业的荣誉感和自豪感，以强烈的事业心、责任感，从会计工作。

(二)诚实守信

诚实守信是职业道德的根本。诚实是指言行和内心思想一致，不弄虚作假，不欺上瞒下。守信就是遵守自己所作出的承诺，讲信用、重信用。

(三)廉洁自律

廉洁自律是会计职业道德的内在要求，是会计人员的行为准则。廉洁就是不贪污钱财，不收受贿赂，保持清白。自律是指自律主体约束自己、控制自己的言行和思想的过程。

(四)客观公正

客观公正是会计人员必须具备的行为品德，是会计职业道德规范的灵魂。客观即会计人员在处理经济业务时以实际发生的交易或事项为依据，如实反映财务状况;公正就是指会计人员应当具备正直诚实的品质，不偏不倚地对待相关利益各方。

(五)坚持准则

坚持准则是指会计人员在处理业务过程中，要严格按照会计法律制度办事，不为主观或他人意志左右。

(六)提高技能

提高技能就是指会计人员通过学习、培训和实践等途径，持续提高职业技能，以达到和维持足够的专业胜任能力的活动。

(七)参与管理

参与管理简单地讲就是参加管理活动，为管理者当参谋，为管理活动服务。

(八)强化服务

强化服务就是要求会计人员具有文明的服务态度、强烈的服务意识和优良的服务质量。

三、会计职业道德教育与修养

(一)会计职业道德教育

1. 会计职业道德教育的含义

会计职业道德教育是指为了促使会计人员正确履行会计职能，而对其施行有目的、有计划、有组织、有系统的道德教育活动。

2. 会计职业道德教育内容

(1)会计职业道德观念教育。普及会计职业道德基础知识，是会计职业道德教育的基础，也是重要的一环。

(2)会计职业道德规范教育。以爱岗敬业、诚实守信、廉洁自律、客观公正、坚持准则、执行准则、提高技能、参与管理和强化服务为主要内容的的会计职业道德规范是会计职业道德教育的核心内容，应贯穿于会计职业道德教育的始终。

(3)会计职业道德警示教育。就是指通过开展对违反会计职业道德行为和对违法会计行为典型案例的讨论和剖析，给会计人员以启发和警示，从而可以提高会计人员的法律意识和会计职业道德观念，提高会计人员辨别是非的能力。

3. 会计职业道德教育途径

(1)岗前职业道德教育

第一，在会计学历教育中进行职业道德教育

会计职业道德教育必须从会计学历教育抓起。其具体目标是在学习会计理论和技能的同时，学习会计职业道德规范的内容，了解会计职业面临的道德风险，树立起会计职业情感和观念，提高运用道德标准判断是非的能力，为今后从事会计工作，并在职业活动中自觉遵守职业道德规范奠定基础。

第二，获取会计从业资格中的职业道德教育。财政部在会计从业资格考试科目中增加了《财经法规与会计职业道德》。

(2)岗位职业道德继续教育

会计人员继续教育是指会计从业人员在从业同时，重新接受一定形式的、有组织的、知识更新的教育和培训活动。继续教育是强化会计职业道德教育的有效形式。

(二)会计职业道德修养

1. 会计职业道德修养的含义

职业道德修养是指通过不断的自我教育，最终把会计职业道德原则和规范逐步转化成自己的道德品质，从而将会计职业实践中对职业道德的意识情感和信念上升为遵守职业道德习惯，并最终成为自己的职业本能。

2. 会计职业道德修养的环节

(1)形成正确的会计职业道德认知。

(2)培养高尚的会计职业道德情感。

(3)树立坚定的会计职业道德信念。

(4)养成良好的会计职业道德行为。

3. 会计职业道德修养的方法

(1)不断地进行“内省”。

(2)要提倡“慎独”精神。

(3)虚心向先进人物学习。

四、会计职业道德建设

(一)财政部门的组织推动

1. 采用多种形式开展会计职业道德宣传教育

各级财政部门要充分结合本地区的实际情况，加大宣传力度，制定切实可行的宣传方案，采取灵活多样的宣传形式。

2. 会计职业道德建设与会计从业资格证书注册登记管理相结合

会计从业资格证书注册登记制度，是指取得会计从业资格的人员，被单位聘用从事会计工作时，应由本人或本人所在单位提出申请，按照会计从业资格管理部门规定的时间到会计从业资格管理部门进行注册登记。

3. 会计职业道德建设与会计专业技术资格考评、聘用相结合

我国会计专业技术资格分为高级会计师、会计师、助理会计师和会计员四个级别。各单位在聘用会计人员专业技术职务时，除必须具备同级专业技术资格外，也应考察其遵守职业道德情况。

4. 会计职业道德建设与会计法执法检查相结合

财政部门可以依法对单位执行会计法律、法规情况及会计信息质量情况进行检查，通过检查出各单位的会计从业人员执行会计职业道德的情况。

5. 会计职业道德建设与会计人员表彰奖励制度相结合

凡是工作积极负责，奉公守法，厉行节约，保护国家财产，如实反映情况，完成任务有显著成绩的，给与表扬或奖励。

（二）会计职业组织的行业自律

会计职业组织起着联系会员与政府的桥梁作用，应充分发挥协会等会计职业组织的作用，改革和完善会计职业组织自律机制，有效发挥自律机制在会计职业道德建设中的促进作用。

（三）社会各界齐抓共管

各部门、行业、会计职业组织和社会各界应积极行动起来，共同把会计职业道德建设搞好。

1. 单位负责人要切实抓好会计职业道德建设。

2. 各有关部门和机构要重视会计职业道德建设。

3. 各新闻媒体要加强社会舆论监督，形成良好的社会氛围。

案例分析：

星光大酒店因经营管理不善，亏损严重，于2007年6月2日申请破产，法院受理其破产申请后债权人纷纷申报债权，提出如下给付请求：1. 赵某于2006年5月被该酒店保安人员殴打致伤，住院治疗8个月，要求赔偿医疗费8730元。2. 因该酒店歌舞厅提供三陪服务被查处，市公安局于2007年2月26日对其做出处罚决定：罚款1万元。3. 某旅行社与该酒店签订的合同，因酒店未按约定履行，旅行社要求赔偿由此造成的损失18000元。4. 该酒店经理以酒店名义借用某公司小轿车一辆供其亲属使用，现该公司要求返还。请问哪些能够成为破产债权？

基本训练

一、单项选择题

1. 在我国代表国家对会计工作行使职能的政府部门是（　）。

A. 财政部门　　B. 国务院　　C. 审计部门　　D. 税务部门

2. 会计法律是指（　）。

A.《中华人民共和国会计法》　　B.《总会计师条例》

C.《会计基础工作规范》　　D.《企业会计制度》

3. 我国会计行政法规不包括（　）。

A.《企业财务会计报告条例》　　B.《总会计师条例》

C.《会计基础工作规范》　　D.《企业会计准则》

4. 根据《中华人民共和国会计法》的规定，有权制定国家统一的会计制度的政府部门是（　）。

A. 国务院

B. 国务院财政部门

C. 国务院各业务主管部门

D. 省级人民政府财政部门

5. 根据我国有关法律规定，在公司制企业，对本单位会计工作负责的单位负责人应当是(　　)。

A. 董事长　　B. 总经理

C. 总会计师　　D. 会计机构负责人

6. 不属于担任单位会计机构负责人(会计主管人员)的基本条件的是(　　)。

A. 取得会计资格证书

B. 具备会计师以上专业技术职务

C. 从事会计工作3年以上

D. 有主管会计工作的经历

7. 在我国,从事会计工作的人员,其基本任职条件是(　　)。

A. 具有会计专业技术资格

B. 担任会计专业职务

C. 具有会计从业资格证书

D. 具有中专以上专业学历

8.《中华人民共和国会计法》规定,单位负责人应在财务会计报告上(　　)。

A. 签名　　B. 盖章

C. 签名或盖章　　D. 签名并盖章

9. 根据《会计法》的规定,会计机构和会计人员应当按照国家统一的会计制度的规定对原始凭证进行认真审核,对不准确、不完整的原始凭证(　　)。

A. 予以退回,并要求按照国家统一的会计制度的规定更正、补充

B. 向单位负责人请示,并按照单位负责人所签署的意见处理

C. 由出具单位重开

D. 有权不予接受,并向单位负责人报告

10. 根据《会计档案管理办法》的规定,会计档案保管期限最短的年限为(　　)。

A. 1年　　B. 2年　　C. 3年　　D. 5年

11. 会计职业道德的调整对象是(　　)。

A. 调整会计职业关系

B. 调整会计职业中的经济利益关系

C. 调整会计人员之间的关系

D. 调整活动之间的关系

12. (　　)是做人的基本准则,是人们在古往今来的交往中产生出的最根本的道德规范,也是会计职业道德的精髓。

A. 爱岗敬业　　B. 诚实守信　　C. 坚持准则　　D. 奉献社会

13. (　　)是职业道德中的最高境界。

A. 爱岗敬业　　B. 诚实守信　　C. 办事公道　　D. 奉献社会

14. “做老实人,说老实话,办老实事”,这句话体现的会计职业道德规范内容是(　　)。

A. 参与管理　　B. 诚实守信　　C. 爱岗敬业　　D. 提高技能

15. 下列关于会计职业道德与会计法律制度的联系的说法中,不正确的是(　　)。

A. 两者有共同的目标、相同的调整对象,承担着同样的职责

B. 两者在内容上相互渗透、相互重叠

C. 两者在地位上相互转化、相互吸收

D. 两者在实现形式上都是具体的、明确的和成文的

16. 会计制度由(　　)来保障实施。

A. 财政部门　　B. 会计行业组织　　C. 国家执法机关　　D. 金融机构

17. 会计职业道德教育的形式是(　　)。

A. 接受教育和自我教育　　B. 正规学历教育和单位培训

C. 岗位轮换和技能培训　　D. 岗位转换和自我学习

18. 下列各项中，作为会计职业道德教育的核心内容，并贯穿于会计职业道德教育始终的是(　　)。

A. 会计职业道德观念教育

B. 会计职业道德规范教育

C. 会计职业道德警示教育

D. 其他相关教育

19. 由会计工作特点决定的，(　　)是会计职业道德的前提，也是会计职业道德的内在要求。

A. 提高技能　　B. 坚持准则　　C. 客观公正　　D. 廉洁自律

20. 我国的会计法律制度包括(　　)。

A. 会计法律、会计规章

B. 会计法律、会计行政法规

C. 会计法律、会计行政法规、会计规章

D. 会计法律、会计规章、内部会计管理制度

二、多项选择题

1. 我国会计法律的基本构成包括(　　)。

A. 会计法律　　B. 会计行政法规

C. 会计规章　　D. 会计制度

2. 根据国家统一会计制度的规定，对外提供的财务会计报告应当由单位有关人员签章，这些人员主要包括(　　)。

A. 单位负责人　　B. 总会计师

C. 会计机构负责人　　D. 内部审计人员

3. 下列各项中，能够作为会计人员进行会计监督依据的包括(　　)。

A. 会计法律

B. 国家统一的会计制度

C. 单位内部会计管理制度

D. 单位行政管理制度

4. 会计监督是我国经济监督体系的重要组成部分，其中包括(　　)。

A. 单位内部的会计监督

B. 单位外部的社会监督

C. 以财政部门为主体的国家监督

D. 以上级主管部门为主体的监督

5. 根据《会计法》的规定，财政部门实施会计监督的主要内容是(　　)。

A. 各单位是否依法设置会计账簿

B. 各单位的会计资料是否真实、完整

C. 会计核算是否符合《会计法》和国家统一会计制度的要求

D. 各单位从事会计工作的人员是否具有会计从业资格

6. 单位设置会计机构应根据(　　)来确定。

A. 单位规模的大小

B. 经济业务和财务收支的繁简

C. 经营管理的要求

D. 领导意图

7. 单位负责人对依法履行职责、抵制违反本法规定行为的会计人员进行打击报复的行为包括(　　)。

A. 降级　　B. 撤职　　C. 调离工作岗位　　D. 解聘或者开除

8. 隐匿、故意销毁依法应当保存的会计资料的行政责任包括(　　)。

A. 罚款　　B. 通报

C. 吊销会计从业资格证书　　D. 管制

9. 下列哪种情形情节严重的，将吊销会计人员会计从业资格证书？(　　)。

A. 被动地受单位领导指使弄虚作假，没有造成严重后果且本人认罪态度较好，有悔改行为的

B. 不依法设置会计账簿或私设会计账簿的

C. 未按照规定使用会计记录文字或者记账本位币的

D. 拒绝依法实施的监督或者隐匿、谎报有关情况

10. 会计职业道德的功能包括(　　)。

A. 指导功能　　B. 评价功能　　C. 规范功能　　D. 教化功能

11. 下列各项中，体现会计职业道德特征的有(　　)。

A. 会计人员自身必须廉洁　　B. 具有一定的强制性

C. 具有一定的他律性　　D. 较多关注公众利益

12. 下列各项中，属于会计职业技能的有(　　)。

A. 提供会计信息的能力　　B. 会计实务操作能力

C. 职业判断能力　　D. 沟通交流能力

13. 单位会计人员泄露本单位的商业秘密，将可能导致的后果有(　　)。

A. 损害会计人员自身信誉

B. 会计人员将承担法律责任

C. 损害单位的经济利益

D. 损害会计行业声誉

14. 下列各项中，体现会计职业道德关于“爱岗敬业”规范要求的有(　　)。

A. 忠于职守　　B. 尽职尽责　　C. 任劳任怨　　D. 认真负责

15. 会计事业道德的内容之一，就是要“坚持准则”，这里的“准则”包括(　　)。

A. 会计法律　　B. 会计法规　　C. 会计制度　　D. 会计准则

16. 会计职业道德规范中的“强化服务”对会计人员的要求有(　　)。
A. 强化服务意识　　B. 提高服务质量
C. 保持应有谨慎性　　D. 具有勤学苦练的精神
17. 会计职业道德与会计法律制度的区别反映为(　　)。
A. 性质不同　　B. 作用范围不同
C. 表现形式不同　　D. 实施保障机制不同
18. 下列各项关于会计职业道德和会计法律制度两者的区别的论述中，错误的有(　　)。
A. 会计法律制度具有很强的他律性，会计职业道德具有很强的自律性
B. 会计法律制度调整会计人员的外在行为，会计职业道德只调整会计人员的内心精神世界
C. 会计法律制度有成文规定，会计职业道德无具体的表现形式
D. 违反会计法律制度可能会受到法律制裁，违反会计职业道德只会受到道德谴责
19. 单位负责人的责任包括(　　)。
A. 对本单位的会计工作和会计资料的真实性、完整性负责
B. 应当保证财务会计报告的真实、完整
C. 应当保证会计机构和会计人员依法履行职责
D. 不得授意、指使、强令会计机构和会计人员违法办理会计事项。
20. 下列关于会计核算依据的表述中，符合会计法和国家统一会计制度规定的有(　　)。
A. 根据预计将要发生的经济业务或者事项进行会计核算
B. 根据实际发生的经济业务或者事项进行会计核算
C. 根据交易或者事项的法律形式进行会计核算
D. 根据交易或者事项的经济实质进行会计核算

三、案例分析题

1. 某部门在组织对A上市公司进行例行检查时发现以下事实:2002年，A公司由于经营管理和市场方面的原因，经营业绩滑坡，为了获得配股资格，A公司的负责人林某要求公司财务总监吕某对该年度的财务数据进行调整，以保证公司的净资产收益率符合配股条件。吕某组织公司会计人员万某以虚做营业额、隐瞒费用和成本开支等方法调整了公司财务数据。A公司根据调整后的财务资料于2002年10月申请配股并获批准发行。

要求:根据以上事实和《会计法》的规定，指出哪些当事人存在何种违法行为？并分别说明各违法行为的法律后果？

2. 财政部门对某合伙企业进行会计监督时遇到以下情况：

(1)该合伙企业经营规模不大，没建立完整的账项记录，企业方认为合伙企业无独立企业法人地位，且每位合伙人均依法承担无限连带责任，可以不用建账；

(2)该合伙企业中，无国有资产投入，无须接受国家监督，财政部门进行的会计监督属于政府对合伙企业正常经营的干涉；

(3)企业准备将部分已超过法定保管期的会计档案销毁，但财政部门监督人发现，其中有两张原始凭证虽然保管期满，但是涉及的债权债务尚未结清，要求对批准销毁的原始凭证全部保留。

要求:根据以上资料，结合会计法规的规定回答以下问题：

(1)合伙企业是否应依法建账？

(2)合伙企业是否应接受财政部门的监督?

(3)对已保管到期但涉及的债权债务尚未了结的原始凭证应如何处理?

3.2007 年，A 公司由于经营管理和市场方面的原因，经营业绩滑坡。为了获得配股资格，A 公司的主要负责人张三便要求公司财务总监李四对该年度的财务数据进行调整，以保证公司的净资产收益率符合配股条件。李四组织公司会计人员王五以虚作营业额、隐瞒费用和成本开支等方法调整了公司财务数据。A 公司根据调整后的财务资料，于 2007 年 10 月申请配股并获批准发行。

要求:根据上述资料，试分析回答下列问题:

指出哪些当事人存在何种违法行为？哪些当事人违反了哪些会计职业道德要求？哪些单位或部门可以对相关当事人进行何种处理？并说明理由。

读者反馈意见

亲爱的读者：

感谢您对《经济法概论》的支持和热爱，为了今后为您提供更好的服务，请您抽出宝贵的时间来填写下面的意见反馈表，以便我们更好地对本教材做进一步改进，同时如果您在使用本教材的过程中遇到了什么问题，或者有什么好的建议，也请您来信、来电告诉我们。

地址：北京市丰台区科学城南极星大厦108室

电话：010－83794590/83794403

电子邮箱：caikai6223@263.net　QQ：649319527　QQ：1694299827

网址：WWW.KFHWH.CN

教材名称：《经济法概论》

个人资料：

姓名：＿＿＿＿＿年龄：＿＿＿＿＿所在院校/专业＿＿＿＿＿＿＿＿

文化程度：＿＿＿＿＿＿通讯地址：＿＿＿＿＿＿＿＿＿＿＿＿＿＿

联系电话：＿＿＿＿＿＿电子信箱：＿＿＿＿＿＿＿＿＿＿＿＿＿＿

您使用本书是作为：□指定教材□选用教材□辅导教材

您对封面设计的满意度：

□很满意□满意□一般□不满意□改进建议＿＿＿＿＿＿＿＿＿＿＿

您对本书印刷质量的满意度：

□很满意□满意□一般□不满意□改进建议＿＿＿＿＿＿＿＿＿＿＿

您对本书的总体满意度：

从语言质量角度看□很满意□满意□一般□不满意□

从科技含量角度看□很满意□满意□一般□不满意□

本书最令您满意的是：

□指导明确□内容充实□讲解详尽□实例丰富

您认为本书在哪些地方应进行修改？（可附页）

＿＿＿＿＿＿＿＿＿＿＿＿＿＿＿＿＿＿＿＿＿＿＿＿＿＿＿＿＿＿＿

＿＿＿＿＿＿＿＿＿＿＿＿＿＿＿＿＿＿＿＿＿＿＿＿＿＿＿＿＿＿＿

您希望本书在哪些方面可进行改进？（可附页）

＿＿＿＿＿＿＿＿＿＿＿＿＿＿＿＿＿＿＿＿＿＿＿＿＿＿＿＿＿＿＿

＿＿＿＿＿＿＿＿＿＿＿＿＿＿＿＿＿＿＿＿＿＿＿＿＿＿＿＿＿＿＿